KB169794

외국어로서의 한국어교육을 위한

한국어학의 이해

저자 소개

김지형(金智衡)

경희대학교 국어국문학과에서 학사, 석사, 박사학위를 취득하였다.
건양대학교 국제교육원 한국어교육 주임교수를 거쳐
현재 경희사이버대학교 한국어문화학부 교수로 재직하고 있다.
주요 저서로 『한국어와 중국어와의 비교』(박이정, 2001), 『국어의 문법과 맞춤법』(경진문화사, 2001),
『한국어(Ⅰ·Ⅱ)』(경희대학교출판국, 2003), 『한자로 배우는 한국어 Ⅰ』(㈜유씨엘아이엔씨, 2005),
『한국어 교수법』(형설출판사, 2010) 등이 있다.

이민우(李民友)

경희대학교 국어국문학과에서 학사, 석사, 박사학위를 취득하였다.
한국외국어대학교 한국어문화교육원 전임강사, 고려대학교 초빙교수, 성균관대학교 초빙교수를 거쳐
현재 사이버한국외국어대학교 한국어학부 교수로 재직하고 있다.
주요 저서로 『언어와 교육』(박이정, 2012), 『국어학 한국어학의 의미와 문법』(도서출판 하우, 2013),
『KBS 생활한국어』(형설, 2015), 『외국인을 위한 한국어(5 · 6)』(도서출판 하우, 2016), 『다중의미』(역락, 2020)
등이 있다.

외국어로서의 한국어교육을 위한

한국어학의 이해

발행일 2판 1쇄 2024년 6월 10일

지은이 김지형, 이민우

펴낸이 박영호
기획팀 송인성, 김선명
편집팀 박우진, 김영주, 김정아, 최미라, 전혜련, 박미나
관리팀 임선희, 정철호, 김성언, 권주련
펴낸곳 (주)도서출판 하우

주소 서울시 중랑구 망우로68길 48
전화 (02)922-7090
팩스 (02)922-7092
홈페이지 http://www.hawoo.co.kr
e-mail hawoo@hawoo.co.kr
등록번호 제2016-000017호

값 25,000원
ISBN 979-11-6748-139-9 93710

외국어로서의 한국어교육을 위한

한국어학의 이해

김지형 · 이민우 지음

머리말

언어는 '소통'의 도구다. 언어는 '나'와 '너'를 이어 '우리'를 있게 한다. 언어를 통해 우리는 비로소 개체가 아닌 공동체의 일원이 된다. 인간은 언어를 통해 생각을 공유하고, 같이 말하고 함께 살아간다. 한국어를 사용하는 우리도 마찬가지다. 언제부터 한국어가 있었는지는 확실치 않지만 우리는 '아주' 오래전부터 한국어를 통해 삶을 이어오면서 우리의 역사를 일구어왔고, 그것을 쌓아 우리만의 문화를 가꾸어왔다. 그럴 수 있었던 것은 바로 '한국어'가 있어서다. '한국어'보다 '우리말'이 더 입에 착 달라붙는 것도 이런 이유 때문일 것이다. 이렇듯, '우리말'에는 한국 사람의 생각과 감정이 담겨 있고, 역사와 문화가 녹아 있으며 더 나아가 우리의 모든 것이 들어있다고 할 수 있다. 이것이 '우리말'을 할 줄 아는 우리가 '한국어'를 배우고, 뜯어보고 살피는 까닭일 것이다. 이것이 이 책을 쓰게 된 첫 번째 동기다. 태어날 때부터 한국어를 갖게 되고, 한국어로 생각하고 말하고 사는 우리들이 정작 '한국어'가 무엇인지 궁금하고 알고 싶을 때, 누군가 한국어가 뭐냐고 물어봤을 때 막연하지만 그래도 대답할 수 있는 뭔가를 머릿속에 담아두고 싶을 때, 그럴 때 꺼내 볼 수 있는 책, 너무 어렵지 않은 책을 하나 갖고 싶었다. 이 책이 그런 책이었으면 좋겠다. 저자들은 한국어에 대해 이해하고, 아주 깊지는 않지만 한국어에 대한 '언어학적 지식'을 갖고자 할 때 작은 도움이 되었으면 좋겠다는 바람으로 이 책을 쓰게 되었다. 우리가 늘 사용하는 한국어라도 그 안에 들어있는 수많은 사연들, 얽히고설킨 규칙들은 배워야 한다. 그러니까 이 책은 한국어에 대한 기초적인 지식을 담고 있는 '(한)국어학 개론서'인 셈이다.

언제부터인가 우리는 주변에서 우리 아닌 '다른 사람'이 '우리말'을 쓰는 것을 자주 보게 되었다. 잠시 우리 곁에 머물다 떠나는 '외국인'도 있고, 더 이상 '이방인'이 아니라 이제

'우리'가 되어야 하는 '다른 사람'들도 참 많아졌다. 그들이 쓰는 우리말은 듣기에 조금 이상해도, 알아듣는 데에 시간이 조금 더 걸려도 생각을 이해하고 감정을 나누는 데 문제가 없어야 한다. 그래야 소통할 수 있기 때문이다. 그런데 자기 말이 아닌 한국어를 배우는 사람들은 자꾸 왜 한국어는 이렇게 말해야 하느냐고 묻는다. 이러한 물음은 정작 한국 사람들에게는 너무나 당연한 것이어서 어떻게 말을 해 주어야 할지 막막할 때가 많다. 막상 대답하려니 그 말이 그 말이다. 비슷비슷한 말이 반복되고, 오히려 설명하는 말이 더 어렵다. 한국어를 말할 수 있다는 것과 한국어를 '지식'으로 이해한다는 것은 다르다. 더구나 한국어에 대해 '설명'한다는 것은 더더욱 어려운 일일 수밖에 없다. 이것이 이 책을 쓰게 된 두 번째 동기다. 이 책은 외국어로서, 제2언어로서 한국어를 배우는 사람들을 현장에서 만나고 부대끼며 고민하는 한국어 선생님들을 생각하며 집필하였다. 그래서 전문적인 한국어학에 대한 지식을 담으면서도 한국어 교육 현장에서 많이 활용될 수 있는 분야에 좀 더 관심을 기울였다. '(한)국어학 개론서'로서의 성격을 가지면서도 '한국어 교육'의 필요에 부합될 수 있도록 내용 구성을 하였다. 하여 한국어 음성학과 음운론, 한국어 문법 요소, 한국어 어휘론과 어휘 교육, 훈민정음과 관련된 한국 문자사 등이 상대적으로 상세하게 기술되었고, 기초 언어학, 한국어 의미론과 화용론, 한국어의 역사, 방언, 사회언어학 등은 비교적 간략히 줄이게 되었다. 이러한 의도가 이 책의 내용 구성에서는 크게 드러나지는 않았더라도 본문을 기술하는 중요한 기준이 되었는데 이런 점이 독자들에게 잘 발견되어 한국어 교육 현장에서 필요한 지식과 기술로 이어졌으면 하는 바람을 가져 본다.

이 책은 저자가 2009년부터 경희사이버대학교 한국어문화학과에 개설된 '한국어학개론'과, 대학원 '글로벌한국학전공'에 개설된 '한국어학특강'을 강의하면서 마련한 강의 노트를 바탕으로 집필되었다. 6년이 넘는 기간에 한국어 교육의 여러 장면에서 활동하는 다양한 유형의 학생들을 만나면서 그들이 어려워하는 부분, 더 깊이 알아야 하는 부분, 현장에서 필요로 하는 부분들을 파악할 수 있었고 그것을 이 책에 담아내려고 노력하였다. 핑계일 수 있지만, 이 책이 단원별, 주제별로 균형 잡힌 구성을 보이지 못한다는 비판을 받는다면 이러한 이유 때문일 수 있을 것이다. 처음에는 언어학에 바탕을 둔 한국어학의 전반적인 내용을 모두 다루면서, 독자들이 보다 쉽게 이해할 수 있도록 상세한 설명을 위주로 기술하였다. 그러다 보니 집필한 분량이 한 권의 책으로 담기에는 부담스러운 지경에 이르러 부득이 내용을 줄일 수밖에 없게 되었다. 이 책에서 앞뒤 맥락이 조금 어색하거나 설명이 좀 부족하다 싶은 부분이 있다면 바로 이러한 점 때문일 것이다. 이 책이 엉성하게 보일 수 있다는 걱정에 핑계 삼아 적어본다.

언제나 그렇듯이 한 권의 책을 세상에 내놓는다는 것은 부담스러운 일이다. 그래서 이렇게 머리말을 쓰는 시점에서는 두렵고, 막상 책이 나오고 보면 늘 부끄러움을 느끼게 된다. 그럼에도 불구하고 스스로 보기에 부끄러운 책을 내놓는 것은 주변에서 저자들을 부추기는 고마운(?) 분들이 계시기 때문이다. 먼저, 이 책의 공동 저자인 이민우 교수께 감사한 마음을 전하고 싶다. 변변치 않은 강의 노트의 엉성한 틀을 이만큼이라도 짜임새 있게 만든 공이 참으로 크다. 또, 한국어문화학과에서 마음껏 연구하고 교육할 수 있게 늘 도움을 주시는 방성원, 장미라 교수께도 머리 숙여 감사의 마음을 전한다. 두 분께 늘 지금처럼 함께 웃으며, 즐겁게 고민하는 길 위의 벗이고 싶은 마음도 함께 드린다. 그리고 몇 년 전의 출간 약속을 지키지 못하는 저자를 격려하고 말없이 기다려주신 유씨엘아이엔씨의 임재만 사장님께도 감사드리고, 저자의 무리한 요구를 넉넉한 웃음으로 받아준 B&M 커뮤니케이션의 편집디자인 식구들께도 미안한 마음과 함께 무한한 감사의 인사를 드린다.

이 책이 한국어와 한국어학에 대해서 알고자 하는 분들께 작은 도움이나마 드릴 수 있기를 희망하며, 저자들이 이 책을 통해 이루고자 한 소박한 소망이 이루어질 수 있기를 기대한다.

2015년 9월 9일
어느덧 다가온 초가을을 느끼며
저자를 대표하여 김지형 씀

수정판에 부쳐

이 책이 출판된 지 벌써 10여 년이 가깝게 지났다. 그동안 세상은 무섭도록 빠르게 변화하였고, 특히 최근 몇 년 사이 AI의 등장과 확산은 상상을 초월하는 상황이다. 과학 기술의 발전에 따라 그간 한국어학계에도 크고 작은 변화들이 있었지만, 다행히(?) 한국어 교육을 위해 알아야 할 기본적인 내용들의 변화는 크지 않았던 것으로 보인다. 이에 이번 수정판에서는 기존 원고에 있던 오류들을 수정하고 일부 내용상 부족했던 부분을 채워 보완하고자 하였다. 물론 그럼에도 이 책은 여전히 부족한 부분이 많으며 이는 공동 저자로서의 안일함에 기인한 것이다.

이 책의 부족함을 제외한 나머지 부분은 오롯이 주저자인 김지형 교수의 노고에 의한 것임을 밝힌다. 또한 새롭게 편집과 출판을 맡아주신 도서출판 하우의 담당자분들과 박민우 사장께 감사를 드린다.

처음 이 책을 기획하고 출판하면서 그랬던 것처럼 한국어와 한국어학에 관심을 갖고 공부하는 이들에게 조금이나마 도움을 줄 수 있는 쓸모를 기대한다.

2024년 3월 6일

아직 쌀쌀한 봄날을 느끼며

공저자 이민우 씀

차례

"우주 전체가 기호들로 가득 차 있다."

(Peirce, C.S.)

언어와 한국어

1장

언어는 기호다

- 기호로서의 언어
- 언어 기호의 특성

생각해 보기

질문 1. 언어란 무엇일까?
질문 2. 생각이란 무엇일까?

1. 언어와 기호

언어란 무엇인가

언어는 의사소통을 위한 도구이다. 우리는 언어 말고도 다양한 방식을 통해 의사소통할 수 있다. 예를 들어, 말없이 손짓만으로 무언가를 지시하거나 명령할 수 있으며, 표정을 통해 감정을 표현하기도 한다. 또 그림이나 소리를 통해 정보를 전달하기도 하며, 깃발, 연기, 전기 신호 등 다양한 방식으로 서로 의사소통을 한다. 그러면 의사소통을 할 수 있는 이 모든 것을 언어라고 할 수 있을까? 넓은 의미에서 보면 그렇다. 언어는 표정, 몸짓, 신호 등 **비언어적인 표현**

을 모두 포함한다. 사실 비언어적이라는 명칭 자체가 언어적인 것과 구별이 전제되는 것이다. 이렇게 보면, 좁은 의미에서 언어는 비언어적 표현들을 제외한 목소리와 문자, 즉 음성언어와 문자언어만을 의미한다. 이처럼 언어는 '생각'을 표현하는 도구로서 비언어적 방식과 언어적 방식이라는 두 가지 방식을 사용할 수 있다. 그러나 의사소통에 이용되는 비중은 언어적 방식이 절대적이다. 이처럼 의사소통에 있어서 언어는 표현의 도구이며, **표현**表現이란 겉으로 드러내는 것이므로 이를 이용해 언어를 다시 정의하면 **언어는 인간의 생각을 드러내는 도구**라고 할 수 있다.

그렇다면 생각이란 무엇일까? 생각은 머릿속에 들어 있는 어떤 것으로 논리적, 구조적, 체계적인 **사고**思考에다가 **느낌**을 더한 것이다. 보통 느낌은 사고와는 달리 비논리적인 것으로 간주되지만, 인간은 대부분의 느낌도 사고화하여 언어로 표현할 수 있다. 또한, 보통 느낌은 표정이나 행동 등과 같은 비언어적 방법을 통해서 드러나지만 가끔은 언어적 방식으로 드러나기도 하는데, 그것이 바로 감탄사이다. 그래서 만약 감탄사를 의도적으로 표현한다면 다른 언어적 표현과 마찬가지로 언어적으로 구조화된 표현이라고 할 수 있다.

기호란 무엇인가

기호는 **무엇인가를 대신 의미해 주는 물리적 실체**이다. 기호는 항상 어떤 것을 대신 표상表象하기 때문에 항상 기호 그 자체가 아니라 또 다른 무엇인가를 나타낸다. 예를 들어, 누군가 사랑하는 마음을 표현하기 위하여 발렌타인데이에 초콜릿을 주었다면, 그것은 그냥 상품이 아니라 **마음**을 나타낸 기호가 된다. 마찬가지로 조선시대의 상투나 빨간 신호등, 내과의사와 청진기 등도 기호가 된다. 그래서 기호는 그 자체가 중요한 것이 아니라 그것에 담긴 **의미**가 중요하다.

언어를 다루면서 왜 **기호**를 이야기하는 것일까? 그것은 바로 언어도 기호이기 때문이다. 앞서 우리는 언어를 **생각**을 표현하는 도구라고 하였다. 언어가 생각을 겉으로 드러낸다는 점, 즉 **언어**라는 물리적 실체가 **생각**을 대신해서 나타내므로 언어 또한 기호가 된다.

우리가 언어를 공부하는 이유가 바로 여기에 있다. 인문학은 **인간을 이해하기 위한 학문**이다. 인간을 연구의 대상으로 놓았을 때 우리가 알고자 하는 인간의 본질은 인간의 삶을 통해 드러난다. 그래서 인간의 삶은 그 자체가 기호가 된다. 그리고 겉으로 보이지 않는 인간의 특성들, 즉 우리의 행동을 지배하는 머릿속 생각을 드러내는 가장 대표적인 방식이 바로 언어이다. 따라서 인간을 이해하기 위해서는 먼저 기호를 이해해야 하며, 그 중 인간이 가진 가장 대표적인 기호인 언어를 이해해야 한다.

기호 이론

현대 언어학의 아버지라 불리는 소쉬르F. De Saussure는 기호를 기표(시니피앙signifiant)와 기의(시니피에signifié)가 결합된 2항 모델로 설명한다.

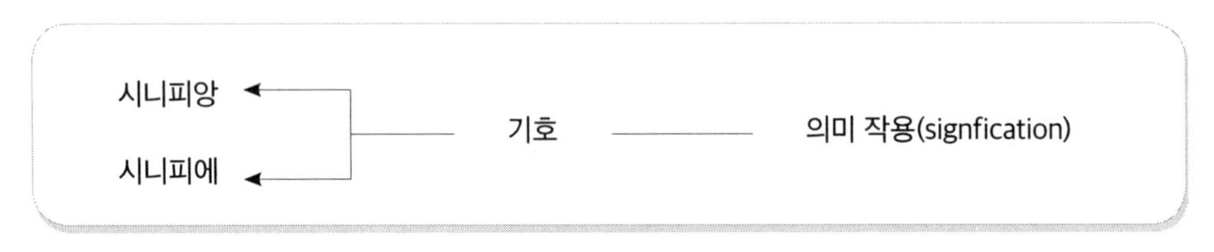

〈소쉬르의 2항 기호 모델〉

그가 말한 시니피앙은 기호에 담긴 물리적 형체로서 청각 영상에 해당하며, 시니피에는 기호와 관련하여 일어나는 정신 작용 즉, 개념에 해당한다. 예를 들어, **아버지**라는 단어를 말하려고 할 때 머릿속에 떠오르는 소리가 시니피앙이며, 아버지에 대한 생각들 혹은 개념이 시니피에라는 것이다. 소쉬르는 기호 그 자체에 대해 논의하고 있기 때문에 발신자 중심의 기호 이론이라고 할 수 있다.

이와는 달리, 또 다른 현대 기호학자인 퍼스Peirce, C. S는 기호를 3항 모델로 설명한다.

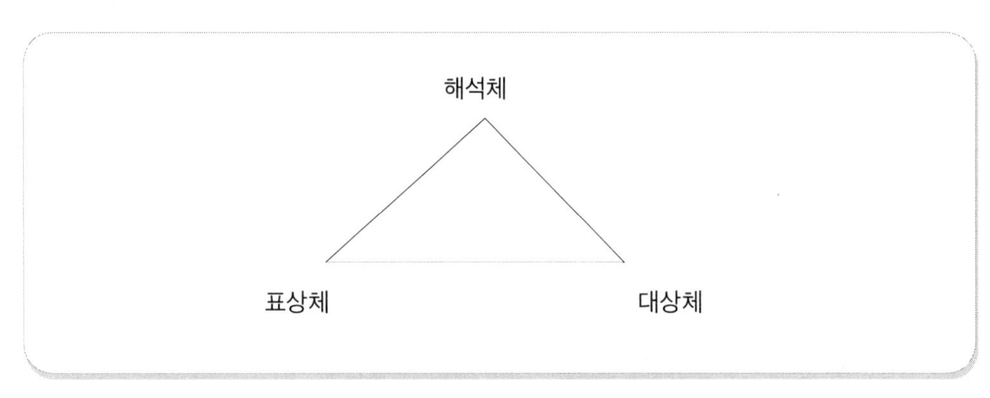

〈퍼스의 3항 기호 모델〉

퍼스가 말한 **해석체**는 정신적 인식 혹은, 개념이며 **대상체**는 실체, **표상체**는 기호이다. 예를 들어, 목욕탕 수도꼭지에 빨간색으로 H라는 표시가 있다면 바로 그 빨간색 글씨 H가 **표상체**인 기호, 뜨거운 물이 **대상체**, 그리고 뜨거운 물이 나올 것이라는 정신적 인식, 즉 우리 머릿속에 저장된 기억들이 **해석체**가 된다. 퍼스의 기호 이론은 해석체가 중요하기 때문에 수신자 중심이라고 할 수 있다.

퍼스의 관점에 따르면 기호는 대상체를 대표하며, 정신적 개념을 표시한다. 우리가 **아버지**라는 기호를 사용할 때 이는 실체로서의 아버지가 아니라 개념으로서의 아버지를 표시한다는 것이다. 그래서 기호는 대상체를 사라지게 하는 대신 해석체를 떠오르도록 만든다. 이는 우리가 어떤 말을 들을 때 실체로서 존재하는 대상 그 자체가 아니라 머릿속에 저장되어 있는 개념을 떠올리도록 한다는 뜻이다. 또한 기호는 대상을 대표하면서 동시에 해석체를 앞세운다. 기호는 형식과 내용으로 되어 있으며 외적 실체인 대상과 연결되기 때문이다. 기호는 바로 이 두 가지 역할을 동시에 하기 위해 존재한다.

기호의 종류

기호는 크게 **도상**圖像icon, **지표**指標index, **상징**象徵symbol으로 나눌 수 있다. **도상**은 지시 대상과의 **유사성**類似性에 바탕을 두고 이루어진 기호로서 직관적으로 의미를 알 수 있어 각종 안내 표지에 주로 사용된다.

〈안내 표지판에 사용되는 도상〉

예를 들어, 화장실 문 앞에 붙어 있는 남녀 그림은 그 자체로 남자와 여자가 사용하는 곳이라는 의미를 드러낸다. 마찬가지로 횡단보도를 걸어가는 모습의 표지는 그림과 같이 건너갈 수 있다는 의미를 보여준다. 이처럼 도상은 그 의미를 명시적으로 보여준다.

도상과 달리 **지표**는 기호와 지시 대상의 관계가 공간적, 시간적인 **인접성**隣接性 또는 **인과성**因果性을 바탕으로 이루어진 기호이다.

〈도로 표지판〉

도로 표지판에 그려져 있는 화살표는 지금, 이곳이 아닌 앞으로 발생할 도로의 상황에 대해 알려준다. 그래서 거리와 시간상 앞쪽의 의미를 지시한다는 점에서 인접성을 드러낸다. 이러한 지표는 그 성격에 따라 다음과 같이 구분된다.

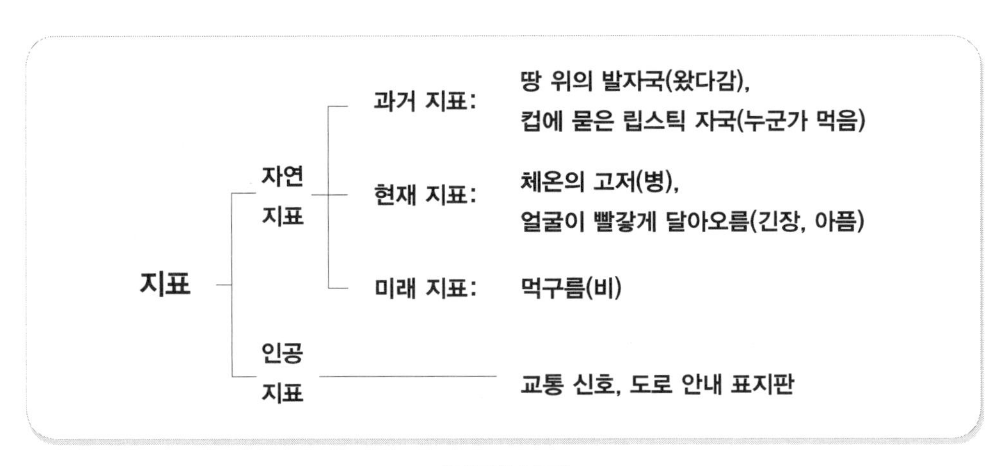

〈지표의 종류〉

지표는 자연적인 것인지 인공적인 것인지에 따라 **자연 지표**와 **인공 지표**로 구분할 수 있다. 자연 지표를 통해 우리는 그것과 관계된 과거, 현재, 미래의 사건에 대해 추측할 수 있다. 예를 들어, 땅 위의 발자국은 누군가 과거에 이 길을 지나갔다는 것을 보여준다. 먹구름이 가득한 하늘은 앞으로 비가 올 것을 알려주며, 어떤 사람의 체온이 높다는 것은 현재 몸 상태가 좋지 않다는 것을 말해준다. 이처럼 자연 지표는 특정한 현상을 통해 그와 관련된 사건을 인과적으로 알 수 있게 해준다. 인공 지표도 인위적으로 만들어낸 것이라는 차이가 있을 뿐 교통신호나 도로 안내 표지판처럼 다른 무언가를 알 수 있도록 해 준다는 점에서 자연 지표와 동일한 기능을 수행한다.

도상이나 지표와는 달리 **상징**은 기호와 지시 대상 사이의 관계가 **자의적**恣意的인 것으로 문화적 관습이나 규약, 규칙에 의해 만들어진 기호이다. 그래서 상징은 학습하지 않으면 해석이 불가능하다.

〈도상, 지표, 상징의 특징〉

기호	도상icon	지표index	상징symbol
연결 관계	유사성	인접성	자의성(관습/규칙)
사례	사진, 지도, 설계도	연기–불, 콧물–감기 도로안내 표지 판	언어, 태극기 수학공식
의미 과정	보면 알 수 있음	추리하면 알 수 있음	반드시 배워야 함

불교의 만다라나 기독교의 십자가와 같이 특정한 문화에 대한 지식이 없으면 직관적으로 알 수 없는 것이 바로 상징이다. 언어 또한 학습을 통해서만 이해할 수 있다는 점에서 상징에 속한다.

기호에는 이처럼 세 가지 유형이 있으나 보통 이 세 기호들이 서로 섞이면서 복합적으로 기능하는 것이 일반적이다.

2. 언어 기호의 특성

상징성象徵性

앞서 우리는 언어 또한 기호에 속한다는 사실을 확인하였다. 언어는 기호 중에서도 상징 기호에 속하며 그래서 우리는 반드시 언어를 배워야만 사용할 수 있다. 1장의 기호 이론에서 살펴보았듯이, 언어는 음성이라는 형식으로 의미라는 내용을 표현한다. 그래서 이 둘의 관계는 동전의 양면과 같이 서로 불가분의 성질을 갖는다.

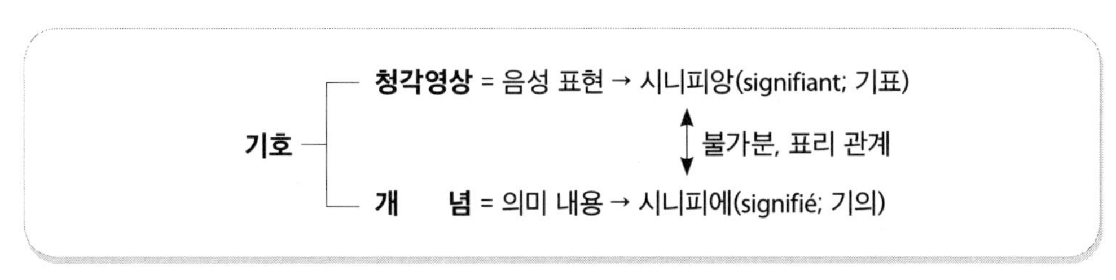

〈언어 기호의 특징〉

또한 우리가 사용하는 언어 기호는 대상을 직접 표상하지 않는다. 앞서 기호의 3항 모델에서 보았듯이, 우리가 언어로 표상하는 대상은 언제나 우리의 머릿속에 개념화된 것이기 때문이다.

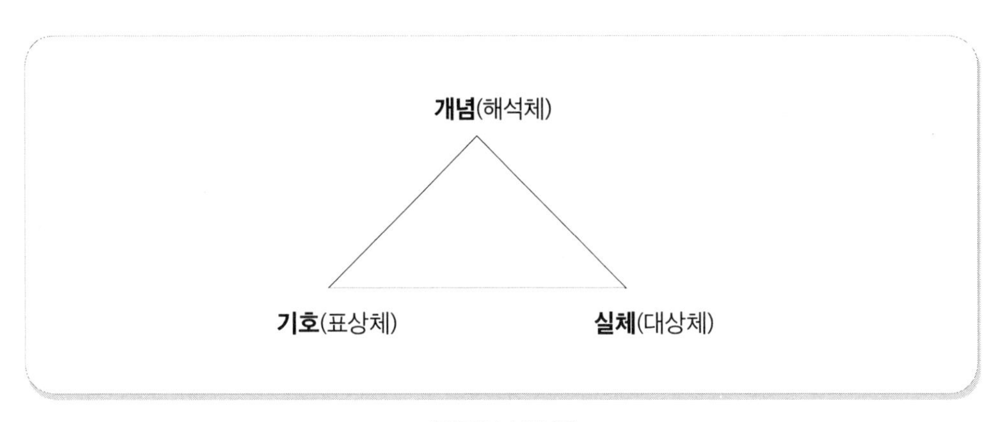

〈의미의 삼각형〉

그림에서 기호와 그 대상이 되는 실체가 점선으로 이어진 것처럼 언어 기호는 대상이 되는 실체와 그것을 표상하는 기호가 직접적으로 연결되지 않고, 항상 개념을 통해 간접적으로 연결된다.

자의성恣意性

언어 기호는 이름과 그것이 지시하는 실체 사이에 필연적인 관계가 없다. 다시 말해 어떤 대상을 필연적으로 그 이름으로 부를 이

유가 없다는 것이다. 예를 들어, **나무**라는 단어를 생각해 보자. 만약 나무라는 대상을 지칭하는 명칭이 반드시 **나무[namu]**이어야 한다면 세상의 모든 말들이 동일하거나 적어도 비슷해야 할 것이다. 그러나 일본어는 **き[ki]**, 중국어는 **木[mu]**인 것처럼 언어마다 전혀 다른 형식으로 표현한다. 이처럼 어떤 대상을 지칭하는 표현은 그 언어를 사용하는 사람들이 마음대로 정한 것이므로 말소리와 그것이 지시하는 대상의 관계는 자의적이라고 한다.

한편, 의성어나 의태어 같은 경우는 실제와 비슷하게 표현하므로 기호와 지시 대상의 관계가 필연적이라고 생각할 수 있다. 그러나 이 또한 나라마다 꽤 다르게 표현된다. 예를 들어, 개가 짖는 소리의 경우 한국에서는 보통 **멍멍**이라고 하지만 일본에서는 **왕왕**わんわん, 영어로는 **바우와우**bow-wow, 스페인어는 **구아우구아우**Guau-guau로 표현한다고 한다. 이처럼 똑같을 것으로 기대하는 소리조차 언어에 따라 차이를 보인다는 점은 언어 기호의 의미와 명칭이 자의적이라는 것을 대변해 준다.

사회성社會性과 역사성歷史性

언어 기호는 일단 내용과 형식이 정해져서 사회적으로 이용되기 시작하면 개인이 마음대로 바꿀 수 없다. 동일한 언어를 사용하는 언어 집단이 정상적으로 의사소통하기 위해서는 사회 구성원들이 모두 정해진 방식에 따라 언어를 이용해야 하기 때문이다. 만약 누군가가 자기 마음대로 언어 기호를 만들거나 바꾸어 사용한다면 그 사람은 다른 사람과 전혀 의사소통을 할 수 없을 것이다. 이처럼 언어는 그 사회에 속한 사람들끼리 사용 방식을 사회적 규칙으로 정하여 놓고 공유하는 것이며, 이러한 특성을 언어 기호의 **사회성**이라고 한다.

언어 기호를 개인이 마음대로 바꿀 수는 없지만 언어는 시간의 흐름 속에서 자연스럽게 변할 수 있다. 이는 언어를 사용하는 사회 구성원들의 약속이 바뀔 수 있기 때문에 가능하다. 예를 들어, **꽃**이라는 단어는 15C에 **곶**으로 표기되었는데 이후 시간이 흐르며

곶>곳>꼿>꽃으로 변화되었다. 또, 과거 **강**의 의미로 사용되던 고유어인 **ᄀᆞ름**은 현재 사라졌으며, 전파를 보낸다는 뜻으로 사용되는 **방송**放送이라는 단어는 20C초까지만 해도 감옥에 가두었던 사람을 풀어준다는 뜻이었다. **컴퓨터, 에어컨, 휴대폰**처럼 시대가 흐르면서 새로운 단어 또한 쉴 새 없이 나타난다. 언어는 시간이 흐르면서 새롭게 창조되거나, 발음이 변하기도 하며, 다른 단어로 대치되기도 한다. 또 의미가 바뀌거나 심지어 사용되던 말이 완전히 사라지기도 한다. 이처럼 언어가 살아있는 생명체와 같이 시간의 흐름에 따라 다양하게 변화하는 것을 언어 기호의 **역사성**이라고 한다.

선조성線條性

언어 기호에 있어서 기호를 표현하는 방식은 청각적인 것으로서 시간의 선상에서만 실현된다. 인간은 현실적 여건상 한 번에 하나의 발음만을 할 수 있으므로 당연히 연속적인 발화를 통해 기호를 표현할 수밖에 없다. 그래서 언어 기호의 구성 요소들은 하나의 연쇄chain를 형성한다.

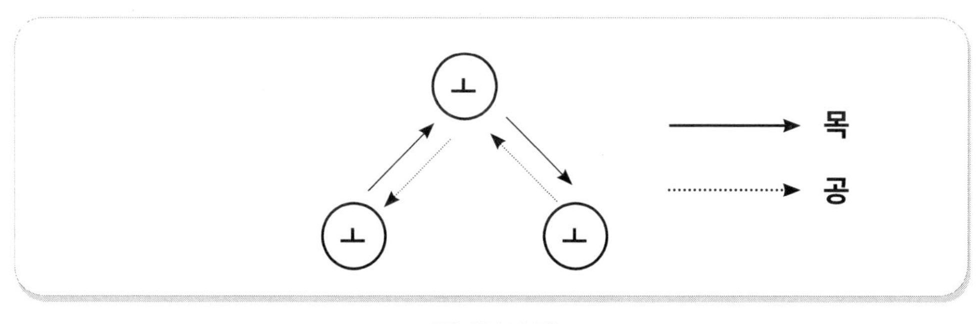

〈연쇄적 발음〉

예를 들어, 우리가 **목**과 **곰**을 표현하려면 **ㅁ, ㅗ, ㄱ** 순으로 발음을 하든지 반대로 **ㄱ, ㅗ, ㅁ** 순으로 발음을 해야만 한다.

발음뿐만 아니라 단어들도 발화에 따라 선적으로 연쇄되며, 이는 대부분의 언어에서 중요한 언어 규칙으로 이용된다. 예를 들어, 한국어는 **나, 밥, 먹다**라는 단어를 **나는 밥을**

먹었다의 순서로 연결하며, 영어의 경우는 이와 달리 **I eat rice**처럼 연결하여 사용한다. 이러한 사용 양상은 어순이라는 통사적 규칙을 형성한다. 이와 같은 언어 기호의 특성을 **선조성**이라고 한다.

분절성分節性

인간의 언어 기호는 분절될 수 있는 **음성**으로 실현된다. 음성은 분절될 수 없는 소리인 **음향**과 구분된다. 여기서 분절될 수 있다는 것은 자음과 모음 같은 특정한 음소로 구분할 수 있다는 뜻이다. 그러나 자연에 존재하는 소리들은 모두 분절될 수 없는 음향으로 존재한다는 점에서 인간의 언어 기호로 사용되는 음성과 다르다.

또한 언어 기호는 다른 기호와 달리 이중 분절을 한다. 언어 기호의 1차 분절은 언표言表를 계기적繼起的인 최소한의 의미 단위로 분절하는 것이다. 다시 말하면, 우리가 사용하는 말을 의미를 가진 최소의 단위인 형태소로 나눌 수 있다는 것이다. 그래서 **나무가 있다**는 표현은 **나무-가 있-다**와 같이 의미를 가진 요소들로 나뉜다. 2차 분절은 나누었을 때 그 자체로서는 의미가 없지만, 의미를 구별할 수 있도록 해 주는 경우에 이를 변별적인 단위인 음소로 세분하는 것이다. 그래서 앞선 문장에 사용된 단어 **나무**는 ㄴ, ㅏ, ㅁ, ㅜ라는 4개의 기호소로 나눌 수 있다.

이와 같은 분절의 유무는 인간이 사용하는 자연 언어에 의한 전달과 비언어적 전달을 구별해 주는 기준이 되기도 하는데, 동물의 언어나 여타의 기호들은 의미를 갖는 1차적 분절 요소는 가지지만 더 작은 2차적인 요소들로 나눌 수 없다는 점에서 차이를 갖는다.

불연속성不連續性

인간을 둘러싼 자연의 세계는 연속적으로 존재한다. 그래서 자연은 그 경계가 언제나 모호하고 불분명한 아날로그의 세계이다. 그러나 이것이 언어 기호로서 표현되면 성격이 달라진다. 언어 기호는 연속적인 세상을 불연속적으로 인식하도록 한다. 가장 쉬운 예로 무지개를 생각해 보자. 무지개는 몇 개의 색으로 되어 있는가. 무지개의 색이 바뀌는 경계를 명확하게 나눌 수 있는가. 우리는 무지개의 색깔을 보통 일곱 가지 색으로 표현하지만 실제 무지개는 그렇지 않다. 그래서 언어를 세계를 보는 눈이라고 말하기도 한다. 만약 우리가 세 가지의 색밖에 말할 수 없었다면 무지개는 세 가지 색을 가지게 되었을 것이다.

언어는 실체의 세계가 아니라 그것을 반영한 중간 세계, 즉 개념으로 구성된 세계이며, 실제 세계를 이해하기 위한 수단으로 이용된다. 그래서 사피어와 워프Sapir & Whorf는 언어가 다름에 따라 개인의 세계관이 달라진다는 **언어 상대성 가설**을 주장하기도 하였다.

창조성創造性

언어는 유한한 음성으로 된 유한한 단어를 가지고 무한한 문장을 만들어 낼 수 있다. 대부분의 언어는 10개 이하의 모음과 20개 남짓의 자음을 가지고 있는데, 이들을 결합하여 수천 개의 음절을 만들어낸다. 또 이 음절들을 결합하여 수만, 수십만의 단어들을 만들며, 이를 이용한 문장이나 텍스트의 수는 무한하다.

이처럼 한정된 언어 요소를 이용하여 무한한 표현이 가능한 이유는 귀환recursion 규칙 때문인데, 귀환 규칙이란 구성 요소로 이루어진 전체가 다시 구성 요소가 될 수 있다는 규칙이다. 그래서 이를 순환 규칙이라고도 한다. 쉽게 말하면 우리가 단어를 이용하여 문장을 만들지만, 단순한 문장만을 사용하는 것이 아니라 문장을 구나 절로 만들어 다시 더 큰 문장의 구성요소로 이용할 수 있다는 말이다. 예를 들어, **나는 밥을 먹었다**라는 문장은 **그가 나는 밥을 먹었다고 말했다**와 같이 다른 문장 속에 사용될 수 있으며, **나는 맛있는 밥을 먹었다**나 **나는 밥을 배가 터지도록 먹었다**처럼 다양하게 표현할 수 있는데, 이러한 능력이 바로 귀환 규칙이 있기 때문이다.

이외에도 인간은 언어를 사용하여 새로운 단어를 얼마든지 만들어낼 수도 있으며, **사람, 개, 물다**라는 단어를 가지고 **개가 사람을 물었다**거나 **사람이 개를 물었다**와 같이 기존의 단어를 다르게 배열하여 새로운 생각을 얼마든지 표현할 수 있다.

기타 특징

앞서 살펴본 특징뿐만 아니라 언어 기호는 다양한 특징을 갖고 있다. 우선 언어는 양면성兩面性을 갖는다. 인간의 언어는 **음성**과 **의미**의 두 층위로 구성되며, 이 둘 중 어느 하나만 가지고는 언어로서의 기능을 수행할 수 없다. 음성 언어는 음성과 의미가, 문자 언어는 문자와 의미가, 그리고 수화는 동작과 의미가 결합한 것이다. 인간의 언어는 의미를 전달하는 수단인 수많은 **기호**들 중의 하나이며, 양면성이라는 특징은 모든 기호가 가지는 공통적인 특성이다.

다음으로, 언어는 교환성交換性을 갖는다. 언어는 의사소통의 수단으로 이용되므로 발신자와 수신자 간의 상호작용을 한다. 그래서 언어는 전달면에서, 동일인이 화자인 발신자와 청자인 수신자가 될 수 있다.

또한 언어는 대치성代置性을 갖기 때문에 실제나 가상, 과거, 현재, 미래와 같은 시간 등과는 상관없이 사용할 수 있으며 그 언어 자체를 가리키는 데에도 쓸 수 있다. 인간은 동물의 언어가 현재와 여기만 전달 가능한 것과 달리 지금과 여기를 떠나 과거와 미래, 가까운 곳이나 먼 곳에 관계없이 일어난 일들을 서술하고 정보를 주고받을 수 있으며 심지어 현실에 존재하지 않는 상상이나 거짓 또한 표현이 가능하다.

이외에도 언어는 유전적·생물학적으로 전승되지 않기 때문에 반드시 습득해야만 하는 비전승성非傳承性이 있으며, **사랑, 행복, 정**과 같이 다른 수단으로 표현하기 지극히 어려운 추상적인 상황을 묘사하거나 추상적인 생각을 표현하는 유용한 도구로 사용할 수 있는 추상성抽象性이 있다.

학습 정리

- 언어는 기호의 한 종류로서 기호가 갖는 특징을 모두 가지고 있다.
- 기호는 어떤 것을 대신 나타내는(표상하는) 것이며, 도상, 지표, 상징의 세 가지 종류가 있다.
- 언어는 상징 기호인데, 소쉬르는 언어 기호를 시니피앙과 시니피에의 2항 대립으로, 퍼스는 대상체, 표상체, 해석체의 3항 대립으로 설명하였다.
- 언어 기호는 '상징성, 자의성, 사회성·역사성, 선조성, 분절성, 불연속성, 창조성' 등의 특징을 갖는다.

학습 퀴즈

※ 다음에서 설명하는 것은 언어의 어떤 특징과 관계가 되는지 〈보기〉에서 고르라.

보기
❶ 상징성
❷ 자의성
❸ 사회성
❹ 역사성
❺ 선조성
❻ 분절성
❼ 불연속성
❽ 창조성

1. '희다'는 '해'에서, '푸르다'는 '풀'에서 '맑다'는 '물'에서 기원했다고 한다. 그러나 이들 단어의 어원을 밝혔다고 하지만, 다시 그 기원이 되는 단어들의 어원이 무엇인지를 밝히는 것은 거의 불가능하다. 이것은 언어의 어떤 특성 때문인가?

2. 각기 다른 언어를 사용하는 사람들의 세계관이 다른 것은 언어의 어떤 특성 때문인가?

3. 그림이나 사진, 영화 포스터와 같은 매체는 정보를 한꺼번에 전달하지만, 언어는 그렇지 않다. 이들과 다른 언어의 특성은 어떤 것인가?

4. 한정된 언어 재료로 우리는 불편 없이 의사소통을 한다. 이와 관련된 언어의 특성은 무엇인가?

같이 알아보기

- 우리 생활에서 기호로 작용하고 있는 것은 어떤 것들이 있는지 생각해 보자. 여러분이 찾은 기호가 정말 기호가 맞는지 서로 의견을 공유해 보자.
- 언어는 인간만이 가진 것이 아니라 동물도 훌륭한 언어를 가지고 있다고 주장하는 경우가 있다. 어떤 동물들이 이른바 '언어'를 가지고 있는지 알아보자.

용어 정리

귀환recursion 규칙(=순환 규칙)

언어가 창조성을 갖는 것은 '귀환 규칙'이 있기 때문이다.

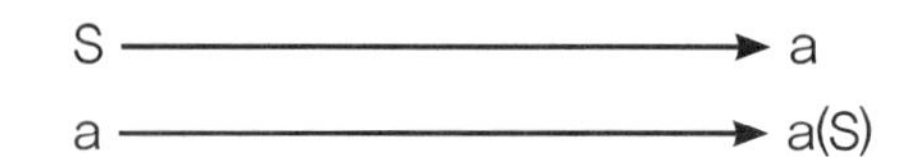

S: 문장

a: 문장을 구성하는 어떤 요소

→: 왼쪽 것이 오른쪽 것으로 구성된다는 뜻

( ): 필연적이 아니라 수의적隨意的이라는 뜻

- 동일한 구문 구조가 한 문장 내에서 반복적으로 나타남

  S는 a로 구성되고, a는 또 a(S)로 구성되므로 a 대신에 a(S)를 쓰고, S 대신에 다시 a를 쓸 수 있음

  a와 a(S)를 반복해서 사용하면 무한히 긴 문장을 만들 수 있음

  예 나는 성학이가 착하다고 서윤이가 말했다고, 성한이가 말했다고, 서인이가 말했다고......

  → 같은 구문이 무한히 반복적으로 사용됨

  [성학이가 [서윤이가 [성한이가 착하다고]] 생각한다고] 말했다.]

  → [주어+서술어]의 동일한 구문 구조가 한 문장 내에서 반복적으로 사용됨

2장

한국어도 언어다

- 언어의 기능
- 언어와 언어학, 국어와 한국어, 한국어의 특징

생각해 보기

질문 1. 언어로 무엇을 할 수 있을까?

질문 2. 국어와 한국어는 같을까 다를까?

1. 언어의 기능

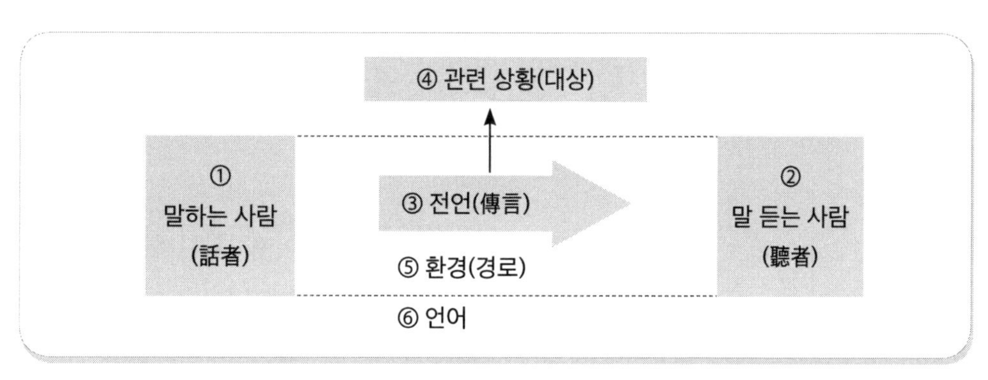

〈언어의 기능〉

정보 전달의 기능

정보 전달은 의사소통의 도구가 되는 언어의 가장 기본적인 기능이며 표현 대상(그림의 4번)과 관련된 기능으로서, 대상을 지시하는 것과 밀접하기 때문에 **지시적 기능**이라고 말하며 **제보적 기능**이라고도 한다. 표현 대상은 메시지가 담고 있는 내용으로 이를 통해 새로운 것을 알리고 전달하는 정보 제공의 기능을 하게 된다. 우리는 상대방에게 언어를 통해 대상에 대해 자신이 가지고 있는 정보를 전달한다. 누군가 새로운 것을 발견하거나 발명하였을 때, 이를 다른 사람에게 소개하기 위해 가장 먼저 하는 것은 이름을 붙이는 행위일 것이다. 그리고 그 이름, 곧 명명을 통해 특정한 사물에 대한 개념이 만들어진다. 무언가에 대해 안다는 것은 이해의 정도에 따라 달라지게 되는데, 바로 이 이해가 우리의 머릿속에 담겨진 대상에 대한 개념이다. 그래서 정보 전달의 측면에서는 언어가 담고 있는 핵심적인 의미, 즉 **개념적 의미**가 중시된다.

표현적 기능

이 기능은 말하는 사람(그림의 1번), 즉 화자에 초점이 맞추어진 기능으로서, 화자의 감정과 태도를 표출하는 기능이기 때문에 **표출적 기능** 또는 **정서적 기능**이라고도 한다. 집에서 엄마가 아이를 부를 때의 상황을 생각해 보자. 엄마는 자신의 감정에 따라 아이를 부르는 방식이 달라질 수 있다. 똑같은 아이의 이름을 부른다고 해도 아이가 말썽을 부릴 때는 화난 목소리로, 아플 때는 걱정스러운 목소리로, 칭찬할 때는 사랑스러운 목소리로 부르는 것처럼 다르게 표현한다는 것이다. 이처럼 표현적 기능은 말하는 사람이 자신의 감정을 담아 표현하는 것을 의미하기 때문에 표현의 측면에서는 **감정적 의미**가 중시된다.

지령적 기능

듣는 사람(그림의 2번)에게 초점이 맞추어져 다른 사람의 행동이나 태도에 영향을 미치고자 할 때 사용되는 기능으로서 **명령적 기능**이라고도 한다. 가장 대표적인 예는 직접적인 명령이겠지만, 부인에게 물을 가져다 달라는 의도를 담아 **목이 마르다**라고 간접적으로 표현하더라도 지령적 기능이 수행된 것이라고 할 수 있다. 더 나아가 새해 첫 결심으로 금연을 하겠다는 자신의 다짐을 잊지 않기 위해 적어 놓고 보면서 금연을 하기 위해 노력한다면 이 또한 지령적 행위라고 할 수 있을 것이다. 이 기능은 듣는 사람에게 초점이 맞추어져 있기 때문에 명령과 요청, 약속 등의 형태로 나타나며, 상하 관계나 친밀성의 정도 등과 같은 상대방과의 관계에 따라 표현이 다양해진다. 또한 이 기능은 말을 듣는 사람에게 어떤 반응을 불러일으키기 때문에 **유발적 기능**이라고도 한다.

친교적 기능

메시지가 전달되는 환경, 즉 경로(그림의 5번)와 관련된 친교적 기능은 상대방과의 유대 관계를 확인하거나 친교를 돈독히 하기 위한 목적으로 사용되는 언어의 기능으로 **의례적·사교적 기능**이라고도 하며, 보통 인사말의 형태로 나타난다. 만약 처음 만나는 사람과 어색한 분위기를 없애기 위해서 날씨나 경치 이야기 등을 한다면 이 또한 친교적 기능을 수행하는 것이라고 할 수 있다. 이때에는 서로 이야기를 하는 상황이 중요한 것이지 그 대화의 의미는 별로 중요하지 않기 때문에 **혹시 아세요?, 어디 가세요?**처럼 정확한 대답을 요구하지 않는 형식적인 질문들을 사용하기도 하며, 질문에 대해 답변을 하지 않아도 문제가 되지 않는다. 이 기능을 이용하면 대화의 길을 항상 열어 놓게 되고, 이를 통해 사회적 관계를 좋게 만들어 유지할 수 있게 된다.

미적 기능

언어 행위에 있어서 사용된 말(그림의 3번) 즉, 전언과 관련된 미적 기능은 언어 그 자체를 위해서 사용하는 기능이다. 이 기능은 언어 표현을 되도록 아름답게 하려고 노력할 때 그 결과로 나타나게 되며, 그래서 언어적인 작품 자체를 위해 사용하게 되기 때문에 **문학적·시적 기능**이라고도 한다. 이 기능은 문학 작품, 선전 및 광고 문안, 구호, 표어 등에서 주로 확인할 수 있으며 **개념적 의미**와

감정적 의미가 모두 관여한다.

관어적 기능

언어 자체에 관하여 이야기하는 것으로서, 이 기능이 있기 때문에 언어를 사용해서 다른 언어를 정의하기도 하고 언어를 배우기도 한다. 예를 들어, **춘부장**이라는 단어를 설명하기 위해 **다른 사람의 아버지를 일컬을 때 쓰는 말**이라고 정의하거나, **지금 하는 말의 진정한 의도가 무엇인가요?**라고 질문할 때처럼 단어의 의미 자체를 설명하거나, 언어 그 자체에 관해서 확인하거나 설명하는 경우 관어적 기능이 이용되기 때문에 **상위 언어적·메타적 기능**이라고도 한다. 새로운 어휘를 학습하거나 특정한 지식을 체계화할 때뿐만 아니라 외국어를 배울 때에도 이 기능은 유용하게 사용된다.

2. 언어와 언어학

언어의 정의

언어란 생각이나 느낌 등을 나타내거나 전달하는 데에 사용하는 음성, 문자 등의 수단이며, 그 음성이나 문자 등의 사회 관습적인 체계이기도 하다. 인간은 언어를 의사소통의 수단으로 이용할 뿐만 아니라 사고의 수단으로도 이용한다. 이러한 언어는 앞서 1장에서 기술한 것처럼 내용과 형식이 결합한 기호 체계이기도 하다.

음성과 문자

언어는 사용 형식에 따라 음성 언어와 문자 언어로 구분된다. 표현과 이해의 측면에서 음성 언어는 청각을 중심으로 하는 말하기와 듣기로 이루어지며, 문자는 시각을 중심으로 하는 쓰기와 읽기로 이루어진다. 음성 언어는 발생적 측면에서 자연적이며 짧은 문장을 통해 빠른 전달이 이루어진다. 그리고 몸짓이나 표정과 같은 비언어적 수단의 도움을 받는다. 이와 달리, 문자 언어는 인위적으로 고안된 수단으로 긴 문장을 통해 다소 느리게 전달되는 경향이 있으며 문체나 표현 기술이 사용된다. 또 음성 언어는 화자와 한정된 시공간 안에서 화자와 청자의 순서 교대를 통해 소통이 이루어지며 수정이 불가능하다. 반면, 문자 언어는 시공간의 제약은 없지만 일방적으로 전달되고 수정이 가능하다는 점에서 음성 언어와 차이가 있다. 이러한 음성과 문자의 차이를 정리하면 다음 표와 같다.

〈음성 언어와 문자 언어의 특성〉

구분	음성 언어	문자 언어
표현/이해의 수단	청각(말하기/듣기)	시각(쓰기/읽기)
발생적 측면	자연 발생적	인위적 고안
제약	시 · 공간적 제약	영구적 · 무제한
정보 처리	짧은 문장 / 빠른 전달	긴 문장 / 다소 느린 전달
소통 방식	순서 교대 (화자↔청자)	일방적 전달 (필자→독자)
보조 수단	몸짓 언어	문체, 표현 기술
수정	불가능	가능

랑그langue와 파롤parole

랑그와 파롤은 구조주의 언어학자 소쉬르가 구분한 것으로, 인간만이 가지고 있는 말하는 능력과 그 능력의 발휘를 가리키는 용어인 랑가쥬Langage, 즉 언어 활동을 구분한 것이다.

인간이 기호 체계로서 언어를 이용하여 의사소통하는 과정을 생물·물리학적으로 살펴보면 그림과 같은데, 이때 물리적 형상으로 나타나는 것이 **파롤**이고, 그것을 인지하여 해석하는 데 작용하는 것이 **랑그**이다.

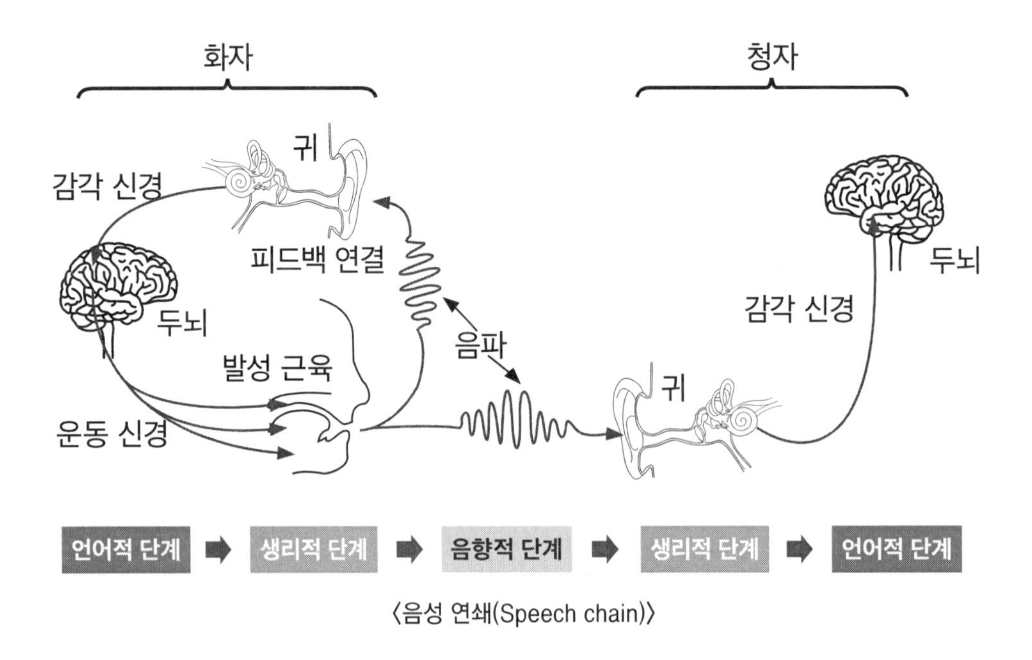

〈음성 연쇄(Speech chain)〉

랑그는 인간의 머릿속에 들어 있는 것으로서, 같은 언어를 사용하는 공동체 구성원들은 모두 공유하고 있는 것이다. 우리가 언어를 통해 의사소통할 수 있는 이유는 바로 모두가 동일한 랑그를 공유하고 있기 때문이다. 그래서 랑그는 사회적 측면의 언어 활동이라고 할 수 있으며, 하나의 사회 제도로서 사회성을 가진 기호의 성격을 지닌다. 그래서 한편으로 랑그는 같은 언어 공동체에 속한 인간 사이의 거대한 제약이 되기도 한다. 언어학을 연구한다고 할 때 그 연구 대상은 물리적인 실체로서의 개별적 발화가 아니라 바로 이 랑그가 된다.

이와는 달리 파롤은 개인적인 차원의 언어 활동으로 랑그를 구사하는 것이다. 세상에 똑같은 사람이 없는 것처럼 똑같이 말하는 사람 또한 없다. 이처럼 개별적이고 현실적으로 표현된 언어 형식을 파롤이라고 한다. 그러나 사람마다 모두 다르다고 하더라도 이는 랑그의 테두리를 벗어날 수 없다. 만약 누군가 랑그를 벗어나 표현을 한다면, 아무도 그의 말을 이해할 수 없을 테니 말이다.

공시태共時態와 통시태通時態

언어를 바라보는 두 가지 관점에 따른 것으로서, 공시태는 일정 시기에 **체계**를 구성하는 것으로 간주되는 언어 사실의 총체이며, 통시태는 시간의 흐름 속에서 변화하는 언어를 말한다. 간단히 말해 공시태는 **20C 언어, 15C 언어**처럼 시간을 고정시킨 특정한 시기의 언어를 바라보는 것이고, 통시태는 과거부터 현재까지 어떻게 언어가 변화하였고 앞으로 어떻게 변하게 될지를 살펴보는 것이다. 예를 들어, 현대 한국어의 문법이나 어휘 등은 모두 공시적인 관점에서 기술되는 것인 반면, 통시적 관점은 과거 시제가 어떻게 생겨나서 현재와 같이 사용되기 시작하였는지를 살핀다거나, 중세 한국어의 **어여쁘다**가 [불쌍하다]라는 의미에서 어떻게 [예쁘다]라는 의미로 변화하게 되었는지 살펴보는 것과 같이 시간의 흐름에 따른 변화를 기술한다.

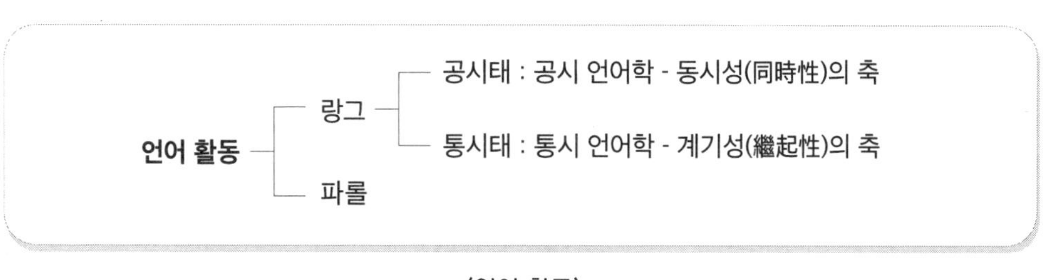

〈언어 활동〉

결합 관계連辭와 계열 관계範例

결합 관계는 선적으로 연결되는 언어 기호의 조합을 말한다. 인간이 말을 할 때는 시간을 따라 발화할 수밖에 없다. 즉, 한 번에 하나의 발음만이 가능하다. 그래서 앞서 언어의 특성에서 언급했던 것처럼, 언어 기호는 현재적 시간을 따라 연쇄될 수밖에 없으며 모든 메시지는 선조적線條的으로 나타나게 된다. 이때 앞뒤로 이어지는 요소들 사이의 관계를 결합 관계라고 한다.

이와는 달리 계열 관계는 동등한 수준의 한 계열에 속하는 다른 기호들과의 대립 관계를 말한다. 이들은 결합 관계를 만들 수 있는 언어 요소로서 집합을 이룬다. 우리는 계열 관계에 있는 여러 후보 기호들 중에서 하나를 선택하여 표현하는데, 이때 **선택될 수 있는 잠재성**을 가지고 있는 요소들이 서로 계열 관계를 이루게 된다. 계열 관계에 있는 요소들은 우리의 머릿속 사전에 저장되어 있기 때문에 잠재적 관계이며 이것이 실제 발화로 선택되어 나열됨으로써 결합 관계를 형성하게 된다.

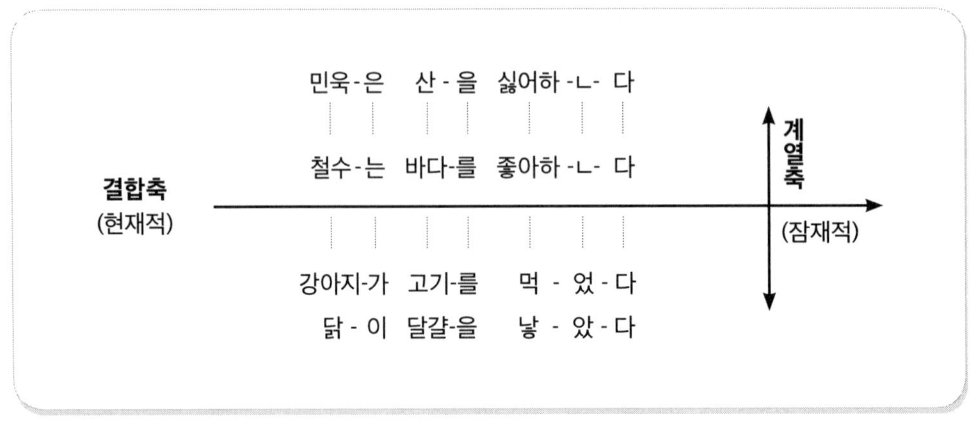

〈결합축과 계열축〉

언어학 언어학은 언어 자체에 대한 언어학적 연구를 말한다. 이는 언어학이 언어에 개재된 제 문제, 즉 개별 인간의 인식 및 행위 현상으로서의 언어, 혹은 사회 현상으로서의 언어 문제를 배제하고 **언어 자체**만을 순수하게 문제 삼는다는 것이다.

현대의 언어학적 연구는 언어를 하나의 체계體系로 보며 언어 구조를 밝히는 것을 목적으로 한다. 그래서 언어 구성 요소들을 분류하고 그 구성 요소 간의 관계를 입증하려고 노력하게 된다. 가장 일반적인 의미로 언어학은 **의미**와 **음성** 간의 관계에 관여한다. 이 관계를 설명하기 위해서 기술記述의 계층을 설정하고, 다루는 구성 요소의 종류를 밝히며, 또한 관계 간에 발전된 각기 다른 종류의 관계를 밝히고자 하는데, 이들 계층의 명칭이 바로 **통사, 형태, 음운, 음성, 단어, 의미** 등이다.

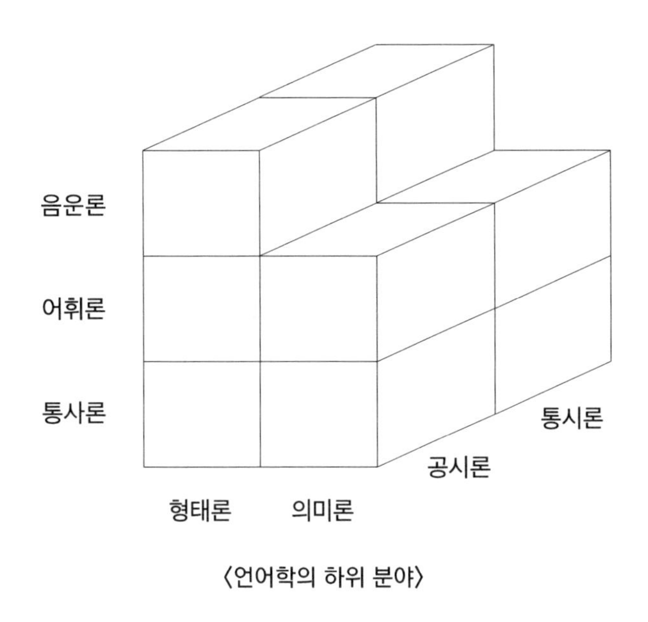

〈언어학의 하위 분야〉

언어학은 어떠한 관점에서 연구하느냐에 일반 언어학과 개별 언어학, 공시 언어학과 통시 언어학, 그리고 이론 언어학과 응용 언어학으로 구분된다.

일반 언어학은 인간이 사용하는 언어의 보편적인 속성과 법칙을 연구하며, 개별 언어학은 특정한 한 언어의 고유한 특성과 구성 원리를 밝힌다. 우리가 한국어를 연구하는 것은 그래서 개별 언어학에 속한다. 그렇다고 해서 일반 언어학과 개별 언어학이 완전히 다른 것은 아니다. 개별 언어학의 연구 성과들을 통해 보편적으로 적용할 수 있는 원리를 밝혀낼 수 있기 때문이다.

공시 언어학은 언어를 공시적으로 연구하고, 통시 언어학은 통시적으로 연구한다. 그래서 공시 언어학은 특정한 한 시기의 언어를 정적으로 연구하게 되고, 통시 언어학은 시간의 흐름에 따른 언어의 변화 양상을 동적으로 연구하게 된다.

순수 언어학인 이론 언어학은 언어 그 자체를 대상으로 과학적인 연구를 하는 것을 목적으로 하며, 응용 언어학은 이론 언어학의 성과를 이용하여 우리의 생활과 관련된 제반 문제를 해결하는 것을 목적으로 이용하는 것이다.

이론 언어학은 음운, 형태소, 단어, 문장 차원으로 이루어지는 언어 자체의 구조를 설명하는 차원에서 자연스럽게 형성되어 온 것으로서, 전통 언어학, 구조주의 언어학, 역사-비교 언어학 등은 이러한 언어 내적 연구의 결과로 나타난 것이다. 우리가 보통 언어학의 하위 분야로 구분하는 대부분의 것들, 음성학, 음운론, 형태론, 통사론, 의미론, 화용론, 어휘론, 방언론, 문체론 들이 바로 이론 언어학에 속한다. 이론 언어학을 언어학적 언어학 또는 미시 언어학微視言語學이라고도 한다.

응용 언어학은 이론적 연구를 실생활에 이용하는 분야이며, 다른 학문에서 제기되는 의문을 언어학적 방법으로 해결하기도 한다. 보통 좁은 의미의 응용 언어학은 언어 교육을 말하지만 심리 언어학, 사회 언어학, 전산 언어학, 신경 언어학 등 다양한 분야에 이용될 수 있다. 그래서 이를 거시 언어학巨視言語學라고도 한다.

3. 국어와 한국어

국어의 의미

우리가 **국어**라고 할 때 국어는 두 가지 의미를 갖는다. 하나는 일정한 국가를 배경으로 하는 언어, 즉 한 나라의 말National Language로서 국어이며, 다른 하나는 한국이라는 국가를 배경으로 한 언어 즉, 한국어Korean Language이다. 따라서 국어와 한국어는 결국 같은 언어를 가리키는 다른 용어로 사용되는데, 엄밀하게 따지면 **국어**라는 용어보다 **한국어**라는 용어가 좀 더 객관적인 용어라고 할 수 있다. 왜냐하면 국어는 단지 **우리나라의 언어**라는 뜻이고 이는 우리 국민 사이에서만 통용되기 때문이다.

최근에는 국어와 한국어를 구별하여 사용하고 있는데, 외국인을 대상으로 하는 우리말 교육인 한국어 교육이 발전하면서 **한국어**를 외국어로서의 국어인 우리말을 가리키는 용어로 사용한다. 이와는 대조적으로 국어 교육은 우리나라 사람을 대상으로 하는 우리말 교육으로 **국어**를 교육하는 것이라고 할 수 있을 것이다.

한국어의 범위

국어와 **한국어**처럼 우리나라의 언어를 다른 명칭으로 지칭하는 경우가 여럿 있다. 가장 많이 사용되는 용어는 **조선어**로서, 이는 북한과 중국, 일본에서 사용한다. 미국에서는 **한어**라고 부르기도 하며, 구소련 지역인 러시아와 중앙아시아 지역에서는 **고려말**이라고 지칭한다. 이들 용어는 **한국어**를 지칭하지만 **국어**를 지시하는 것은 아니라고 할 수 있다. 이들은 모두 대한민국이 아닌 지역과 국가에서 사용되고 있기 때문이다. 그러나 이들은 모두 한국어에 포함된다.

현재 사용되고 있는 한국어뿐만 아니라 역사적으로 사용되었던 한국어 또한 한국어가 된다. 한국어는 오랜 역사를 가지고 있기 때문에 현재 사용되는 한국어뿐만 아니라 고대와 중세, 근대를 거쳐 현대에 이어지는 역사 속에서 사용된 한국어 또한 한국어의 범위에 포함된다.

한국어의 분포

현재 한국어의 사용 인구는 약 8,500만 명으로, 사용 규모 면에서 세계 11~12위 정도를 차지한다. 한국어를 사용하는 지역과 인구는 7,000만 명 정도인 한반도를 비롯하여 중국 220만, 일본 70만, 미국 170만, 구소련 지역 60만 명 정도이다.

이외에도 현재 한류 등의 영향에 힘입어 전 세계적으로 한국어 학습자가 급격히 증가하고 있는 추세이다.

4. 한국어의 특징

일반적 특징

앞서 1장에서 말했듯이 한국어 또한 언어에 속하기 때문에 일반적인 언어의 특징을 모두 가지고 있다. 그래서 한국어 또한 자의적인 음성 기호의 체계이며, 기호의 형식으로 이용하는 말소리는 자음과 모음으로 나뉜다. 한국어에는 명사와 동사가 반드시 있으며, 문장은 주어와 서술어로 구성된다.

문자적 특징

다른 언어와 다르게 한국어를 기록하는 데 사용하는 **한글**이라는 문자는 1443년 12월에 세종대왕에 의해 의도적으로 창제된 것으로서, 언제, 누가, 어떻게, 왜 만들었는지 분명한 기록으로 전해온다.

한글은 음소 문자로서 소리의 단위인 자음과 모음을 글자 하나하나가 대표한다. 이처럼 한글은 문자 자체가 소리의 특질을 반영하는 자질 문자이기 때문에 매우 합리적이라고 할 수 있다. 많은 사람들이 한글이 우수하다고 말하는 이유는 무엇보다 글자를 만든 방식이 매우 과학적이기 때문이다. 자음은 발음 기관의 모양을 **상형**象形하고, **가획**加劃, **이체**異體의 원리에 따라 만들었으며, 모음은 발음의 특성을 고려하여 체계를 세웠다. 이러한 방식은 세계 문자사에 유례가 없는 매우 과학적인 방식이라고 할 수 있다.

구조적 특징

한국어의 문장 구성은 **주어-목적어-서술어**SOV의 어순으로 이루어지며 서술어가 중심적인 역할을 한다. 또 수식어가 피수식어 앞에 오는 구조로 되어 있다.

1) ㄱ. 주말에 가족들이랑 제주도로 놀러 갑니다.
ㄴ. 가족들이랑 주말에 제주도로 놀러 갑니다.
ㄷ. 주말에 제주도로 가족들이랑 놀러 갑니다.

2) 서윤: 언제 왔어?

서인: 좀 전에.

서윤: 밥은 먹었어?

서인: 먹었지.

그러나 (1)처럼 서술어만 문장 끝에 놓으면 남은 성분의 위치는 비교적 자유롭다. 또한 상황만 정확히 주어지면 (2)처럼 주요 문장 성분을 생략해도 의미 전달이 가능하다.

형태적 특징

한국어는 형태적으로 **교착어**膠着語에 속한다. 한국어는 실질적인 의미를 가진 단어, 또는 어간에 문법적인 기능을 가진 요소가 차례로 결합함으로써 문장 속에서의 문법적인 역할이나 관계의 차이를 나타내며, 조사와 어미에 따라 각 단어의 문장에서의 기능, 형식, 뉘앙스가 결정된다.

3) ㄱ. 서윤이**가** 강아지**를** 좋아해.

ㄴ. 강아지**를** 서윤이**가** 좋아해.

ㄷ. 강아지**가** 서윤이**를** 좋아해.

ㄹ. 서윤이는 강아지**만** 좋아해.

ㅁ. 서윤이가 강아지를 좋아**할까**?

ㅂ. 서윤이가 강아지를 좋아**했으면**….

예를 들어, **서윤이, 강아지, 좋아하다**라는 단어를 이용할 때 (3ㄱ, ㄴ, ㄷ)처럼 조사에 따라 주어와 목적어가 구별되며, (3ㄹ)처럼 조사에 의해 특정 의미가 생성되기도 하고, (3ㅁ, ㅂ)과 같이 어미에 따라 문장의 종류가 결정되거나 말하는 사람의 심리가 전달되기도 한다.

기타 특징

한국어는 말하는 사람과 듣는 사람의 관계에 따라 다양한 **높임법** 또는 **경어법**敬語法이 발달했는데, 한국 사람들이 높임을 결정하는 중요한 요인은 **나이**와 **지위**이다.

한국어의 높임법에는 크게 세 가지 유형이 있다. 먼저 주체 높임법은 문장의 주체를 높이는 것으로서, **저기 김 선생님께서 가신다**처럼 주체 높임 선어말 어미 **-(으)시**와 조사 **께서**, 접미사 **-님** 등을 이용하며, **계시다, 잡수시다, 주무시다, 편찮으시다** 등의 특수 어휘를 사용하여 높이기도 한다.

다음으로, 객체 높임법은 겸양법이라고도 하며, 문장의 목적어나 부사어로 나오는 인물을 높이는 방법이다. 이는 과거에 많이 사용되었지만 현대 한국어에서는 별로 쓰이지 않으며, **드리다, 모시다, 뵙다, 여쭙다**와 같은 몇몇 서술어를 통해 표현된다. 의고체 문장에서는 **-자오-, -사오-, -오-** 등과 같은 선어말 어미를 통해서 표현하기도 한다.

마지막으로, 상대 높임법은 듣는 사람을 높이거나 낮추는 방법이다. 상대 높임법은 다소 의례적인 격식체와 정감을 나타내는 비격식체로 나뉘는데, 격식체는 아주 높임, 예사 높임, 예사 낮춤, 아주 낮춤의 높임 등급에 따라 **하십시오체, 하오체, 하게체, 해라체** 등이 있다. 비격식체는 두루 높임과 두루 낮춤으로 사용되는 **해요체**와 **해체**로 구분된다.

한국어는 어휘적으로 친족 어휘가 매우 세분화되어 있어 부르는 말인 호칭어와 가리키는 말인 지칭어가 다양하게 발달하였다. 이 외에 의성어·의태어가 매우 발달되어 있다는 것도 중요한 특징이다.

학습 정리

- 언어의 기능에는 '정보 전달의 기능', '표현적 기능', '지령적 기능', '친교적 기능', '미적 기능', '관어적 기능'의 6가지가 있다.
- 언어는 음성 언어와 문자 언어로 구분된다. 음성 언어는 자연 발생적으로 우리에게 주어졌으며, 문자 언어는 음성 언어의 제약을 극복하기 위해 인위적으로 고안된 것이다.
- 랑그와 파롤은 언어 활동의 두 측면이다.
- 언어학은 언어에 대해 연구하는 학문이며, 관점에 따라 일반 언어학과 개별 언어학, 공시 언어학과 통시 언어학, 이론 언어학과 응용 언어학 등으로 구분할 수 있다.
- 한국어는 약 8,500만 명 정도가 사용하는 세계 11~12위권에 해당하는 언어이다.
- 한국어는 언어 보편적 특징을 가지고 있으며, 개별 언어로서 다른 언어와 구별되는 나름의 특징도 가지고 있다.

학습 퀴즈

※ 다음에서 설명하는 것은 언어의 어떤 기능과 관계가 되는지 〈보기〉에서 고르라.

❶ 지시적 기능 ❷ 표현적 기능 ❸ 친교적 기능
❹ 지령적 기능 ❺ 미적 기능 ❻ 관어적 기능

1. 인간은 사회를 구성하면서 다른 사람과 관계를 맺고 살아간다. 이럴 때 언어는 매우 중요한 역할을 하는데, 이렇듯 사회를 유지하는 데 가장 긴요하게 작용하는 언어의 기능은 어느 것인가?

2. 학문이 성립하는 데에는 여러 조건이 있을 수 있는데, 그 중의 하나는 언어일 것이다. 새로운 사실을 밝혔을 때, 이것을 다른 사람과 공유하기 위해서 논문을 쓰고, 보고서를 작성한다. 이와 관련된 언어의 기능은 무엇인가?

3. 공시와 통시의 개념을 적용할 때, '나무를 수평으로 잘라 나이테를 비교, 대조하는 것과 같은 연구는 어떤 연구인가?

4. 인간이 단어를 이용하여 문장을 구성한다면 그 단어와 단어들은 어떤 관계에 있다고 하는가?

5. 개별 단위에 따른 언어학의 하위 분야에는 어떤 것들이 있는가?

6. 음성과 문자 중에서 언어학의 1차적 연구 대상은 어느 것인가?

7. 다음 중에서 응용 언어학적 연구가 아닌 것은 어느 것인가?

① 일상생활의 편의를 위하여 어문 규정을 마련하고자 연구한다.

② 각 지방의 말을 데이터베이스화하고, 이를 분석하여 한국어의 역사를 밝히고자 한다.

③ 외국인들에게 효과적으로 한국어를 가르치기 위한 방법을 강구한다.

④ 교육 목적상 통일된 문법을 마련하기 위해서 한국어의 문법을 연구한다.

8. 다음 중에서 한국어의 특징으로 보기 어려운 것을 모두 고르라.

① 접속사가 없다.

② 비교적 어순이 자유롭다.

③ 문법 범주에 '성'과 '수'의 구별이 있다.

④ 서술어가 문장의 끝에 온다.

⑤ 단수, 복수에 따라 동사가 굴절한다.

⑥ 시제 범주가 있다.

⑦ 경어법의 등급이 서술어에 반영된다.

9. 다음 중 한국어의 문법적 특징이 아닌 것을 모두 고르라.

① 관계 대명사가 없다.

② 수식어가 피수식어 앞에 온다.

③ 주어나 목적어가 쉽게 생략될 수 있다.

④ 명사의 복수를 표시할 때, 복수 표지가 반드시 있어야 한다.

⑤ 굴절 접두사가 있다.

⑥ 파생 접미사가 있다.

⑦ 재귀 대명사는 1인칭, 2인칭, 3인칭으로 나뉜다.

같이 알아보기

- 유네스코 제 30차 총회(1999년 2월 21일, 세계 모어의 날 제정식)에서 행한 유네스코 사무총장의 메시지에 의하면 세계에는 6,700개의 언어가 존재한다고 한다. 그런데 이 언어들은 2주에 한 개 꼴로 사라지고 있으며, 앞으로 100년이 못 가서 현존하는 언어의 절반 이상이 흔적도 없이 사라질 것이라고 예상하고 있다. 학자마다 통계치가 다르기는 하지만 지금 지구상에는 적어도 6,000여 개의 언어가 있다고 하는데 어떤 언어들이 있는지 알아보자.
- 한국어의 사용 인구는 현재 약 8,500만 명에 달한다고 합니다. 어떤 지역에 얼마나 많은 사람들이 한국어를 사용하는지 조사해 보자.

용어 정리

미시 언어학微視言語學micro-linguistics

언어 자체의 분석에만 치중하는 언어학의 연구 분야. 언어의 사회적 기능이나 심리적 기능(이를테면, 표현(언어의 산출)과 이해의 기초가 되는 심리적 요인 등에 대한 언어학적 분석), 미적 기능, 정보 전달의 기능 등 언어 자체가 아닌 사항에 대해서는 관심을 기울이지 않는다.

거시 언어학巨視言語學macro-linguistics

미시 언어학의 상대적인 개념의 언어학 연구 분야. 분야 간 언어학이라고도 한다. 미시 언어학에서 다루지 않은 측면을 모두 다루는데 이들은 각각 사회 언어학, 심리 언어학, 인류 언어학, 전산 언어학, 수리 언어학, 방언학, 문체론 등이 포함된다.

교착어膠着語

첨가어 또는 부착어라고도 한다. 언어의 형태적 분류에 의한 것으로 교착어 외에 굴절어屈折語(어형과 어미의 변화로써 단어가 문장 속에서 가지는 여러 가지 관계를 나타내는 언어로서 영어, 독일어, 프랑스어 등 인도·유럽 어족에 속한 대부분의 언어), 고립어孤立語(어형 변화나 접사 등이 없고 그 실현 위치에 의하여 단어가 문장 속에서 가지는 여러 가지 관계가 결정되는 언어로서 중국어, 타이어, 베트남어 등), 포합어抱合語(동사를 중심으로 하여 그 앞뒤에 인칭 접사나 목적을 나타내는 어사를 결합 또는 삽입하여 한 단어로서 한 문장과 같은 형태를 가지는 언어로서 에스키모어, 아이누어, 인디언어 등)이 있다.

"목소리에 실려 있는 것은 영혼에 각인되어 있는 것의 상징이고,
기록되어 있는 것은 목소리에 실려 있는 것의 상징이다."

(Aristo.)

한국어 음성학

1장

말소리란 무엇인가

- 말소리의 생성
- 말소리의 연구 분야

생각해 보기

질문 1. 말소리란 무엇일까?

질문 2. 사람의 발음 기관을 통해서 나오는 소리는 모두 말소리일까?

1. 말소리와 음성

말소리란 무엇인가

말소리란 인간의 발음 기관을 통해서 만들어지는 소리, 즉 **음성**音聲으로 인간이 자신의 언어에서 사용하는 소리이다. 그러나 인간의 발음 기관을 통해서 만들어지는 소리가 모두 음성은 아니다. 음성이 되기 위해서는 반드시 의미가 있어야 한다. 다시 말해 어떤 소리가 말소리가 되려면 그 언어에서 단독으로, 또는 다른 소리와 어울려 언어학적인 의미를 가져야 한다는 것이다.

인간은 어떻게 의사소통을 하는가?

앞에서 살펴보았듯이 인간은 음성 연쇄speech chain를 통해 의사소통을 한다.

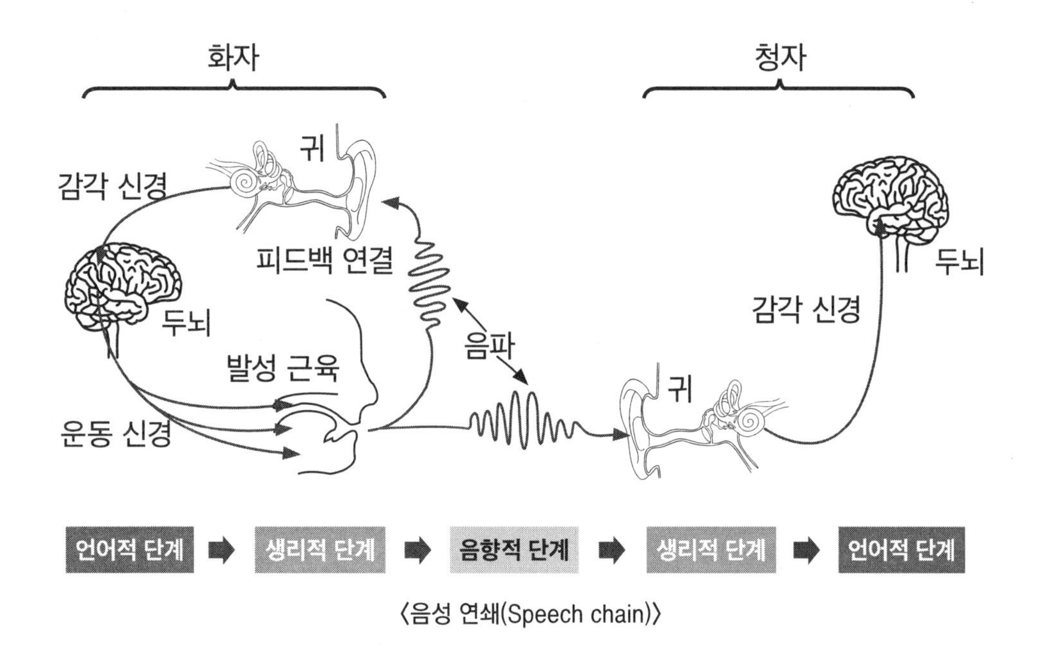

〈음성 연쇄(Speech chain)〉

인간은 머릿속에 언어 생성 규칙을 저장하고 있으며 우리의 뇌는 이를 통해 발성 근육을 움직여 물리적인 소리를 생성해 낸다. 이 소리가 청각을 통해 인지되며 이를 다시 언어 해석 규칙에 따라 이해하게 된다. 이러한 과정의 핵심적인 역할을 하는 것이 뇌의 언어 중추이며, 인간이 언어 능력을 가질 수 있는 생리적인 측면이라고 할 수 있다.

음성학Phonetics

음성학音聲學은 인간의 말소리를 연구하는 학문 분야로서 크게 음향 음성학Acoustic Phonetics, 청취 음성학Auditory Phonetics, 조음 음성학Articulatory Phonetics으로 나눌 수 있다. **음향 음성학**은 화자의 입 밖으로 나오는 말소리가 청자의 귀에 지각되기까지의 과정에 놓인 소리 자체의 물리적 특성을 연구하기 때문에 주로 물리학 분야와 관련이 된다. 주로 스펙트로그래프spectrograph 등과 같은 음향 분석 기기를 통해 음성의 주파수, 파형 등을 기계적으로 분석하는데, 20세기 후반부터 컴퓨터 기술의 발전을 통해 보다 쉽게 다양한 음성 분석이 이루어지고 있다.

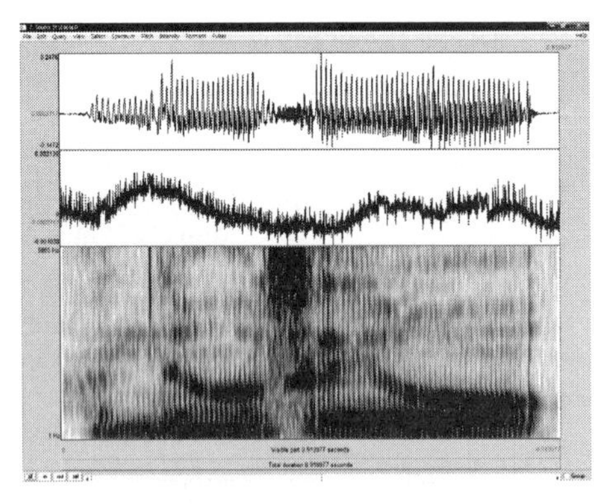

〈'안녕하세요'의 스펙프로그램〉

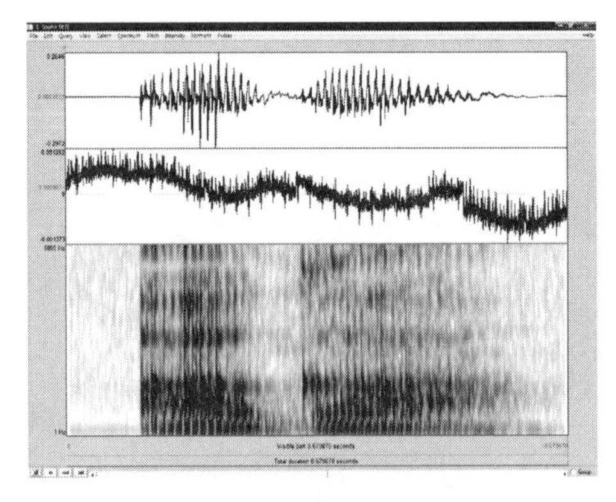

〈'아가'의 스펙프로그램〉

청취 음성학은 청자에게 청취된 소리와 그것을 음성으로 파악하는 과정에 초점이 놓이며, 귀의 해부학적 구조와 신경 전달 과정을 분석한다. 이 분야는 주로 언어 치료를 목적으로 하는 언어 병리학 분야와 관련된다.

조음 음성학은 음성 기관에서 만들어지는 소리, 즉 발음 기관에서 산출되는 음성을 연구 대상으로 하며, 음성이 발음될 때의 발음 기관의 모양에 따라 음성을 분류하고 그 과정을 기술한다. 언어 그 자체를 대상으로 하기 때문에 조음 음성학은 인간의 언어를 이해하기 위한 언어학 분야에 속한다.

2. 발음 기관과 말소리 만들기

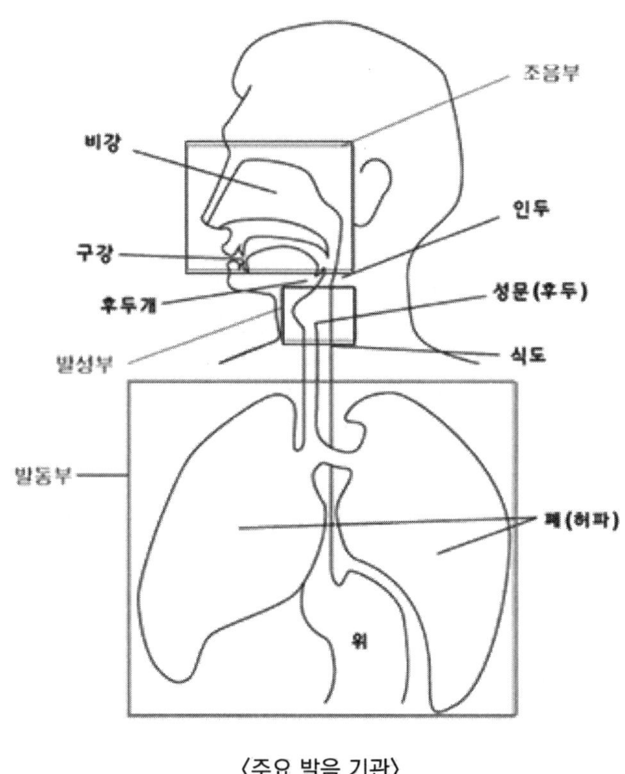

〈주요 발음 기관〉

주요 발음 기관

말소리를 만드는 주요 발음 기관은 말소리를 내는 데 필요한 숨을 공급하는 허파, 허파에서 나오는 숨을 조절하는 성대聲帶, 숨의 통로를 결정하는 목젖, 그리고 경구개와 연구개, 윗니, 윗잇몸, 혀 등인데 이 중 가장 큰 역할을 하는 것이 바로 혀이다. 이들 발음 기관들은 크게 조음부調音部, 발성부發聲部, 발동부發動部로 나눌 수 있다.

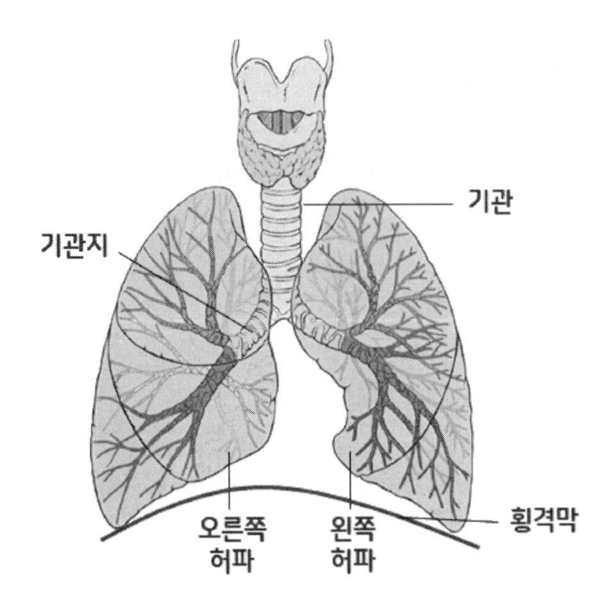

〈발동부: 허파와 기관〉
(출처: 위키미디어)

먼저, **발동부**는 횡격막橫隔膜, 허파, 기관으로 구성되며 이들은 공기를 흡입·배출하여 소리를 내는 데 필요한 기류인 들숨과 날숨을 공급한다.

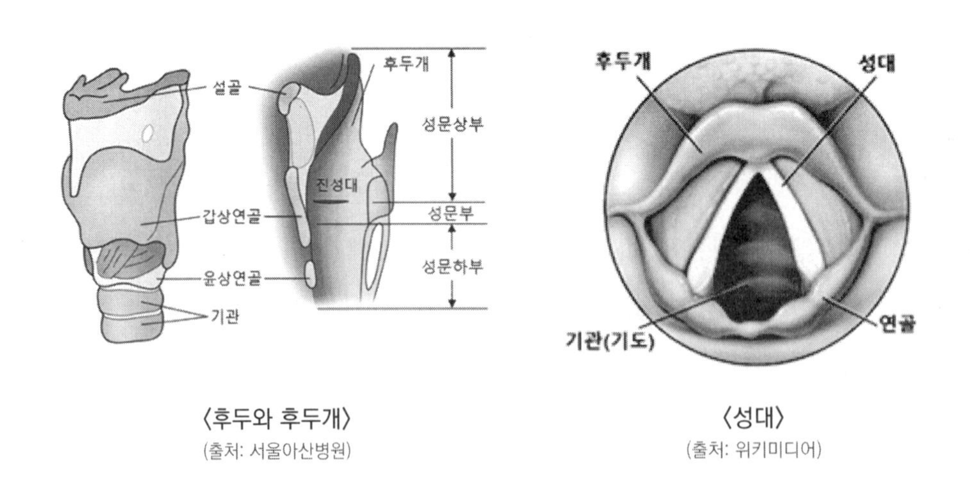

〈후두와 후두개〉
(출처: 서울아산병원)

〈성대〉
(출처: 위키미디어)

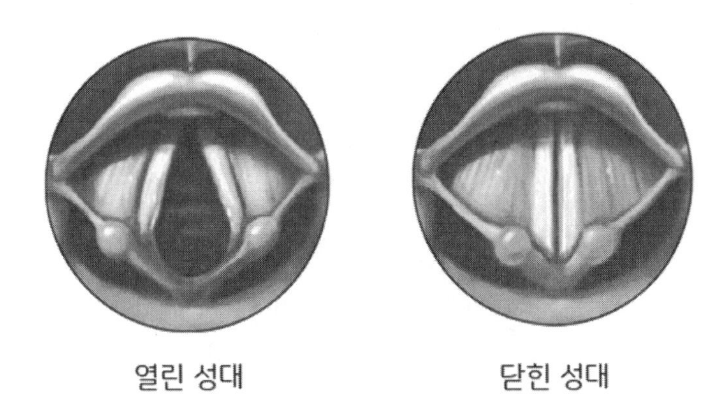

〈성대〉
(출처: mayoclinic.org)

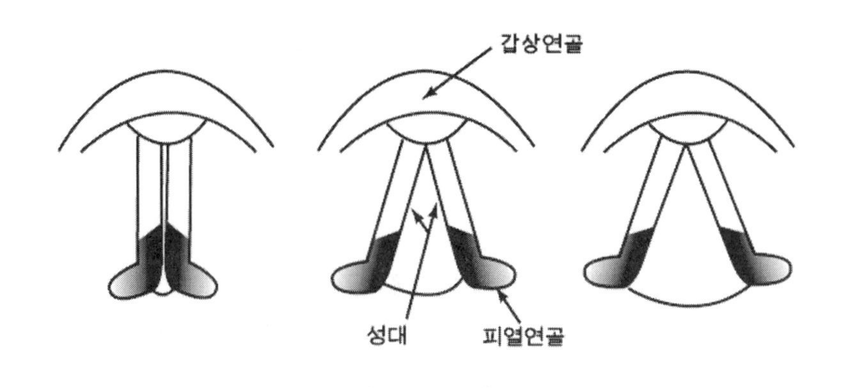

〈성대와 성문〉
(출처: Peter B. Denes, Peter Denes, Elliot Pinson(1993/2016), The Speech Chain, W. H. Freeman and Company(고도흥 · 구희산 · 김기호 · 양병곤 공역(1995), 한신문화사))

발성부는 인두와 기관을 잇는 성대를 포함한 관으로, 공기의 통로가 되는 후두喉頭, 후두의 상단에 위치하여 음식물이 후두로 들어오는 것을 막아주는 후두개喉頭蓋epiglottis, 성대가 열려 있을 때 생기는 틈인 성문聲門glottis으로 구성되며 허파에서 나온 공기가 후두에 있는 성대를 통과하면서 목소리를 내게 된다. 특히 성대는 유성음과 무성음을 구별하는 중요한 역할을 하며, 발동부와 함께 음의 고저를 만들어낸다.

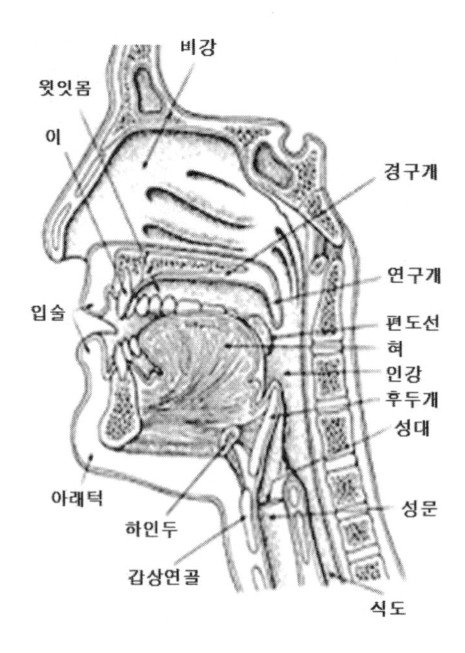

〈발성부와 조음부〉

(출처: Peter B. Denes, Peter Denes, Elliot Pinson(1993/2016), The Speech Chain, W. H. Freeman and Company
(고도흥 · 구희산 · 김기호 · 양병곤 공역(1995), 한신문화사))

조음부는 성대 위에 있는 발음 기관으로서, 인두강, 구강, 비강, 순강으로 구성되어 있다. 이들은 성대에서 만들어진 소리를 증폭하고 세분하는 부분으로서, 단순한 소리를 **음가를 가진 말소리**로 만든다.

〈조음부 구성〉

구분	구성	비고
고정부(조음 위치)	윗니, 잇몸(치조), 경구개, 연구개	
능동부(조음기)	입술, 혀, 목젖	
조음점(자음)	능동부가 고정부에 닿아 소리를 내는 곳	모음은 '최고점'과 '좁힘점'에 따라 구분된다.

좀 더 세부적으로 살펴보면 조음부는 고정부, 능동부, 조음점으로 구성되는데 고정부

는 조음 위치의 역할을 하는 윗니, 잇몸, 경구개, 연구개이며, 능동부는 조음기 역할을 하는 입술, 혀, 목젖이다. 자음의 조음점은 능동부가 고정부에 닿아 소리를 내는 곳이 되며, 모음은 자음과 달리 정해진 조음점이 없으며 최고점과 좁힘점에 따라 구분된다.

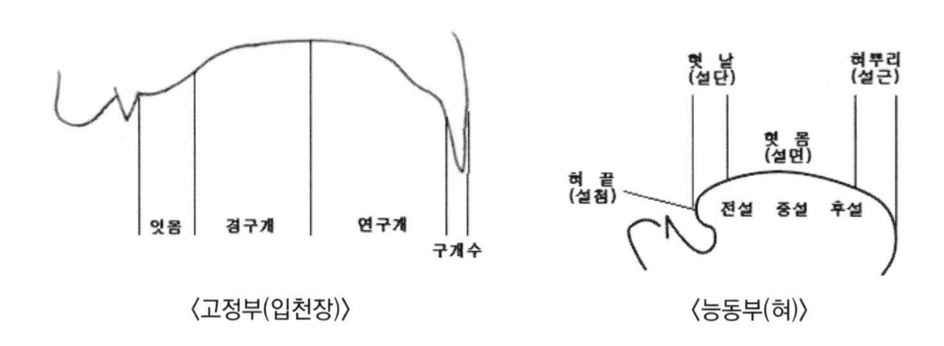

〈고정부(입천장)〉 〈능동부(혀)〉

조음부 각 기관의 특징을 살펴보면, 우선 인두咽頭는 설근과 인두벽과의 사이에 이루어지는 공간으로 인두강 또는 인강이라고도 하는데 성대를 울려서 나오는 소리의 공명실 역할을 한다. 목젖은 구개수□蓋垂라고도 하며 공기의 흐름을 조절하고, 입천장은 경구개硬□蓋와 연구개軟□蓋 그리고 치조齒槽 또는 치경齒莖인 치조잇몸을 말하는데, 능동부인 혀와 함께 여러 종류의 발음을 만들어 낼 수 있도록 조음점을 제공한다. 대부분의 음성을 내는 데 관여하는 혀는 설첨舌尖, 설단舌端, 설면舌面, 설근舌根으로 구분된다. 설첨은 혀끝이라도고 하는데 혀의 뾰족한 앞 끝 부분이다. 한국어에서는 특별히 조음에 관여하지 않는다. 대개 설첨을 포함한 혀의 앞부분을 설단 또는 혓날이라고 하는데 한국어의 많은 자음이 이 부분에서 조음된다. 말을 하지 않을 때는 입천장에 닿아 있다. 설면은 혓바닥으로서 혓몸이라고도 하며 전설, 중설, 후설로 나뉜다. 설근은 혀뿌리라고도 하며 혀의 깊숙한 뒷부분이다. 마지막 조음부인 입술은 양순兩脣이라고 하며 그 모양에 따라 원순 모음과 평순 모음으로 음가가 달라진다.

〈혀의 부분〉

명칭	위치	비고
혀끝(舌尖, tongue tip)	혀의 뾰족한 앞 끝	
혓날(舌端, tongue blade)	혀 표면의 앞부분	말을 하지 않을 때 입천장에 닿아 있음
혓몸(=혓바닥)(舌面, tongue body)	혓바닥 부분	전설, 중설, 후설로 나뉨
혀뿌리(舌根, tongue root)	혀의 깊숙한 뒷부분	

말소리가 만들어지는 과정

말소리는 발동부인 허파에서 기류가 생성되고 이 기류가 발성부인 성대를 거치면서 1차로 변형되어 말소리가 생성된다. 이후 조음부인 비강과 구강 등을 지나면서 2차 변형이 되어 음가가 형성되면서 변별력을 가지는 음성으로 실현된다.

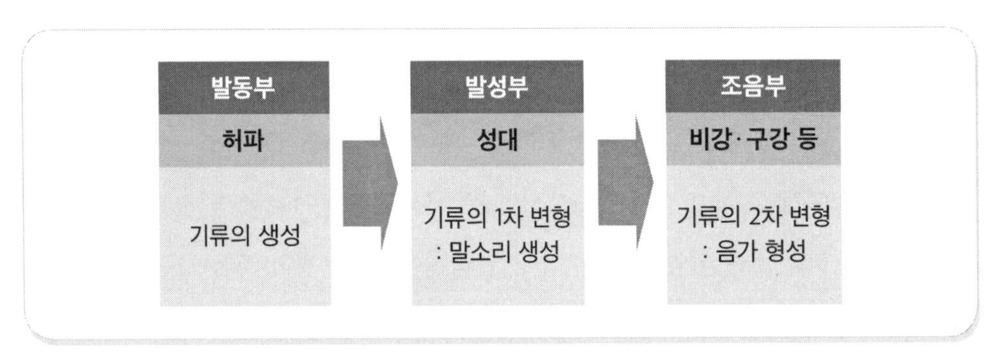

〈말소리의 생성 단계〉

학습 정리

- 말소리는 인간의 소리 중에서 언어학적으로 의미 있는 소리를 말한다.
- 인간의 발음 기관은 크게 발동부(허파), 발성부(성대), 조음부(인두강, 구강, 비강, 순강)로 구성된다.
- 말소리는 허파에서 공기를 내보내고, 성대에서 소리가 만들어진 다음, 조음부에서 다양한 소리로 분화된다.

학습 퀴즈

1. 인간의 음성을 다루는 학문을 음성학이라고 한다. 음성학은 그 대상이 무엇이냐에 따라 구분할 수 있는데 각각의 음성학 분야에 해당하는 것을 〈보기〉에서 고르라.

❶ 말소리의 물리적 특성을 연구한다.
❷ 주로 의학 분야에 활용된다.
❸ 스펙트로그래프와 같은 기계적인 분석을 통해 소리의 특성을 파악한다.
❹ 인간의 언어를 이해하기 위해 연구한다.
❺ 신경 전달 과정을 분석하는 것이 중요한 연구 내용이 된다.
❻ 발음 기관의 모양에 따라 음성을 분류하고, 발음 과정을 기술한다.

ㄱ. 음향 음성학 ....

ㄴ. 청취 음성학 ....

ㄷ. 조음 음성학 ....

2. 발음 기관은 발동부, 발성부, 조음부의 셋으로 구분된다. 각각에 해당하는 기관을 〈보기〉에 서 찾아 쓰라.

보기				
❶ 잇몸	❷ 혀	❸ 허파(肺)	❹ 후두	❺ 입술
❻ 비강	❼ 성대	❽ 기관	❾ 이(齒)	❿ 횡격막

ㄱ. 발동부 ....

ㄴ. 발성부 ....

ㄷ. 조음부 ....

3. 말소리가 어떤 단계를 거쳐 생성되는지 간략히 쓰라.

같이 알아보기

- 언어학에서는 전통적으로 조음 음성학을 주로 다루어 왔다. 어떤 특별한 이유가 있어서 그랬을까?
- 최근에 음성학은 컴퓨터 공학과 음성 신호 처리 기술 등의 발달로 매우 다양한 분야에서 활용되고 있다. 이에 대해 조사해 보자.

용어 정리

소리의 구분

음향音響: 물체에서 나는 소리와 그 울림. 자연계의 모든 소리.

음성音聲: 사람의 발음 기관을 통해서 내는 구체적이고 물리적인 소리. 발화자와 발화시에 따라 다르게 나는 소리로서 자음과 모음으로 나뉘는 성질이 있다.

스펙트로그램Spectrogram

말소리에 사용되는 음파는 보통 복합파이다. 이 복합파가 어떤 단순파들로 이루어져 있는지 알아보기 위해서 스펙트럼 분석을 하는데, 스펙트럼은 각 주파수와 그 주파수의 진폭이라는 두 가지 차원으로 분석된다. 즉, 스펙트럼은 음파를 구성하는 내용물(단순파)들의 질과 양을 보여준다. 반면 스펙트로그램은 스펙트럼에 '시간'이라는 차원을 하나 더 보탠 것이다. 스펙트로그램은 주파수와 진폭이 시간에 따라 어떻게 변화하는지를 보여주는 삼차원 그림이다. 스펙트로그램에서 가로로 보이는 진한 띠는 그 주파수 대역의 강도가 크다는 사실을 의미한다(신지영·차재은(2004), 우리말 소리의 체계, 한국문화사).

2장

자음 만들기

- 자음의 생성
- 자음의 분류

생각해 보기

질문 1. ㄱ은 [g]일까 [k]일까?

1. 발성 과정

발성 과정이란

발성 과정은 성대에서의 기류를 조절하는 과정이다. 성대는 기류를 조절하는 일종의 벨브 역할을 하는데 성문을 완전히 개방할 경우 두 성대가 멀리 떨어져 진동을 수반하지 않고 발성이 되며, 성문을 밀착할 경우 성대가 붙어서 진동이 수반되어 발성이 된다.

무성음無聲音과 유성음有聲音

무성음은 성문이 활짝 열려 공기가 자유롭게 나와서 성대의 진동이 없이 나는 소리를 말하며, **유성음**은 성문이 닫혀 있어 공기가 성문 틈새로 나오면서 성대가 진동하여 나는 소리를 말한다.

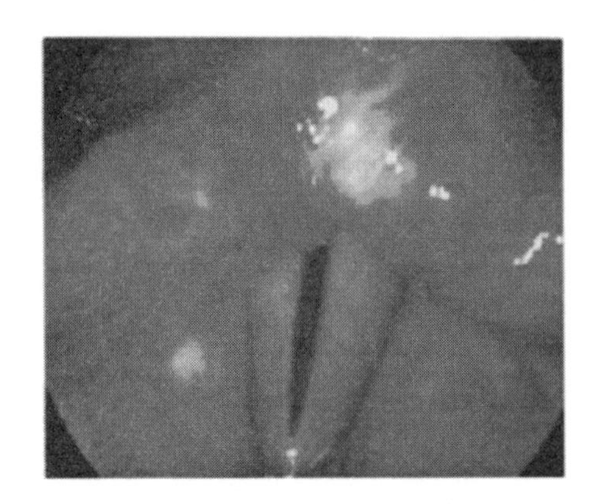

〈무성음 발성 시의 성대〉

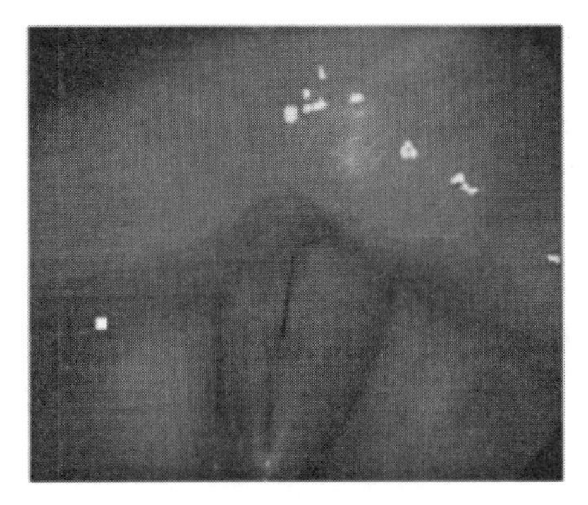

〈유성음 발성 시의 성대〉

(출처: 고도흥(2004), 언어기관의 해부와 생리, 소화)

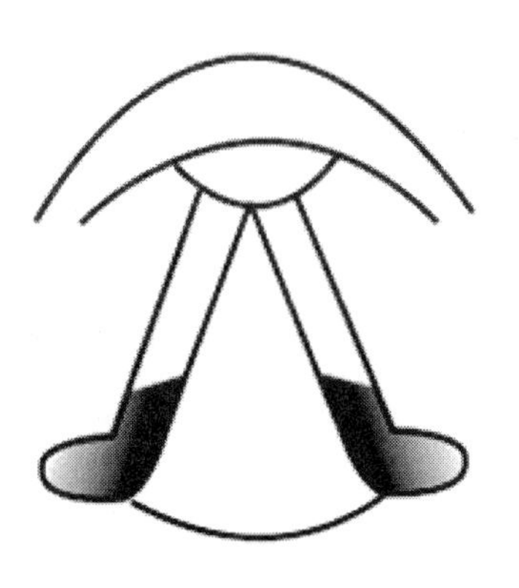

〈무성음의 발성〉

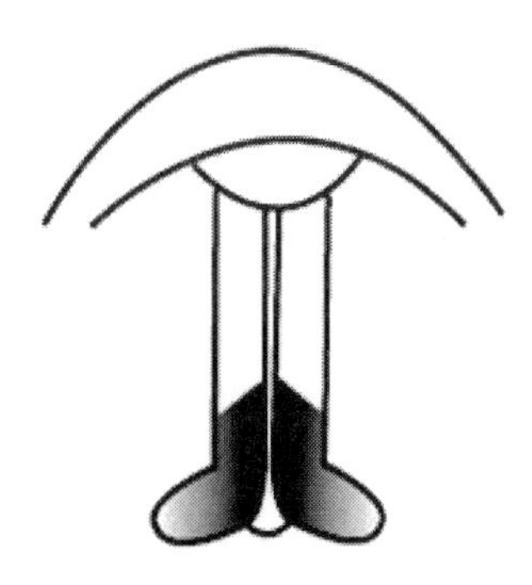

〈유성음의 발성〉

(출처: Peter B. Denes, Peter Denes, Elliot Pinson(1993/2016), *The Speech Chain*, W. H. Freeman and Company
(고도흥 · 구희산 · 김기호 · 양병곤 공역(1995), 한신문화사))

무기음無氣音**과 유기음**有氣音 성문 아래에 공기를 많이 압축했다가 방출하면 마치 [h]와 같은 마찰 소음을 내는 강한 기류가 나오는데 이것을 **기**aspiration라고 한다. 유기음은 바로 이 기氣息性를 수반하는 소리로서 **거센소리, 기식음, 기음, 격음**이라고도 하며 한국어에서 **ㅍ, ㅌ, ㅊ, ㅋ** 소리가 이에 해당한다. 이와는 달리 무기음은 기를 수반하지 않는 소리이며, 한국어 유기음 **ㅍ, ㅌ, ㅊ, ㅋ**을 제외한 모든 자음이 이에 속한다.

경음硬音 **된소리, 긴장음**tensing이라고도 하는 경음은 파열음, 마찰음, 파찰음 등을 발음할 때 성문 아래에서 공기를 압축했다가 조금만 방출할 때 나는 소리로서 한국어에서는 **ㅃ, ㄸ, ㅆ, ㅉ, ㄲ** 소리가 이에 해당한다.

2. 조음 과정

조음 과정이란 성대에서 조절된 기류가 성도聲道vocal tract를 지나면서 겪게 되는 기류의 변형 과정을 조음 과정이라 하는데 이들 부류에는 대표적으로 자음과 모음이 있다. 자음子音consonant은 성도를 지나가는 기류가 방해를 받으면서 나는 소리이며, 모음母音vowel은 기류가 성도를 지나는 동안 아무런 방해도 받지 않고 나는 소리이다.

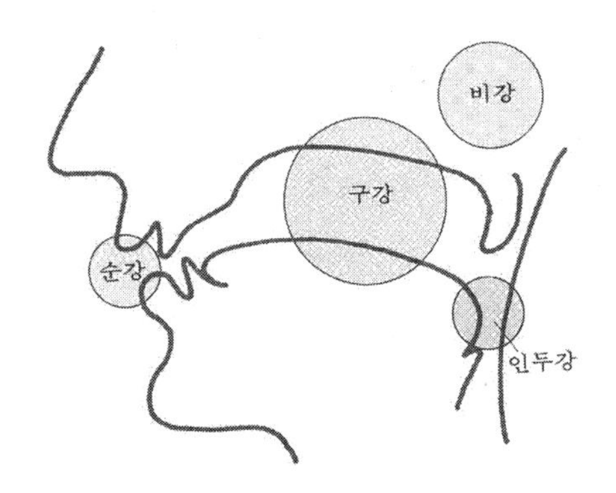

〈조음에 관여하는 공명강(共鳴腔)〉
(출처: 한국민족문화대백과)

비음鼻音과 구강음口腔音

비음은 **콧소리**라고도 하며 연구개가 내려와 있어서 공기가 비강을 통해서도 나가는 음을 말한다. 음성적 자질로는 [+nasal]로 표시하며 한국어의 ㅁ, ㄴ, ㅇ 소리가 이에 속한다. 이와는 반대로 연구개가 닫혀 있어서 공기가 구강으로만 빠져 나가는 음을 **구강음**이라고 하며 음성적 자질로는 [-nasal]로 표시한다. 비음을 제외한 자음들이 이에 속한다.

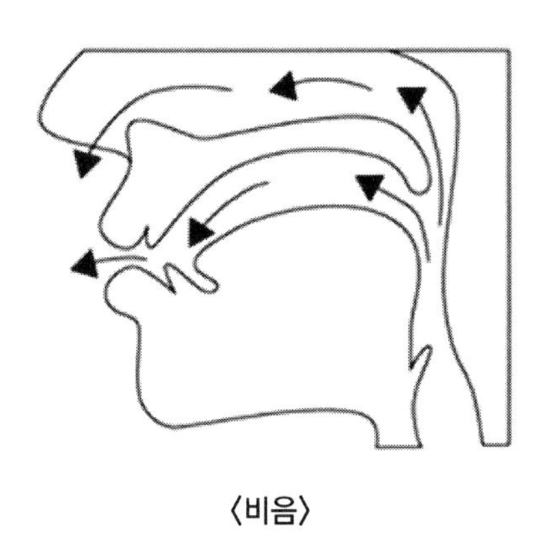

〈비음〉

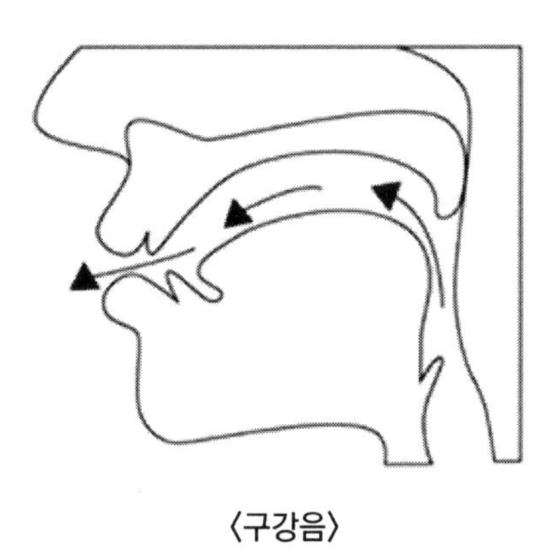

〈구강음〉

3. 자음의 분류

조음 위치에 따른 분류

자음을 조음 위치에 따라 분류하면 순음, 치음, 구개음, 후두음으로 나눌 수 있다. 먼저 입술소리인 **순음**脣音은 두입술소리인 양순음兩脣音과 입술잇소리인 순치음脣齒音으로 나눌 수 있다. **양순음**은 한국어의 **ㅂ, ㅃ, ㅍ, ㅁ**, 영어의 **b, p, m**이 이에 속한다. 한국어에는 순치음이 없으며 영어의 **f, v**가 이에 속한다.

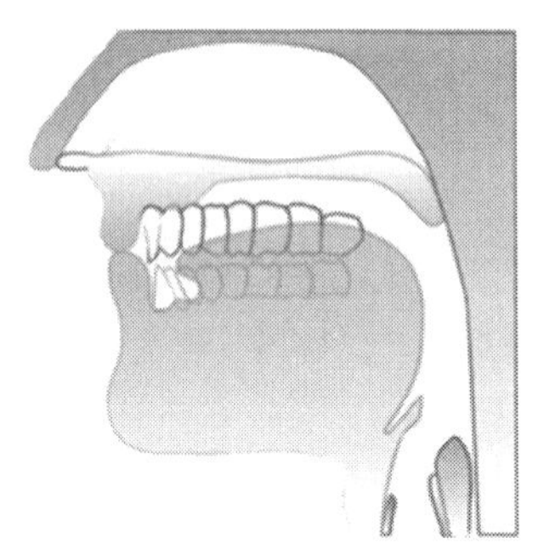

〈양순음 [ㅂ, ㅍ, ㅃ](파열음)〉

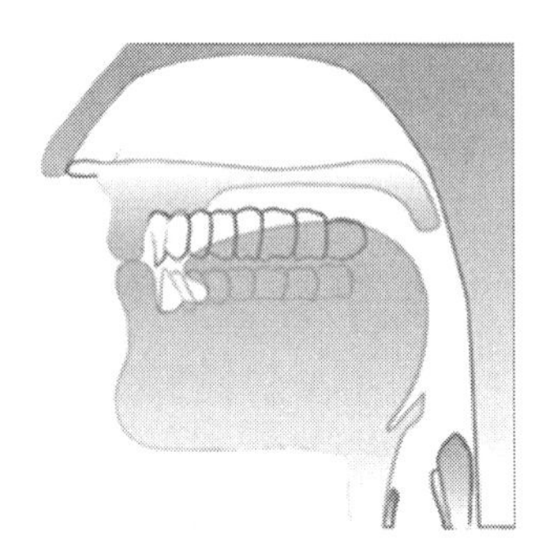

〈양순음 [ㅁ](비음)〉

(출처: https://pronuncian.com/sounds) 이하 동일

치음齒音은 치조음과 치간음이 있는데 잇몸소리인 **치조음**齒槽音은 치경음齒莖音이라고도 하며 또 다른 각도에서는 혓날(혀끝)소리인 설단음舌端音이라고도 한다. 한국어에는 **ㄷ, ㄸ, ㅌ, ㄴ, ㄹ, ㅅ**이 있으며, 영어에는 **d, n, t, s, z**가 있다.

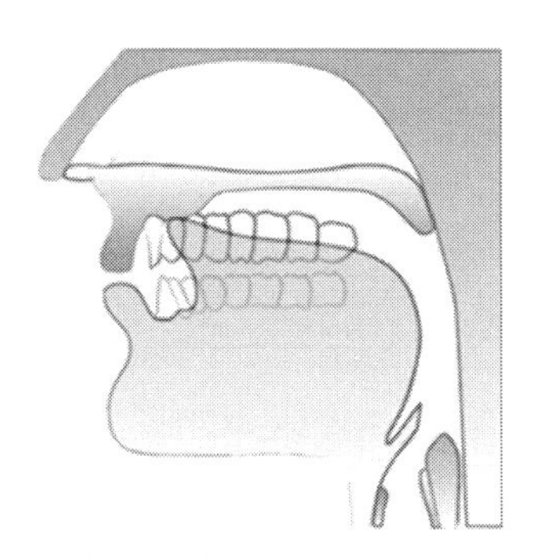

〈치조음 [ㄷ, ㅌ, ㄸ](파열음)〉

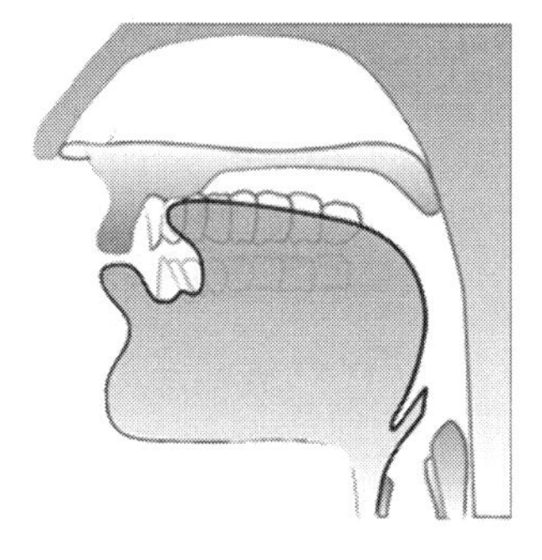

〈치조음 [ㅅ, ㅆ](마찰음)〉

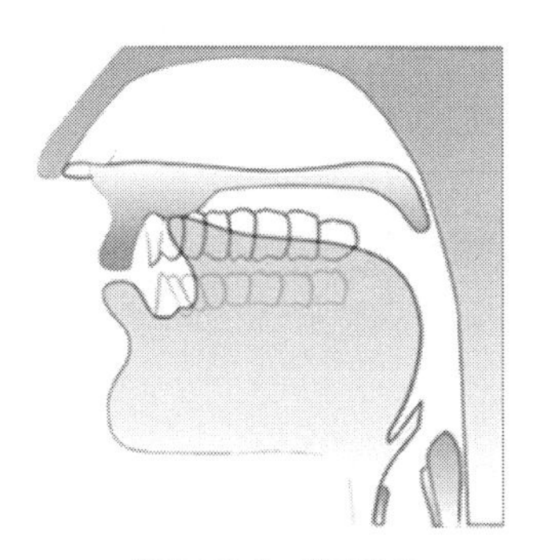

〈치조음 [ㄴ](비음)〉

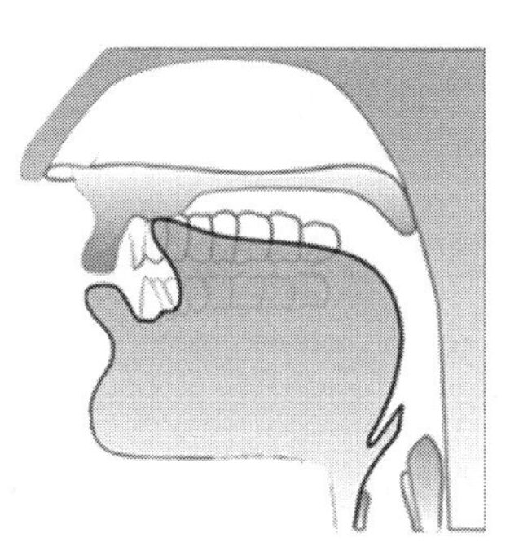

〈치조음 [ㄹ](유음; 설측음)〉

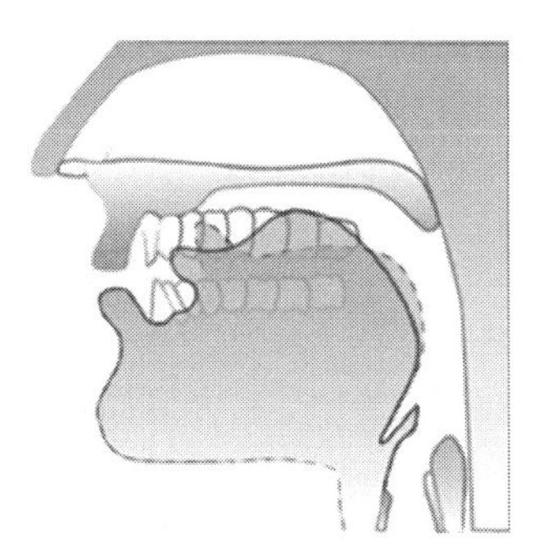

〈치조음 [ㄹ](유음; 탄설음)〉

잇사이소리인 **치간음**齒間音은 한국어에는 없으며 영어의 ð, θ가 그 예이다.

구개음口蓋音은 여린입천장소리인 연구개음軟口蓋音과 센입천장소리인 경구개음硬口蓋音이 있는데, 연구개음은 다른 각도에서는 혀뿌리소리인 설근음舌根音이라고도 하며, 한국어의 ㄱ,

ㄲ, ㅋ, ㅇ과 영어의 g, k, ŋ을 예로 들 수 있다.

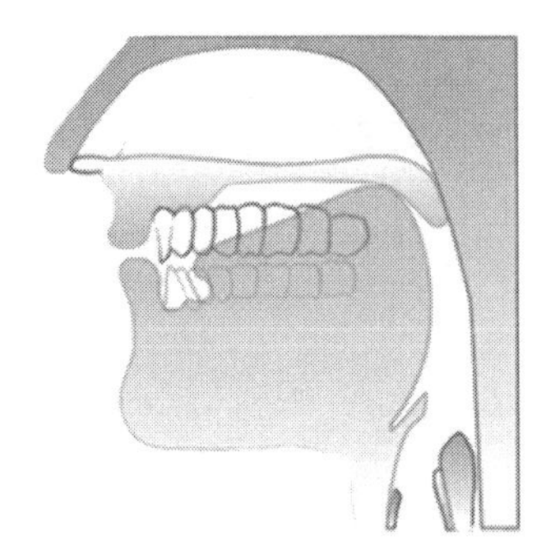

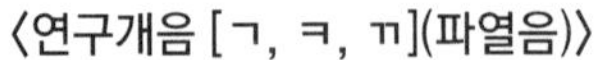
〈연구개음 [ㄱ, ㅋ, ㄲ](파열음)〉

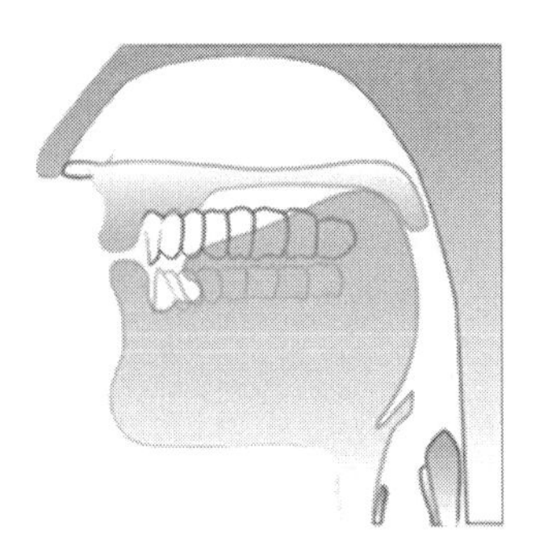

〈연구개음 [ㅇ](비음)〉

경구개음은 다른 각도에서는 혓몸소리 또는 혓바닥소리인 설면음舌面音이라고도 하며 한국어의 ㅈ, ㅉ, ㅊ이 그 예가 된다.

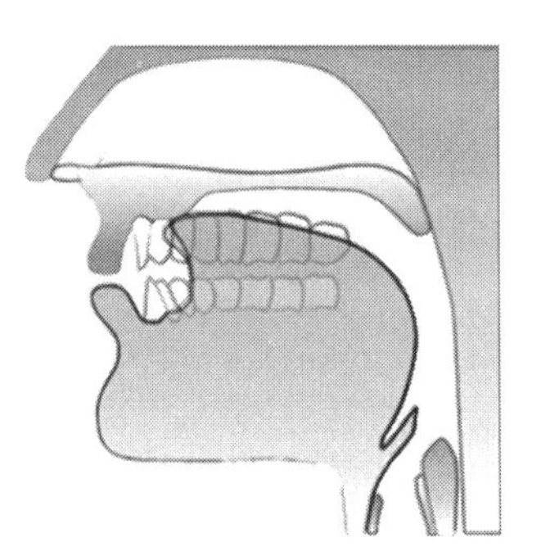

〈경구개음 [ㅈ, ㅊ, ㅉ](파찰음)〉

한국어의 **후두음**喉頭音 또는 목청소리인 성문음聲門音 ㅎ은 성문음인 영어의 [h]와는 조금 다른 위치에서 소리가 난다.

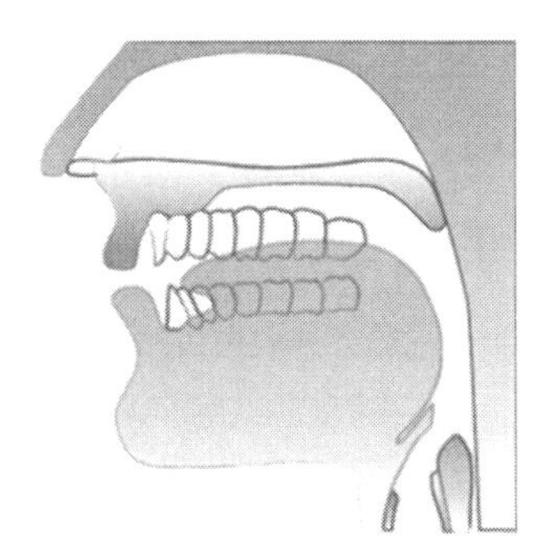

〈후두음 [ㅎ](마찰음)〉

조음 방법에 따른 분류

자음을 조음 방법에 따라 구분하면 파열음, 마찰음, 파찰음, 비음, 유음, 활음 등으로 나눌 수 있다.

폐쇄음인 **파열음**破裂音은 조음체와 조음점 사이에서 숨이 한 번 완전히 막혔다가 터지면서 나오는 소리로, 한국어에는 두 입술을 닫았다 여는 양순 파열음 **ㅂ, ㅃ, ㅍ**, 혀끝으로 윗잇몸을 막았다 여는 설단 파열음 또는 치조 파열음 **ㄷ, ㄸ, ㅌ**, 혀뿌리로 연구개를 막았다 여는 설근 파열음 또는 연구개 파열음 **ㄱ, ㄲ, ㅋ** 등이 있다.

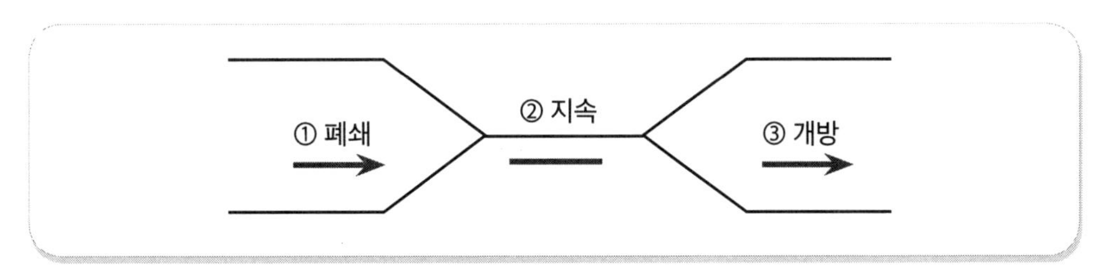

〈파열음의 생성 단계〉

파열음은 **폐쇄-지속-개방**의 세 단계를 거쳐 발음되며 **입, 떡**의 받침 **ㅂ, ㄱ**처럼 중간 단계에서 끝나게 되면 불파음인 내파음內破音이 된다. 파열음이 아닌 나머지 소리들은 공기의 흐름이 중단되지 않고 구강을 통과하기 때문에 지속음持續音이라고 한다.

마찰음摩擦音은 조음점의 좁은 틈으로 숨이 빠져 나가면서 갈리는 소리로서 한국어에는 혀끝과 윗잇몸 사이에서 마찰시키는 치조 마찰음인 설단 마찰음 ㅅ, ㅆ, 성문을 마찰시키는 후두 마찰음 ㅎ이 있으며, 영어에는 s, z, f, v, th, sh 등이 있다.

파찰음破擦音은 구강에서 공기의 흐름을 막았다가 터뜨리면서 마찰을 일으키므로 마찰과 파열이 동시에 일어나게 되는 소리로, 한국어의 경구개 파찰음 ㅈ, ㅉ, ㅊ이 그 예이다.

비음鼻音은 구강을 폐쇄음을 낼 때와 같이 막고 공기를 비강으로 보내어 숨이 코로 빠져 나오면서 나는 소리이며, 한국어의 ㅁ, ㄴ, ㅇ과 영어의 m, n, ŋ 등이 이에 속한다. 비음은 조음 방법의 측면뿐만 아니라 조음 위치의 측면에서도 설명될 수 있다.

흐름소리인 **유음**流音은 장애를 적게 받는 소리로, 설측음舌側音, 탄설음彈舌音, 권설음捲舌音, 전동음顚動音 등이 있다.

설측음은 혀끝이 윗잇몸을 막고 있는 상태에서 공기의 흐름이 비강으로는 차단되고 구강의 양측이 개방되어 혀의 한쪽 또는 양쪽으로 공기가 통과하면서 나는 소리이다. 한국어의 **종성** ㄹ과 영어의 l 소리가 이에 해당한다.

탄설음은 혀끝으로 치조를 한 번 쳐서 내는 소리인데 한국어의 **초성** ㄹ이 이에 해당한다.

권설음은 혀끝이 입천장의 어느 부위에도 닿지 않고 꼬부라져 경구개쪽에 근접하면서 나는 소리이다. 한국어에는 없고, 영어와 중국어의 r 소리가 이에 해당한다.

전동음은 혀끝으로 치조를 여러 번 쳐서 내는 소리로서, 한국어에는 없으나 이탈리아어나 스페인어 등에 있다.

활음滑音은 입 안에서 공기가 거의 막힘 없이 나는 소리로서 모음과 유사하지만 소리의 지속성이 매우 짧다는 점에서 자음과 비슷하다. 이들을 **전이음, 반모음 또는 반자음, 이동음, 이행음**이라고도 하며 y, w가 이에 속한다. 이들은 i, u와 비슷한 모양을 취하나 입천장에 더 가깝게 좁혀 발음하며 한국어의 이중 모음 ㅑ, ㅕ, ㅛ, ㅠ[yɑ, yə, yo, yu], ㅘ, ㅝ, ㅟ [wɑ, wə, wi] 등의 앞소리가 그 예이다. 활음은 반드시 앞이나 뒤에 모음이 와야 하기 때문에 이중 모음을 형성한다.

THE INTERNATIONAL PHONETIC ALPHABET (revised to 2020)

CONSONANTS (PULMONIC)

	Bilabial	Labiodental	Dental	Alveolar	Postalveolar	Retroflex	Palatal	Velar	Uvular	Pharyngeal	Glottal
Plosive	p b			t d		ʈ ɖ	c ɟ	k ɡ	q ɢ		ʔ
Nasal	m	ɱ		n		ɳ	ɲ	ŋ	ɴ		
Trill	ʙ			r					ʀ		
Tap or Flap		ⱱ		ɾ		ɽ					
Fricative	ɸ β	f v	θ ð	s z	ʃ ʒ	ʂ ʐ	ç ʝ	x ɣ	χ ʁ	ħ ʕ	h ɦ
Lateral fricative				ɬ ɮ							
Approximant		ʋ		ɹ		ɻ	j	ɰ			
Lateral approximant				l		ɭ	ʎ	ʟ			

Symbols to the right in a cell are voiced, to the left are voiceless. Shaded areas denote articulations judged impossible.

〈국제 음성 부호(IPA, International Phonetic Alphabet)의 기본 자음〉

학습 정리

- 발성 과정은 후대의 성대에서 이루어지는데, 우선 성대에서는 유성음과 무성음이 구별된다.
- 유성음은 성대 진동을 수반하는 소리이며, 무성음은 성대가 열려 있어서 진동이 일어나지 않는 소리이다.
- 이 밖에 성대에서는 공기의 압축에 따라 유기음, 무기음, 긴장음(경음) 등이 생성된다.
- 조음 과정은 기류가 성도의 인두강, 구강, 비강, 순강을 거치면서 저항을 받아 여러 가지 서로 다른 음가를 가진 소리로 분화되는 과정이다.
- 이러한 저항을 받는 곳의 위치에 따라, 각각의 말소리를 유형 분류할 수 있으며, 조음 방법에 따라서도 분류할 수 있다.

학습 퀴즈

1. 다음에 해당하는 한국어의 자음을 〈보기〉에서 고르라.

> **보기** ❶ ㄱ ❷ ㄴ ❸ ㄷ ❹ ㄹ ❺ ㅁ ❻ ㅂ ❼ ㅅ ❽ ㅇ ❾ ㅈ ❿ ㅊ
> ⓫ ㅋ ⓬ ㅌ ⓭ ㅍ ⓮ ㅎ ⓯ ㄲ ⓰ ㄸ ⓱ ㅃ ⓲ ㅆ ⓳ ㅉ

양순음	치조음	연구개음 ....
경구개음	후두음	파열음 ....
마찰음	파찰음	비음 ....
유기음	긴장음	유음 ....

2. 한국어의 'ㅎ'과 영어의 'h'는 발음상 차이가 있다. 어떤 차이가 있는지 간략히 설명하라.

3. 활음은 무엇을 만드는 소리로 작용하는가?

4. 한국어의 'ㄹ'은 음절의 위치에 따라 초성에서는 ______________(으)로 발음이 되고, 종성에서는 ______________(으)로 발음이 된다. 밑줄에 알맞은 용어를 쓰라.

같이 알아보기

- 인간은 누구나 언어를 사용한다. 그런데 각 언어에서 사용하는 말소리의 수는 같지 않다. 예를 들어, 한국어에 없는 발음이 영어에는 있고, 영어에는 없는 발음이 한국어에는 있는 경우도 있다. 이런 차이가 왜 생겼을까?
- 세계의 주요 언어 자음 체계에 대해 조사해 보고 한국어의 자음 체계와 비교해 보자.

용어 정리

성도聲道vocal tract

후두喉頭로부터 윗부분에 속하는 공기의 통로를 성도라고 한다. 성도의 생김새는 말을 하는 데 매우 중요한 관계를 가진다. 즉, 성도의 생김새에 따라 소리의 값音價이 달라지는 것이다. 성도를 형성하는 공기의 통로는 입과 인두咽頭 안을 차지하는 구성도口聲道oral tract, 코 안을 차지하는 비성도鼻聲道nasal tract로 나눌 수 있다. 성도의 길이는 사람에 따라 약간의 차이가 있지만, 대체로 17cm 안팎이다.

3장

모음 만들기

• 모음의 생성
• 모음의 분류

생각해 보기

질문 1. [a]와 [ɑ]는 같은 것일까? 다른 것일까?

1. 모음 만들기

모음의 조음 과정

모음母音vowel은 허파에서 올라온 기류가 성도를 통과할 때 어떠한 방해도 받지 않고 만들어지는 소리로서 성대의 진동으로 얻어진 작은 공기 덩이들이 성도에서 공명共鳴을 일으켜 만들어진다. 성도의 모양을 결정하는 요소로는 혀의 위치, 입술 모양 등이 있으며 피리의 소리가 나는 원리와 같이 조음기調音器의 체적體積에 따라 소리가 결정된다.

모음의 분류 기준

모음은 혀의 고저, 전후 위치, 입술 모양 등에 따라 분류한다. **혀의 고저**에 따라 고모음高母音, 중고모음中高母音, 중저모음中低母音, 저모음低母音으로 나눌 수 있는데, 이를 개구도에 따른 분류 용어로 말하면 폐모음閉母音, 반폐모음半閉母音, 반개모음半開母音, 개모음開母音이라고 할 수 있다. 이는 개구도와 혀의 고저 위치는 결국 같은 것으로 동일한 대상에 대한 두 가지의 다른 용어라고 할 수 있다.

한국어의 모음 체계에서 중고모음과 중저모음은 뚜렷이 구별되지는 않는다. 그래서 한국어의 경우 고모음, 중모음, 저모음으로 분류하는 것이 일반적이다.

〈혀의 고저에 따른 한국어 모음 분류〉

구 분	고모음	중모음	저모음
한국어 모음	ㅣ, ㅟ, ㅡ, ㅜ	ㅔ, ㅚ, ㅓ, ㅗ	ㅐ, ㅏ

혀의 전후 위치에 따른 분류는 혀 자체의 위치라기보다는 혀의 어느 부분이 입천장 즉 고정부에 가장 근접했는가와 가장 좁혀졌는가가 기준이 되는데, 이에 따라 좁아진 부분이 혀의 앞쪽에 있는 전설 모음前舌母音, 좁아진 부분이 혀의 중간 부분에 있는 중설 모음中舌母音, 그리고 좁아진 부분이 혀의 뒤쪽에 있는 후설 모음後舌母音으로 구분된다.

〈혀의 전후에 따른 한국어 모음 분류〉

구 분	전설 모음	중설 모음	후설 모음	비 고
한국어 모음	ㅣ, ㅟ, ㅚ, ㅔ, ㅐ		ㅡ, ㅓ, ㅏ, ㅜ, ㅗ	학교 문법
	ㅣ, ㅟ, ㅚ, ㅔ, ㅐ	ㅡ, ㅓ, ㅏ	ㅜ, ㅗ	한국어 교육

입술 모양에 따라서는 원순 모음圓脣母音과 평순 모음平脣母音로 나눌 수 있는데, 한국어의 원순 모음에는 **ㅜ, ㅗ, ㅟ, ㅚ** 등이, 평순 모음에는 **ㅣ, ㅡ, ㅔ, ㅓ, ㅐ, ㅏ** 등이 있다.

이 외에도 **입술 모양의 변화**에 따라 단모음單母音과 이중 모음二重母音으로 구분하는데, 단모음은 입술 모양이 처음부터 끝까지 변하지 않고 나는 모음이며, 이중 모음은 입술 모양이 처음과 끝이 달라지는 모음을 말한다. 이중 모음에는 상승 이중 모음 또는 상향 이중 모음과 하강 이중 모음 또는 하향 이중 모음이 있는데, 상향 이중 모음은 음절 부음이 앞에 오고 주음이 뒤에 오는 것으로, 한국어의 ㅑ, ㅕ, ㅛ, ㅠ, ㅒ, ㅖ, ㅘ, ㅙ, ㅝ, ㅞ, ㅟ, ㅢ 등이 이에 속한다. 이와는 달리 하향 이중 모음은 음절 주음이 앞에 오고 음절 부음이 뒤에 오는 이중 모음으로 현대 한국어에는 없으나 중세 한국어에서는 ㅐ, ㅔ, ㅚ, ㅟ 등이 하향 이중 모음으로 발음되었을 것으로 추정된다.

2. 기본 모음

다니엘 존스Daniel Jones의 기본 모음

다니엘 존스는 모든 방언과 모든 언어의 모음을 동일한 기준으로 분류·기술·비교하기 위해 기본 모음 체계를 고안했는데, 기본 모음은 1차 기본 모음과 2차 기본 모음으로 구성된다.

1차 기본 모음은 ①[i], ②[e], ③[ɛ], ④[a], ⑤[u], ⑥[o], ⑦[ɔ], ⑧[ɑ] 등 총 8개인데, 기본 모음 ①[i]와 ⑤[ɑ]를 먼저 설정하고 이것을 기준으로 나머지 여섯 개의 기본 모음을 정의한다. 그의 정의에 따르면, 기본 모음 ①[i]는 입술을 옆으로 벌리고, 혀의 위치가 가능한 한 높이, 그리고 앞쪽으로 오도록 하여 내는 소리인데 한국어의 /ㅣ/와 비슷하지만 좀 더 과장되고 극단적인 소리라고 할 수 있다. 기본 모음 ⑤[ɑ]는 입술을 옆으로 벌리지도, 앞으로 돌출시키지도 않은 상태에서 혀의 위치를 가능한 한 낮게, 그리고 뒤쪽으로 오도록 하여 내는 소리인데, 한국어의 /ㅏ/와 유사하지만 좀 더 과장되고 극단적인 소리이다. 이를 기준으로 기본 모음 ②~④는 전설 모음으로, ①과 ⑤ 사이의 추상적인 공간을 등거리로 나눈 곳에 위치하며, 기본 모음 ⑥~⑧은 후설 모음으로, 기본 모음 ⑤에서 다시 등거리를 유지하면서 혀의 높이를 높이고 원순성을 증가시킨다.

2차 기본 모음은 ⑨[y], ⑩[ø], ⑪[œ], ⑫[ɶ], ⑬[ɯ], ⑭[ɣ], ⑮[ʌ], ⑯[ɒ], ⑰[ɨ], ⑱[ʉ] 총 10개인데 기본 모음 ⑨~⑯은 모두 원순 모음으로 1차 기본 모음과 혀의 높이와 전후 위치가 같지만 원순성이 상반되며, 기본 모음 ⑬~⑯은 모두 평순 모음, 기본 모음 ⑰은 중설 모음으로서 평순 모음, ⑱은 중설 모음으로서 원순 모음이다.

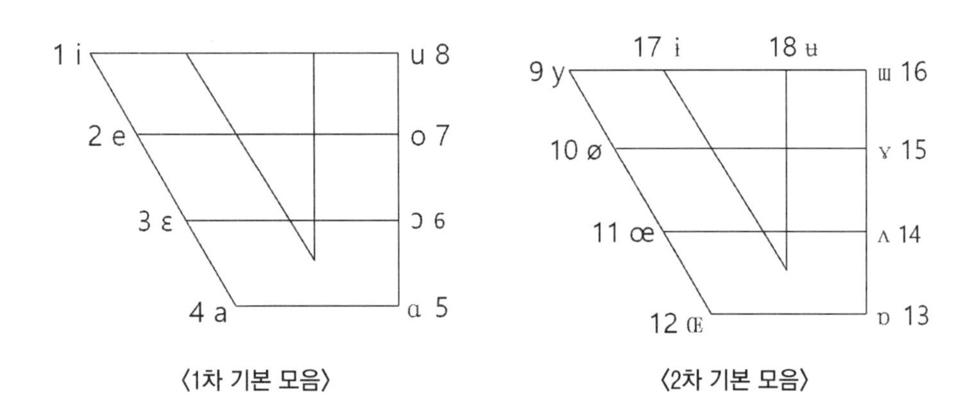

〈1차 기본 모음〉 〈2차 기본 모음〉

모음 사각도

모음 사각도는 모음의 음가를 표시하는 도형으로 사각의 테두리선은 모음의 조음 한계선을, 내부 공간은 모음 공간을 의미한다. 기본 모음의 음가는 모음 사각도의 테두리선 위에 점으로써 표시되며, 인간이 사용하는 모든 모음의 음가는 모음 사각도의 테두리선 위나 모음 사각도 안에 점으로써 표시된다. 이때 모음 사각도의 위쪽에 표시되는 모음은 혀의 최고점이 입천장에 가까이 접근하여 발음되며, 모음 사각도의 아래쪽에 표시되는 모음은 혀의 최고점이 입천장에서 멀리 떨어져서 발음된다. 또 모음 사각도의 오른쪽에 표시되는 모음은 혓몸이 뒤로 후퇴해서 발음되며, 모음 사각도의 왼쪽에 표시되는 모음은 혓몸이 앞으로 전진해서 발음된다.

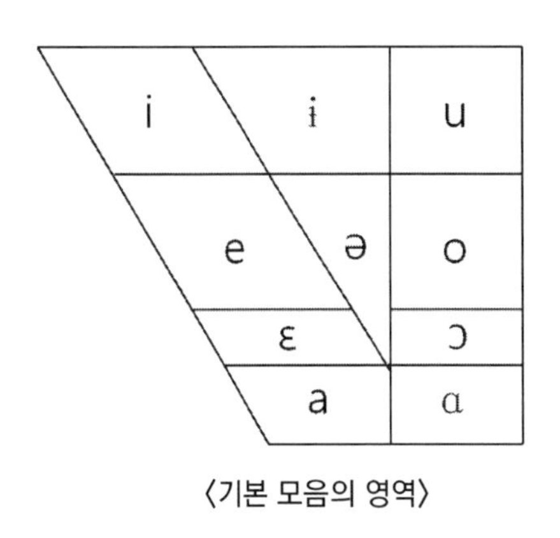

〈기본 모음의 영역〉

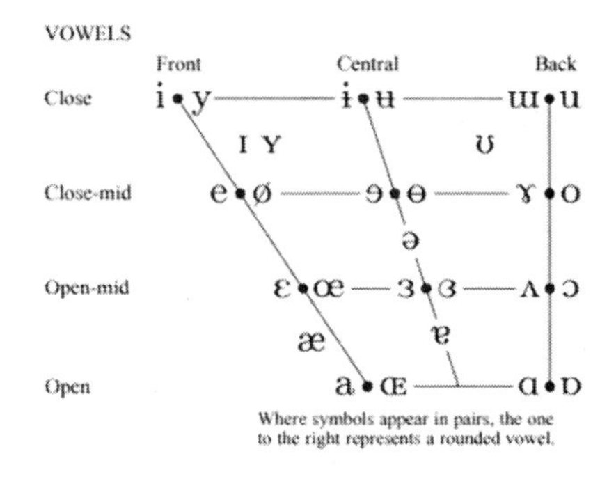

〈국제 음성 부호(IPA, International Phonetic Alphabet)의 기본 모음〉

3. 모음의 발음

전설 모음前舌母音 한국어의 전설 모음은 ㅣ, ㅔ, ㅐ가 있는데 이들은 각각 고모음, 중모음, 저모음으로 발음된다. 따라서 이들을 발음하는 경우 혀를 앞쪽으로 위치시킨 상태에서 ㅣ는 공간을 가장 좁게, ㅔ는 중간, ㅐ는 가장 크게 만들어 발음한다.

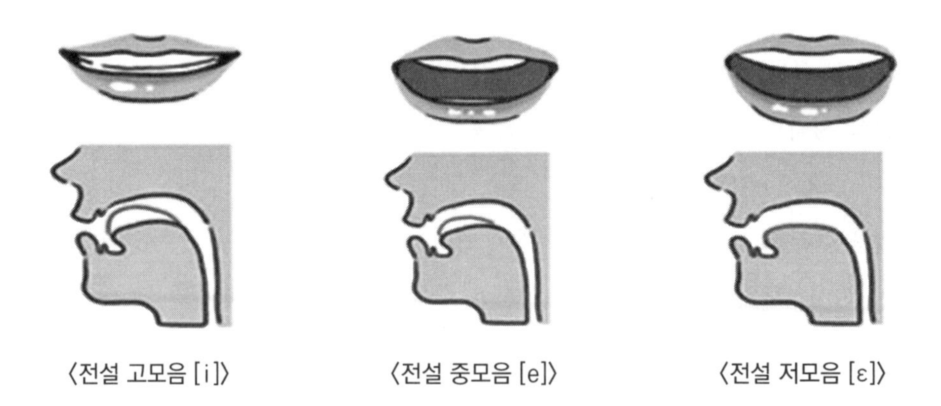

〈전설 고모음 [i]〉 〈전설 중모음 [e]〉 〈전설 저모음 [ɛ]〉

중설 모음

한국어의 중설 모음은 ㅡ, ㅓ, ㅏ가 있으며 이들은 각각 고모음 ㅡ, 중모음 ㅓ, 저모음 ㅏ로 발음된다.

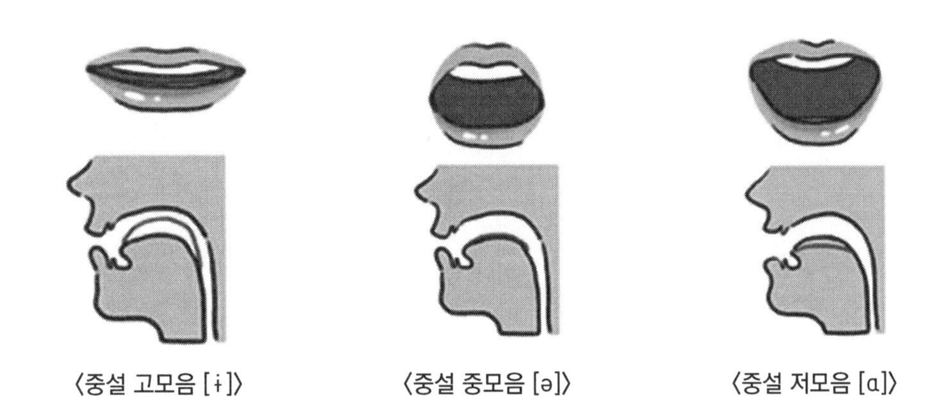

〈중설 고모음 [ɨ]〉 〈중설 중모음 [ə]〉 〈중설 저모음 [ɑ]〉

후설 모음

한국어의 후설 모음은 ㅜ, ㅗ가 있으며 각각 후설 고모음 ㅜ, 후설 중모음 ㅗ로 발음된다.

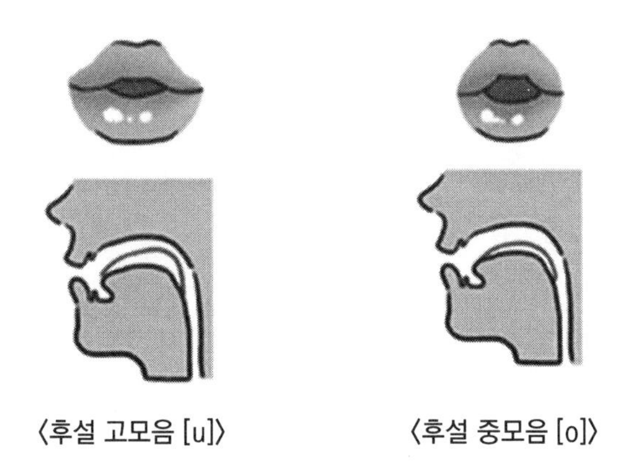

〈후설 고모음 [u]〉 〈후설 중모음 [o]〉

한국어의 모음 체계

현대 한국어의 단모음 체계에 대해서는 연구자들 사이에 상이한 관점이 존재하는데, ㅟ와 ㅚ, ㅔ와 ㅐ의 발음과 관련되어 있다. ㅟ와 ㅚ가 이중 모음으로 발음되고, ㅔ와 ㅐ가 구분되지 않는다면 단모음은 7개가 된다. 그러나 아직까지 많은 사람들이 ㅔ와 ㅐ를 구별하여 발음하고 있으며, 특정한 음운 환경에서 ㅚ와 ㅟ가 단모음으로 발음되는 경우가 있다는 점을 고려하여 현대 한국어는 10개의 단모음 체계로 되어 있다고 본다. 혀의 위치와 높이, 그리고 입술 모양에 따라 한국어의 단모음을 정리하면 다음과 같다.

〈한국어의 모음 체계〉

혀의 전후 위치 / 혀의 높이	전설 모음		후설 모음	
			중설 모음	후설 모음
	평순	원순	평순	원순
고모음	ㅣ /i/	ㅟ /ü=y/	ㅡ /ɨ/ · /ɯ/	ㅜ /u/
중모음	ㅔ /e/	ㅚ /ø/	ㅓ /ə/ · /ʌ/	ㅗ /o/
저모음	ㅐ /ɛ, æ/		ㅏ /ɑ/	

학습 정리

- 모음은 혀의 고저(개구도), 전후 위치, 입술 모양 등에 의해 음가가 결정된다.
- 혀의 고저에 따라 고모음, 중고모음, 중저모음, 저모음으로 분류되며, 전후 위치에 따라 전설 모음, 중설 모음, 후설 모음으로 분류된다.
- 입술 모양에 따라서는 원순 모음과 평순 모음으로 구분된다.
- 단모음과 이중 모음으로 분류하기도 하는데, 이중 모음은 상향 이중 모음, 하향 이중 모음 등이 있다.
- 이러한 모음의 음가는 마름모꼴의 모음 사각도 상에 표시된다.

학습 퀴즈

1. 다음에 해당하는 한국어의 모음을 〈보기〉에서 고르라.

보기 ❶ ㅏ ❷ ㅓ ❸ ㅗ ❹ ㅜ ❺ ㅡ ❻ ㅣ ❼ ㅐ ❽ ㅔ ❾ ㅚ ❿ ㅟ

고모음 ______ 중모음 ______ 저모음 ______

전설 모음 ______ 중설 모음 ______ 후설 모음 ______

원순 모음 ______ 평순 모음 ______

2. 모음의 주요 분류 기준 두 가지를 쓰라.

______

______

같이 알아보기

- 한국어의 단모음 체계는 10개로 구성되어 있다. 그러나 이와 같은 모음 체계는 현재 미세한 변화의 조짐을 보이고 있다. 어떠한 변화의 조짐이 보이는지 관찰해 보고, 한국어 교육 현장에서의 발음 교육을 위해서는 이들을 어떻게 다루어야 할지 생각해 보자.
- 국제 음성 부호IPA는 로마자를 바탕으로 만들어졌기 때문에 한국어의 음성을 표기하는 데에는 많은 불편이 따른다. 또한 특수 부호가 지나치게 많이 사용되는 점도 판독에 어려움을 가중시키는 요소로 작용한다. 이 문제점을 해결하기 위해서 한글을 바탕으로 한 '한글 음성 문자(일명 국제 정음 부호, KPA: Korean Phonetic Alphabet)'를 제정하여 보급하는 사업이 진행되고 있다. 이에 관한 자료를 찾아 조사하고, 국제 음성 부호로서의 잠재적 가능성에 대해 생각해 보자.

용어 정리

국제 음성 부호IPA: International Phonetic Alphabet

국제 음성 문자 또는 국제 음성 기호라고도 하며 학생들과 언어학자들이 언어의 발음을 정확하게 배우고 표기하여, 관습적이고 일관성 없는 철자법과 다양한 음성 표기 체계에서 오는 혼동을 피할 수 있도록 하기 위해 개발한 문자.

IPA의 한 가지 목적은 한 언어의 뚜렷한 특징이 있는 소리, 즉 한 단어와 다른 단어를 구별하는 모든 소리 또는 음소 각각에 해당하는 독특한 기호를 마련한 것이다.

IPA는 주로 로마자를 쓰며 여러 문자(예를 들어 그리스어)에서 글자를 빌려와 로마자에 어울리도록 형태를 바꾸기도 한다. 소리의 정밀한 구분과 모음의 비음화鼻音化, 소리의 길이·강세·억양을 나타내기 위해 구별 부호를 쓴다. IPA의 개념은 오토 예스페르센이 국제음성학회의 폴 파시에게 보낸 편지에서 처음 언급되어 19세기 후반에 A.J. 엘리스, 헨리 스윌, 다니얼 존스, 파시 등이 발전시켰다.

IPA에는 간략 표기와 정밀 표기가 있다. 예를 들면, 영어에서 영어를 모국어로 쓰는 사람이 구별할 수 있는 *t* 소리는 오직 하나뿐이므로 모든 *t* 소리를 간략 표기로 나타내는 데에는 단 하나의 기호만이 필요하다. 반면, 정밀 표기를 해야 할 필요가 있을 때 *tap, pat, stem*에서 *t* 소리가 서로 조금씩 다르다는 것을 표시하기 위해 각각의 t 소리에 구별 부호를 덧붙일 수 있다.

IPA는 만든 이들의 뜻대로 대성공을 거두지는 못했으며, 유럽에 비해 미국에서는 그다지 널리 쓰이지 않는다. 국제적인 음성 표기 체계로는 실패작이라 여겨지나 다른 기호보다는 많이 쓰이는 편이다.

타자할 때 겪는 불편함으로는 핵심을 이루는 로마자 외에도 특수 기호를 많이 활용해야 하기 때문에 경제성과 편리함을 위해 종종 수정·대체해서 써야 한다는 점이다. (출처: 한국브리태니커회사, 한국브리태니커 온라인, 〈국제음성부호〉)

1888년에 처음으로 제안된 이후 여러 차례 수정·보완되었으며, 최근에 개정한 것은 1993년이다. 이 표는 국제 음성 협회IPA 홈페이지 http://www2.arts.gla.ac.uk/ipa에서 누구든지 내려 받을 수 있다.

IPA 표 상의 각각의 부호에 대한 자세한 음가 설명은 신지영·차재은(2004), 『우리말 소리의 체계』(한국문화사), pp.42~51.을 참조하기 바란다.

THE INTERNATIONAL PHONETIC ALPHABET (revised to 2020)

CONSONANTS (PULMONIC)

	Bilabial	Labiodental	Dental	Alveolar	Postalveolar	Retroflex	Palatal	Velar	Uvular	Pharyngeal	Glottal
Plosive	p b			t d		ʈ ɖ	c ɟ	k ɡ	q ɢ		ʔ
Nasal	m	ɱ		n		ɳ	ɲ	ŋ	ɴ		
Trill	ʙ			r					ʀ		
Tap or Flap		ⱱ		ɾ		ɽ					
Fricative	ɸ β	f v	θ ð	s z	ʃ ʒ	ʂ ʐ	ç ʝ	x ɣ	χ ʁ	ħ ʕ	h ɦ
Lateral fricative				ɬ ɮ							
Approximant		ʋ		ɹ		ɻ	j	ɰ			
Lateral approximant				l		ɭ	ʎ	ʟ			

Symbols to the right in a cell are voiced, to the left are voiceless. Shaded areas denote articulations judged impossible.

CONSONANTS (NON-PULMONIC)

Clicks	Voiced implosives	Ejectives
ʘ Bilabial	ɓ Bilabial	ʼ Examples:
ǀ Dental	ɗ Dental/alveolar	pʼ Bilabial
ǃ (Post)alveolar	ʄ Palatal	tʼ Dental/alveolar
ǂ Palatoalveolar	ɠ Velar	kʼ Velar
ǁ Alveolar lateral	ʛ Uvular	sʼ Alveolar fricative

VOWELS

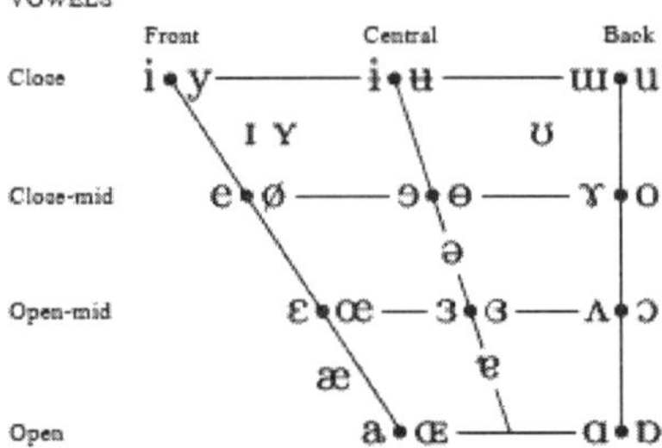

Where symbols appear in pairs, the one to the right represents a rounded vowel.

OTHER SYMBOLS

ʍ Voiceless labial-velar fricative

w Voiced labial-velar approximant

ɥ Voiced labial-palatal approximant

ʜ Voiceless epiglottal fricative

ʢ Voiced epiglottal fricative

ʡ Epiglottal plosive

ɕ ʑ Alveolo-palatal fricatives

ɺ Voiced alveolar lateral flap

ɧ Simultaneous ʃ and x

Affricates and double articulations can be represented by two symbols joined by a tie bar if necessary. t͡s k͡p

SUPRASEGMENTALS

ˈ Primary stress — ˌfoʊnəˈtɪʃən

ˌ Secondary stress

ː Long — eː

ˑ Half-long — eˑ

˘ Extra-short — ĕ

| Minor (foot) group

‖ Major (intonation) group

. Syllable break — ɹi.ækt

‿ Linking (absence of a break)

DIACRITICS

̥ Voiceless	n̥ d̥	̤ Breathy voiced	b̤ a̤	̪ Dental	t̪ d̪
̬ Voiced	s̬ t̬	̰ Creaky voiced	b̰ a̰	̺ Apical	t̺ d̺
ʰ Aspirated	tʰ dʰ	̼ Linguolabial	t̼ d̼	̻ Laminal	t̻ d̻
̹ More rounded	ɔ̹	ʷ Labialized	tʷ dʷ	̃ Nasalized	ẽ
̜ Less rounded	ɔ̜	ʲ Palatalized	tʲ dʲ	ⁿ Nasal release	dⁿ
̟ Advanced	u̟	ˠ Velarized	tˠ dˠ	ˡ Lateral release	dˡ
̠ Retracted	e̠	ˤ Pharyngealized	tˤ dˤ	̚ No audible release	d̚
̈ Centralized	ë	~ Velarized or pharyngealized ɫ			
̽ Mid-centralized	e̽	̝ Raised e̝ (ɹ̝ = voiced alveolar fricative)			
̩ Syllabic	n̩	̞ Lowered e̞ (β̞ = voiced bilabial approximant)			
̯ Non-syllabic	e̯	̘ Advanced Tongue Root e̘			
˞ Rhoticity	ɚ a˞	̙ Retracted Tongue Root e̙			

Some diacritics may be placed above a symbol with a descender, e.g. ŋ̊

TONES AND WORD ACCENTS

LEVEL		CONTOUR	
e̋ or ˥	Extra high	ě or ˩˥	Rising
é ˦	High	ê ˥˩	Falling
ē ˧	Mid	e᷄ ˦˥	High rising
è ˨	Low	e᷅ ˩˨	Low rising
ȅ ˩	Extra low	e᷈ ˧˦˧	Rising-falling
↓ Downstep		↗ Global rise	
↑ Upstep		↘ Global fall	

"가루는 칠수록 고와지고, 말은 할수록 거칠어진다."

(한국 속담)

1장

같으면서 다른 소리, 다르면서 같은 소리

- 음성과 음운
- 주요한 음운론의 개념들

생각해 보기

질문 1. 모든 사람이 각자 다른 소리와 발음으로 이야기하지만 똑같이 이해하는 이유는 무엇 때문일까?

1. 음성학과 음운론

음성과 음운의 구별

음성音聲speech sound은 발음기관을 통하여 나는 구체적이고 **물리적인 소리**로서 우리의 머릿속에 들어있는 소리인 랑그가 실제로 실현된 것이다. 보통 음성은 [k/, [ㄱ/과 같이 [/ 안에 넣어 표시한다. 이와는 달리 **음운**音韻phoneme은 **말의 뜻을 구별해 주는 소리**의 단위로서 추상적이고 관념적인 소리이다. 음운은 해당 언어의 사용자의 머릿속에 저장된 말소리이므로 잠재적이고 추상적인 기호의 목록으로 존재하며 보통 /k/, /ㄱ/처럼 / /를 이용하여 표시한다. 음운은 실제적인 소리가 아니기 때문에 현실적으로 서로 다른 소리인 파롤을 같은 소리로 인식하기도 한다. 예를 들어, **바람**의 /ㅂ/과 **가방**의 /ㅂ/은 현실 발음에 있어서 서로 다른 음성 즉 소리이지만 우리는 모두 같은 /ㅂ/ 소리인 음운으로 인식한다. 음운의 가장 중요한 기능은 말의 뜻을 구별해 주는 것이다. 그래서 **물, 불, 뿔, 풀, 굴, 꿀, 둘, 술, 줄** 등의 구별은 모두 **/ㅁ, ㅂ, ㅃ, ㅍ, ㄱ, ㄲ, ㄷ, ㅅ, ㅈ/**이라는 각각의 자음에 의해 구분되며 **말, 밀, 물** 등은 **/ㅏ, ㅣ, ㅜ/**라는 모음에 의해 구별된다. 이러한 음운은 언어마다 그 수효가 제각기 다르며, 같은 언어라도 방언에 따라 다를 수 있다.

음성은 가변적인 것으로, 이들 수많은 물리적이며 가변적인 음성에서 공통된 추상적 요소가 머릿속에 저장된 것이 음운 즉 음소이다. 다시 말해 음운은 구체적인 음성들이 공유한 특성을 근거로 추상화된 소리이다. 음운이 같아야만 언어적 의사소통이 가능하게 된다. 이처럼 머릿속에 든 음운이 물리적으로 실현된 것이 음성이다.

음성학과 음운론의 연구 대상

음성학音聲學Phonetics은 의미나 그것이 발생하는 언어를 고려하지 않고 음성의 정밀한 음향적 또는 생리적 본질을 연구하는 학문을 말한다. 그래서 음성학은 우리의 음성 기관이 구별하여 만들 수 있는 말소리의 물리적 성질 및 조음 방법에 관심을 가지며 이를 통해 말소리를 기술하는 수단을 제공한다.

음운론音韻論Phonology은 화자의 모국어母國語 음 체계에 대한 음운 지식을 연구한다. 그래서 말소리 자체의 특성보다는 말소리 간의 차이가 특정 언어 또는 언어 전반에서 어떠한 기능을 나타내는가에 관심을 갖는다.

음운론의 과제

음운론은 언어의 음운 목록을 작성하여 말소리의 기능을 탐구하고, 음운의 배열, 연쇄를 확인하며, 말소리 상호 간의 영향과 작용인 음운 규칙을 발견하고 이를 형식화한다. 또한 무의식적이고 암암리에 알고 있는 대중의 음운 지식을 연구하여 모국어에 쓰이는 음운의 목록과 이 음운에 속하는 이음異音들의 분포 상태를 찾고, 모국어의 음운이 어떻게 배합될 수 있는지 확인하며, 모국어에 어떤 음운 규칙들이 존재하는지 확인해야 한다.

2. 음운의 개념

음소音素phoneme 음소란 음운론의 기본 단위로서 특정 언어에서 의미상의 구별이나 의미 대립을 이루는 말소리를 말한다. 일반적으로 음소는 자음과 모음으로 구분되며 이를 분절 음소分節音素라고 한다. 음운은 각 언어마다 특정한데, 영어에서는 [r/과 [l/이 각기 독립된 음운으로서 light, right처럼 의미를 구분하지만 **달**[tal/, **다리**[tari/처럼 한국어에서는 이 두 소리가 구분되지 않으며 /ㄹ/이라는 하나의 음운으로 인식한다. 또 다른 예로 한국어에서는 **풀**[pʰul/–**뿔**[p'ul/과 같이 유기음과 무기음을 각기 다른 음소로 구분하지만 영어에서는 team[tʰi:m/, steam[sti:m/처럼 이들이 독립된 음운이 아니다.

운소韻素prosodeme 운소는 음소처럼 자음과 모음으로 구분되지는 않지만 의미의 차이를 구별해 주는 말소리를 말하며 초분절 음소超分節音素라고도 한다. 운소는 자음과 모음 위에 걸쳐 있어 이들만을 독립적으로 나눌 수 없는데, 고저, 장단, 강약 등이 이에 속한다. 보통 음소와 운소를 통틀어 **음운**音韻이라고 지칭한다. 한국어의 운소로는 **장단**의 구별을 들 수 있다. 현재 장단의 구별은 사라져 가고 있는 추세이기는 하나 아직까지 의미 구별의 역할을 하고 있다. **눈**眼과 **눈:**雪, **밤**夜과 **밤:**栗, **비행**飛行과 **비:행**非行 등이 그 예인데 이들은 보통 첫 음절에서만 구별되어 나타나고 둘째 음절 이하에서는 변별 기능이 사라진다.

3. 음소를 확인하는 방법

최소 변별쌍最小辨別雙

음소를 확인하는 첫째 방법은 어떤 소리를 다른 소리로 바꾸었을 때 의미가 달라지는지 확인하는 것이다. 만약 어떤 소리를 바꾸었을 때 의미가 달라진다면 그 두 소리는 다른 음소가 된다. 이처럼 최소 변별쌍은 하나의 음만 다르고 나머지 모든 음이 같은 조건일 때 그 의미가 달라지는 말소리의 쌍을 말하며 **최소 대립쌍**이라고도 한다. 예를 들어, **불**과 **물**은 /ㅁ/과 /ㅂ/이라는 두 소리만으로 의미가 달라지는데 이때 /ㅁ/과 /ㅂ/이 최소 변별쌍이 되며, 어떤 두 소리가 최소 변별쌍을 이루면 서로 다른 음소가 된다. 그런데 음성적으로 서로 다른 경우에도 하나의 음소가 되는 경우가 있다. 이는 서로 다른 소리가 의미 변별을 하지 않기 때문인데, 영어의 무성음과 유성음의 대립이 한국어에서는 구별되지 않는 것이 대표적인 예이다.

상보적 분포相補的分布

각 음들이 절대로 같은 환경에서 나타나지 못하고 각각 다른 환경에서만 발음될 때 이들은 **상보적 관계** 또는 **배타적 관계**에 있다고 한다. 어떤 음들이 상보적 분포를 이루면 그 음들은 한 음소의 변이음이 된다. 예를 들어, 한국어 **부부**의 /ㅂ/은 어두에서는[p], 어중의 유성음 사이에서는 [b]로 나타난다. 그러나 이 두 소리는 절대로 같은 환경에서 나올 수 없다. 따라서 이 두 소리는 상보적 분포를 이루며 하나의 음소가 된다. 보통 여러 변이음으로 구성된 음소는 상보적 분포를 이루는 음들 중에서 자질의 수가 가장 적은 것을 대표로 설정한다. 그리고 음소는 **/ /** 속에 넣어 표기하고, 변이음은 **[ ]** 속에 넣어 표기한다.

음성적 유사성音聲的類似性 상보적 분포 관계에 있지만 한 음소의 이음으로 볼 수 없는 것이 있는데, 이들은 음성적 유사성이 없는 경우이다. 예를 들어, **항**과 **앙**의 /ㅎ/과 /ㅇ/은 최소 대립을 이루면서, /ㅎ/은 어두에만 나타나고, /ㅇ/은 어말에만 나타나는 상보적 분포 관계를 이룬다. 그러나 이들은 서로 음성적 유사성이 적다. /ㅎ/은 무성음, 마찰음, 성문음이지만, /ㅇ/은 유성음, 비음, 연구개음이기 때문이다. 그래서 이들은 서로 다른 음소가 된다. 이처럼 하나의 음소로 묶이기 위해서는 음성적 유사성이 있어야만 하며 상보적 분포에 있더라도 음성적 유사성이 없으면 하나의 음소가 될 수 없다.

동형성同型性 동형성이란 음소가 체계를 이루는 데 있어서 체계적 대칭 관계를 선호하는 경향을 말한다. 한국어의 파열음은 평음, 경음, 격음의 대립을 이루며, 초성 위치에는 자음군子音群이 오지 못한다는 제약이 있다. 음소 설정 과정에서는 이러한 특징을 고려하는 것이 바람직하다. 예를 들어, /ㅋ/을 하나의 음소로 보지 않고 /ㄱ/과 /ㅎ/의 연쇄로 본다면 음소의 수를 줄일 수 있다는 장점이 있지만, 한국어는 음절의 초성 위치에 자음군이 오지 못하는 구조적 특성이 있으므로 이를 하나의 음소로 처리해야 한다는 것이다.

변별적 자질辨別的資質 변별적 자질은 한 음의 구성 성분이 되는 소리의 특징을 말하며 이를 통해 다른 소리와 구별되게 한다. 한국어에서 서로 다른 음소를 구별하도록 하는 **불:풀**의 /ㅂ/:/ㅍ/은 모두 발음 위치가 동일한 소리이지만 /ㅂ/은 무기음, /ㅍ/음 유기음이므로 **무기:유기**의 대립으로 구분된다. 이처럼 음운은 음성적 자질의 집합인데, 다른 두 낱말이 서로 다른 자질 하나만을 빼고 나머지는 모두 음성적으로 동일할 때 서로 다른 음운이 성립된다.

4. 음소와 변이음, 단음

변이음變異音

이음異音이라고도 하는 변이음은 한 음소가 두 가지 이상의 단음單音으로 나타나 발음되는 것을 말한다. 보통 한 음소가 상보적 분포를 이루며 서로 각기 다른 위치에서 실현될 때, 이들 각각을 **변이음**이라 지칭한다. 예를 들어, /ㄱ/은 **감기**[kaːmgi]에서처럼 어두에서는 [k], 유성음 사이에서는 [g]로 실현되며, **먹보**[mək˺p'o]처럼 받침에 사용될 때는 내파음이 된다. 이처럼 하나의 음소가 환경에 따라 각기 다른 소리로 실현될 때 이들 소리를 변이음이라 한다.

변이음은 쉽게 음성과 동일한 것으로 취급할 수 있다. 그런데 엄밀하게 말하면 음성과 변이음은 같은 것이 아니다. 우리가 관찰하는 물리적인 소리는 화자에 따라서, 그리고 한 화자라도 발화에 따라서 다른데, 이러한 물리적인 소리가 화자의 차이, 개별 발화의 차이를 넘어 음성적 환경에 따라서 추상화된 것이 변이음이기 때문이다. 그리고 이 변이음들이 다시 추상화한 것이 음소이다. 그러나 일반적으로 변이음과 음성을 엄밀히 구별하지는 않는다.

음소와 자유 변이自由變異

자유 변이는 두 가지 다른 소리가 같은 의미를 갖는 것을 말하며, 말소리는 다르지만 동일한 의미를 가진다. 만약 두 개의 소리가 똑같은 음성 환경에서 의미 차이 없이 자유롭게 나타난다면 이 두 소리는 자유 변이가 된다. 자유 변이에 나타나는 말소리는 독립적 음소가 아니라 한 음소의 변이음이다. 예를 들, **작은아버지**와 **짝은아버지**, 또는 **아기**와 **애기**가 서로 다른 의미를 갖는 것이 아니기 때문에 **ㅉ**, **ㅐ**는 자유 변이음에 속한다. 그러나 **자다**와 **짜다**처럼 의미가 달라지는 것은 자유 변이음이 아닌 각기 다른 음소이다.

정리 우리는 이제까지 음소와 변이음이 어떤 것인지 살펴보았다. 앞서 설명한 내용을 간단히 정리하면 다음과 같다.

음소phoneme	변이음allophone
• 의미를 구별하는 변별(대립)적인 음 • 최소 변별쌍에 나타나는 변별적인 음 • 상보적 분포에서 여러 가지 음운 환경에 나타남 • 이음들 중에서 보다 일반적인 음 • 발화되지 않고 심리적으로 존재하는 추상적인 음(음소는 실제로는 구체적 이음들로 실현됨)	• 음소가 실제로 발화되는 음성 • 음소가 예측 가능한 곳에 나타나는 변이형 • 특수한 음운론적 환경에 나타나는 구체적인 음 • 이음은 음운 규칙에 의해서 음소로부터 도출됨

5. 한국어의 음운 체계

자음 체계 한국어의 자음은 **ㄱ, ㄴ, ㄷ, ㄹ, ㅁ, ㅂ, ㅅ, ㅇ ㅈ, ㅊ, ㅋ, ㅌ, ㅍ, ㅎ, ㄲ, ㄸ, ㅃ, ㅆ, ㅉ**로 총 19개이다. 이들은 조음 위치나 방법에 따른 상관관계를 통해 조직화할 수 있다. 조음 위치에 따라 이들은 양순음, 치조음, 경구개음, 연구개음, 후음으로, 조음 방법에 따라 파열음, 마찰음, 파찰음, 비음, 유음으로 나눌 수 있다. 특히 한국어에서는 파열음과 파찰음 계열의 소리들에 있어서 발성 유형에 따라 **평음-경음-격음**의 세 가지가 대립하는 삼지적 상관속三支的相關束을 갖는 특징이 있다.

〈한국어의 자음 체계〉

조음 방법 \ 조음 위치			양순음	치조음	경구개음	연구개음	후음
장애음	파열음	평음	ㅂ /p/	ㄷ /t/		ㄱ /k/	
		경음	ㅃ /p'/	ㄸ /t'/		ㄲ /k'/	
		격음	ㅍ /pʰ/	ㅌ /tʰ/		ㅋ /kʰ/	
	마찰음	평음		ㅅ /s/			ㅎ /h/
		경음		ㅆ /s'/			
	파찰음	평음			ㅈ /tʃ/		
		경음			ㅉ /tʃ'/		
		격음			ㅊ /tʃʰ/		
공명음	비음		ㅁ /m/	ㄴ /n/		ㅇ /ŋ/	
	유음			ㄹ /ɾ, l/			
	반모음				y / ㅣ /	w /ㅜ/	

모음 체계

한국어의 모음 체계도 자음과 유사하게 체계화할 수 있다. 한국어의 모음은 우선 단모음과 이중 모음으로 나눌 수 있으며, 단모음은 ㅣ, ㅔ, ㅐ, ㅟ, ㅚ, ㅡ, ㅓ, ㅏ, ㅜ, ㅗ로 10개, 이중 모음은 ㅖ, ㅒ, ㅕ, ㅑ, ㅠ, ㅛ, ㅞ, ㅙ, ㅝ, ㅘ, ㅢ로 11개가 있다. 이들은 혀의 높이에 따라 고모음, 중모음, 저모음, 혀의 전후 위치에 따라 전설 모음과 후설 모음, 그리고 입술 모양에 따라 평순 모음과 원순 모음으로 나뉜다.

〈한국어의 단모음 체계〉

허의 전후 위치 / 허의 높이	전설 모음		후설 모음	
			중설 모음	후설 모음
	평순	원순	평순	원순
고모음	ㅣ /i/	ㅟ /ü=y/	ㅡ /ɨ/ · /ɯ/	ㅜ /u/
중모음	ㅔ /e/	ㅚ /ø/	ㅓ /ə/ · /ʌ/	ㅗ /o/
저모음	ㅐ /ɛ, æ/		ㅏ /ɑ/	

〈한국어의 이중 모음 체계〉

[y]계 이중 모음	ㅑ /yɑ/ ㅕ /yə/ ㅛ /yo/ ㅠ /yu/ ㅖ /ye/ ㅒ /yɛ/
[w]계 이중 모음	ㅘ /wɑ/ ㅝ /wə/ ㅟ /wi/ ㅙ /wɛ/ ㅞ /we/ ㅚ /we/
[ɯ]계 이중 모음	ㅢ /ɯi, ɰi/

학습 정리

- 음성은 물리적이고 구체적이며 개별적인 말소리이며, 음운(음소)는 추상적이며 집합적인 말소리이다.
- 음운은 자음과 모음처럼 나뉘어지는 '음소'와, 자음과 모음에 걸쳐 있는(자음과 모음처럼 나눌 수 없는) '초분절 음소'로 구분된다.
- 음소는 '최소 변별쌍', '상보적 분포', '음성적 유사성', '동형성', '변별적 자질' 등에 의해 확정된다.
- 한국어의 음운 체계에서, 자음 체계는 19개의 자음으로, 모음 체계는 10개의 모음으로 구성된다.

학습 퀴즈

1. 음소는 분절 음소와 초분절 음소로 구분된다. 이 둘을 구별하지 않고 말할 때는 무엇이라고 하는가?

2. 하나의 음은 여러 가지 구성 성분이 되는 소리의 특성을 가지고 있다. 이 중에서 다른 소리와 구별되게 하는 특성을 무엇이라고 하는가?

3. 한국어의 파열음과 파찰음은 '평음–격음–경음'의 세 가지 소리가 대립을 이루고 있다. 이러한 소리들이 대립을 이루고 있는 것을 무엇이라고 하는가?

같이 알아보기

- 자유 변이가 일어난 말들은 앞으로 어떻게 될까? 음운으로서 자격을 갖게 될까, 아니면 그럴 가능성이 희박할까?
- 한국어 음소의 이음에는 어떤 것들이 있을까? 각 음소별 이음의 표를 만들어 보자.

용어 정리

대립對立opposition

음소는 음운론의 기본 단위로서 다른 음소의 대립 관계에 있다. *대립*은 최소 변별쌍(최소 대립쌍)과 비슷한 개념이라고 이해하면 된다. 어떤 소리가 대립 관계에 있으면 그것은 서로 다른 음소로서 의미를 변별할 수 있다는 것을 의미한다. 다시 말해, 두 단어가 두 소리의 차이로 의미가 달라질 때 *두 소리는 대립 관계에 있다*고 하며, *이 둘은 서로 대립한다*고 한다.

2장

소리가 만나 더 큰 소리를 만들다

- 한국어 음절 구조
- 음운 규칙

생각해 보기

질문 1. 소리와 소리가 만나면 원래의 소리가 아닌 다른 소리로 발음되기도 한다. 이런 현상을 무엇이라고 할까?

1. 한국어의 음절 구조

음절音節syllable이란 무엇인가

음절이란 한 덩어리로 이루어진 소리의 단위로서 음소의 연쇄로 이루어진 **발음의 최소 단위**를 말한다. 이는 우리가 실제로 말하고 들을 수 있는 말소리의 최소 단위, 즉 음의 마디이며 음소보다 크고 단어보다 작은 발화의 단위로 기능한다. 음절은 발음이 될 수 있는 가장 작은 단위이지만 어휘적 뜻을 가지고 있지는 않다. 음절은 최소의 운율 단위로서 화자의 머릿속에 존재하는 심리적 단위이며, 음절핵과 주변음으로 구성된다.

음절 구조

음절핵音節核은 단독으로 음절을 만들 수 있는 성질인 [+성절성] 자질을 가진 소리가 필요하기 때문에 한국어에서는 **모음**만 음절핵이 될 수 있다. 이와 달리 영어에서는 button[bʌ-tn]이나, jungle[dʒʌŋ-gl]의 [n, l]처럼 성절적 비음과 유음이 존재한다.

활음滑音은 [-성절성, -자음성]을 가진 [j, w]와 같은 소리로 모음의 앞이나 뒤에 나올 수 있으나 한국어에서는 활음이 모음 앞에만 올 수 있다.

주변음周邊音은 음절의 수의적 성분隨意成分으로 [-성절성, +자음성]을 가진 **자음**들이 그 역할을 담당한다. 초성初聲은 음절핵에 선행하는 자음을 말하며, 종성終聲은 음절핵에 후행하는 자음을 말한다. 음절핵은 초성과 종성으로 어떠한 자음들을 몇 개까지 취할 수 있는가는 언어마다 제각기 다르다.

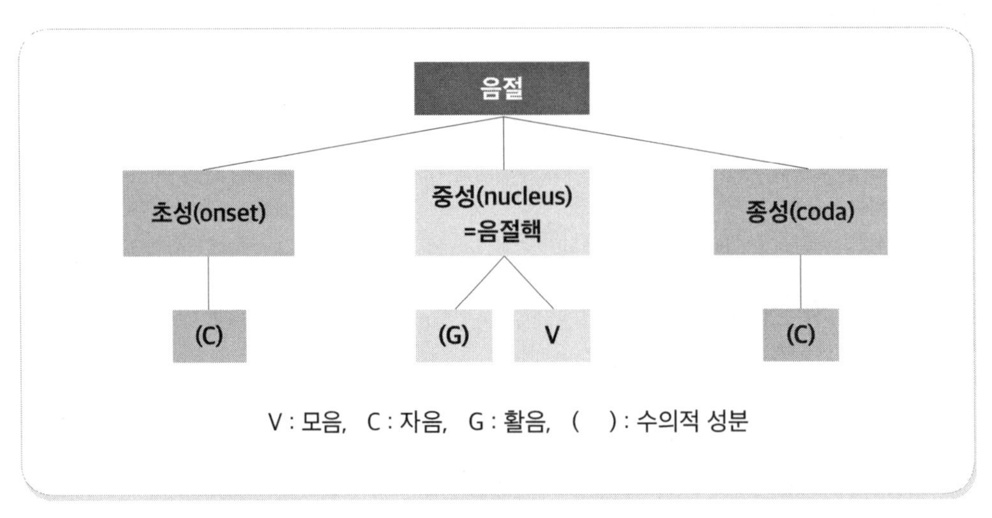

〈한국어의 음절 구조〉

한국어 음절의 특징

보통 성절음成節音은 음절에서 중심이 되는 소리로서 그 자체로 음절이 되는 소리를 말하고, 비성절음非成節音은 성절음과 함께 하나의 음절을 이루는 소리들을 말한다. 그래서 음절은 하나의 성절음과

0개 이상의 비성절음이 연결되어 나타난다.

한국어의 음절은 반드시 모음을 필요로 한다. 그래서 한국어에서는 음절의 수가 모음의 수와 일치하게 된다. 한국어 음절의 형태는 **CVC**가 기본이 되며 다양한 조합으로 나타날 수 있다. 한국어 모음은 그 자체로 성절음이므로 V인 **아, 어, 애, 우**……처럼 모음 하나로 음절을 이룰 수 있다. 또 **GV**인 **야, 여, 요, 유**……처럼 활음과 모음이 결합하여 음절을 이루기도 한다. 받침이 없는 경우는 **CV**인 **가, 나, 다, 후**……와 같이 자음과 모음으로만 음절을 이루며, 활음이 결합하면 **CGV**인 **쥬, 죠, 냐, 랴**…… 같이 자음과 활음과 모음으로 이루어진 음절을 이룰 수 있다. 이들은 모두 종성 없이 모음으로만 끝나기 때문에 열린 음절open syllable이 된다. 이와는 달리 종성이 있는 경우는 닫힌 음절closed syllable이라고 하는데, 한국어는 **VC**인 **악, 언, 올, 입**……처럼 모음과 자음으로 이루어진 경우, **GVC**인 **염, 엽, 웬, 왈**……처럼 활음과 모음, 자음으로 이루어진 경우, 그리고 가장 기본적인 음절 구성인 CVC인 **물, 풀, 꽃, 밑**……, 마지막으로 **CGVC**인 **별, 걀, 멸**…… 등의 음절 구성이 가능하다.

엄밀하게 따지면 이상의 여덟 가지 음절 형태가 가장 기본적이지만, 보통 네 가지 형태로 인식하는 경우가 많다. 발음과 달리 표기상으로는 대체로 CVC, CV 형태로 쓰이고 **값, 넋, 잃, 넓**과 같은 CVCC 형태가 가능하지만 이를 실제 발음하지는 않는다. 현대 한국어와 달리 중세 한국어에서는 이 외에도 CCV, CCCV 같은 어두 자음군도 가능했던 것으로 보인다.

한국어 자음 연쇄의 환경

한국어는 자음군, 특히 어두와 어말에서의 자음군을 허용하지 않으며, 책 CVC, 책상 CVCC처럼 어중에서도 많아야 두 개의 자음군만 허용한다는 특징이 있다. 만약 셋 이상의 자음이 겹친 자음군이 어중에 올 경우에는 **없다 VCCCV**[업따 VCCV]처럼 그중의 하나를 탈락시킨다. 그래서 외국어 표기에 있어서 한국어의 음소 배열상 불가능한 경우에는 street를 **스트리트**, Christmal를 **크리스마스**로 적는 것처럼 배열 가능한 방법으로 고쳐서 적는다.

이러한 음소 배열 조건은 **토끼**처럼 **가능하고 실제 있는 말**, **토탕이**처럼 **가능하나 없는 말**, **ㅌ탕찌**처럼 **불가능한 말**과 같이 일련의 음소를 구분할 수 있도록 하며, 이 또한 화자가 가지고 있는 음운 지식 중의 하나가 된다.

2. 한국어의 음운 규칙

규칙과 기억의 차이

동사의 사동형과 피동형은 개개의 목록을 기억해야 한다. 그래야 어떤 동사에 어떤 접사가 붙는지 알 수 있다. 예를 들어, **먹다**와 **막다**는 모두 **먹히다, 막히다**가 가능하지만, **먹이다**만 되고 **막이다**는 불가능하다. 이와 비슷하게 죽다는 **죽이다**는 가능하나 **죽히다**는 불가능하며, **작다**는 **작이다, 작히다** 모두 불가능하다. 이처럼 기억은 개별적인 특성들을 각각 알고 사용하는 것이다. 이와는 달리 규칙은 개별적으로 기억하는 것이 아닌 특정한 환경에 적용할 수 있는 규칙을 이용한다. 예를 들어, 한 음소의 이음들이 구현되는 환경은 규칙적으로 정해져 있기 때문에 **/ㄹ/**과 같은 경우는 음절말에서는 [l]로, 음절 초성에서는 [ɾ]로 소리가 난다. 이와 같이 기억 목록은 예측할 수 없는 반면 규칙은 예측이 가능하다. 그래서 규칙은 언어 화자의 지식에 들어 있는 '문법'의 일부가 된다.

음운 규칙音韻規則

음운이 일정한 환경에서 변하는 음운 변동 현상이 일어날 때 따르는 일정한 규칙을 음운 규칙이라고 한다. 음운 규칙에는 변이음 규칙과 음소 변동 규칙이 있는데 **변이음 규칙**은 하나의 음소가 여러 변이음으로 실현되는 양상을 규칙화한 것이다. 예를 들면, 음소 **/ㄹ/**이 **달**[tal]과 **다리**[taɾi]처럼 변이음 [l]과 [ɾ]로 실현되는 것을 말한다. **음소 변동 규칙**은 하나의 음소가 다른 음소로 바뀌거나 탈락하거나 첨가되는 양상을 규칙화한 것으로, 음소 **/ㄱ/**이 **국물**[궁물]이나 **적국**[적꾹]처럼 다른 음소 **/ㅇ/, /ㄲ/** 등으로 실현되는 것을 말한다. 이러한 음운 규칙은 아래와 같은 특정한 표기 약조에 따라 형식화한다.

- X에서 Y로 변했다. : 화살표(→)를 이용한다. X → Y
- 이런 바뀜이 일어나는 환경은 사선(/)으로 표현한다. X → Y /
- 바뀌는 위치는 밑줄(__)로 표시한다. X → Y / __

위의 규칙을 좀 더 구체적으로 설명하면 다음과 같다.

X → Y / ___ Z (X가 Z앞에서 Y로 변함) : 국민[궁민] 'ㄱ → ㅇ / ___ ㅁ'

X → Y / Z ___ (X가 Z뒤에서 Y로 변함) : 칼날[칼랄] 'ㄴ → ㄹ / ㄹ ___'

X → Y / P ___ Q (X가 P와 Q 사이에서 Y로 변함) : 부부[pubu] 'p → b / V ___ V'

이러한 음운 규칙의 종류에는 동화, 이화 등이 있다.

소리가 바뀌는 이유

보통 음운 변동의 이유로 가장 먼저 꼽는 것은 **노력 경제 현상**이다. 조음 위치가 가깝거나 조음 방법이 비슷한 소리가 연속되면 그렇지 않은 경우보다 발음이 쉽기 때문에 보다 쉽게 발음하기 위해 인접한 두 소리를 조음 위치를 이동시키거나 조음 방법을 같거나 비슷하게 만든다. 이처럼 노력 경제에 의한 변동에는 **동화, 탈락, 축약** 등이 있다. 이와는 반대로 **표현 효과의 강화**를 위해 소리가 바뀌기도 한다. 비슷한 소리가 연속적으로 이어져 청각 효과가 약하게 될 경우, 공통성이 적은 다른 음소로 바뀌게 된다. 이와 같이 표현 효과의 강화에 의한 변동에는 **이화**가 있다.

학습 정리

- 음절은 한 덩어리로 이루어진 소리의 단위로서, 발음의 최소 단위이다.
- 음절은 음절핵인 중성을 중심으로 초성과 종성으로 이루어져 있다.
- 한국어에서는 모음만 성절음이 되기 때문에 음절핵이 될 수 있는 것은 모음이다.
- 한국어의 음절 형태는 모두 8가지이다.
- 음운이 환경에 따라 바뀌는 것을 음운 변동이라고 하는데, 이때 적용되는 일정한 규칙을 '음운 규칙'이라고 한다.
- 음운 규칙에는 '변이음 규칙'과 '음소 변동 규칙'이 있다.
- 이렇게 소리가 바뀌는 것은 발음할 때의 노력을 줄이려는 '노력 경제 현상' 때문이며, 반대로 '표현 효과'를 강화하기 위한 것도 이유가 된다.

학습 퀴즈

1. 한국어에서 성절음이 되는 것은 무엇인가?

2. 다음은 음운 규칙을 형식화한 것이다. 풀어서 설명해 보라.

① X → Y / ___ Z

② X → Y / Z ___

③ X → Y / P ___ Q

3. '달'의 /ㄹ/과 '다리'의 /ㄹ/이 어떻게 다른지 설명해 보라.

같이 알아보기

- 문서 편집기에서 한글을 입력할 때 잘못하면 영어로 바뀌거나, 반대로 영어를 잘못 쳤을 때 한국어로 바뀌기도 하는데 그 이유는 무엇일까?
- 앞에서 제시한 음절 구조는 가장 일반적인 것을 보인 것이다. 즉, 초성과 중성, 종성 사이에 아무런 계층 구조도 존재하지 않는다는 것을 보여준다. 그런데 언어에 따라서는 초성과 중성 사이의 거리보다 중성과 종성 사이가 더 가깝거나, 반대로 중성과 종성 사이의 거리보다 초성과 중성 사이의 거리가 더 가까운 구조를 가진 경우가 있다. 이것을 각각 우분지 구조, 좌분지 구조라고 하는데 이에 대해 조사해 보자.

용어 정리

자음군子音群

둘 이상의 자음의 연쇄를 가리키는 말이다. 한국어의 음절 구조에서는 초성이나 종성으로서 음절핵과 연결되는 것을 허용하지 않는다. 표기상으로 초성에서는 자음군이 허용되지 않으며, 종성에서는 11개(ㄳ, ㄵ, ㄶ, ㄺ, ㄻ, ㄼ, ㄽ, ㄾ, ㄿ, ㅀ, ㅄ)의 자음군이 허용되나 이들도 실제 발음될 때에는 7개의 대표 자음 중의 하나로 실현된다. 따라서 한국어에서는 두 음절이 연속될 때 어중에서만 자음군이 실현된다고 하겠다. 중세 한국어에서는 어두에 자음군이 있었다고 하나 그것이 실제 발음되었는지는 알 수 없다.

3장

소리의 이합집산

- 음운 규칙
- 동화, 축약, 탈락, 첨가, 전위

생각해 보기

질문 1. 글자로 쓴 대로 읽지 않는 경우에는 어떤 것들이 있을까?

1. 동화

동화同化

한쪽의 음운이 다른 음운의 영향을 받아 같거나 비슷해지는 것을 동화라고 한다. 동화는 음운 변동의 방향이 변동을 일으키는 환경의 음운 쪽으로 이루어지는데, 종류에 따라 나누면 **자음 동화**와 **모음 동화**가 있다.

구분	유형	방향
자음 동화	비음화	순행 비음화
		역행 비음화
		상호 비음화
	유음화	순행 유음화
		역행 유음화
	구개음화	역행 동화
	경음화	순행 동화
모음 동화	전설 모음화	역행 동화
	모음조화	순행 동화

자음 동화子音同化

자음이 연속적으로 나올 때 영향을 받아 변하는 것을 자음 동화라고 하며, 비음화, 유음화, 구개음화, 경음화, 유성음화 등이 있다. 자음 동화의 구체적인 예들을 하나씩 살펴보면 다음과 같다.

비음화鼻音化는 파열음 /ㄱ, ㄷ, ㅂ/이나 유음 /ㄹ/이 비음 /ㄴ, ㅁ/의 영향을 받아 비음으로 바뀌는 현상이며 이에 대한 형식은 다음과 같다.

ㄱ, ㄷ, ㅂ → ㅇ, ㄴ, ㅁ / ___ ㄴ, ㅁ

ㄹ → ㄴ / ㅁ, ㅇ ___

비음화에는 **담력 → [담녁], 종로 → [종노], 영리 → [영니]**와 같은 순행 동화, **국물 → [궁물], 부엌만[부억만 → 부엉만], 닫는 → [단는], 맡는[맏는 → 만는], 입는 → [임는], 잎만[입만 → 임만], 옷는[옫는 → 온는]**과 같은 역행 동화와 **국력[국녁 → 궁녁], 독립[독닙 → 동닙], 섭리 [섭니 → 섬니]** 같은 상호 동화가 있다.

유음화流音化는 비음 **/ㄴ/**이 유음 **/ㄹ/**로 동화되어 바뀌는 현상인데 이에 대한 형식은 다음과 같다.

ㄴ → ㄹ/ ___ ㄹ

ㄴ → ㄹ/ ㄹ ___

이와 같은 유음화에는 **칼날 → [칼랄], 찰나 → [찰라], 말 눈 → [말룬], 앓는 → [알는 → 알른]**과 같은 순행동화와 **신라 → [실라], 천리 → [철리], 논리 → [놀리]** 같은 역행 동화가 있다.

구개음화口蓋音化는 구개음이 아닌 **/ㄷ, ㅌ/**이 후행하는 구개음 **/ l /**의 영향으로 구개음인 **/ㅈ, ㅊ/**으로 바뀌는 현상이다. 후행하는 소리의 영향으로 앞소리가 바뀌는 것이므로 역행 동화에 해당하며 이에 대한 형식은 다음과 같다.

ㄷ, ㅌ, ㄱ, ㅋ → ㅈ, ㅊ / ___ i, j

ㅎ → ㅅ / ___ i, j

구개음화는 보통 **굳이 → [구지], 해돋이 → [해도지], 같이 → [가치]**처럼 **/ㄷ, ㅌ/**에서 볼 수 있으며 **/ㄱ, ㅋ/, /ㅎ/**의 구개음화는 **길 → [질], 김치 → [짐치], 키(箕) → [치]**나 **형 → [성]** 처럼 방언에서 찾아볼 수 있다. 현대어의 **심심하다** 또한 중세어 **힘힘하다**가 통시적으로 구개음화하여 변한 것이다.

경음화硬音化는 무성 평음이 경음으로 발음되는 현상인데, 필수적 경음화와 수의적 경음화로 나눌 수 있다. 필수적 경음화는 무성음과 무성음이 만났을 때 뒤의 무성음이 경음으로 발음되는 현상으로, 음성학적으로 경음이 발성되는 조건과 같은 조건이 형성되기 때문에 일어난다. 이와는 달리 수의적 경음화는 음성학적 조건으로 설명할 수 없는 조건에서 일어나는 경음화를 말하며, 동일한 조건에서도 경음화가 일어나지 않는 것도 있다. 이에 대한 형식화는 다음과 같다.

필수적 경음화 : 평음 → 경음 / 무성음 ___

수의적 경음화 : 평음 → 경음 / ㄴ, ㄹ, ㅁ ___

경음화는 **국밥 → [국빱], 역도 → [역또], 젖소 → [젇쏘], 덮개 → [덥깨]** 같은 복합어뿐만 아니라 **책도 → [책또], 밥도 → [밥또]** 같은 체언과 조사의 결합, **먹고 → [먹꼬], 닫지 → [닫찌], 입자 → [입짜], 안고 → [안꼬], 넘지 → [넘찌]** 같은 어간과 어미의 결합, **할 것 → [할껏], 읽을 수 → [일글 쑤]** 같은 관형사형 어미와 의존 명사 사이에서도 볼 수 있으며, **갈등 → [갈뜽], 말살 → [말쌀], 물질 → [물찔]** 등의 한자어에서도 나타난다.

유성음화有聲音化는 무성 평음이 유성음 사이에서 유성음으로 발음되는 현상으로 이를 형식화하면 다음과 같다.

무성음 → 유성음 / 유성음 ___ 유성음

유성음화에는 **감기[kamgi], 부부[pubu], 갈비[kalbi]** 등의 예를 찾을 수 있다.

모음 동화母音同化

모음 동화는 어떤 모음이 인접한 모음에 영향을 주어 비슷하게 변화하는 현상으로, 한국어에는 전설 모음화와 모음 조화가 있다.

전설 모음화前舌母音化는 전설 모음이 아닌 모음이 후행하는 전설 모음 **/ㅣ/**의 영향으로 전설 모음으로 바뀌는 현상인데, 이를 형식화하면 다음과 같다.

ㅏ, ㅓ, ㅗ, ㅜ, ㅡ → ㅐ, ㅔ, ㅚ, ㅟ, ㅣ / ___ ㅣ

남비 → [냄비], 멋장이 → [멋쟁이]처럼 표준어로 인정되는 경우도 있지만, **어미 → [에미], 손잡이 → [손재비], 고기 → [괴기], 학교 → [핵꾜], 먹이다 → [메기다], 죽이다 → [쥐기다]**와 같이 대부분 표준어로 인정되지 않고 있다. 통시적으로는 **즛 〉 짓, 츩 〉 칡, 아츰 〉 아침, 슳다 〉 싫다, 거츨다 〉 거칠다**처럼 치조음 **/ㅅ, ㅆ, ㅈ, ㅊ/**의 영향으로 이어지는 후설 모음 **/ㅡ/**가 전설 모음 **/ㅣ/**로 바뀌는 현상도 있었다.

모음 조화母音調和는 모음이 연속될 때 같은 성질을 가진 모음끼리 어울리는 현상을 말하며, 한국어에서는 양성 모음은 양성 모음끼리, 음성 모음은 음성 모음끼리 결합한다. 중세 한국어에서는 단어 자체, 체언과 조사, 어간과 어미 등에서도 모음 조화가 철저히 지켜졌으나, 현대 한국어에서는 일부 의성어와 의태어, 일부 용언의 어간과 어미가 결합할 때만 일어난다.

중세 한국어 : 하ᄂᆞᆯ, 구룸 / 하ᄂᆞᄅᆞᆫ(하ᄂᆞᆯ + ᄋᆞᆫ : 하늘은), 구루믄(구룸 + 은 : 구름은)
잡ᄂᆞᆫ(잡- + -ᄂᆞᆫ : 잡는), 먹는(먹- + -는 : 먹는)
현대 한국어 : 아장아장 ~ 어정어정, 졸졸 ~ 줄줄 / 동동 ~ 둥둥, 찰싹 ~ 철썩
잡아 ~ 먹어(연결 어미) / 잡아라 ~ 먹어라(명령형 어미) /
잡았다 ~ 먹었다(선어말 어미)

2. 축약과 탈락

축약縮約

연속하는 두 음운이 하나의 음운으로 줄어드는 현상을 음운 축약이라고 한다. **놓다 → [노타], 놓고 → [노코], 국화 → [구콰], 닫히다 → [다치다]**처럼 평음 **/ㄱ, ㄷ, ㅂ, ㅈ/**이 **/ㅎ/**음과 결합하여 격음으로 발음되는 현상인 **격음화**나 **가**

리-+-어 → 가리어 → 가려, 오- + -아 → 와 같은 **모음 축약** 등이 있다. 흔히 축약으로 알고 있는 **사이 → 새**는 현대 한국어에서는 축약으로 볼 수 없는데, 문자상으로는 ㅏ와 ㅣ가 합쳐져서 ㅐ가 되므로 축약처럼 보이지만 ㅐ는 단모음이므로 축약이라 볼 수 없고, /ㅏ/와 /ㅣ/가 /ㅐ/로 합류한 것으로 보아야 한다.

탈락脫落

음운 탈락은 경제적인 이유로 한 음운이 발음되지 않는 현상을 말하는데, 발음할 때의 노력을 줄여서 쉽고 빠르게 발음하기 위하여 단어나 음절 사이의 어떤 소리를 완전히 사라지게 하는 현상이다.

자음 탈락에는 통시적 변화의 예로 **간난**艱難 **→ 가난, 종용**從容**하다 → 조용하다**에서처럼 인접한 같은 음을 탈락시키는 동음 탈락, **솔나무 → 소나무, 불- + -는 → 부는, 말소 → 마소, 바늘질 → 바느질**과 같이 받침 ㄹ이 ㄴ, ㅂ, ㅅ 앞에서 탈락하는 **/ㄹ/** 탈락(ㄹ → ∅ / ___ ㄴ, ㅅ, ㅈ), **그것이 → (그거이) → 그게, 이것이 → (이거이) → 이게, 무엇이에요 → 뭐예요**처럼 ㅅ이 모음 앞에서 탈락하는 **/ㅅ/** 탈락(ㅅ → ∅ / ___ V), **좋으니 → [조으니], 놓은 → [노은]** 등처럼 모음 앞에서 ㅎ이 탈락하는 **/ㅎ/** 탈락(ㅎ → ∅ / ___ V) 등이 있다.

모음 탈락에는 **가아 → 가, 서어 → 서**처럼 연이은 모음 중 뒤의 같은 모음이 탈락하는 동음탈락(ㅏ, ㅓ → ∅ / ㅏ, ㅓ ___)과 **쓰- + -어 → 써, 따르- + -아 → 따라** 같은 /ㅡ/ 탈락(ㅡ → ∅ / ___ ㅏ, ㅓ), **푸어 → 퍼**에서 볼 수 있는 /ㅜ/ 탈락(ㅜ → ∅ / ___ ㅓ), **깨어 → 깨** 같은 /ㅓ/ 탈락(ㅓ → ∅ / ㅔ, ㅐ ___), **흔하지 → 흔치, 편안하다 → 편안**타 같은 /ㅏ/ 탈락(하- → ㅎ) 등이 있다. 또 음절 자체를 탈락시키는 음절 탈락도 있는데 **깨끗하지 → 깨끗지, 경상북도 → 경북** 등이 그 예이다.

3. 첨가와 음위 전환

첨가添加

첨가는 원래 없던 음운이 더 들어가는 현상을 말하는데 사잇소리 현상이 대표적인 예이다. 한국어의 사잇소리는 합성 명사를 형성할 때 나타나며, **봄 +비 → [봄삐], 산 + 길 → [산낄], 배 + 길 → [배낄](뱃길), 내 + 가 → [내까](냇가)**처럼 예사소리가 된소리(사이시옷)로 변하거나 **솜 + 이불 → [솜니불](솜이불), 집 + 일 → [짐닐](집일), 코 + 날 → [콘날](콧날), 볼 + 일 → [볼닐 → 볼릴](볼일), 알 + 약 → [알냑 → 알략](알약), 털 + 요 →[털뇨 → 털료](털요)**와 같이 /ㄴ/이나 /ㄴㄴ/이 첨가되기도 한다.

이 외에도 **하- + -어 → 하여(j), 소 + -아지 → 송아지**처럼 모음 충돌 회피 현상이나, **조 + 쌀 → 좁쌀, 살 + 고기 → 살코기, 안 + 박 → 안팎, 수 + 닭 → 수탉, 암 + 돼지 → 암퇘지**와 같은 음운 화석 등에서 볼 수 있다.

음위 전환音位轉換

전위傳位라고도 하는 음위 전환은 어떤 두 음의 일정한 자리가 엇바뀌는 현상이다. 보통 통시적 변화를 거쳐 나타나며, 이론적으로 탈락과 첨가의 두 작용이 차례로 복합된 결과 발생한다. 이에는 **동남 →남동, 생사 → 사생, 시종 → 종시, 이별 → 별리**와 같은 음절 전위와, **서벅서벅 → 버석버석, 하야로비 → 해오라기(ㅏ ↔ ㅗ)**같은 음운 전위가 있다.

학습 정리

- 음운 규칙에는 크게 동화, 축약과 탈락, 첨가와 음위 전환 등이 있다.
- 동화는 한쪽의 음운이 다른 음운의 영향을 받아 같거나 비슷해지는 것을 말하며, 자음 동화와 모음 동화가 있다.
- 자음 동화에는 비음화, 유음화, 구개음화, 경음화(된소리되기), 유성음화 등이 있으며, 모음 동화에는 전설모음화, 모음조화 등이 있다.
- 축약은 두 음운이 하나의 음운으로 줄어드는 현상이며, 탈락은 한 음운이 발음되지 않는 현상을 가리킨다.
- 첨가는 원래 없던 음운이 더 들어가는 현상이며, 대표적인 것이 사잇소리 현상이다. 기타 첨가 현상으로는 모음 충돌을 회피하기 위하여 자음이 개입되는 것, 통시적인 음운 화석이 실현되어 공시적으로 음운 첨가로 분류되는 현상도 있다.

학습 퀴즈

1. 다음 〈보기〉의 단어에 적용된 음운 규칙이 무엇인지 판단하여 해당되는 번호를 빈칸에 적으라.

> **보기**
> ❶ 국력 ❷ 해돋이 ❸ 소나무 ❹ 봄비 ❺ 신라
> ❻ 해오라기 ❼ 논리 ❽ 넘다 ❾ 감기 ❿ 멋쟁이
> ⓫ 아장아장 ⓬ 냇가 ⓭ 국화 ⓮ 깨끗이 ⓯ 냄비
> ⓰ 물질 ⓱ 같이 ⓲ 종로 ⓳ 갈비 ⓴ 가난

ㄱ. 비음화 ________ ㄴ. 유음화 ________ ㄷ. 구개음화 ________

ㄹ. 경음화 ________ ㅁ. 유성음화 ________ ㅂ. 전설 모음화 ________

ㅅ. 모음 조화 ________ ㅇ. 격음화 ________ ㅈ. 탈락 ________

ㅊ. 사잇소리 현상 ________ ㅋ. 음위 전환 ________

2. 다음 빈칸에 알맞은 말을 쓰라.

① 사잇소리 현상은 ______________ 을/를 형성할 때 나타난다.

② 어떤 두 음의 일정한 자리가 서로 바뀌는 것을 ______________ (이)라고 한다.

③ ______________ 은/는 일부 의성어와 의태어, 일부 용언의 어간과 어미가 결합할 때 일어난다.

④ 구개음화는 구개음인 전설 모음 ______________ 의 영향으로 일어난다.

같이 알아보기

- **이번 시간에 공부한 음운 규칙 중에서 전설 모음화는 일부 표준어로 인정되는 것과 그렇지 않은 것들이 있었다. 표준어로 인정되는 것과 그렇지 않은 것의 차이가 무엇인지 생각해 보고, 표준어 인정 여부에 대해 생각해 보라.**
- **위의 생각을 위하여 전설 모음화의 예를 더 찾아 보라.**

용어 정리

이화 異化dissimilation

이화란 같거나 공통되는 두 음소가 공통성이 적은 음소로 바뀌는 현상이다. 이화는 발음하는 데 힘이 더 들더라도 청자에게 정확한 발음을 전달하려는 표현 효과를 위한 작용으로, 주로 음운의 역사적인 변화가 이에 해당한다.

역사적인 이화 현상은 모음이 바뀐 것과 자음이 바뀐 것으로 나누어 볼 수 있다. 모음이 바뀐 예로 **소금, 아우, 마루**가 각각 **소곰 → 소금, 아ᅀᆞ → 아ᄋᆞ → 아으 → 아우, ᄆᆞᄅᆞᆯ → ᄆᆞᄅᆞ → 마루**의 변천 과정을 겪은 것을 들 수 있다. 이런 변화는 두 음절에 쓰인 모음이 ㅗ나 ·처럼 모두 동일한 계열이 연속되는 것을 피하기 위한 것으로 해석된다.

자음이 바뀐 예로는 **붚**鼓 → **붑** → **북, ᄌᆞᆫ자리** → **잠자리** 등을 들 수 있다. 중세어 **붚**은 어두와 어말이 모두 양순음인데 성질이 다른 ㄱ으로 바꾼 것은 청각 효과를 위한 이화 현상이다. **ᄌᆞᆫ자리**도 같은 계열의 자음(설단음)의 연쇄를 피하기 위해 ㄴ 대신 양순음 ㅁ으로 바꾸었다고 해석할 수 있다(최상진 외, 『언어 이야기』, 도서출판 경진문화사, 2003, pp. 102-103. 참조).

"하나의 의미를 나타내는 형태는 하나밖에 없으며, 하나의 형태가 하나의 의미만을 나타내는 것은 언어의 자연적 조건이다."

(D. Bolinger(1977))

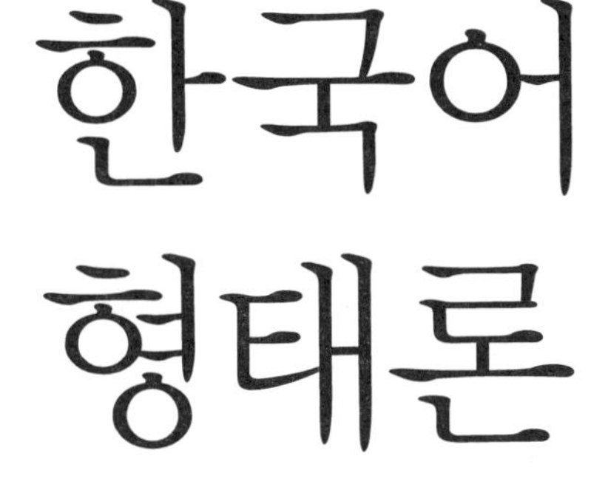

1장

형태소와 단어, 그리고 단어 만들기

- 형태소
- 단어
- 단어 형성법

생각해 보기

질문 1. 형태소라는 말은 단어라는 말과 같을까? 다를까?
질문 2. 한국어에는 몇 개의 단어가 있을까?

1. 형태소

형태소形態素morpheme 형태소는 최소의 유의미적 단위, 즉 **뜻을 가진 가장 작은 언어 단위**를 말한다. 그래서 이것을 분석하여 더 나누면 뜻이 사라져 버린다. 예를 들어, 'ㄱ, ㅁ, ㅅ, ㅗ'와 같은 소리들은 독자적으로 의미를 갖고 있지 않지만 '고, 곡, 곰, 곳, 모, 목, 몸, 못, 몫, 소, 속, 솜'처럼 이들이 결합하면 특정한 의미를 갖게 된다. 이때 '의미'는 '낱말의 뜻'뿐만 아니라 '문법적 기능'까지도 포함하는 개념이다. 그래서 '꽃이 피었다.'라는 문장의 경우 '꽃'과 '피-'는 낱말로서 뜻을 가지고 있으며, '이, -었-, -다'는 각각 체언에 주어의 자격을 부여하거나, 과거 시간을 표시하고, 문장을 종결하는 문법적 기능을 가지고 있기 때문에 형태소가 된다.

이형태異形態

하나의 형태소가 주위 환경에 따라 음의 모습을 달리하는 교체交替, 또는 변이變異를 이룰 때 이에 의해 달라진 형태소의 여러 모양을 이형태라고 한다. 형태소와 이형태의 관계는 음소와 변이음의 관계와 같다. 예를 들어, '값'이라는 단어가 '값을[갑쓸] / 값도[갑또] / 값만[감만]'과 같이 사용 환경에 따라 '값, 갑, 감'으로 달라지는 경우 이들은 한 형태소의 이형태가 된다. 이들 한 형태소의 이형태들은 같은 환경에서는 결코 나타나지 않기 때문에 상보적 분포에 있다고 하며, 그렇기 때문에 만약 어떤 이형태들이 서로 의미가 같고 그 분포가 상보적이면 그들은 한 형태소가 된다. 예를 들어 '걷다'라는 단어를 보면, '걸어라, 걸었다'에서 보이는 {걸} 형태는 모음 앞에만 분포하며, '걷는다, 걷는'에서 나타나는 {걷} 형태는 /ㄴ/과 같은 비음 앞에만 분포한다. 이와 달리 '걷고, 걷지'처럼 비음 이외의 자음 앞에서는 {걷}의 형태로 나타난다. 따라서 이들 각각의 형태는 하나의 형태소라고 할 수 있다.

이형태에는 음운적 조건에 의한 이형태와 형태적 조건에 의한 이형태가 있다. **음운적 조건에 의한 이형태**는 주격조사 '이/가'처럼 받침의 유무에 따라 교체되거나, 과거 시제 선어말 어미 '-았/었-'처럼 모음의 종류에 따라 교체되는 등과 같이 하나의 형태소가 특정한 음운 환경에 따라 모습을 달리하는 것이다. 반면, **형태적 조건에 의한 이형태**는 과거 시제 선어말 어미 '-였-'이 '하다'의 어간 '하-'뒤에만 연결되는 것처럼 특정한 음운 환경으로는 설명되지 않으며 특수한 말에만 국한하여 나타나는 이형태이다. 이와 같은 형태론적 이형태는 공시적인 조건으로 변이 양상을 설명할 수 없다.

대표 형태

대표 형태는 한 형태소에 여러 이형태가 있을 때, 그중 하나를 대표로 정한 것이다. 보통 대표 형태를 삼는 기준은 먼저 변이의 조건을 설명하기에 간편한 것, 즉 설명적 타당성이 높은 것을 고려한다. 앞서 예를 든 **값**의 경우 **갑**, **감**과 같은 이형태를 **값**이라는 형태를 통해 중화와 동화라는 음운 규칙을 이용해 합리적으로 설명할 수 있기 때문에 **값**을 대표 형태로 삼은 것이다. 다음으로, 통계적 분포량에 따라 더 많이 사용되는 것을 기본형으로 정한다. 그래서 과거시제 선어말 어미의 경우, 이형태 **-았/었/였/ㅆ-** 가운데 월등히 많이 사용되는 **-었-**을 기본형으로 삼는다. 마지막 기준은 통시적으로 먼저 존재하는 것이다. 이형태들 가운데 기원이나 발생상의 선후를 따져 기본형을 정한다는 것이다. 한국어의 주격 조사는 **이**가 먼저 있었고, **가**는 16세기에 출현했기 때문에 **이**를 기본형으로 한다.

2. 형태소의 종류

자립성의 여부

독립적으로 사용이 가능한가에 따라 형태소를 나누면 자립 형태소와 의존 형태소로 나눌 수 있다. **자립 형태소**自立形態素는 단독으로 문장에 나타날 수 있는 형태소로서 그 자체로 하나의 단어가 되며, 명사, 대명사, 수사인 체언과 관형사, 부사, 감탄사 등이 이에 속한다. 한자는 뜻글자로서 각각의 글자가 의미를 가지고 사용되는데, 고유어 가운데 대응되는 말이 없을 경우 자립 형태소로 인정한다. **의존 형태소**依存形態素는 반드시 다른 형태소와 결합해야만 문장에 쓰일 수 있는 형태소로서, 조사, 동사와 형용사인 용언 어간, 어미, 접사 등이 이에 속한다. 한자의 경우 **천**天 → **하늘**, **지**地 → **땅**, **동**童 → **어린이**, **화**話 → **이야기**처럼 고유어에 대응하는 말이 있을 때는 단독으로 사용될 수 없기 때문에 의존 형태소로 처리한다. 의존 형태소는 **먹다: 먹-, -다**, **푸른: 푸르-, -ㄴ**처럼 다른 형태소가 결합하는 쪽에 줄표를 두어

따로 표시한다.

실질적 의미의 유무

실질적인 의미를 가지고 있는지에 따라 형태소를 나누면 실질 형태소와 형식 형태소로 나뉜다. **실질 형태소**實質形態素는 어휘 형태소라고도 하며, 구체적인 대상이나 동작, 상태와 같은 낱말의 뜻인 어휘적 의미를 표시하는 형태소이다. 자립 형태소 전부, 의존 형태소 중 동사·형용사의 어간이 실질 형태소에 속한다. **형식 형태소**形式形態素는 문법 형태소라고도 하며, 실질 형태소에 붙어 주로 말과 말 사이의 문법적이고 형식적 관계를 나타내는 형태소이다. 문법적 기능을 하는 조사, 어미, 접사 등이 형식 형태소에 속한다. 참고로 **먹으니 = 먹-+-으니, 입으면 = 입-+-으면**에서 볼 수 있는 매개 모음 **-으**는 자음의 충돌을 방지하기 위해 자음 사이에 개입된 모음으로서 형태소의 자격이 없다. 이는 단독으로 실질적 의미(낱말 뜻)를 갖지 못하며, 실질 형태소와 결합하더라도 문법적 기능을 하지 못하는 발음의 편의상 들어간 **소리**에 불과하기 때문이다.

유일 형태소唯一形態素

아름답다의 **아름-**, **착하다**의 **착-**, **오솔길**의 **오솔-**, **안간힘**의 **안간-**, **허둥지둥**의 **-지둥**처럼 한 형태소하고만 결합할 수 있는 특수한 형태소를 유일 형태소라고 한다. 형태소의 기본 개념으로 보면 이들이 형태소의 개념에 들어맞는 것은 아니지만 이들이 결합된 형식은 이전 형식과 분명히 다른 의미를 가지고 있기 때문에 하나의 형태소로 인정한다. 유일 형태소는 그래서 분포상의 제약이 극심한 형태소로 본다.

3. 단어

단어 單語word

단어란 자립적으로 쓸 수 있는 말, 또는 이에 준하는 말로서 이를 더 분리할 경우 그 뜻을 잃게 되는 **최소의 자립 형식**을 말한다. 예를 들어, **오빠, 우리랑 노래방에 가자**라는 문장은 8개의 형태소로 되어 있지만 단어는 6개이다. 이들을 각각 살펴보면 **오빠, 우리**는 하나의 형태소이면서 한 단어이고, **노래방**은 **노래**와 **방**이라는 두 개의 형태소가 결합한 하나의 단어이며, **랑, 에**는 하나의 형태소이면서 하나의 단어, **가자**는 **가-**와 **-자**의 두 형태소가 결합한 한 단어이다.

단어 정립의 실제

위에 예를 든 문장에서 오**빠, 우리**는 **오+빠, 우+리**처럼 각각을 분리하면 아무런 뜻도 가질 수 없다. **노래방**은 **노래+방**으로 분리할 수 있지만 이렇게 분리할 경우 **노래방**이라는 단어가 갖는 의미인 [방음이 된 방에서 가사가 화면에 나타나는 음악 반주기에 맞추어 노래를 부르도록 장치해 놓은 곳]이라는 의미는 사라지게 된다. 그래서 **노래방**은 두 개의 형태소로 이루어진 그 자체가 하나의 단어가 된다. **랑, 에**는 자립적으로 쓰일 수는 없지만 조사이므로 각각 하나의 단어로 인정한다. 이와는 달리 가자는 **가-**, **-자**로 구성되지만 이들 각각이 자립적으로 쓰일 수 없으며 두 개의 형태소가 하나의 자립 형식을 이루는 하나의 단어를 구성한다.

단어 정립 기준

단어 정립은 자립성, 분리성, 보편성에 따른다. 근대적인 한국어 연구의 초기 문법가들은 단어 설정 모형에 대해 이견이 있었는데 단어를 보는 태도에 따라 분석적, 절충적, 종합적이라는 세 가지 관점으로 나뉘었다. 먼저, **분석적 태도**는 조사와 어미를 모두 단어로 인정하는 것이었는데, 이러한 관점을 가진 학자에는 주시경, 김윤경 김두봉 등이 있었다. 다음으로, **절충적 태도**는 자립 형태소에 붙는 의존 형태소 중 조사만 단어로 인정하는 견해인데, 최현배, 이희승 등의 학자가 이에 속한다. 마지막으로, **종합적 태도**는 자립 형태소에 붙는 의존 형태소인 조사도 단어로 인정하지 않으며 어절을 단어로 보는 견해로서, 정렬모, 이숭녕 등이 이에 속한다. 이들 각각의 견해에 따르면 **그 꽃이 활짝 피었다**라는 문장의 단어 수는 종합적 관점에서는 형태소 수와 같은 7개, 절충적 관점에서는 조사를 분리한 5개, 종합적 관점에서는 어절 수와 같은 4개가 된다.

단어 정립 조건

홀로 설 수 있는 **자립성**이 단어 성립의 기본 조건이 되며, 그래서 모든 자립 형태소는 단어가 된다. 여기에 의존 명사나 보조 용언 등은 어느 정도 자립성이 결여되어 있으나, 일반적인 자립 형태소가 나타나는 환경에서 동일하게 나타나며 그 의미도 완전히 문법적인 것이 아니라는 점 때문에 준자립어로 분류한다. 의존 명사는 **새 학기를 맞을 적마다 늘 계획표를 짜 두는구나**에서처럼 명사가 나타나는 자리에 나타날 수 있고, 다른 명사와 마찬가지로 관형어의 수식을 받으며 의미가 실질적이다. 그래서 앞 문장에 쓰인 **적**은 **때, 시간, 경우** 등으로 바꿔 쓸 수 있다. 보조 용언은 **새 학기를 맞을 적마다 늘 계획표를 짜 두는구나**처럼 자립 형식인 다른 용언과 같은 자리에 나타날 수 있으며, 단어 그대로의 의미는 아니지만 실질적인 의미를 가지고 있고, 본용언과 마찬가지로 활용한다는 점에서 단어의 자격을 갖는다.

다음으로 **분리성**은 앞의 말과 쉽게 분리될 수 있으며, 중간에 다른 단어가 삽입될 수 있는 성격을 말하는데, **할아버지께서/는/께서는 집에 안 계십니다**나 **나는**의 **나**와 **는** 사이에 **만**을 넣어 **나만은**과 같이 만들 수 있는 데서 보는 것처럼, 조사는 의존 형태소이지만 분리성을 쉽게 확인할 수 있기 때문에 단어로 인정한다.

단어 정립의 마지막 조건은 **보편성**인데, 체언에 붙는 말이라도 보편성이 결여되어 있으면 단어의 자격이 없다. 그래서 접사는 분리성이 있지만 단어로 인정되지 않는다. 접사를 조사와 달리 단어로 인정하지 않는 이유는 조사는 모든 명사류에 다 붙을 수 있지만 접사는 **풋사과, 풋과일, 풋사랑 / *풋사람, *풋노인, *풋행복이나 사람들이 많이 모였다. / *하늘들을 바라보아라**처럼 한정된 명사류에만 선택적으로 결합할 수 있기 때문이다.

4. 단어 형성법

단어 형성법의 주요 개념

어근語根은 .단어를 이루는 형태소 중에서 실질적인 단어의 뜻을 나타내는 형태소로서 단어의 중심이 되며, 결국은 실질 형태소와 같은 것을 말한다. 실질 형태소는 구체적인 대상이나 동작, 상태 등을 나타내는 말, 즉 실질적인 낱말 뜻을 가진 형태소라는 의미이고, 어근은 실질 형태소가 단어 형성에서 가장 핵심적인 부분이 된다고 하여 붙여진 이름이다. 이 둘은 결국 같은 것을 달리 이르는 말일 따름이다.

접사接辭affix는 복합어의 형성에 나타나는 형식 형태소로서 어근에 덧붙어 새로운 단어를 만드는 데 쓰인다. 접사에는 햇과일, 헛소리, 맨발, 새빨갛다의 햇-, 헛-, 맨-, 새-와 같이 어근 앞에 결합하여 그 뜻을 제한하는 **접두사**接頭辭prefix와 멋쟁이, 사람들의 -쟁이, -들처럼 어근 뒤에 결합하여 뜻을 더하거나 믿음, 달리기, 여성스럽다의 -음, -기, -스럽다처럼 품사를 바꾸는 역할을 하는 **접미사**接尾辭suffix가 있다.

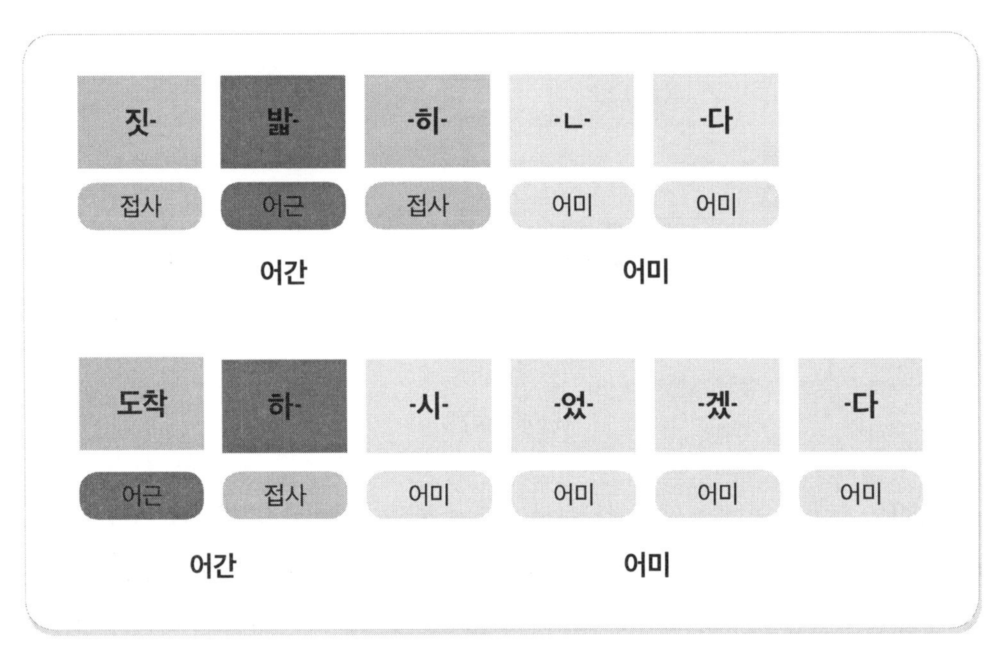

〈용언의 구조〉

참고로 **어간**은 동사, 형용사, 서술격 조사 등 활용어가 활용할 때 변하지 않는 부분이며, **어미**는 활용할 때 변하는 부분이다. **어간과 어미**가 용언의 활용과 관계된 개념이라면, 이와는 달리 **어근과 접사**는 단어 형성과 관련된 개념이다. 그래서 용언의 경우 조어 방식에 따라 어근이 자체로 어간이 될 수도 있고, 어근에 어근, 어근에 접사가 결합하여 어간이 될 수도 있다.

단어 형성의 유형

보통 파생법에 따라 형성된 단어를 **파생어**派生語, 합성법에 따라 형성된 단어를 **합성어**合成語라고 하는데, 이들 파생어와 합성어를 아울러 복합어라고 부르며, **복합어**複合語가 아닌 어근 하나로만 이루어진 단어를 **단일어**單一語라고 한다.

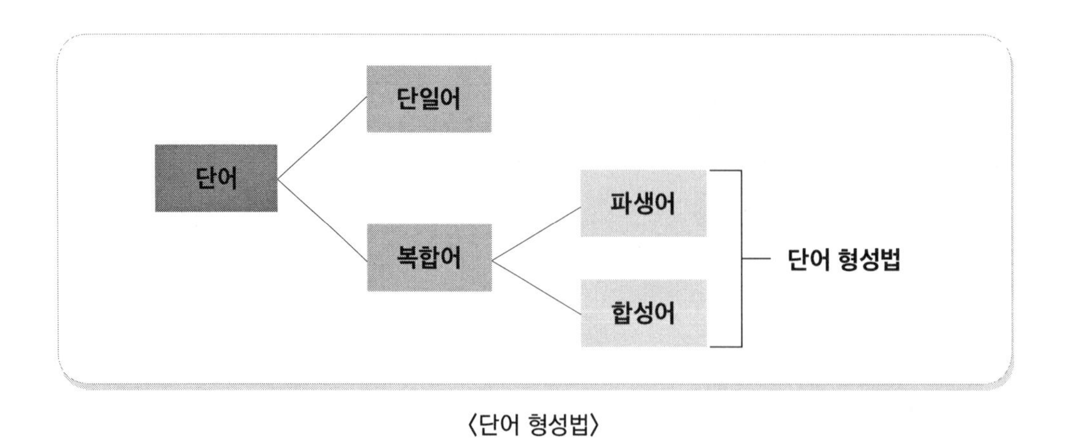

〈단어 형성법〉

복합어는 둘 이상의 형태소가 결합하여 새롭게 형성된 단어로서, 어근에 접사가 결합하여 형성된 단어인 **파생어**와, 둘 이상의 어근이 결합하여 형성된 단어인 **합성어**로 나뉜다. 이때 실질 형태소인 어근에 접사를 붙여 파생어를 만드는 단어 형성 방법을 파생법이라고 하며, 실질 형태소인 어근끼리 결합하여 합성어를 만드는 단어 형성 방법을 합성법이라고 한다.

파생법派生法

파생법은 문법 범주가 바뀌는가에 따라 어휘적 파생법과 통사적 파생법으로, 접사의 종류에 따라 접두 파생법과 접미 파생법으로 나눌 수 있다.

어휘적 파생법은 접사가 어근의 통사 범주를 바꾸지 못하고 어근의 의미를 한정하는 파생법으로, 어휘적 접사(한정적 접사)가 결합하는 경우를 말한다. 이들은 파생 명사인 **군소리, 덧신, 풋사랑, 헛수고**, 파생 동사인 **덧나다, 엿듣다, 짓밟다, 치솟다**, 파생 형용사인 **새파랗다, 시퍼렇다, 얄밉다**와 같이 접두사와 어근이 결합하는 대부분의 접두 파생법과, **눈치(눈+치), 지붕(집+웅), 모가지(목+아지), 꼬락서니(꼴+악서니)**와 같이 어근에 접미사가 결합하는 일부 접미 파생법에서 볼 수 있다.

통사적 파생법은 접사가 어근의 통사 범주까지 바꾸는 파생법으로, 통사적 접사(지배적 접사)가 결합한 경우를 말한다. 대부분 어근에 접미사가 결합한 접미 파생법에서 볼 수 있는데 **잠, 물음, 놀이, 쓰기, 말하기, 덮개, 마개** 등과 같이 동사가 명사로 바뀌는 경우, **기쁨, 길이, 크기, 검댕** 등과 같이 형용사가 명사로 바뀌는 경우가 있으며, 높임의 의미인 **-님**이 결합하는 경우 또한 품사는 명사 그대로이지만 **선생이 왔다**라는 표현이 **-님**의 결합으로 인해 **선생님께서 오셨다**로 바뀌는 것처럼 문장의 통사적 형식을 바꾸기 때문에 통사적 파생에 속한다.

합성법合成法

합성어는 어근과 어근의 결합 관계에 따라 병렬 합성어, 종속(유속) 합성어, 융합 합성어로, 어근의 결합 방식에 따라 통사적 합성어와 비통사적 합성어로 나눌 수 있다.

병렬 합성어는 **앞뒤, 손발, 까막까치, 여닫다, 오가다** 등과 같이 어근이 대등한 관계로 결합한 것이며, **종속 합성어**는 **돌다리, 김밥, 솜이불, 부삽, 손수건, 앞치마**처럼 두 어근의 관계가 수식 관계와 같은 종속적 관계를 이루는 것이다. 이와 달리 **융합 합성어**는 두 어근이 결합하여 제3의 의미를 새롭게 만들어내는 경우를 말하는데, **춘추[나이], 돌아가다[죽다], 밤낮[항상], 강산[자연]** 등이 그 예이다.

통사적 합성어는 어근의 결합이 한국어의 일반적인 통사적 구성 방법과 일치하는 합성어를 말하며 **논밭, 밤낮, 맛있다, 작은집, 돌아가다, 갈아입다, 볶음밥, 디딤돌**처럼 대다수의 합성어가 이에 속한다. 이와 달리 **비통사적 합성어**는 일반적인 한국어의 통사적 구성 방식과 어긋나는 방법으로 만들어진 합성어로 **여닫다, 검붉다, 뛰놀다**처럼 동사나 형용사가 연결어미 없이 서로 결합한 경우, **부슬비**처럼 부사가 명사 앞에 결합한 경우, **늦잠, 접칼**처럼 동사나 형용사가 관형형 어미 없이 명사 앞에 그대로 결합한 경우 등을 들 수 있다.

학습 정리

- 형태소는 의미를 가진 가장 작은 언어적 단위, 즉 최소의 유의적 단위이다.
- 형태소는 자립성 여부에 따라 자립 형태소와 의존 형태소로, 실질적 의미의 유무에 따라 실질 형태소와 형식 형태소로 구분한다.
- 단어는 최소의 자립 형식으로서, 자립성(준자립성 포함), 분리성, 보편성을 기준으로 하여 설정한다.
- 단어는 그 형성 방식에 따라 단일어, 복합어로 구분할 수 있으며, 복합어는 어근과 접사가 결합한 파생어, 둘 이상의 어근이 결합한 합성어로 구분할 수 있다.
- 파생어는 어근에 접사가 결합하여 이루어진 단어인데, 어근 앞에 붙는 접사를 접두사라 하고 접두사가 붙은 단어를 접두 파생어라 한다. 또 어근 뒤에 붙는 접사는 접미사라고 하며, 접미사가 붙은 단어는 접미 파생어라고 한다.
- 합성어는 둘 이상의 어근이 결합하여 이루어진 단어이다. 어근과 어근의 관계에 따라서 병렬 합성어, 종속 합성어, 융합 합성어로 구분하며, 어근의 결합 양상에 따라 통사적 합성어와 비통사적 합성어로 나눈다.

학습 퀴즈

1. 다음 문장을 구성하는 형태소가 몇 개인지 분석해 보자(같은 것은 중복 계산).

① 하늘이 푸르다.

② 그가 학교에 간다.

③ 목이 아픈 데에는 따뜻한 차가 최고이다.

④ 우리는 다만 평화적으로 해결하고자 할 뿐이다.

⑤ 내 안에는 나만이 있는 것이 아니다. 내 안에 있는 이여 내 안에서 나를 흔드는 이여.

2. 다음 예문에서 단어가 모두 몇 개인지 분석해 보자(같은 것 중복 계산).

① 제 생일에 예쁜 장미꽃 하나만 사 주실래요?

② 음, 이 일을 맡을 분이 누구십니까?

③ 정하섭은 시공관 네거리에 이르러서야 명동에 와 있다는 것을 알았다. 밝은 동네, 아름답게 상점의 불빛이 휘황했고, 거기에 어울리게 사람들로 붐볐다. 안전한 피신 지대였다. 몇 시간 편안하게 보낼 데를 찾으려고 그는 여기저기 두리번거렸다.

3. 단어 형성법에서 단어의 구성소가 되는 두 가지는 무엇인가?

4. 다음은 무엇에 관한 설명인지 〈보기〉에서 찾아 쓰라.

> **보기** ❶ 어휘적 파생법 ❷ 병렬 합성어 ❸ 융합 합성어
> ❹ 통사적 파생법 ❺ 종속 합성어

ㄱ. 합성법에서 단어 구성소의 개별적 의미가 사라지고 완전히 새로운 제3의 의미를 획득한 합성어

ㄴ. 접사가 어근의 통사 범주까지 바꾸는 파생법

5. 다음 〈보기〉의 단어는 어근의 결합 방식에 따라 형성된 합성어이다. 이들을 '통사적 합성어'와 '비통사적 합성어'로 구분하라.

> **보기** ❶ 논밭 ❷ 맛있다 ❸ 부슬비 ❹ 접칼 ❺ 낮잠 ❻ 늦잠
> ❼ 김밥 ❽ 작은집 ❾ 큰아버지 ❿ 갈아입다 ⓫ 뛰놀다 ⓬ 여닫다
> ⓭ 까막까치 ⓮ 디딤돌 ⓯ 손수건 ⓰ 알아보다

ㄱ. 통사적 합성어

ㄴ. 비통사적 합성어

같이 알아보기

- 형태소는 여러 이형태들을 대표하는 추상적인 개념의 형태론적 단위이다. 그렇다면 형태가 같으면 같은 형태소로 분류할 수 있을까?
- 지금까지 단어 설정에 관한 여러 가지 쟁점이 있었다. 그 중에서 지정사와 존재사에 관한 논쟁이 대표적이라고 할 수 있는데, 학교 문법에서 서술격 조사로 처리하는 이다와, 용언(형용사)으로 처리하는 있다, 없다를 각각 지정사와 존재사로 분류해야 한다는 주장의 내용과 근거를 찾아 조사해 보자.

용어 정리

형태소의 기원과 주시경의 늣씨

형태소라는 용어는 1880년 폴란드의 언어학자 커트네이Courtenay가 맨 먼저 사용하였다. 그는 형태소를 위와 같은 개념뿐만 아니라 최소 기호의 뜻으로도 사용하였다. 오늘날까지도 이 애매성은 유지되고 있다. 그러다가 그것이 언어 단위로 도입된 것은 블룸필드(Bloomfield, 1933)에서 비롯되었다. 그것은 낱말보다 더 작은 기본 단위를 모색하는 과정에서 확립된 것으로서 현대 구조언어학의 중요한 기본 개념이다.

한편 주시경(1914)의 「말의 소리」에서는 오늘날의 형태소의 개념과 유사한 늣씨라는 말을 쓴 바 있어 주목된다. 늣씨는 낱말보다 더 작은 단위 구성소의 필요성에서 생겨난 것이라 보이는데 이는 현대 구조주의 언어학에서 형태소라는 단위를 도입한 것과 같은 발상이다. 다시 말하면 주시경은 저들보다 20년이나 먼저 언어의 구조적 단위를 고안하였던 것이다. 이는 주시경의 언어학적 통찰력이 얼마나 투철하였는지를 말해 준다.(정경일 외(2000), 『한국어의 이해와 탐구』, 도서출판 박이정, p.103)

2장

단어의 종류

• 품사 분류
• 체언과 관계언

생각해 보기

질문 1. 하늘에 해가 두 개 나타난다면, 그것을 무엇이라고 할까? **해**라는 말은 고유 명사일까? 달은 어떤가? 목성의 위성은 많은데, 그것들을 **달**이라고 할 수밖에 없다면 그것은 고유 명사일까?

1. 품사 분류

품사品詞

품사는 단어를 그 문법적 성질에 따라 몇 갈래로 묶어 놓은 것으로 단어들의 종류를 말한다. 품사 분류는 각 단어가 가지고 있는 의미meaning, 기능function, 형태form를 기준으로 한다. 여기서 의미는 단어의 개별적 의미가 아니라 **사람이나 사물의 이름을 나타낸다**거나 **움직임을 나타낸다**와 같이 단어들을 범주화할 수 있는 상위 의미를 말하며, 기능은 서술이나 수식처럼 단어가 문장에서 맡는 역할을 말한다. 형태는 단어의 형태가 변하는가를 말한다.

학교 문법의 품사 체계

한국어의 품사는 총 9개로 먼저, 사물의 명칭을 나타내는 **명사**, 명사를 대신하여 사용하는 **대명사**, 그리고 수나 순서를 나타내는 **수사**, 문장에서의 관계를 표시하는 **조사**, 동작이나 작용과 같은 움직임을 표시하는 **동사**, 성질이나 상태를 표시하는 **형용사**, 체언을 제한하는 **관형사**, 용언을 제한하는 **부사**, 그리고 마지막으로, 느낌이나 응답을 표시하는 **감탄사**로 구분한다. 이러한 구분은 단어가 갖는 의미에 따른 것으로 이들 중 명사, 대명사, 수사는 모두 주로 문장의 몸, 즉 주체(임자)가 되는 자리에 나타나기 때문에 **체언**이라고 부른다. 조사는 다른 말과의 관계를 나타내기 때문에 관계언이라고 하며, 동사와 형용사는 주체를 서술하는 기능을 하기 때문에 **용언**이라고 한다. 관형사와 부사는 체언이나 용언을 분명하게 제한하는 역할을 하므로 **수식언**이라 부르며, 감탄사는 다른 문장과 관련되지 않고 독립적으로 쓰이기 때문에 **독립언**이라 한다. 체언, 관계언, 용언, 수식언, 독립언은 모두 문장에서의 기능에 따른 명칭이다. 이들 품사를 형태에 따라서는 **불변어**와 **가변어**로 나눌 수 있는데, 가변어는 활용을 하는 단어로 동사와 형용사가 대표적이며, 특이하게 조사 가운데 서술격 조사 **이다**는 활용을 하므로 가변어에 속한다. 나머지 품사들은 모두 형태 변화가 없는 불변어이다.

〈학교 문법의 품사 체계〉

<table>
<tr><th>기능</th><th>의미</th><th>형태</th></tr>
<tr><td rowspan="3">체언(임자씨)
주로 문장의 몸, 주체(임자)가 되는 자리에 나타냄</td><td>명사(이름씨): 사물의 명칭을 나타냄</td><td rowspan="4">불변어</td></tr>
<tr><td>대명사(대이름씨): 명사를 대신함</td></tr>
<tr><td>수사(셈씨): 수나 순서를 나타냄</td></tr>
<tr><td rowspan="2">관계언(맺음씨)
다른 말과의 관계를 나타냄</td><td>조사(토씨): 관계를 표시함</td></tr>
<tr><td>서술격 조사(이다): 체언에 서술어의 기능을 부여함</td><td rowspan="3">가변어(활용어)</td></tr>
<tr><td rowspan="2">용언(풀이씨)
주체를 서술하는 기능을 함</td><td>동사(움직씨): 움직임(동작, 작용)을 표시함</td></tr>
<tr><td>형용사(그림씨): 성질, 상태를 표시함</td></tr>
<tr><td rowspan="2">수식언(꾸밈씨)
체언이나 용언을 분명하게 제한함</td><td>관형사(매김씨): 체언을 제한함</td><td rowspan="3">불변어</td></tr>
<tr><td>부사(어찌씨): 용언을 제한함</td></tr>
<tr><td>독립언(홀로씨)
다른 문장과 관련되지 않고 독립적으로 쓰임</td><td>감탄사(느낌씨): 느낌, 응답을 표시함</td></tr>
</table>

2. 체언과 관계언

체언體言

체언은 주로 문장의 주체가 되는 자리에 쓰이는 품사를 총칭하는 말로서, 특히 주어로서의 쓰임이 뚜렷하여 문장의 몸, 즉 주체가 되는 자리에 나타나는 품사라고 정의된다. 이들은 기능상의 공통성뿐만 아니라 단어의 형태가 변하지 않는다는 점에서 형태상의 공통성을 띈다. 체언의 종류에는 명사, 대명사, 수사가 있으며 이들 명칭은 의미적 차이에 따라 붙여진 것이다. 체언은 조사의 도움을 받아 다양한 문장 성분으로 쓰이는데, 주어, 목적어, 보어뿐만 아니라 결합하는 조사에 따라 관형어나 서술어의 기능을 담당하기도 한다. 이들 체언 뒤에 결합하여 다른 말과의 문법적 관계를 나타내거나, 특별한 뜻을 더해 주기도 하는 말이 바로 조사이다.

관계언關係言 관계언은 자립성이 있는 말에 붙어서 그 말과 다른 말과의 관계를 표시하는 품사이며 조사가 이에 해당한다. 조사는 체언이 서술어 등 다른 문장 성분과 맺는 관계를 결정해 준다.

(1) ㄱ. 제**가** 먼저 책**을** 읽겠습니다.
ㄴ. 책**을** 제**가** 먼저 읽겠습니다.

(1)에서처럼 한국어가 문장의 순서에 상관없이 **나-책-읽다**의 **주어-목적어-서술어** 관계가 변하지 않는 것은 조사가 이들의 관계를 결정하기 때문이다.

3. 명사

명사名詞 명사는 사물의 이름을 가리키는 품사로서, **무엇이 무엇이다, 무엇이 어떠하다, 무엇이 무엇을 어찌한다**라는 문장 틀에서 **무엇**에 해당하는 것이다.

(2) ㄱ. 서인이는 학생이다.
ㄴ. 하늘이 푸르다.
ㄷ. 어제 서인이가 유리창을 깼다.

(2)에서 **서인이, 하늘, 유리창**이 바로 이 **무엇**의 자리를 채우고 있으며, 이들이 명사가 된다.

보통 명사와 고유 명사

사용의 범위에 따른 구분으로서, (2)의 **학생, 하늘, 유리창**처럼 같은 성질을 가진 대상에 대해 두루 붙을 수 있는 말을 **보통 명사**普通名詞라고 하며, **서인**처럼 같은 성질을 가진 대상 중에서 어느 하나를 다른 것과 특별히 구별할 필요가 있을 때 사용하는 말을 **고유 명사**固有名詞라고 한다.

(3) ㄱ. *서울들에 사람이 많다.
ㄴ. *한 서윤이가 간다.
ㄷ. *한강마다 홍수가 났다.

고유 명사는 오로지 하나의 대상만을 가리키므로 (3ㄱ)과 같이 복수를 나타내는 접미사 **-들**과 결합할 수 없으며, (3ㄴ, ㄷ)에서 보는 것과 같이 수 관형사나 조사 **마다**처럼 수와 관련된 말과는 전혀 결합하지 않는다.

자립 명사와 의존 명사

자립과 의존의 구분은 문장에서 홀로 쓰일 수 있는가에 따른다. **자립 명사**自立名詞는 문장에서 홀로 쓰일 수 있는 명사이며, **의존 명사**依存名詞는 관형어의 수식을 받아야 하는 명사로서 홀로 쓰이면 문장이 성립하지 않는다.

(4) ㄱ. 먹을 것이 없다.
ㄴ. *것이 없다.

의존 명사는 (4ㄴ)처럼 관형어 없이 홀로 쓰일 수 없기 때문에 자립성이 완전하지 않지만, 일반적인 명사가 쓰이는 환경에서 모두 나타날 수 있으므로 명사에 포함한다.

4. 대명사

대명사代名詞 사물에 이름을 붙이지 않고 다만 가리키기만 하는 품사를 대명사라고 하며, 명사를 대신하는 기능을 한다. 이들은 의미적으로 명사와 구별될 뿐 문장 성분으로서의 기능에는 큰 차이가 없다.

인칭 대명사와 지시 대명사 무엇을 대신하는지에 따라 대명사를 구분한 것으로, 인칭 대명사는 사람을 가리키는 대명사이고, 지시 대명사는 사물이나 장소, 시간을 표시하는 대명사이다. **인칭 대명사**人稱代名詞에는 **나, 우리, 저, 저희, 본인**처럼 말하는 사람인 화자를 대신하는 1인칭 대명사, **너, 너희, 자네, 당신, 댁, 그대, 여러분**처럼 듣는 사람인 청자를 대신하는 2인칭 대명사, 그리고 **이이, 그이, 저이, 이분, 그분, 저분, 그**처럼 화자와 청자를 제외한 나머지 모두를 대신하는 3인칭 대명사가 있다. 이 외에도 가리킴을 받는 사람을 정확히 모를 때 사용하는 미지칭 대명사 **누구**, 특정한 사람을 가리키지 않을 때 사용하는 부정칭 대명사 **누구, 아무**, 앞에 나온 명사를 다시 똑같이 대신할 때 사용하는 재귀 대명사 **자기, 저, 저희, 당신** 등이 있다. **지시 대명사**指示代名詞에는 사물을 대신 표시하는 **이것, 그것, 저것, 무엇, 아무것**, 장소를 대신 표시하는 **여기, 거기, 저기, 어디, 아무데**, 시간을 대신 표시하는 **언제** 등이 있다.

5. 수사

수사數詞 수사는 사물의 수량이나 순서를 나타내는 품사로서, 명사나 대명사와 가장 뚜렷하게 구분되는 것은 바로 이러한 의미적 특성이다. 기능상으로는 조사와 결합이 가능하고, 문장에서 명사나 대명사가 나타나는 자리에 쓰일 수 있는 등 다른 체언과 크게 다르지 않다.

(5) ㄱ. 이번 모임에 참석한 남자는 서윤이 하나뿐이다.
ㄴ. 그는 형제가 많은데, 8남매 중 첫째이다.

양수사와 서수사는 수량과 순서에 따라 수사를 나눈 것으로, 사물의 수량을 나타내는 것은 **양수사**量數詞라고 하며 (5ㄱ)에서처럼 **하나, 둘, 한둘, 두셋, 몇**과 같은 고유어 수사와 **영, 일, 이, 백, 천, 만, 억, 조**와 같은 한자어 수사가 있다. **서수사**序數詞는 사물의 순서를 나타내는 것으로, (5ㄴ)에서처럼 **첫째, 둘째, 셋째, 넷째, 다섯째**와 같은 고유어와 **제일, 제이, 제삼, 제사, 제오**와 같은 한자어로 구분할 수 있다.

6. 조사

조사助詞

관계언인 조사는 자립성이 있는 말에 붙어서 그 말과 다른 말과의 관계를 표시하는 품사이다. 조사는 보통 **아/야, 을/를, 은/는, 과/와, 으로/로, 이나/나, 이/가**처럼 음운론적 이형태로 실현되는 경우가 많은데, 대표 형태를 자음이나 모음 아래에서 특정 음운이 탈락하는 것으로 설명하는 것이 특정 음운이 첨가되는 것으로 설명하는 것보다 간단하기 때문에 **는, 를, 으로** 등으로 대표 형태를 잡는 것이 설명에 편리하다. 다만, **이/가**는 역사적으로 **가**가 후세에 나타났고, **누가, 뉘**에서처럼 지금도 **가**가 쓰일 자리에 **이**가 나타나기도 하므로 **이**를 대표 형태로 한다.

조사의 종류

조사는 원칙적으로 체언에 붙어 그 말의 다른 말에 대한 관계를 표시하는 격조사와, 단어들을 연결하는 접속 조사, 그리고 특수한 뜻을 더해주는 보조사로 나눌 수 있다.

격조사格助詞는 체언으로 하여금 일정한 자격을 갖도록 하는데, 각각의 자격에 따라 주격 조사 **이/가**, **께서(높임)**, **에서(단체나 기관)**, **서(人數)**, 서술격 조사 **이다**, 목적격 조사 **을/를**, 보격 조사 **이/가**, 관형격 조사 **의**, 부사격 조사 **에**, **에서**, **으로/로**, **과/와**, **라고**, 호격조사 **아/야** 등이 있다.

(6) ㄱ. 나**는** 빵보다**는** 밥을 좋아한다.
ㄴ. 기차가 빨리**도** 간다.
ㄷ. 기차가 비행기만큼 빠르지**는** 못하다.

접속 조사接續助詞는 둘 이상의 단어나 구 등을 같은 자격으로 이어 주는 조사로서, **와**, **과**, **하고**, **(이)나**, **(이)랑** 등이 있다.

보조사補助詞는 특수 조사라고도 하는데 여러 격에 두루 쓰이며 특정한 의미를 더해주기 때문에 도움토씨라고도 한다. 이들은 (6ㄱ)처럼 체언뿐만 아니라 격조사 아래에도 쓰일 수 있으며 (6ㄴ, ㄷ)에서와 같이 부사와 연결 어미 아래에도 붙을 수 있다.

(7) ㄱ. 봄이 왔어**요**.(높임)
ㄴ. 봄이 왔다**마는** 꽃이 안 핀다.(뒤에 뒤집는 말이 쓰임)
ㄷ. 봄이 왔네**그려**.(감탄)
ㄹ. 봄이 왔구먼**그래**.(감탄)

이들 보조사를 사용 분포에 따라 구분하면 통용 보조사와 종결 보조사로 구분할 수 있는데, 통용 보조사는 명사, 부사, 용언의 연결 어미 등에 두루 쓰이는 것을 말하며, 종결 보조사는 (7)처럼 문장의 끝에만 쓰이는 것을 말한다.

조사의 특징

조사의 특징은 주로 문체적으로 나타나는데, **한테**, **하고**는 구어체에서, **에게**, **와/과**는 문어체에 많이 쓰이며 구어체에서 체언만으로도 격 관계가 분명할 때에는 생략되기도 한다. 또 체언은 거의 모든 조사와 결합될 수 있지만 (8)처럼 의존 명사와 일부 자립 명사 가운데에는 조사와 결합될 때 상당한 제약을 받는 경우가 있기 때문에 조사 통합의 불완전성을 보인다.

(8) ㄱ. 고향에 간 **지가** 벌써 3년이 되었다.
ㄴ. 매우 **고무적인** 일이다.
ㄷ. 그들은 **불굴의** 의지로 왜군과 싸웠다.
ㄹ. 1950년에 우리 민족은 **미증유의** 전란을 겪었다.
ㅁ. 그것은 저것과 **마찬가지입니다**.

조사의 상호 결합

조사들은 (9ㄱ) **에서가, 에게가, 에서이다, 에서의, 에서를, 에게로**에서 보는 것처럼 격조사끼리 결합하는 경우 처소의 부사격에 주격, 보격, 서술격, 관형격, 목적격, 지향점의 부사격 등이 붙는 것이 대부분이다.

(9) ㄱ. 내가 그를 처음 본 것은 **서울에서가** 아니라 **광주에서였습니다**.
ㄴ. **부산에도** 동물원이 있다.
ㄷ. **서윤이만을** 사랑한다. / **여기부터가** 서울이다.
ㄹ. 그 **책만은** 보지 마라.

부사격 조사에 국한되지만 격조사에 보조사가 결합하는 경우(9ㄴ)도 있으며, **만, 마다, 부터, 까지, 조차, 마저** 등처럼 보조사에 격조사가 결합되는 경우(9ㄷ)도 있다. 그러나 보조사끼리 결합하는 경우(9ㄹ)는 그렇게 활발하지 않은 편이다.

학습 정리

- 품사는 단어를 의미, 기능, 형태에 따라 분류한 것으로서 한국어는 학교 문법을 기준으로 9품사로 분류된다.
- 한국어 단어는 기능에 따라 체언, 관계언, 용언, 수식언, 독립언으로 나뉘며, 의미에 따라 체언은 명사, 대명사, 수사, 관계언은 조사, 용언은 동사, 형용사, 수식언은 관형사, 부사, 독립언은 감탄사로 세분된다.
- 명사는 사물의 이름을 나타내는 단어로서 고유 명사와 보통 명사, 그리고 자립 명사와 의존 명사로 구분된다.
- 대명사는 명사를 대신하는 단어로서 인칭 대명사, 지시 대명사, 재귀 대명사가 있다.
- 수사는 수를 나타내는 단어로서 수량을 나타내는 양수사와 순서를 나타내는 서수사가 있다.
- 조사는 관계언으로서 격조사, 보조사, 접속 조사 등으로 나뉜다.

학습 퀴즈

1. 품사를 분류하는 세 가지 기준은 무엇인가?

2. 다음 문장에서 체언을 찾고, 그 말의 품사가 무엇인지 쓰라.

> 8 · 15하면 어떤 장면이 처음 떠오르는가? 우리에게 익숙한 장면은 남녀노소 태극기를 들고 거리로 쏟아져 나와 만세를 부르는 모습일 것이다. 그러나 8 · 15 현장에는 태극기가 없었다.
>
> 광복 당시 조선의 모습이 어떠했는지 많은 사진으로 남아 있다. 가장 널리 알려진 것은 해방 이튿날인 1945년 8월 16일 서울역 광장과 남대문 일대를 사람들이 가득 메운 사진이다. 군중이 거리를 메운 이 사진에서 주목할 것은 태극기를 하나도 볼 수 없다는 사실이다. 비단 이 사진뿐 아니라 비슷한 시기에 촬영된 다른 사진들을 봐도 마찬가지다. 태극기가 등장하는 장면은 거의 없다.

같이 알아보기

- 조사는 단어로 인정하고 어미는 단어로 인정하지 않는 현행 학교 문법의 처리 방식에 대한 여러분의 생각은 어떠한가? 조사를 단어로 인정해야 할까, 아니면 단어의 기본적인 개념에 따라 인정하지 말아야 할까? 어미의 경우는 어떤가?
- 한국어의 조사에 대해 조사해 보자. 격조사 중에서는 종류가 많은 부사격 조사를 조사해 보고, 의미를 세밀히 규정하는 보조사에 어떤 것들이 있는지 조사해 보자.

용어 정리

수[數]를 표시하는 한국어 단어

한국어에서 수를 표시하는 단어에는 수사[數詞]와 수 관형사[數冠形詞]가 있다. 관형사는 체언을 수식하는 단어인데 체언 앞에 놓여서 그 내용을 자세하게 꾸며 주는 역할을 한다. 이 중에서 단위를 나타내는 명사(단위성 의존 명사)와 결합하여 사물의 수량을 나타내는 단어가 바로 수 관형사이다.

수사와 수 관형사는 형태적으로 다를 수도 있고, 같을 수도 있다.

수사
양수사: 하나, 둘, 셋, 넷, 다섯, 여섯, 일곱, 여덟, 아홉, 열 ......
서수사: 첫째, 둘째, 셋째, 넷째, 다섯째 ......

수 관형사
수량: 한, 두, 세(서, 석), 네(너, 넉), 다섯(닷), 여섯(엿), 일곱, 여덟, 아홉, 열 ......
순서: 첫째, 둘째, 셋째, 넷째, 다섯째 ....

수량을 나타낼 때 1~4에 해당하는 수사와 수 관형사의 형태는 다르지만, 5 이상의 수는 형태가 같다. 또한 순서를 나타낼 때에는 모두 형태가 같다. 따라서 형태만 가지고는 수사인지 수 관형사인지를 판단하기 어려운 경우가 많은 것이 사실이다. 그럼, 어떻게 구별할까?

수사는 체언이다. 그러므로 조사와 결합하는 것이 특징이고(물론 조사가 생략될 수도 있지만), 수 관형사는 체언을 수식하기 때문에 조사와 결합할 수 없고, 반드시 뒤에 체언(주로 단위를 나타내는 의존 명사)이 오게 된다. 그러므로 둘을 구별하기 위해서는 그들이 놓인 환경을 보아야 한다.

3장

용언, 수식언, 독립언

- 용언
- 수식언
- 독립언

생각해 보기

질문 1. 독서와 일출은 기본적으로 동작성(움직임)이 있다. 그렇다면 이들의 품사는 동사일까? 아니라면 그 이유는 무엇일까?

1. 용언

용언

용언은 문장의 주체를 서술하는 기능을 가진 동사와 형용사를 통틀어 이르는 말로서, 동사와 형용사를 기능상의 공통점에 근거하여 하나로 분류한 품사의 명칭이다.

용언의 성격

용언은 문장의 서술어가 되는 것이 주된 기능이며, 사물의 동작이나 상태, 모양을 설명한다. 또한 용언은 쓰임에 따라 형태가 바뀌는 가변어이며, 실질 형태소인 어간과 형식 형태소인 어미로 구성된다. 이들은 부사어의 한정을 받을 수 있으나 관형어와는 호응하지 않으며, 시제와 높임법이 있고, 일부 조사와 결합할 수 있다는 특징을 갖는다.

2. 동사

동사動詞

동사는 사물의 움직임을 과정적으로 표시하는 품사로서, 항상 과정으로서의 움직임이라는 의미상의 특수성이 기능면에서 드러나기 때문에 **무엇이 어찌한다, 무엇이 무엇을 어찌한다**의 **어찌한다** 자리를 채울 수 있어야만 동사가 될 수 있다. 이러한 동사는 주체의 성격에 따라 그 의미가 움직임을 의미하는 동작과 작용으로 구분되는데, **동작**은 유정 명사의 움직임으로, **읽다, 잡다, 자다, 뛰다...... / 사랑하다, 믿다, 생각하다...... / 자다, 살다, 앓다......** 등이 있으며, **작용**은 무정 명사의 움직임으로 **흐르다, 피다, 솟다......** 등이 있다. 이들 움직임 중 **책을 읽어라 / 책을 읽자**처럼 유정 명사의 움직임은 명령문이나 청유문이 성립할 수 있으나 ***물아, 흘러라 / *물아, 흐르자**와 같이 무정 명사의 움직임은 이런 문장이 성립되기 어렵다.

동사의 종류

동사는 그 움직임이 주어에만 미치느냐 주어 이외의 목적어에도 미치느냐에 따라 자동사와 타동사가 있다. **자동사**自動詞는 움직임이 주어에만 미치는 동사로서 **앉다, 눕다, 서다, 남다......**처럼 본래 자동사인 것과, **보이다, 먹히다, 쫓기다......**처럼 원래 타동사였는데 피동 접사가 붙어 자동사로 사용되는 것이 있다. **타동사**他動詞는 움직임이 주어 이외의 목적어에도 미치는 동사인데 **먹다, 깎다, 놓다, 넣다, 주다......**처럼 원래 타동사인 것과 **앉히다, 눕히다, 남기다, 세우다, 웃기다......**처럼 자동사에 사동 접사가 붙어 타동사가 된 것, **먹이다, 지우다, 맡기다**처럼 타동사에 사동 접사가 붙은 것이 있다. 또 **주다**처럼 목적어 이외에 부사어를 꼭 필요로 하는 타동사도 있으며, 자동사라 하더라도 **학생이 학교를 간다**나 **새가 하늘을 난다**처럼 방향이나 처소를 나타내는 말이 목적격 조사를 취하여 목적어로 사용될 때에는 타동사로 보기도 한다.

특이하게 **움직이다, 그치다, 멈추다, 다치다......**처럼 접사가 붙지 않고 그대로 자동사와 타동사로 공용되는 동사들이 있는데, 이들을 자동사와 타동사 모두 된다는 의미에서 능격 동사(중립 동사) 또는 양용 동사(양형 동사)라고도 부른다.

3. 형용사

형용사形容詞 형용사는 **그 꽃은 붉다**라는 문장의 **붉다**처럼 주어의 성질이나 속성을 나타내거나 **서윤이는 배가 고프다**에서 **고프다**처럼 주어의 상태를 나타내는 품사이다. 이들 형용사는 주체의 속성을 상태화하여 서술하는 의미상의 특수성이 기능상의 특수성과 상관성을 띠기 때문에 **무엇이 어떠하다**의 **어떠하다** 자리를 채울 수 있어야 형용사가 될 수 있다.

형용사의 의미적 구분 형용사는 그 의미에 따라 성상 형용사와 지시 형용사로 나눌 수 있다. **성상 형용사**性狀形容詞는 대상의 속성이나 상태를 표시하는 형용사로 **검다, 달다, 거칠다...... / 착하다, 모질다, 아름답다...... / 같다, 다르다, 낫다...... / 있다, 계시다, 없다.....**와 같이 물리적, 심리적 요인의 영향에 관계없이 성질이나 상태를 나타내는 객관성 형용사와, **고프다, 아프다, 싫다, 좋다, 시끄럽다......**와 같이 물리적, 심리적 요인의 영향을 받아 변할 수 있는 화자의 심리 상태를 나타내는 주관성 형용사(심리 형용사, 느낌 형용사)로 구분된다. 주관성 형용사는 **배가 고프다. → 배가 고파한다, 나는 철수가 좋다 → 나는 철수를 좋아한다**처럼 **-어 하다**를 붙여 형용사문을 동사문으로 바꿀 수 있지만, **빛이 검다 → *빛을 검어한다, 그 아이가 착하다 → *그 아이를 착**

해 한다처럼 객관성 형용사는 동사문으로 바꿀 수 없다.

지시 형용사指示形容詞는 성상 형용사로 표시된 말을 지시하는 형용사로서 **이러하다(이렇다), 그러하다(그렇다), 저러하다(저렇다), 어떠하다(어떻다), 아무러하다(아무렇다)** 등이 있다. 이들 지시 형용사는 **그렇게**지시 **예쁜**성상 **꽃은 처음 본다**처럼 성상 형용사에 앞서는 배열상의 특징이 있다.

4. 동사와 형용사의 공통점과 차이점

동사와 형용사의 공통점

동사와 형용사는 모두 **먹는다, 먹느냐, 먹는구나, 먹어라…, 예쁘다, 예쁘냐(?), 예쁘구나, 예쁘면……**처럼 쓰임에 따라 어미가 변화하는 활용어라는 점, **움직임, 작용, 속성, 상태**와 같이 문장의 주체를 서술하는 기능을 띠고 있다는 점, **배가 몹시 아프다, *순희가 신발을 새 신었다**처럼 부사어의 한정을 받지만 관형어와는 호응하지 않는다는 점, **철수는 소고기국을 먹었다, 우리 아내는 처녀 때 아주 예뻤다, 그에게 박수를 쳐 주십시오, 우리 어머니는 지금도 아름다우시다**에서 볼 수 있는 것과 같이 시제, 높임 등을 표시한다는 점 등을 공통점으로 들 수 있다.

동사와 형용사의 구분

몇 가지 기준에 따라 동사와 형용사를 구분할 수 있는데, 먼저 현재형 어미 **-ㄴ다/-는다**는 동사만 취할 수 있으며, 형용사는 그렇지 못하다. 반면 형용사는 동사와 달리 기본형으로 완전한 서술 능력을 가질 수 있다. 동사와 형용사는 어미의 형태가 같더라도 활용의 양상이 달라지기도 한다. 예를 들어 **-아라/-어라**는 동사의 경우는 명령형(읽어라)으로, 형용사의 경우는 감탄형(아름다워라)으로 사용된다. 형용사는 명령형·청유형이 성립하지 않기 때문이다. 또한 관형형 어미 -ㄴ도 동사는 과거 혹은 완료(간 사람)의 의미이지만, 형용사는 현재(예쁜 꽃)의 의미를 드러낸다.

5. 관형사

관형사冠形詞

관형사는 체언 앞에 놓여서 그 내용을 자세하게 꾸며 주는 역할을 하는 품사로서 형태가 변하지 않으며 조사와 결합하지 않는다는 특징이 있다. 문장에서 부속 성분으로 사용되기 때문에 생략할 경우 의미적으로 다소 부족할지라도 기본적인 문장 구조나 문장 형성에는 영향을 끼치지는 않는다.

관형사의 종류

관형사에는 성상 관형사와 지시 관형사, 그리고 수 관형사가 있다. **성상 관형사**性狀冠形詞는 **새 옷**, **헌 신발**에서 **새**, **헌**처럼 체언의 성질이나 상태가 어떠한지를 밝혀주는 역할을 하는 관형사를 말하며, **지시 관형사**指示冠形詞는 **이**, **그**, **저**와 같이 발화 현장이나 문장 밖에 존재하는 대상을 가리키는 역할을 한다. **수 관형사**數冠形詞는 사물의 수나 양을 나타내는데, 주로 단위성 의존 명사와 결합하여 사물의 수량을 나타내지만 자립 명사 앞에도 올 수 있다. 수 관형사는 **한**, **두**, **세**, **네**를 제외하고 대부분 수사와 형태적으로 동일하기 때문에 구분하기가 쉽지 않은데, 형태가 같을지라도 **아이를 다섯이나 낳았다**처럼 조사와 결합하면 수사이고, **아이를 다섯 명 낳았다**처럼 체언 앞에서 수식하면 수 관형사이다.

관형사와 접두사의 차이

분리성과 분포에서 관형사와 접두사의 차이를 볼 수 있는데, 둘 모두 실질 형태소 앞에 붙어서 의미를 더해주는 역할을 한다는 점에서 유사하지만 관형사는 체언 앞에서 그 뜻을 분명하게 제한하는 자립 형태소이며, 접두사는 어근 앞에 붙어서 의미를 제한하는 의존 형태소이다. 관형사는 분리성이 있어서 거의 모든 명사 앞에 올 수 있으며, 그 자체가 독립된 단어이기 때문에 다른 단어와 결합하여 구를 이룬다. 이와는 달리 접두사는 분리성이 없어서 특정한 어근에만 결합하는 분포의 제약을 갖는다.

6. 부사

부사副詞 부사는 주로 동사나 형용사, 앞에 놓여서 그 내용을 자세하게 꾸며 주는 품사이며, 경우에 따라서 다른 품사를 꾸밀 수도 있다. 관형사와 마찬가지로 부속 성분으로 사용되기 때문에, 문장 속에서 생략해도 문장의 기본 구조는 크게 영향을 받지 않는다. 이들 부사는 형태가 변하지 않는 불변어이며, 격조사를 취할 수는 없지만 보조사를 취할 수는 있다. 부사의 위치는 대체로 꾸밈을 받는 말 앞에 오지만 비교적 자유롭다.

부사의 종류 부사는 크게 성분 부사와 문장 부사로 나눌 수 있으며, 성분 부사는 다시 성상 부사, 지시 부사, 부정 부사로, 문장 부사는 양태 부사와 접속 부사로 나눌 수 있다. **성상 부사**性狀副詞는 가장 일반적인 부사로서 보통 뒤의 용언의 성질과 상태를 나타내며, **어떻게**의 의미를 가진다. **지시 부사**指示副詞는 **여기, 거기, 저기**처럼 발화 현장을 중심으로 처소나 시간을 가리키거나 앞에 나온 이야기의 내용을 지시하기도 한다.

문장 부사인 **양태 부사**樣態副詞는 화자의 태도를 표시하는 부사인데, 대개 문장의 첫머리에 온다. 양태 부사에는 말하는 이의 사태에 대한 믿음이나 서술 내용을 단정하는 **과연, 정말, 실로, 물론……**, 말하는 이의 믿음이 의심스럽거나 단정을 회피할 때 쓰는 **설마,**

설령, 아마, 비록, 만일, 아무리......, 희망을 나타내거나 가상적 조건 아래에서 일이 이루어지기를 바라는 데 사용하는 **제발, 부디, 아무쪼록......** 등이 있다. **접속 부사**接續副詞는 성분과 성분, 문장과 문장을 이어주면서 뒤의 말을 꾸미며, **곧, 즉, 또, 또한, 및, 혹은, 더구나, 도리어, 오히려, 하물며, 따라서, 그러므로......** 등이 있다.

7. 감탄사

감탄사感歎詞

감탄사는 화자가 자신의 느낌이나 의지를 특별한 단어에 의지하지 않고 직접적으로 표시하는 품사로서, 대개 부르고 대답하는 말, 입버릇처럼 내는 말, 더듬거리는 말 등이 이에 속한다. 이들은 조사와 결합이 불가능하고 활용하지 않으며 문장 성분으로는 독립어로만 쓰이기 때문에 문장의 처음, 중간, 끝 아무데나 놓일 수 있다. 보통 일정한 어조가 결부되거나 표정이나 몸짓 등이 동반되기 때문에 구어체에 많이 쓰인다.

감탄사의 종류

감탄사에는 감정 감탄사, 의지 감탄사, 호응 감탄사, 구습口習 감탄사 등이 있다. **감정 감탄사**는 크게 상대방을 의식하지 않고 화자의 감정을 표출하는 감탄사로 **아, 아이고, 아하, 어머, 어머나, 저런......** 등을 말하며, **의지 감탄사**는 발화 현장에서 상대방을 의식하며 자신의 생각을 표시하는 감탄사로 **쉬, 자, 에라, 그렇지, 글쎄, 옳지, 천만에, 아니......** 등을 말한다. **호응 감탄사**는 부름과 대답의 감탄사인데 **여보, 여보세요, 예, 오냐, 음......** 등이며, **구습 감탄사**는 입버릇으로 내뱉는 감탄사로 **아, 뭐, 저, 음, 에......** 등이 있다.

학습 정리

- 동사는 사물의 움직임을 과정적으로 나타내는 단어이며, 형용사는 사물의 성질이나 상태를 나타내는 단어이다. 이들은 문장에서 주체를 서술하는 기능을 하므로 용언이라고 한다. 한국어 교육 현장에서는 이들을 묶어 동사라 하기도 하는데, 그럴 경우 동사는 동작 동사, 형용사는 상태 동사라 구분하기도 한다.
- 동사와 형용사는 활용어라는 점, 문장에서 주체를 서술한다는 점, 부사어의 한정을 받지만 관형어와는 호응하지 않는다는 점, 시제와 높임 등을 표시할 수 있다는 점에서 공통점을 갖는다.
- 그러나 현재형의 형태가 다르고, 동사는 명령형이나 청유형으로 활용이 가능한 반면, 형용사는 그렇지 않는 등 어미의 활용 형태가 다를 수 있다는 점에서 차이가 난다.
- 관형사는 체언을 꾸미는 단어이고 부사는 용언 및 기타 단어들을 꾸며 주는 단어이다. 이들은 문장에서 다른 단어들을 꾸미는 역할을 하므로 수식언이라고 한다.
- 감탄사는 화자의 감정이나 의지 등을 직접적으로 표시하는 단어로 문장과 상관 없이 독립적으로 사용하기 때문에 독립언이라고라고 한다.

학습 퀴즈

1. 다음 빈칸에 알맞은 말을 쓰라.

① 동사는 사물의 움직임을 ______________(으)로 표시하는 품사이다.

② 동사는 그 주체의 성격에 따라 움직임을 ______________와/과 ______________(으)로 구분할 수 있는데, 전자는 유정 명사의 움직임을, 후자는 무정 명사, 즉 자연의 움직임을 표시한다.

③ ______________에 *–어하다*를 붙이면 동사가 된다.

④ 관형사는 그 의미에 따라 ______________, ______________, ______________(으)로 구분할 수 있다.

⑤ 부사는 성분을 수식하는지, 문장 전체를 수식하는지에 따라 ______________와/과 ______________(으)로 나눌 수 있다.

⑥ 화자의 느낌을 표시하는 감탄사를 ______________(이)라고 하고, 의지를 표현하는 감탄사를 ______________(이)라고 한다.

2. 다음은 무엇에 관한 설명인지 〈보기〉에서 찾아 쓰라.

보기 ❶ 능격 동사 ❷ 자동사 ❸ 타동사 ❹ 성상 부사 ❺ 지시 부사 ❻ 부정 부사 ❼ 양태 부사 ❽ 접속 부사 ❾ 호응 감탄사

ㄱ. 움직임이 주어에 미치는 동사 ....

ㄴ. 움직임이 주어 이외에 목적어에도 미치는 동사 ....

ㄷ. 부름과 대답의 감탄사 ....

ㄹ. 문장 앞에서 화자의 태도를 표시하는 부사 ....

ㅁ. 문장과 문장을 이어주는 부사 ....

ㅂ. 용언의 성질과 상태를 나타내는 부사 ....

ㅅ. 발화 현장을 중심으로 처소나 시간, 앞의 이야기 등을 지시하는 부사 ....

ㅇ. 용언이 나타내는 의도나 능력을 부정하는 부사 ....

같이 알아보기

- 자연의 움직임은 왜 명령형이나 청유형의 문장이 성립하지 않을까? 그 이유가 무엇인지 생각해 보자.

용어 정리

어간과 어미

어간語幹stem

활용어의 중심이 되는 줄기 부분. 동사나 형용사, 서술격 조사가 활용할 때 변하지 않는 부분

일반적으로 어간에 *–다*를 붙인 활용형을 기본형이라 하여 활용형의 대표 형태로 삼기도 하고 사전의 표제 형태로 삼아 용언의 뜻풀이에 쓰기도 한다.

어미語尾ending

어간에 붙어서 문법적 관계를 나타내는 부분. 어미에 따라 활용형이 결정된다. 어미는 위치에 따라 어말 어미語末語尾final ending, 선어말 어미先語末語尾prefinal ending로 구분된다. 어말 어미는 단어의 끝에 오는 폐쇄 형태로서 단어를 완성시키는 어미이며, 선어말 어미는 어말 어미에 앞서는 개방 형태소로서, 달리 비어말 어미nonfinal ending라고도 하는데, 단어를 완성시키지 못한다. 한국어의 선어말 어미는 시제나 상(相), 높임 등을 표시하는 기능을 한다.

어말 어미에는 세 종류가 있다. 문장을 종결시키는 종결 어미, 문장의 연결형을 만드는 연결 어미, 그리고 한 단어나 문장을 명사나 관형사, 부사의 형태로 바꾸어 주는 전성 어미가 있다.

종결 어미終結語尾에는 평서형, 감탄형, 의문형, 명령형, 청유형 어미의 다섯 가지 종류가 있는데 이에 따라 문장의 형태가 결정된다.

연결 어미連結語尾에는 대등적 연결 어미, 종속적 연결 어미, 보조적 연결 어미 등이 있다. 대등적 연결 어미는 앞 문장과 뒤의 문장을 대등한 자격으로 이어주는 어미이며, 종속적 연결 어미는 앞의 문장을 뒤의 문장에 종속적인 관계로 이어주는 어미이다. 보조적 연결 어미는 본 용언과 보조 용언을 이어주는 어미이다.

전성 어미轉成語尾에는 명사명 전성 어미, 관형사형 전성 어미, 부사형 전성 어미가 있다. 이들은 동사나 형용사가 품사는 바꾸지 않으면서 명사, 관형사, 부사의 기능을 수행하게 한다.

"문장은 마음 깊은 곳에 축적되어 있는 것으로부터 발현되어야 한다."

(茶山 丁若鏞)

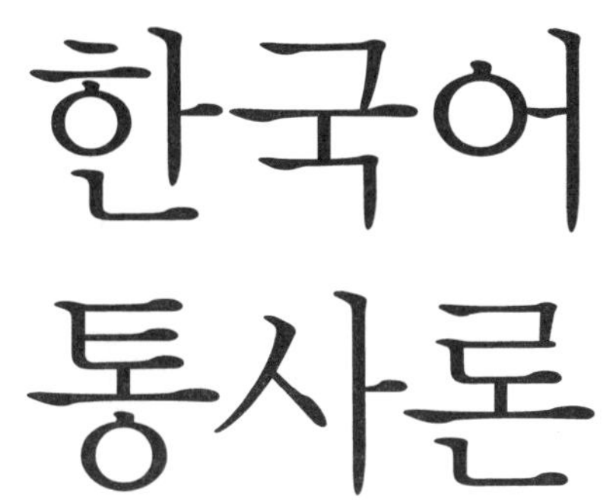

1장

문법 단위와 문장 성분

- 문법 단위
- 문장 성분

생각해 보기

질문 1. 문장을 다루는 통사론과 영화의 스토리는 어떤 연관이 있을까?

1. 문법 단위

어절, 구, 절, 문장

어절, 구, 절, 문장은 문법을 구성하는 기본적인 단위이다. 어절語節은 대개 띄어쓰기와 일치하며, 조사와 어미와 같은 문법적 요소들이 앞의 말에 붙어서 한 어절을 이루게 된다. 어절은 문장 성분의 기본 단위로 사용되지만 모든 문장 성분이 어절인 것은 아니다. 왜냐하면 어절보다 큰 구나 절 또한 문장 성분이 될 수 있기 때문이다.

구句는 하나의 문장 성분이면서도 두 개 이상의 어절로 이루어진 단위이다. 예를 들어

저 옷이 무척 예쁘다라는 문장의 경우 **저 옷이** 전체가 주어가 되며, **무척 예쁘다** 전체가 서술어가 된다.

절節 또한 보통 두 개 이상의 어절로 이루어진다는 점에서 구와 유사하다. 그러나 절은 하나의 문장 성분이면서 그 자체로 주어와 서술어 구성을 갖춘 것이라는 점에서 구와 차이가 있다. 예를 들어 **우리는 서윤이가 서인이를 좋아한다는 것을 알고 있다**는 문장의 목적어는 바로 서**윤이가 서인이를 좋아한다는 것**이라는 문장이다. 절이 주어와 서술어 구성을 갖추었다고는 하지만 독립된 문장이 되지는 못한다.

마지막으로, 문장은 생각이나 감정을 완결된 내용으로 표현하는 언어 형식으로서 최소의 완전한 사고의 표현 단위이다.

2. 문장 성분

문장 성분文章成分

문장을 구성하면서 일정한 구실을 하는 요소를 문장 성분이라고 한다. 보통 문장 성분 중에서 서술어가 가장 중심적인 역할을 하며 다른 성분들은 서술어에 직·간접적으로 결합하여 사용된다. 문장 성분의 재료는 단어, 구, 절이 사용된다.

모든 **단어**單語는 문장 성분의 기본 재료가 되는데, 조사는 반드시 다른 말과 결합해야만 한다. **구**句는 중심이 되는 말과 부속이 되는 말이 한데 묶인 형식으로 명사구, 동사구, 형용사구, 관형사구, 부사구 등이 있다.

〈구의 종류〉

종류	구성	예문
명사구	관형어 + 체언 체언 + 접속 조사 + 체언	새 집에서 살자. 서윤이와 서인이가 만났다.
동사구	부사어 + 동사 본동사 + 보조 용언	이 회사는 제품 개발을 열심히 한다. 나는 어머니가 보고 싶다.
형용사구	부사어 + 형용사 본형용사 + 보조 용언	날씨가 무척 덥다. 나도 연예인들처럼 예뻐지고 싶다.
관형사구	부사어 + 관형어	이 책은 아주 좋은 지침서이다.
부사구	부사어 + 부사어	우리는 매우 빨리 친해졌다.

절節은 따로 독립하면 문장이 되는 구성이면서 완전히 종결되지 않고, 문장 속의 한 성분으로 안겨 있는 언어 형식을 말하는데, 그래서 겹문장複文 안에만 존재할 뿐 결코 독립적으로 쓰이지 못한다. 절에는 명사절, 서술절, 관형절, 부사절, 인용절 등이 있다.

〈절의 종류〉

종류	구성	예문
명사절	문장 + *–음/기*	지금 집에 가기에는 이른 시간이다. 우리의 주장이 정당했음을 인정했다.
서술절	이중 주어문의 뒤 문장	토끼는 앞발이 짧다.
관형절	문장 + 관형사형 어미 *–은/는/던/을*	이것은 내가 {먹은/먹는/먹던/먹을} 밥이다.
부사절	문장 + 부사파생 접미사 *–이* 문장 + 보조적 연결 어미 *–게/도록* 문장 + 연결 어미	택시가 소리도 없이 섰다. 서윤이는 옷이 다 젖도록 뛰었다. 길이 눈이 와서 미끄럽다.
인용절	인용 문장 + 인용 표지 *하고/라고/고*	그는 "우리에게도 휴식을 주십시오."하고 말했다. 서인이는 "시험이 너무 어렵다."라고 말했다. 우리는 인간은 모두 소중하다고 믿는다.

문장 성분의 종류

문장 성분에는 주성분과 부속 성분, 독립 성분이 있다. 주성분은 주어, 서술어, 목적어, 보어로서 문장의 골격을 이루는 성분으로 없어서는 안 되는 필수적인 성분을 말한다. 부속 성분은 관형어, 부사어인데, 문장에서 주성분을 꾸밈으로써 뜻을 더해 주는 성분이다. 독립 성분은 다른 문장 성분과 직접 관련이 없는 성분으로 독립어가 된다.

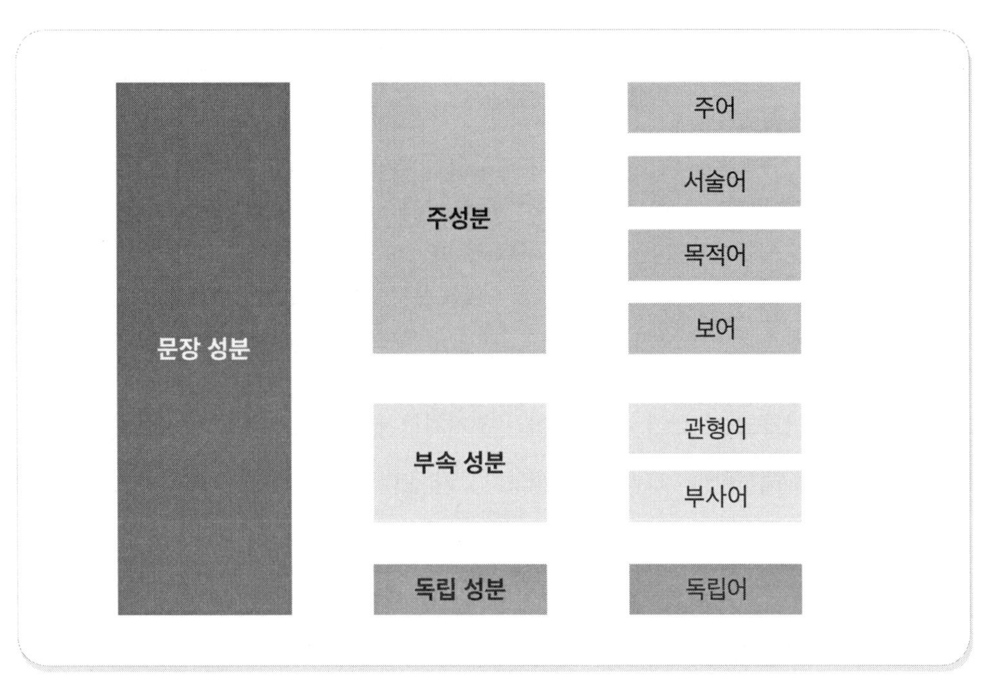

〈문장 성분〉

문장 성분의 실현

주어主語는 문장의 동작, 상태, 성질의 주체를 나타내는 문장 성분으로 **무엇이(누가) 어찌하다**(동작), **무엇이(누가) 어떠하다**(상태), **무엇이(누가) 무엇이다**(성질)에서 **무엇이/누가**에 해당한다. 이들은 다음과 같은 방법으로 실현된다.

〈주어의 실현〉

유형	예문
체언 + 주격 조사(이/가)	산이 높다. 서윤이가 달리기를 한다.
체언(높임 명사) + 주격 조사(께서)	선생님께서 약을 사 주셨다.
체언(단체 명사) + 주격 조사(에서)	한국은행에서 새 지폐를 발행했다.
체언(인수사) + 주격 조사(서)	혼자서 이 일을 다 했다는 말이냐?
체언 + 보조사	나는 국수를 좋아한다. 나만 숙제를 해 왔다.
체언 + 보조사 + 주격 조사 체언 + 주격 조사 + 보조사	서인이만이 비밀을 알고 있다. 어머니께서만 비밀을 알고 계신다.
명사구/명사절 + 주격 조사/보조사	우리 엄마가 도시락을 싸 주셨다. 밥 먹기가 상당히 어렵다. 밤에 혼자 집에 가는 것이 불안했다.
주격 조사의 생략	나 밥 먹으러 식당에 갔다 올게.

이 외에도 주어가 겹쳐 쓰여 이중 주어가 생기기도 하는데, 이 이중 주어문은 학교 문법에서 서술절로 해석한다. 그래서 **코끼리는 코가 길다**라는 문장은 **코끼리가**는 전체 주어, **코가**는 서술절의 주어가 된다.

주어가 높임의 명사이면 서술어에 높임의 선어말 어미 **-시-**가 온다. 예를 들어 **우리 할아버지께서는 담배는 안 피우시고, 술은 드시었다** 같은 문장은 **할아버지**에 **께서**가 결합하고 **피우다, 들다**에 각각 **-시-**가 결합한 모습을 보여준다.

3인칭 주어가 반복될 경우에는 **서윤이는 자기만 안다**나 **서인이는 자기 주소도 모른다**처럼 재귀 대명사 **자기**가 온다.

목적어目的語는 타동사가 쓰인 문장에서 그 동작의 대상이 되는 문장 성분을 말한다. 이러한 목적어는 다음과 같이 실현된다.

〈목적어의 실현〉

유형	예문
체언 + 목적격 조사(을/를)	서윤이는 밥을 먹었다. 서인이는 우유를 마셨다.
명사구/명사절 + 목적격 조사/보조사	나는 항상 이 만년필을 쓴다. 나는 서윤이가 시험에서 꼭 붙기만 바라고 있다. 너는 내가 너를 얼마나 사랑하는지를 모르지?
체언 + 보조사	서인이는 엄마만 좋아한다. 음악 선생님께서 미술도 좋아하신다.
체언 + 보조사 + 목적격 조사	나는 지금까지 남편만을 의지하며 살았다.
목적격 조사의 생략	아직 숙제 다 못했어.

이 외에도 목적어가 겹쳐 나는 모습을 볼 수 있는데, 현행 학교 문법에서는 목적격 조사가 붙으면 모두 목적어로 보기 때문에 이 경우 **을/를**을 목적격 조사로 보되, 목적격 조사의 보조사적 용법으로 설명한다. 그래서 **서윤이는 선물을 서인이를 주었다**의 **선물을**과 **서인이를**은 모두 목적어가 되며, 이 문장은 **서윤이는 선물을 서인이에게 주었다**와 교체할 수 있다. 같은 맥락에서 **그는 학교를 갔다**와 **그는 학교에 갔다**, **그는 우리에게 용돈을 만 원을 주었다**와 **그는 우리에게 용돈 만 원을 주었다**가 각각 교체가 가능하다.

보어補語는 주어와 목적어 외에 서술어가 요구하는 필수적 문장 성분으로서, 두 자리 서술어 **되다, 아니다**가 필요로 하는 문장 성분이다. 이들 보어의 실현 방법은 다음과 같다.

〈보어의 실현〉

유형	예문
체언 + 보격 조사(이/가)	서윤이는 선생님이 되었다. 서인이는 천재가 아니다.
체언 + 보조사	서윤이가 바보는 아니다.
보격 조사의 생략	물이 얼음 된다.

보격 조사는 **이/가**만 인정하며, 의미가 비슷하더라도 **이/가** 이외의 다른 조사는 보격 조사로 보지 않는다. 그래서 **물이 얼음이 되었다**는 **얼음**에 보격 조사 **이**가 결합한 것이지만, **물이 얼음으로 되었다**와 같은 예는 **얼음으로**가 부사격 조사가 결합한 것으로 본다.

서술어敍述語는 주어의 동작, 상태, 성질을 풀이하는 기능을 하는 문장 성분으로, **무엇이(누가) 어찌하다**(동작), **무엇이(누가) 어떠하다**(상태), **무엇이 무엇이다**(성질)에서 **어찌하다, 어떠하다, 무엇이다**에 해당한다. 보통 서술어는 그 종류에 따라 필수적으로 요구하는 문장 성분의 개수가 있는데, 이를 서술어의 자릿수라고 하며 논항論項이라고도 부르는데, 논항은 서술어 자신이 나타내는 의미를 완성시키기 위해서 필요한 다른 언어 요소를 말한다.

〈서술어의 실현〉

자릿수	문장 성분	서술어의 성격	예문
한 자리 서술어	주어	자동사	눈이 내린다.
		형용사	단풍이 예쁘다.
두 자리 서술어	주어 + 목적어	타동사	서인이가 밥을 먹는다.
	주어 + 보어	되다, 아니다	토마토는 과일이 아니다.
	주어 + (필수)부사어	자동사	그는 광주에 도착했다. 책이 연구실에 있다.(존재의 의미)
세 자리 서술어	주어 + 목적어 + (필수)부사어	수여동사, *삼다* 류	서윤이가 서인이에게 선물을 주었다. 서인이가 서윤이에게 진실을 말했다. 아버지는 서윤이를 사위로 삼으셨다.

서술어는 나타나는 환경에 따라 자릿수가 달라질 수도 있다.

〈서술어의 자릿수〉

한 자리 서술어	두 자리 서술어	세 자리 서술어
아이들이 신나게 논다.	아이들이 윷을 논다.	
바위가 움직였다.	서인이가 바위를 움직였다.	

달이 밝다.	서윤이는 세상 물정에 밝다.	
나는 네가 좋다.(서술절) 날씨가 좋다.	두부는 건강에 좋다.	
	교사는 늘 학생들을 생각한다.	교사는 학생을 자식으로 생각한다.

서술어 중에는 특정한 어휘나 체언만을 요구하는 것이 있기도 한데, 이를 서술어의 선택 제약이라고 한다. 예를 들어 **감다, 다물다**는 목적어로 **눈, 입**이라는 특정 어휘를 요구하기 때문에 ***눈을 다물었다, *입을 감았다. *눈을 닫았다**와 같이 사용되지 않는다. 또 **할아버지께서는 작년에 돌아가셨다**처럼 **돌아가(시)다**는 주어로 항상 높임 명사를 요구하며, **우리들은 송년회 자리에서 초등학교 은사님을 모셨다**처럼 **모시다**는 목적어로 높임 명사를 요구한다.

관형어冠形語는 체언 앞에서 이들을 꾸미는 문장 성분이다.

〈관형어의 실현〉

유형	예문
관형사	도시락은 저 나무 밑에서 먹자.
체언 + 관형격 조사(의)	엄마의 사진을 쳐다보았다. 서울에서의 생활
용언의 관형사형(관형절)	서윤이는 멋있는 옷을 입고 나타났다. 친구들은 우리들이 사귄다는 사실을 모른다.
관형사구(부사+관형사, 관형사+관형사)	너무 흔한 선물은 주지 마라. 저 두 사람은 곧 결혼할 사이입니다.

관형어는 **새 옷을 샀다**처럼 반드시 체언 앞에 놓이며 ***새 샀다**와 같이 체언 없이 단독으로 쓰일 수 없다. 명사 가운데 의존 명사는 **쉴 데, 좋은 것, 할 수, 먹을 만큼, 한 명, 다섯 그루**처럼 관형어가 필수적으로 쓰여야 한다. **먹는 밥**(현재), **먹은 밥**(과거), **먹을 밥**(미래), **먹**

던 밥(회상)이나 **예쁜 옷**(현재), **예쁘던 옷**(과거)처럼 동사나 형용사의 관형사형은 시제를 동반한다.

부사어副詞語는 주로 용언 앞에서 이들을 꾸미는 성분을 말하며, 이들은 다음과 같이 실현된다.

〈부사어의 실현〉

유형	예문
부사	오늘 날씨가 무척 좋다.
부사 + 보조사	나는 고양이가 너무나도 귀엽다.
체언 + 부사격 조사	우리는 식당에서 밥을 먹었다.
부사구	자동차가 매우 빨리 달렸다.
부사절	이 은행은 직원들이 친절하기로 유명하다.

부사어에는 다음과 같은 종류가 있다.

〈부사어의 종류〉

성분 부사어	문장 속의 특정 성분(동사, 형용사, 부사, 관형사)을 꾸미는 부사어
	시험에 겨우 합격했다. 집에 빨리 전화해라.
문장 부사어	문장 전체를 꾸미는 부사어
	과연, 설마, 제발, 정말, 결코, 모름지기, 응당, 어찌, 아마, 정녕, 아무쪼록, 불행히도, 다행히
접속 부사어	두 문장을 이어주는 부사어
	그러나, 그리고, 및, 또는, 하지만, 그런데, 하물며

부사어는 관형어와는 달리 **애가 밥을 많이는 먹는다**에서처럼 보조사와 결합할 수 있으며 **설마 영희가 나를 배신하겠어 / 영희가 설마 나를 배신하겠어 / 영희가 나를 설마 배신하겠어**처럼 문장에서 자리 옮김이 비교적 자유로운데, 특히 문장 부사가 성분 부사보다 더

자유롭다. 또 관형어와 달리 **여기 자주 오니? - 가끔**과 같이 문맥에 따라 단독으로도 쓰일 수 있다.

부사어는 수의적 성분으로 문장 구성에 없어도 되지만, 서술어의 특성에 따라 부사어를 필수로 요구하는 경우가 있는데, 이를 필수적 부사어라고 한다. 예를 들어, **서윤이는 집으로 향했다**나 **서인이는 총회에 참석했다**는 자동사이지만 두 자리 서술어이므로 ***서윤이는 향했다, *서인이는 참석했다**로 쓸 수 없다. 마찬가지로 **동생이 아버지와 똑같군요, 막내만 엄마와 닮았다**도 두 자리 서술어(형용사)이며, ***동생이 똑같군요, *막내만 닮았다**와 같이 쓰면 불완전한 문장이 된다. 타동사의 경우 세 자리 서술어 **주다, 받다, 삼다, 넣다, 두다, 여기다** 등은 **서윤이는 서인이에게 용기를 주었다(*서윤이는 용기를 주었다), 서인이는 손을 호주머니에 넣었다(*서인이는 손을 넣었다)**처럼 부사어를 필수적으로 요구한다.

독립어獨立語는 다른 문장 성분과 직접 관련이 없는 문장 성분으로 다음과 같이 실현된다.

〈독립어의 실현〉

유형	예문
감탄사	아야, 어머, 오
체언 + 호격 조사	서윤아, 서희야, 그대여
체언	선생님, 안녕하셨어요?
제시어	인생, 그 신비를 알 수 있을까?

문형의 제시

영어에서는 주성분인 주어(S), 서술어(V), 목적어(O), 보어(C)만으로 5가지 기본 문형(SV, SVC, SVO, SVOO, SVOC)을 제시한다. 그러나 한국어는 주성분만으로 문형을 제시할 수 없다. 영어는 직접 목적어와 간접 목적어를 모두 목적어로 설정하나, 한국어는 간접 목적어를 인정하지 않고 부사어로 다루기 때문이다. 즉, 부속 성분으로 간주하는 부사어 중 일부는 문장을 구성하는 데 꼭 필요한 필수적인 성분으로 쓰이기도 하기 때문에 기본 문형 설정에 어려움이 있다.

학습 정리

- 한국어의 문법 단위는 어절, 구, 절, 문장 등이다.
- 문장을 이루는 요소를 문장 성분이라고 하며, 단어와 구, 절 등이 문장 성분이 된다.
- 문장 성분은 주성분, 부속 성분, 독립 성분으로 나뉘며, 주성분에는 주어, 목적어, 보어, 서술어가 있고, 부속 성분으로는 관형어와 부사어, 독립 성분에는 독립어가 있다.

학습 퀴즈

1. 다음 문장에서 주성분, 부속 성분, 독립 성분을 찾아보자.

① 나는 오늘 그 친구를 좀 만나야겠어.

② 아니, 네가 벌써 고등학생이 되었구나.

2. 다음 문장에서 주어를 찾아내고, 그 형성 방법에 대하여 설명해 보자.

① 이번에도 우리 학교에서 우승을 차지하였다.

② 선생님께서 김치를 잘 드신다.

③ 나의 희망은 세계적인 과학자가 되는 것이다.

같이 알아보기

- "코끼리는 코가 길다."와 "서윤이는 대학생이 되었다."는 관점에 따라 같은 문장 구조를 갖는다고도 할 수 있다. 그러나 학교 문법에서는 이 두 문장은 전혀 구조가 다른 것으로 처리한다. 이에 대하여 어떻게 볼 수 있는지 앞의 내용을 참고하여 자신의 생각을 이야기해 보자.
- 필수 부사어를 요구하는 서술어가 되는 용언을 찾아보자.

용어 정리

한국어학에서 다루는 최소의 단위들

음소音素: 말의 뜻을 구별하는 최소의 단위

음절音節: 최소의 발화 단위

형태소形態素: 최소의 유의적 단위

단어單語: 최소의 자립 형식

논항論項argument

서술어는 자신이 나타내는 의미를 완성시키기 위해서 다른 언어 요소를 필요로 한다. 이들 언어 요소를 서술어의 논항이라고 하며, 서술어가 요구하는 명사구(명사와 다른 언어 요소가 결합한 것)를 말한다. *먹이다*라는 서술어(동사)가 나타내는 사건이 완전히 명시적明示的으로 표현되기 위해서는 먹이는 존재와 먹여 주는 음식, 또 그것을 받아먹는 존재를 가리키는 언어 표현이 필요하기 때문에 이들 언어 표현은 동사 *먹이다*의 논항이 되는 것이다. 예를 들어, *엄마가 아기에게 젖을 먹였다*라는 문장에서 서술어 *먹였다*의 논항은 먹이는 존재인 *엄마가*, 받아먹는 존재인 *아기에게*, 그리고 *젖을* 등의 세 개다. 이렇게 보면, 논항은 서술어가 요구하는 필수적인 명사구이며, 그 수는 곧 서술어의 자릿수와 같다.

2장

문장의 확대, 단순함에서 복잡함으로

- 홑문장의 확대
- 겹문장으로의 확대

생각해 보기

질문 1. 문장은 어떻게 확대가 될까?

1. 문장의 확대

문장의 종류

문장에는 단문單文인 홑문장과 복문複文인 겹문장이 있다. 홑문장은 주어와 서술어의 관계가 한 번만 맺어진 문장이며, 겹문장은 주어와 서술어의 관계가 두 번 이상 맺어진 문장이다. 겹문장에는 한 문장이 다른 문장 속에 한 성분으로 안겨 있는 안은문장과 홑문장 여럿이 이어져서 이루어진 이어진문장이 있다. 문장의 확대는 바로 홑문장이 모여 겹문장이 되는 것을 말한다.

〈문장의 확대〉

홑문장의 확대 홑문장은 관형사가 체언을 수식하는 경우(**아내가 옷을 샀다 → 아내가 <u>새</u> 옷을 샀다**)와 부사가 용언이나 또 다른 부사를 수식하는 경우(**비가 내린다 → 비가 보슬보슬 내린다**)로 확대될 수 있다.

2. 안은문장

안은문장과 안긴문장 다른 문장 속에 들어가 하나의 성분처럼 쓰이는 홑문장이 안긴문장(내포문內包文)이며, 이 홑문장을 포함한 문장이 안은문장(포유문包有文)이다. 따라서 안은문장은 늘 **~절로 안긴 안은문장**이라고 말하게 된다. 안긴문장은 문장이 문장 성분의 역할을 하는 것이다.

명사절로 안긴문장

명사절名詞節은 주술 관계를 지닌 절의 서술어가 명사화되어 주어, 목적어, 부사어 등으로 쓰이게 되는데 이들은 다음과 같이 실현된다.

〈명사절의 실현〉

유형	예문
절의 서술어에 명사형 어미 *-(으)ㅁ* 결합	서윤이가 이 일에 관심이 없음이 확실하다.
절의 서술어에 명사형 어미 *-기* 결합	농부들은 비가 내리기를 바란다.

명사절을 만드는 명사형 어미 **-(으)ㅁ**은 완료의 의미를 드러내며, 그래서 **선생님은 학생들이 숙제를 다 해 오지 않았음을 이미 알고 있었다**처럼 과거 시제 선어말 어미와 결합이 가능하다. 반면 **-기**는 미완료의 의미를 가지고 있기 때문에 **학생들은 선생님이 숙제를 어렵게 내 *주셨기를/주셨음을 알았다**에서처럼 시제 선어말 어미와 결합할 때 제약이 발생한다. 이 두 유형은 대부분 **선생님은 학생들이 숙제를 다 해 오지 않았다는 것을 이미 알고 있었다**나 **학생들은 선생님이 숙제를 어렵게 내 주신 것을 알았다**처럼 **관형절(-은/는/을) + 것**으로 엇바뀌어 쓸 수 있다.

이 외에도 **-느냐/(으)냐, -는가(은)ㄴ가, -는지/(으)ㄴ지/(으)ㄹ지** 등의 종결 어미로 끝난 문장도 **물건 값을 언제 올릴지 알아보라**처럼 명사절로 쓰일 수 있다.

관형절로 안긴문장

관형절冠形節은 주술 관계를 지닌 절의 서술어에 관형사형 어미 **-은/-는/-던/-을**이 붙어 관형어로 쓰이며 이들은 길이에 따라 긴 관형절과 짧은 관형절, 성분의 쓰임에 따라 관계 관형절과 동격 관형절로 나뉜다. 이때 관계 관형절은 체언 앞에서 두루 쓰이나, 동격 관형절은 특정한 명사 앞에만 올 수 있다.

〈관형절의 실현〉

유형	형식	예문
긴 관형절	문장 종결형 + 관형사형 어미 *–는*	가난한 사람들이 많다는 사실을 기억해라.
짧은 관형절	용언 어간 + 관형사형 어미 *–은/–는/–던/–을*	여기는 내가 자주 왔던 곳이다.
관계 관형절	관형절의 수식을 받는 명사가 관형절 속의 주어, 목적어, 보어 등 일정한 성분이 되는 절	어제 다 읽은 책은 재미있었다. 예쁜 꽃이 피었다.
동격 관형절	관형절의 수식을 받는 체언이 관형절과 동격을 이룸(전체 내용을 받아 주는 관형절)	어제 책을 다 읽었다는 사실을 아무도 몰랐다.

인용절로 안긴문장

인용절引用節은 화자의 생각, 느낌, 남의 말, 의성·의태어 등을 인용의 부사격 조사와 결합하여 표현한 것으로 인용 형식에 따라 직접 인용절과 간접 인용절로 나눌 수 있다.

〈인용절의 실현〉

유형	형식	예문
직접 인용절	인용 부호 + *–라고, 하고*	어떤 할머니께서 "이 부근에 방앗간이 어디 있소?"라고 물어보셨다. 어머니께서 "서인아, 밥 먹어라!"하고 부르셨다.
간접 인용절	*–고*	어떤 할머니께서 방앗간이 어디 있냐고 물어보셨다. 어머니께서 서인이에게 밥 먹으라고 말씀하셨다.

간접 인용에서 종결 어미는 문장에 따라 변화한다.

〈간접 인용절에서의 종결 어미의 변화〉

종결 어미	변화	예문
평서형 종결 어미 (-다/네/오)	*-다고*	비가 오네. → 비가 온다고 말했다.
서술격 조사	*-라고*	그것은 친구 책이다. → 그것은 친구 책이라고 했다.
의문형 종결 어미	*-냐고*	밖에 비가 옵니까? → 밖에 비가 오냐고 물었다.
청유형 종결 어미	*-자고*	밥 먹으러 갑시다. → 밥 먹으러 가자고 했다.
감탄형 종결 어미	*-다고*	정말 아름답구나! → 정말 아름답다고 말했다.

부사절로 안긴문장

부사절副詞節은 주술 관계를 지닌 절이 부사어로 쓰이는 경우이다. 일반적으로 종속적으로 이어진문장은 의미적·통사적으로 보아 부사어로도 볼 수 있다. 부사형 어미로 제시된 예들은 원칙적으로 연결 어미로 처리하지만 7차 교육 과정에서 채택된 학교 문법에서는 이것이 뒤의 서술어를 수식하는 것으로 보아 앞 문장의 부사절로 인정하기도 한다.

〈부사절의 실현〉

종류	형식		예문
접사	부사 파생 접사 *-이* (없이, 달리, 몰래, 같이)		서윤이는 어제 일어난 일을 가감 없이 말했다. 서인이는 우리가 아는 것과 달리 성실했다.
어미	부사형 어미	*-게, -도록,* *-듯이*	들판에는 꽃이 아름답게 피어 있었다. 학생들은 손이 닳도록 잘못을 빌었다.
	연결 어미	종속적으로 이어진문장	선생님이 나가시자 학생들도 우르르 나갔다.
		대등적으로 이어진문장	여름은 덥지만, 겨울은 춥다.
		보조적 연결 어미	서윤이가 대학교에 입학하게 되었다.

서술절로 안긴문장

서술절은 절 전체가 서술어로 쓰이며, **철수는 키가 크다**에서 **철수는**과 **키가**처럼 서술어 한 개에 주어가 두 개 이상 나타난다.

3. 이어진문장

의미적 관계에 따른 분류

이어진문장은 둘 이상의 홑문장이 연결 어미에 의해 나란히 이어진문장으로, 예전에는 이를 겹쳐진 문장이란 뜻으로 중문重文이라 하였다. 이어진문장은 의미적 관계에 따라 대등하게 이어진문장과 종속적으로 이어진문장으로 나눌 수 있다. **대등하게 이어진문장**은 대등적 연결어미 **-고, -며, -(으)나, -든지** 등에 의해 대등한 자격으로 이어진문장을 말하는데, 보통 앞 절은 뒤 절에 대해 나열(**바람이 불고 천둥이 친다**), 대조(**바람은 불지만 춥지는 않다**), 선택(**한식을 먹든지 중식을 먹든지 마음대로 정하세요**)의 의미 관계를 가진다.

종속적으로 이어진문장은 종속적 연결 어미 **-어(서), -(으)니까, -(으)면, -거든, -(으)려고, -고자, -다가, -(으)ㄹ수록** 등에 의해 종속적으로 이어진문장을 말한다. 이들의 앞 절은 뒤 절에 대해 이유(**밤새 비가 와서 길이 질다**), 조건(**봄이 오면 꽃이 핀다**), 의도(**집에 가려고 가방을 챙겼다**), 결과(**좋은 성적을 받을 수 있도록 열심히 공부하세요**), 전환(**학교에 가다가 다시 집으로 돌아왔다**) 등의 의미 관계를 가진다. 종속적으로 이어진문장의 선·후행절의 의미 관계와 연결 어미를 정리하면 다음과 같다.

인과 관계: -(으)니, -(으)니까, -아/어서, -느라고

조건 관계: -(으)면, -거든, -아/어야, -(으)ㄴ들

목적 관계: -(으)러, -(으)려(고), -고자

평가 관계: -다시피, -건대

결과 관계: -게(끔), -도록, -(으)라고

첨의 관계: -듯(이), -이, -자, -다가, -(으)ㄹ수록

강조 관계: -고 ~ -고, -(으)면서 ~ -(으)면서, -다가 ~ 다가, -(으)나 ~ -(으)나, -자 ~ -자, -아/어도 ~ -아/어도, -(으)면 ~ -(으)ㄹ수록

연결 어미의 의미적 용법과 제약

연결 어미를 이용하여 문장을 연결할 때 먼저 앞뒤 절에 같은 말이 나오면 생략하거나(1ㄱ) 대치(1ㄴ)가 가능하다. 또 앞뒤 절의 서술어가 같으면 서술어를 생략(1ㄷ)하거나, 뒤의 절 서술어를 **그러하다**로 대치할(1ㄹ) 수 있다.

(1) ㄱ. 서윤이는 책과 연필을 샀다.

ㄴ. 서윤이는 다빈이를 자주 만나기는 하지만, 그녀를 좋아하는 것은 아니다.

ㄷ. 서윤이는 학교에, 서인이는 도서관에 갔다.

ㄹ. 서윤이는 시골에서 열심히 농사를 지었고, 서인이도 그랬다.

연결 어미 가운데 원인의 **-아서/어서**, 당위의 **-어야** 등은 명령문이나 청유문에 결합이 불가능하며(2), 앞뒤 절 사건이 동시, 또는 앞 절이 항상 먼저 일어남을 나타내는 **-고서, -자(마자), -아서/어서, -(으)ㄴ들, -건대, -(으)ㄹ수록** 등은 시제 선어말 어미 **-었-, -겠-, -더-**와 결합이 불가능하다(3).

(2) ㄱ. *배가 고파서 밥 먹고 하자.

ㄴ. *일을 해야 부자가 되라.

(3) ㄱ. *숙제를 다 했고서 텔레비전을 보았다.

ㄴ. *자리에 앉았자 잘잘못을 따지기 시작했다.

또한 **-느라고, -고서, -(으)려고** 등은 앞뒤 절의 주어를 동일하게 쓰거나, 시제 선어말 어미가 결합하지 못하며(4), 명령문이나 청유문이 불가능하다(5).

(4) ㄱ. *서윤이는 공부를 하느라고 서윤이는 서인이와 만나기로 한 약속을 잊어먹었다.

ㄴ. *서윤이는 공부를 했느라고 서인이와 만나기로 한 약속을 잊어먹었다.

(5) ㄱ. *서윤이는 공부를 하느라고 서인이와 만나지 마라.

ㄴ. *서윤이는 공부를 하느라고 서인이와 만나지 말자.

이 외에도 **-느니, -지만, -되**는 시제와 결합할 때 의문문에 결합이 불가능한 경우가 있고(6), **-거든**은 평서문, 의문문에 결합이 불가능하다는 제약(7)이 있다.

(6) *책을 사지만 아직 공부하지 않았죠?

(7) *집에 가려거든 책상 정리를 다했다.

학습 정리

- 문장에는 주어-서술어의 관계가 한 번으로 이루어진 홑문장과, 주어-서술어의 관계가 두 번 이상으로 이루어진 겹문장이 있다.
- 겹문장에는 안은문장과 이어진문장이 있다.
- 안은문장은 명사절, 관형절, 인용절, 부사절, 서술절을 문장 성분으로 가진 문장이다.
- 이어진문장은 둘 이상의 문장이 연결 어미로 결합된 문장인데, 대등적으로 이어진문장과 종속적으로 이어진문장이 있다.

학습 퀴즈

1. 다음의 두 문장을 하나의 안은문장으로 바꿔 보라.

① 수비수들은 그쪽을 지켜야 한다.
상대방 공격수들이 그쪽으로 잘 침투한다.

② 서윤이가 물었다.
한국어 공부를 잘하려면 어떻게 해야 돼요?

③ 엄마는 알고 있었다.
서인이가 열심히 공부하고 있다.

2. 다음 문장에서 밑줄 그은 서술어의 주어가 무엇인지 찾아서 쓰라.

① 사람들은 그가 대통령감이라고 우러러본다.
② 성한이는 어제 밤새도록 그린 그림을 학교에 제출하였다.
③ 운동을 가장 잘하는 성학이가 학교 대표로 뽑혔다.

3. 다음 문장에서 생략된 성분을 찾아보라.

① 서윤이는 태도도 단정하고 마음씨도 착히디.
② 서인이는 편지를 써서 우체통에 넣었다.
③ 성학이가 새벽에 떠났으니까 지금쯤 서울에 도착했을 거야.
④ 뉴스 통신사는 세계 각지에서 각종 뉴스와 사진을 수신하여 각 신문사에 보내 준다.
⑤ 나는 어제 도서관에 갔었는데 오늘 또 가야겠어.

같이 알아보기

- 안은문장과 이어진문장을 구분하는 방법을 이야기해 보자.
- 필수적으로 절을 요구하는 용언을 찾아보고 각각의 유형을 나누어 보자.

용어 정리

문장의 수형도 樹型圖 tree diagram

문장을 나무 그림으로 나타내는 것으로서, 문장 분석 방법에 많이 이용되었다. 문장(S)을 크게 주어부[명사구 NP]와 서술부[동사구 VP]로 나누고, 다시 주어부와 서술부를 각각 그것을 구성하는 요소로 나누어 문장의 구조를 계층적으로 보여 주는 방식이다. 다음의 몇 가지 예를 보자.

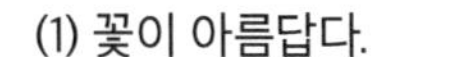
(1) 꽃이 아름답다.

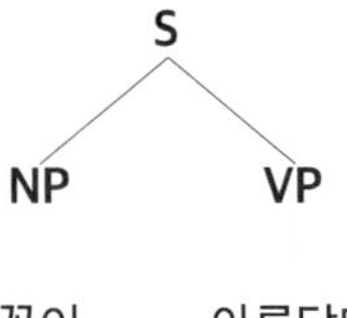

(2) 나는 그녀를 좋아한다.

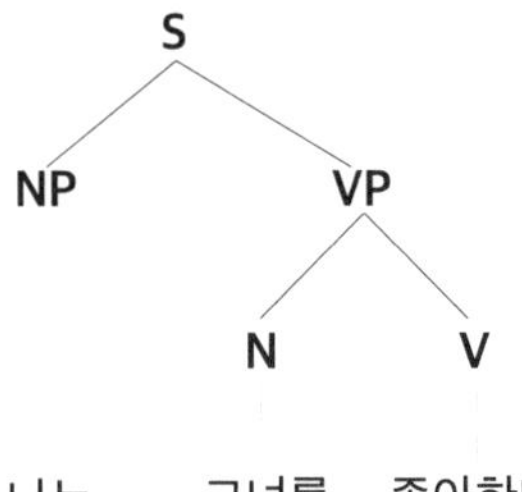

(3) 나는 꽃을 그녀에게 주었다.

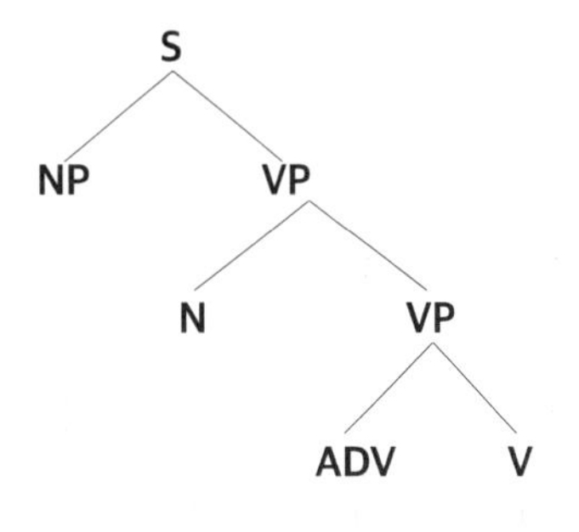

3장

다양한 생각을 표현하는 다양한 방법들

- 문장의 요소와 기능
- 문장 요소의 의미

생각해 보기

질문 1. 외국인들이 한국어를 배우면서 어려워하는 것은 어떤 것들일까?

1. 문장 끝내기

문장 종결법

문장은 종결 어미에 따라 그 유형이 결정되는데, 문장 종결 유형은 평서형, 의문형, 청유형, 감탄형으로 나뉘며 화자와 청자의 관계에 따라 다양한 형태로 바뀐다. 이를 통해 우리의 생각이나 느낌이 좀 더 확실하게 표현된다. 문장 종결에 따른 서법敍法에는 직설법, 회상법, 추측법, 원칙법, 확인법 등이 있다.

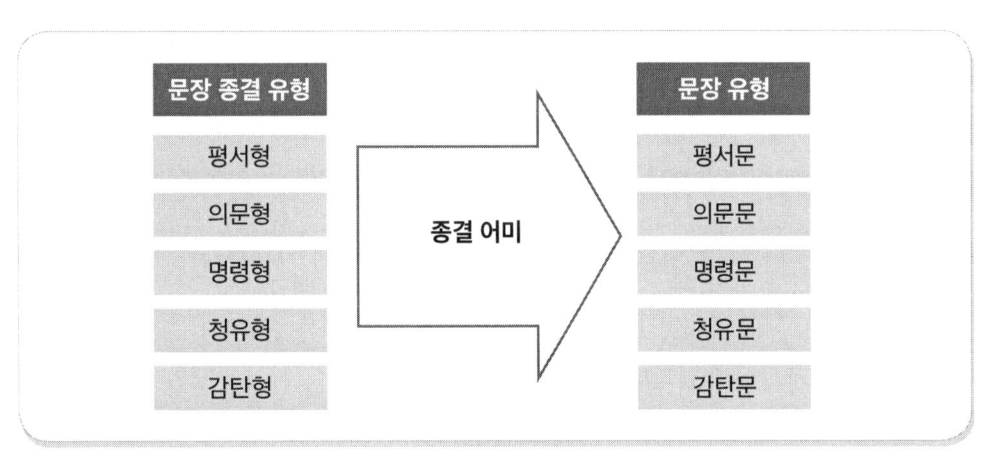

〈문장 종결법〉

평서문平敍文 평서문은 화자가 청자에 대하여 특별히 요구하는 일이 없이 자신의 생각만을 전달하는 문장이며 (1)과 같이 평서형 종결 어미로 표현된다.

(1) ㄱ. 여름이 가고 가을이 되었다.

ㄴ. 다음 장날에 사다 주마.

(1ㄴ)의 경우 상대방을 염두에 두기 때문에 약속문으로 설정하는 경우도 있지만 자신의 생각을 전달한다는 점에서 평서문으로 인정한다.

평서문을 만드는 평서형 어미는 높임 등급에 따라 다음과 같이 나뉜다.

격식체				비격식체	
해라체	하게체	하오체	하십시오체	해체	해요체
–다, –라	–네	–오	–ㅂ니다/–습니다	–아/–어	–아요/–어요
한다	하네	하오	합니다	해	해요

의문문疑問文

의문문은 화자가 청자에게 질문하여 대답을 요구하면서 언어 내용을 전달하는 문장이며 의문형 종결 어미로 표현된다.

(2) ㄱ. 무엇을 먹을까?

ㄴ. 언제 갈래?

ㄷ. 왜 안 했어?

(3) ㄱ. 가: 밥은 먹고 다니니?

나: 예.

ㄴ. 가: 너도 지금 갈래?

나: 아니요.

(4) ㄱ. 누가 안 한다고 했어? (꼭 할 것이다.)

ㄴ. 그렇게만 되면 얼마나 좋을까? (그렇게 되면 좋겠다.)

이들은 설명 의문문(2), 판정 의문문(3), 수사 의문문(4)으로 나눌 수 있다. **설명 의문문**은 의문사가 들어 있는 의문문으로서 그에 해당하는 설명을 요구하는 것이고, **판정 의문문**은 긍정이나 부정의 대답을 요구하는 것으로서 가부 의문문이라고도 한다. **수사 의문문**은 표면적 의미의 반대 의미를 강하게 표현하며, 실제로는 서술, 명령 등의 의미를 가진다는 점에서 반어 의문문이라고도 한다.

의문문을 만드는 의문형 종결 어미는 높임 등급에 따라 다음과 같이 나뉜다.

격식체				비격식체	
해라체	하게체	하오체	하십시오체	해체	해요체
–느냐, –니, –지	–나, –는가	–오	–ㅂ니까/–습니까	–아/–어	–아요/–어요
하느냐? 하니?	하나? 하는가?	하오	합니까?	놀아? 먹어?	놀아요? 먹어요?

명령문命令文

명령문은 화자가 청자에게 어떤 행동을 하도록 요구하면서 언어 내용을 전달하는 문장이며, 명령형 종결 어미로 나타난다. 명령문은 주어는 생략되지만 그 주어가 반드시 청자여야 하며, 서술어는 동사만 가능하고, 시제 선어말 어미 **-었-, -겠-, -더-** 등이 결합 불가능하다는 제약(5)을 가진다.

(5) *밥을 먹었어라. / *밥을 먹더라. / *밥을 먹겠어라.

명령문은 3인칭 불특정 다수를 대상으로 글이나 책, 구호, 플래카드와 같은 매체를 통한 간접적 발화에 사용되는 **간접 명령문**(6)과 간접 인용절에서 간접 명령 어미 **-(으)라**를 취하는 **직접 명령문**(7)이 있다.

(6) ㄱ. 자유가 아니면 죽음을 달라./*다오.
ㄴ. 일제 잔재 청산하라./*청산해라.

(7) 어머니께서는 "아침밥은 꼭 먹어라."라고 말씀하셨다.
→ 어머니께서는 아침밥은 꼭 먹으라고 말씀하셨다.

명령문을 만드는 명령형 종결 어미는 높임 등급에 따라 다음과 같이 나뉜다.

직접 명령문						간접 명령문
격식체				비격식체		문장체
해라체	하게체	하오체	하십시오체	해체	해요체	문장체
-아라/어라	-게	-오/-구려	-ㅂ시오/십시오	-아/어, -지	-아요/어요	-(으)라
막아라	막게	막으오	막으십시오	막아	막아요	막으라

청유문請誘文

청유문은 화자가 청자에게 어떤 행동을 함께 하도록 요구하면서 언어 내용을 전달하는 문장으로서 청유형 종결 어미로 실현된다. 청유문은 주어가 화자와 청자가 함께 하는 표현이어야 하며, 서술어는 동사만 가능하고, 시제 선어말 어미 **-었-, -겠-, -더-** 등이 결합 불가능하다는(8) 문법적 제약이 있다.

(8) *밥을 먹었자. / *밥을 먹더자. / *밥을 먹겠자.

청유문을 만드는 청유형 종결 어미는 높임 등급에 따라 다음과 같이 나뉜다.

격식체				비격식체	
해라체	하게체	하오체	하십시오체	해체	해요체
–자	–세	–ㅂ시다/–십시다	–시지요	–아/–어	–아요/–어요
하자	하세	합시다	하시지요	해	해요

감탄문感歎文

감탄문은 화자가 청자를 의식하지 않거나 독백하는 상태에서 자기의 느낌을 표현하는 문장이며, 감탄형 종결 어미에 의해 표현된다. 감탄형 종결 어미에는 **–구나** 계열(-구나, -구먼, -구려 등)과 **-어라** 계열이 있는데, **–구나** 계열은 동사 어간에 시제 선어말 어미 **–는–, -었-, -겠-, -더-**와 결합하지만 형용사, 서술격 조사 어간에는 현재 시제 **–는–**의 결합이 불가능하다. 또 **–구나**가 줄어든 **–군**도 사용하며 서술격 조사 어간 뒤에는 **-로구나(아니로구나)**도 가능하다. **-어라** 계열은 형용사와 결합하는데 화자가 느낌의 주체여야 한다(9ㄱ). 이 외에 **–는걸, –는데**도 감탄의 기능이 가능하다(9ㄴ).

(9) ㄱ. 와, 무서워라!

ㄴ. 와, 멋있는걸! 정말 예쁜데!

감탄문을 만드는 감탄형 종결 어미는 높임 등급에 따라 다음과 같이 나뉜다.

구분	격식체				비격식체	
	해라체	하게체	하오체	하십시오체	해체	해요체
-구나 계열	-구나	-구먼	-구려		-군	-군요
	춥구나	춥구먼	춥구려		춥군	춥군요
-어라 계열	-어라				-어	
	추워라				추워	

2. 높임 표현

주체 높임법

주체 높임법은 서술의 주체를 높이는 것으로 서술어에 선어말 어미 **-시-**를 붙이며, 주체에는 **-님, 께서** 등이 붙어 호응을 이룬다(10).

(10) 사장님께서 우리 부서를 방문하셨다.

화자는 주체 높임의 대상이 되지 못하며(11), 때때로 높여야 할 대상(주체)의 신체 일부, 소유물, 생각 등 주체와 관련된 말을 높이는 간접 높임법이 사용되기도 한다(12). 간접 높임법에서는 주로 서술절의 주어가 높임의 대상이 된다.

(11) *제가 책을 읽으시겠습니다.

(12) ㄱ. 그분은 아직도 귀가 밝으시다.
ㄴ. 선생님은 핸드폰이 없으시다.
ㄷ. 아버지께서 감기가 드셨다.

주체 높임의 보충법으로 **주무시다(자다), 계시다(있다), 잡수시다(먹다), 돌아가시다(죽다),**

편찮으시다(아프다) 등의 어휘가 사용되기도 한다.

객체 높임법

객체 높임법은 화자가 목적어나 부사어가 지시하는 대상인 서술어의 객체를 높이는 것인데, 어미가 아닌 높임의 의미를 갖는 동사(13)와 조사 **께**로 실현되며, 객체에 **-님**을 붙인다(14).

(13) 모시다, 드리다, 여쭙다, 뵙다, 사뢰다, 아뢰다

(14) ㄱ. 학생들이 선생님께 선물을 드렸다.
ㄴ. 어제 장모님을 뵈었다.

객체 높임에서는 객체가 화자와 주체 모두에게 높거나 최소한 주체보다 높아야 한다.

상대 높임법

특정 종결 어미로 청자를 높이거나 낮추는 것을 상대 높임법이라고 하는데, 종결 어미, 또는 어말 어미에 높임 종결 보조사 **-요**가 붙어 실현된다. 이들은 앞의 **문장의 종결**에 제시된 격식체, 비격식체가 모두 해당되는데, 격식체는 **해라체/하게체/하오체/하십시오체**가, 비격식체에는 **해체/해요체**가 사용되며 글을 쓸 때는 특별히 **하라체**를 사용한다.

3. 시간 표현

시제時制

시제는 말하는 시간인 발화시와 사건이 일어난 시간인 사건시의 앞뒤 관계를 표시하는 것으로 선어말 어미나 관형사형 어미로 표현된다.

종류	과거	현재	미래
선어말 어미	-았-/-었-, -였- (-았었-/-었었-) (회상법 -더-)	동사 -ㄴ-/-는-	-겠-
		형용사, 서술격 조사 기본형	
관형사형 어미	동사 -(으)ㄴ	동사 -는	-(으)ㄹ- -(으)ㄹ 것이
	형용사, 서술격 조사 -던-	형용사 서술격 조사 -(으)ㄴ	-(으)ㄹ- -(으)ㄹ 것이

동작상動作相

발화시를 기준으로 동작의 양상을 나타내는 것을 동작상이라고 하며 보조 용언이나 연결 어미에 의해 표현된다.

구분	완료상	진행상	예정상
개념	동작의 완료	동작의 진행	동작의 예정
본용언 + 보조 용언	-아/어 있다, -아/어 버리다 (-아/어 두다, -아/어 내다, -아/어 놓다)	-고 있다, -는 중이다 (-는 중에 있다, -아/어 가다, -곤 하다)	-게 되다, -게 하다
연결 어미	-고서, -아/어서, -자마자, -자, -다가	-(으)면서, -(으)며, -(으)락 -(으)락	-(으)려고, -고자, -(으)러, -도록

4. 피동 표현

피동被動

피동은 주어가 남의 행동에 의해서 행해지는 동작을 말하며, 기본적으로 **당하다**의 의미를 가지는 표현이다. 이에 대응하는 능동能動은 주어가 제 힘으로 행하는 동작으로 반드시 타동사이다.

피동에는 단형 피동과 장형 피동이 있는데, **단형**短形 **피동**은 **-이-, -히-, -리-, -기-, -되-** 등의 접사가 붙어 이루어지는 파생적 피동문이며, **장형**長形 **피동**은 **-어지다, -게 되다** 등이 결합하여 이루어지는 통사적 피동문이다.

유형	형식	예
단형 피동	-이-, -히-, -리-, -기-, -되-	놓이다, 먹히다, 보이다, 덮이다, 쓰이다, 파이다, 섞이다, 묻히다, 박히다, 밟히다, 얹히다, 잡히다, 눌리다, 들리다, 물리다, 풀리다, 감기다, 끊기다, 안기다, 찢기다, 가결되다, 관련되다, 사용되다, 체포되다, 형성되다
장형 피동	-어지다, -게 되다	높아지다, 만들어지다, 찢어지다, 풀어지다, 드러나게 되다, 맛있게 되다, 쓰러지게 되다

보통 피동은 능동인 타동사에 피동 접미사나 **-어지다**가 결합하여 이루어지는데, 피동사가 모든 동사에 대응하는 것은 아니어서 **넣다, 느끼다, 닮다, 돕다, 듣다, 만나다, 바라다, 받다, 배우다, 얻다, 잃다, 주다, 죽다, 참다** 등과 같이 피동사가 없는 능동사가 존재한다. 또한 **강도가 경찰에게 잡히었다(피동사), 가방을 동생에게 잡히었다(사동사)**처럼 피동사와 사동사가 같은 경우도 있다. 최근 **-어지다**에 의한 장형 피동은 거의 모든 동사에 쓰이는 실정이다.

-게 되다나 특정 피동문의 경우 동작주 상정이 어려운 경우가 있는데, 이처럼 구체적인 동작주를 상정하기 어려운 피동을 **탈행동적 피동**이라고 한다. 예를 들어, **날씨가 풀리다, 옷이 못에 걸리다, 마음이 진정되다, 저절로 가게 되었다, 우연히 그를 만나게 되었다**처럼 자연스러운 변화들이 이에 속한다.

5. 사동 표현

사동使動 사동은 주어가 남에게 동작을 하도록 하는 것으로 기본적으로 **시키다(하게 하다)**의 의미를 가지는 표현이며, 이에 대응하는 주동主動은 주어가 직접 동작을 하는 것을 말한다.

사동에는 **단형**短形 **사동**과 **장형**長形 **사동**이 있는데, 단형 사동은 **-이-, -히-, -리-, -기-, -우-, -구-, -추-, -시키다**와 같은 접사가 붙어 형성되는 파생적 사동을 말하며, 장형 사동은 **-게 하다**가 결합하여 형성되는 통사적 사동을 말한다. 보통 단형 사동은 직접적인 의미를 가지며, 장형 사동은 간접적인 의미를 나타낸다.

유형	형식	예
단형 사동	–이–, –히–, –리–, –기–, –우–, –구–, –추–, –시키다	속이다, 들리다, 맡기다, 돋구다, 멈추다, 정지시키다
	–이우–	세우다, 재우다
장형 사동	–게 하다	먹게 하다, 서게 하다, 입게 하다

자동사나 형용사의 사동화는 (15)처럼 새로운 주어가 필요하며, 주동문 주어는 사동문의 목적어가 되고 자동사는 사동사로 된다.

(15) ㄱ. 얼음이 녹는다. (주동)
ㄴ. 아이들이 얼음을 녹인다. (사동)

타동사의 사동화는 새로운 주어가 필요하지만 목적어는 그대로이며, 주동문의 주어가 사동문에서 **-에게**가 붙은 부사어가 된다.

(16) ㄱ. 아이가 옷을 입는다. (주동)

ㄴ. 엄마가 아이에게 옷을 입힌다. (사동)

-게 하다에 의한 장형 사동은 주어가 보통 목적어나 **에게/한테**가 결합한 부사어가 된다.

(17) ㄱ. 이 짐을 서윤이가 졌다.

ㄴ. 이 짐을 서윤이를/한테 지게 했다.

단형 사동과 장형 사동의 통사적 차이는 우선 부사의 수식 범위에서 차이가 나며, 주체 높임의 어미 **-시-**가 **-게 하다** 사동문에는 두 군데 나타나고(18, 19), **-게 하다**는 사동사를 다시 사동화하는 것이 가능하다는 점(20)을 들 수 있다.

(18) ㄱ. 선생님께서 서인이에게 책을 읽히시었다.

ㄴ. 선생님께서 서인이에게 책을 읽게 하시었다.

(19) ㄱ. 서인이는 선생님께 책을 읽으시게 했다.

ㄴ. 박 선생님께서 우리 선생님께 책을 읽으시게 하시었다.

(20) 나는 성한이에게 성학이한테 술을 먹이게 했다.

피동사와 사동사가 동일한 형태인 경우가 있는데, 이처럼 형태가 동일할 경우 피동사와 사동사의 구별은 **그 책이 잘 보였니?(피동)**, **그 책을 친구에게 보였니?(사동)**처럼 목적어의 유무로 판단할 수 있다.

6. 부정 표현

부정^{否定} 표현

부정 표현은 **안** 부정문과 **못** 부정문, 그리고 **말다** 부정문, 단형 부정, 장형 부정 등으로 구분할 수 있다.

유형	의미	단형 부정	장형 부정	
안 부정문	의지 부정	안(아니)–	–지 않다(아니하다)	–지 마라, 말자
못 부정문	능력 부정	못–	–지 못하다	–지 마라, 말자

안 부정문

안 부정은 의미 부정으로 단형短形 부정 **안**과 장형長形 부정 **-지 않다**가 있다.

(21) ㄱ. 서윤이는 밥을 안 먹었다. (단형)

ㄴ. 서윤이는 밥을 먹지 않았다. (장형)

명사+하다 구성은 장형 부정이나 **명사+안+하다** 구성만 가능하다. 또 **안** 부정문은 평서문, 의문문, 감탄문에만 나타나기 때문에 청유문이나 명령문으로 사용할 수 없다.

(22) ㄱ. *공부 안 하자! (청유)

ㄴ. *공부 안 해라. (명령)

안 부정문이 불가능한 동사에는 **견디다, 알다, 깨닫다** 등이 있다.

못 부정문

못 부정은 능력 부정이라고 하며 단형短形 부정 **못**과 장형長形 부정 **-지 못하다**가 있다.

(23) ㄱ. 서인이는 밥을 못 먹었다. (단형)

ㄴ. 서인이는 밥을 먹지 못하였다. (장형)

안 부정에서와 같이 **명사+하다** 구성은 장형 부정 또는 **명사+못+하다** 구성만 가능하다.

(24) ㄱ. 서윤이는 수영하지 못한다.

ㄴ. 서윤이는 수영 못 한다

ㄷ. *서윤이는 못 수영한다.

못 부정은 형용사에는 사용이 불가능하며, 쓰인다고 해도 아쉬움의 의미로 긴 부정문만 가능하다.

(25) ㄱ. 산이 높다.

ㄴ. 산이 안 높다.

ㄷ. *산이 못 높다.

말다 부정문

말다 부정은 명령문과 청유문에만 사용되는 부정 형식으로 평서문, 의문문, 감탄문에는 사용이 불가능하다.

(26) ㄱ. *공부하지 말았다.

ㄴ. *공부하지 말았어?

그러나 **기대하다, 바라다, 원하다, 희망하다** 등 바람·희망의 의미를 갖는 동사는 명령이나 청유문이 아니어도 사용이 가능하다.

(27) ㄱ. 떠나지 말기를 바란다.

ㄴ. 대표직을 수락하지 말기를 희망합니다.

말다 부정문은 형용사에는 사용이 불가능하다.

(28) *착하지 마라.

학습 정리

- 문장 종결법에는 평서형, 의문형, 명령형, 청유형, 감탄형 등의 5가지가 있으며, 문장의 종결 유형을 결정하는 것은 종결 어미이다.
- 다른 사람과의 관계에서 나이나 지위 등에 따라 말하는 사람이 어떤 대상에 대하여 높임의 태도를 나타내는 문법 기능을 높임법이라고 한다.
- 시제는 연속적 시간을 과거, 현재, 미래와 같이 인위적으로 구분한 문법 범주이며, 대개 시간 부사어, 선어말 어미, 관형사형 어미 등에 따라 표시된다.
- 피동 표현은 어떤 행위나 동작이 문장 주어 스스로의 힘으로 이루어지는 것이 아니라 남의 행동에 의해서 이루어지는 표현으로서, *당하다*의 의미를 갖는다.
- 사동 표현은 남으로 하여금 어떤 행위나 동작을 하게 하는 것을 나타내며, *시키다*의 의미를 갖는다.
- 부정 표현에는 의지 부정인 *안* 부정과, 능력 부정인 *못* 부정이 있다.

학습 퀴즈

1. 다음은 문장 요소에 대한 설명입니다. 빈칸에 알맞은 말을 쓰라.

① 문장의 종결 유형에는 평서형, 의문형, ____________, 청유형, 감탄형의 다섯 가지가 있다. 이들 종결 유형은 ____________에 따라 결정된다.

② 부정문에는 의지를 부정하는 ____________와/과 능력을 부정하는 ____________이/가 있다.

③ 시간 표현에는 발화시와 사건시의 앞뒤 관계를 표시하는 ____________와/과, 발화시를 기준으로 동작의 양상을 나타내는 ____________이/가 있다.

2. 다음에서 설명하는 내용에 해당하는 것을 〈보기〉에서 고르라.

❶ 사동 표현 ❷ 객체 높임법 ❸ 주체 높임법
❹ 피동 표현 ❺ 상대 높임법

ㄱ. 높임법의 하나로서 선어말 어미 '–시–'를 사용하여 높이는 방법이다.

ㄴ. 특정의 종결 어미로 청자를 높이거나 낮추는 높임법의 하나이다.

ㄷ. 화자가 목적어나 부사어가 지시하는 대상을 높이는 방법이다.

ㄹ. 주어가 남의 행동에 의해서 특정한 동작을 당하는 것을 나타내는 표현이다.

ㅁ. 주어가 남에게 동작을 하도록 하는 표현이다.

같이 알아보기

- 서술어 중심이라는 한국어의 구조적, 통사적 특성과 관련하여 문장 종결법의 중요성에 대해 여러분의 생각을 이야기해 보자.
- 이번 시간에 다룬 문장 종결법, 높임법, 시제와 상, 사동 표현과 피동 표현, 부정 표현 등과 관련하여 우리 주변에서 흔히 발견할 수 있는 잘못된 표현들을 조사하여 보자.

용어 정리

보충법補充法

특정한 어휘 체계에서 있어야 하는 어휘가 없을 때, 그 어휘 체계의 빈칸을 메우기 위해 다른 어휘를 가져와서 사용하는 것을 말하며, 수사 체계에서 *하나째*가 없어 *첫째*를 사용하는 것이 대표적인 예이다.

시제時制tense와 상相aspect

시간 표현으로서의 시제는 일반적으로 과거, 현재, 미래라는 삼분법으로 나누어지지만, 시간 표현과 관련된 또 다른 문법 기능으로 소위 상이라는 문법 범주가 있다.

상은 시간의 흐름 속에서 동작이나 상태가 일어난 모습을 나타낸다. 발화시를 기준으로 동작이 일어나는 모습을 나타내는 문법 기능을 동작상動作相이라 하는데, 크게 진행상進行相과 완료상完了相과 예정상豫定相으로 나뉜다.

동작상은 시간의 흐름 속에서 동작이 일어난 상태를 나타낸 것이기 때문에, 시제와 동작상은 관련이 있다. 대체로 진행상은 현재 시제와, 완료상은 과거 시제와, 예정상은 미래 시제와 일치한다.

시제 선어말 어미들과 달리 동작상 표현으로만 인정되는 표현으로 *–아/어 있다, –아/어 가다, –아/어 버리다, –게 되다*와 같은 것들, 예를 들어, *나는 밥을 먹고 있다, 빨래가 다 말라 간다, 밥을 먹어 버렸다, 나도 거기에 다니게 되었다* 등과, 두 홑문장이 이어지는 매개체인 *–면서, –고서, –려고* 같은 것들, 예를 들면, *공부하면서 노래를 부른다, 종소리를 듣고서 교회로 향했다, 거리에 가려고 마음먹었다* 등이 있다. 그러나 이들은 서술어가 두 개 이상 이어진다는 측면에서 과거, 현재, 미래의 시간 표현들과 차이를 보인다. 하지만 이들도 넓게 보면 시간을 나타내는 표현의 일종임에 틀림없다. (정경일 외(2000), 『언어의 탐구와 이해』, 도서출판 박이정)

“의미에 신경 써라 그러면 소리는 자기가 알아서 할 것이다.”
(Lewis Carroll)

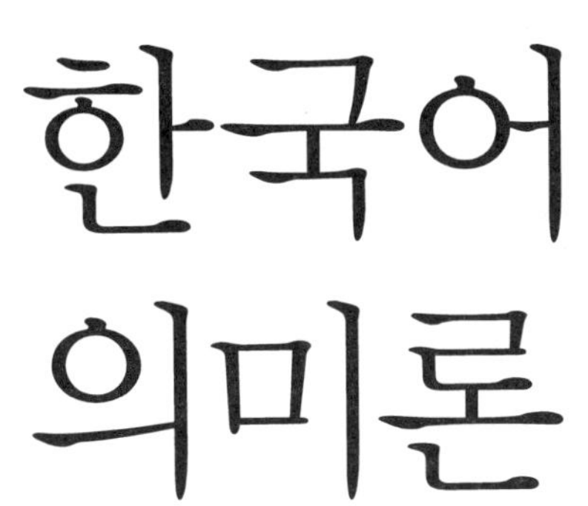

1장

의미의 의미

- 의미론의 기본 개념과 연구 대상
- 의미의 개념과 유형

생각해 보기

질문 1. *아줌마*라는 말이 담고 있는 의미가 무엇일까?

1. 의미론의 기본 개념

의미론意味論semantics

의미론이란 기호記號sign로서의 언어를 특징짓는 두 요소인 형식signifiant으로서의 소리와 내용signifié으로서의 의미 가운데 기호의 내용이 되는 의미를 연구하는 분야를 말한다. 의미론의 연구 대상은 모든 형식에 대응하는 의미가 되므로 언어 형식의 최소 단위인 가장 작은 의미를 가진 형태소에서부터, 단어, 문장, 그리고 가장 큰 형식인 담화(이야기)에까지 광범위하게 걸쳐 있다.

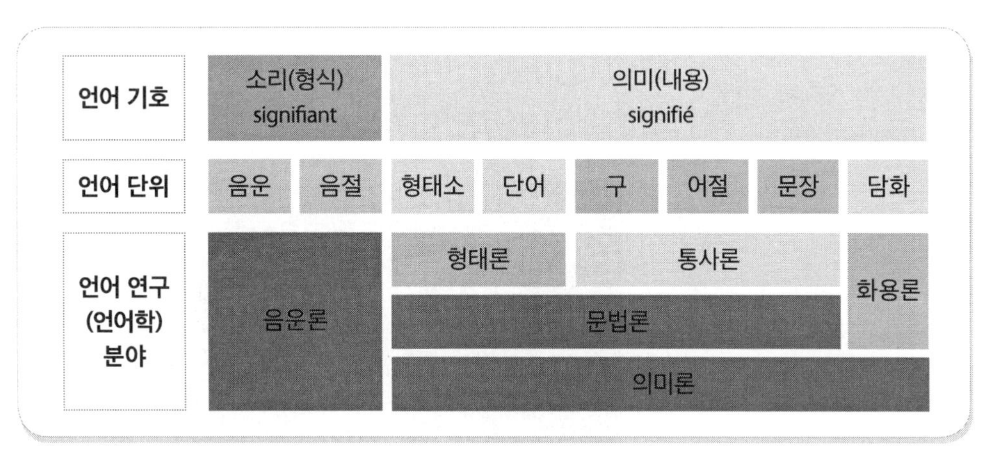

〈언어 단위와 언어학〉

의미론의 연구 분야 의미론은 언어 층위에 따라 각각 어휘 의미론lexical semantics, 문장 의미론sentence semantics, 화용 의미론pragmatic semantics으로 나눌 수 있다. **어휘 의미론**은 어휘 층위에서 단어의 의미 구조나 단어들 간의 의미관계를 연구하며, **문장 의미론**은 언어 자율적인 입장에서 언어 내적인 의미로서 문장 층위의 의미를 연구한다. 앞선 두 의미론 분야와 달리 **화용 의미론**은 언어 외적 대화 상황, 즉 맥락을 중시하는 이야기 층위의 의미를 연구한다.

2. 의미의 의미는 무엇인가?

지시설指示說 지시설은 의미를 지시 대상과 동일하게 보는 것으로 언어 형식인 단어가 가리키는 대상인 사물이 바로 의미라는 관점이다. 이 관점에서는 명칭naming과 대상object 사이에 1:1의 대응 관계가 성립한다고 보기 때문에 단어의 의미를 사물 그 자체와 동일시하게 된다. 그래서 **개**라는 단어의 의미는 실제 세계에 존재하는 [개] 자체가 된다.

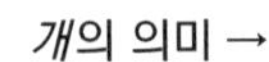

지시설은 구체적인 대상이 존재하거나 고유 명사와 같은 경우에는 어느 정도 타당하다. 그러나 대다수의 단어가 명시적으로 사물과의 관련성을 띠는 것은 아니기 때문에 의미를 지시로 취급하는 것은 의미 본질의 일부를 드러내는 데 불과하다는 한계가 있다. 지시설이 갖는 한계를 보다 구체적으로 정리하면 다음과 같다.

첫째, 지시와 지시물의 의미적 동일성 보장이 어렵다. 예를 들어 **샛별, 개밥바라기, 금성** 등은 동일한 지시물을 나타내지만 의미가 같다고 할 수 없다.

둘째, 단어는 안 바뀌지만 지시물은 계속 바뀌는 경우를 설명할 수 없다. 예를 들어 **차**車는 모양이 계속 바뀌지만 그것 때문에 의미가 바뀐다고 보기 어렵다.

셋째, 추상 명사나 지시물이 존재하지 않는 경우가 있다. 예를 들어 **사랑**이나 **절망**과 같은 감정 명사, **묻다, 찾다**와 같은 동사류, **밉다, 어렵다** 같은 형용사류, **도깨비, 용, 불사조** 같은 상상의 동물 등은 구체적인 지시물을 찾을 수 없다.

넷째, 어미나 조사 등 문법적 허사虛辭들은 설명이 곤란하다. 조사 **이/가, 을/를**이나 어미 **-았/었-, -겠-** 등은 지시물이 무엇인지 파악하기 어렵다.

개념설概念說

개념설은 의미를 개념과 동일시하는 것으로, 언어의 의미는 인간의 정신 속에 그려지는 심리적 영상image이라고 보는 관점이다. 이 관점에서 의미는 사물과 직접 연결되지 않고, 마음속 개념을 통해 연결되는데, 이는 언어와 사고가 긴밀하게 연결되어 있다는 전제 아래 설정된 것이다.

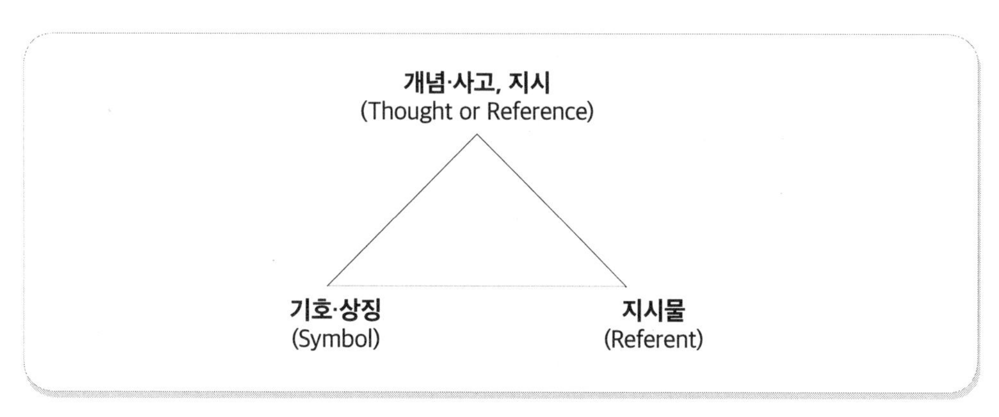

〈오그덴 & 리차즈(1923)의 기호 삼각도〉

이처럼 개념설에서 상징은 지시물과 직접 연결되는 것이 아니라 우리 마음속의 개념인 사고思考를 통해서 간접적으로 연결된다고 보는데, 이는 사고의 일부를 의미로 규정한 것이라 할 수 있다. 이러한 개념설이 갖는 한계는 다음과 같다.

첫째, 개념의 실체가 불명확하다. 개념은 실재하는 것인가. 그렇다면 그것은 무엇인가. 그것을 어떻게 알 수 있으며, 증명할 수 있는가.

둘째, 의미와 개념 사이에는 깊은 상관성이 있지만, 완전히 같은 것은 아니므로 의미의 정의로서 개념설은 충분하지 않다. 예를 들어 맑은 물, 얼음, 쇠붙이 등에 닿았을 때의 공통된 인상으로서 [冷cold]의 개념을 형성한다고 볼 수 있기 때문에, **차다**라는 표현과 **춥다**라는 표현은 동일한 개념이라 할 수 있다. 그러나 **차다**는 몸의 일부분에서 열을 빼앗겼을 때의 감각이며, **춥다**는 몸 전체에서 열을 빼앗겼을 때의 감각이므로 두 의미는 다르다.

행동주의설 行動主義說

행동주의설은 언어의 의미를 자극과 반응으로 이해하는 것으로, 자극-반응설이라고도 하며 의미를 생물학적 행동의 한 양상으로 파악한 행동주의 심리학에 근거한 이론이다.

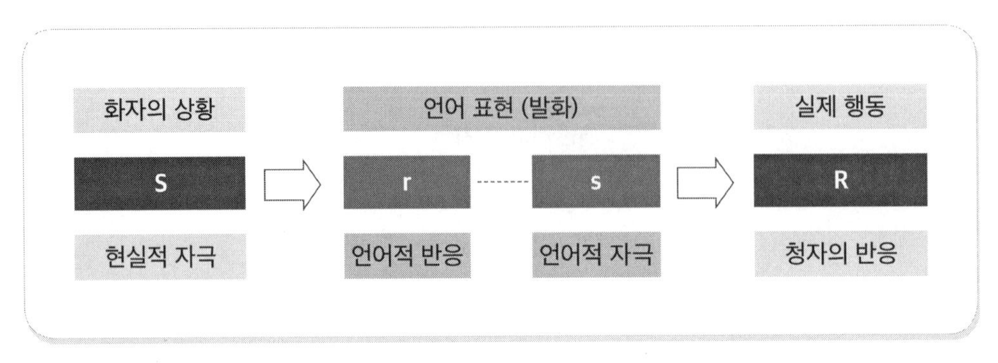

〈행동주의설 = 자극-반응설〉

이 이론에 따르면, 화자가 그것을 말하는 상황, 곧 자극stimulus 및 그 언어 형식이 청자에게 불러일으키는 반응response을 의미로 본다(Blommfield, 1933: 139). 다시 말하면 어떤 언어 표현(r …… s)의 의미는 화자의 자극 상황(S)에 대한 청자의 구체적인 반응(R)이라는 것이다. 예를 들어, 배고픈 소녀가 사과를 보고 **사과다!**라는 말을 했을 때, 이 말을 들은 소년이 사과를 따 주었다면, 이 전 과정이 **사과**의 의미가 된다. 이러한 행동주의설이 갖는 한계는 다음과 같다.

첫째, 자극과 반응을 낳는 상황, 곧 장면에 대한 화자의 반응을 일관되게 기술하기 어렵다. 즉, 화자의 언어적 자극과 청자의 언어적 반응이 한결같을 수 없으며, 동일한 발화에 대한 청자의 반응 또한 천차만별이다.

둘째, 수많은 상황에서 자극과 반응의 적합한 요소를 증명하는 것이 불가능하다. 만약 집 안에서 갑자기 내리는 비를 보았을 때 가능한 발화는 **빨래 걷어라, 우산 준비해라, 창문 닫아라**…… 등 무수하다. 결국 자극과 반응에 대한 의미의 포착은 현실 상황에서는 사실상 불가능해진다.

용법설用法說

용법설은 의미를 사용 그 자체로 보는 것으로, 단어가 사용되는 구체적인 맥락(문맥)에서의 용법을 의미라고 보는 관점이기 때문에 의미를 개념이라고 보는 관점과 정면으로 대립되는 입장이다. 비트겐슈타인(Wittgenstein, 1953)은 **의미에 대하여 묻지 말고 용법에 대하여 물어보라**고 하면서, 단어의 의미는 언어에서 그 단어의 쓰임, 곧 용법이라는 점을 강조하였다. 용법설은 특히 다의어의 의미 파악에 있어서 강력한 지지를 얻었다. 예를 들어 **먹다**는 **밥을 먹다, 담배를 먹다, 약을 먹다, 가스를 먹다, 뇌물을 먹다, 욕을 먹다, 마음을 먹다, 더위를 먹다, 물을 먹다, 챔피언을 먹다, 골을 먹다, 귀가 먹다, 좀이 먹다, 약속을 잊어 먹다, 유리를 깨 먹다, 사람을 이용해 먹다** 등 상황에 따라 매우 다양한 의미로 사용되는데 이러한 다양한 의미들은 결국 **먹다** 그 자체의 의미만으로는 파악할 수 없으며 용법을 통해서만 알 수 있게 된다.

이러한 용법설이 갖는 한계는 다음과 같다.

첫째, 용법이 아주 다양하여 일관된 의미를 부여하기 어렵다. 위에서 예를 든 **먹다**의 경우, **밥을 먹다**에서부터 **이용해 먹다**까지를 일관되게 설명하기는 매우 어렵다.

둘째, 여러 의미 중에서 먼저 떠오르는 기본 의미와 나중에 연상되는 주변 의미가 분명히 있는데, 이를 구분하지 못한다. 예를 들어, **보다**의 경우 가장 먼저 떠오르는 것은 대부분 어떤 대상을 눈으로 보는 것이며, 이는 **뒤를 보다**와 같은 예보다 더 일반적이고 기본적이라고 할 수 있을 것이다.

용법을 의미라고 한다면 무한수에 가까운 개별적 용법을 효과적으로 포착하여 기술하는 것은 매우 어려운 일이지만 최근 컴퓨터 분석 기술의 발전에 힘입어 다양한 문맥 속에서 사용되는 의미를 포착하고 분석하고자 하는 연구가 발전하고 있는 추세이다.

의의 관계설意義關係說 의의 관계설은 의미를 단어들 간의 관계인 의의sense로 보는 것으로, 어떤 단어의 의미는 그 단어가 다른 단어와 맺고 있는 의의 관계를 통해서 나타난다고 보는 관점이다. 이러한 관점에서 **개**의 의미는 [동물], [삽사리], [강아지] 등과 같은 단어의 계열적 의의 관계를 통해서 어느 정도 규정할 수 있게 된다. 그러나 의의 관계설은 언어 외적 세계의 사물이나 심리적 실체의 고려를 요구하지 않고 단지 단어들 간의 관계만으로 의미를 규정한다. 그래서 **개**의 의미는 구체적 지시 대상으로서의 **개**가 중요한 것이 아니고, **개**에 대해 느끼는 심리적 실체, 즉 귀엽거나 무서운 느낌 등도 고려하지 않는다. 의의 관계설도 결국 다른 단어와의 대립에서 비롯되는 상대적 가치에 따라 의미가 규정된다고 봄으로써 고정적 의미를 포착하기 어렵다는 문제를 가지고 있다.

3. 의미의 유형

〈의미의 유형(Leech 1974)〉

개념적 의미概念的 意味

개념적 의미는 단어가 지니고 있는 필수적이고 기본적인 성질에 바탕을 둔 의미로서, 일상적인 의사소통 과정에서 핵심적이고 필수적인 역할을 하는 중심적 의미이다. 예를 들어, **가족**이라는 단어는 혼인으로 맺어지거나 부모·자식과 같이 혈연으로 이루어지는 집단, 또는 그 구성원이라는 개념으로 정의되며, **부부(혼인 관계), 자녀(혈연 관계)**라는 개체들의 집합이 된다. 그래서 개념적 의미는 지시 대상이 지니고 있는 속성들의 집합이라고도 할 수 있다.

그러나 '가족'의 개념적 의미에 대해서 다음과 같은 문제가 제기된다.

입양을 통해 부모와 자녀의 관계를 맺은 사람들은 가족이 아닌가. 가족이라는 말이 주는 포근하고 따뜻한 의미가 개념적 의미만으로 충분히 설명될 수 있는가. 또한 **아빠, 아버지, 부친**은 모두 개념적 의미가 동일하지만 어떤 문맥에서나 서로 바꿔 쓸 수 있는 것은 아니라는 점 등과 같은 한계가 있다.

연상적 의미聯想的 意味

연상적 의미는 연상에 의해 떠오르는 의미를 말하는데, 이때 연상은 하나의 관념이 다른 관념을 불러일으키는 현상을 말한다. 연상적 의미에는 내포적 의미, 사회적 의미, 정서적 의미, 반사적 의미, 연어적 의미 등이 있다.

내포적 의미内包的 意味는 개념적 의미에 덧붙여 어떤 표현이 지시함으로써 갖게 되는 전달 가치로서, 개념적 의미가 중심적이고 한정적인 데 비해 내포적 의미는 내포의 상대적 불안정성으로 말미암아 주변적·가변적·개방적인 성격을 갖는다. 예를 들어, **노총각/노처녀, 미혼, 독신** 등의 단어는 모두 개념적으로 동일한 의미를 지니고 있다. 그러나 만약 이성 앞에서 자신을 소개한다면 어떤 단어를 고르게 될까? 아마도 호감이 가는 이성을 만났다면 대부분 미혼이라는 단어를 선택할 것이다. 이는 미혼이라는 단어가 주는 의미가 노총각이나 독신과는 다르기 때문이다. 또한, 내포적 의미는 개인과 사회 집단, 문화적 배경에 따라 유동적이고 상대적인 특성을 지니기 때문에 언어권별, 계층별로 고유한 내포적 의미를 갖는 경우가 많다. 그래서 **아줌마**는 개념적으로는 아주머니의 낮춤말이며, 아버지나 어머니와 같은 항렬의 여자이고, 형수를 정답게 부르는 말이거나 동년배 또는 젊은 남의 부인을 정답게 부르는 말로 정의되지만, 내포적 의미에는 거세고 드세며, 펑퍼짐한 엉덩이로 자리를 얼른 차지하고, 생활에 찌든 매력 없는 여성이라는 부정적 의미와 우리 사회를 움직이는 역동적 힘을 가진 여성이라는 긍정적 의미가 혼재한다. 보통 개념적 의미에 부가된 새로운 전달 가치는 그 사회 구성원들의 체험과 정서적 느낌을 통해 형성되기 때문이다.

사회적 의미社會的 意味는 어떤 언어 표현이 그 언어를 사용하는 사회적 환경에 대하여 전달하는 의미를 말하는데, 언어 사용자들의 사회적 환경이 언어 표현에 반영되어 나타나는 의미이다. 그래서 이를 통해 언어 공동체의 사회적 관습, 구조, 계층, 문화 등이 드러나게 된다. 여기서 사회적 환경은 지역, 성별, 세대, 직업에 따른 사회 계층 등을 말하는데, 이로 인해 지역 방언이나 계층 방언, 세대별, 성별 언어 차이로 독특한 느낌이 나타난다. 예를 들면, **도망가다-토끼다, 경찰-짭새, 구타하다-때리다-(한 방) 날리다/먹이다, 욕망-욕심-속셈, 헤어숍-머리방-미용실-미장원, 생활 사투리** 등이 있는데, 이는 언어 사용자의 대화 스타일에 반영되어 나타나므로 **문체적**文體的 **의미**라고 할 수 있다.

정서적 의미情緖的 意味는 언어 표현에 화자의 감정이나 태도가 부가된 의미로서 정서적인 태도를 드러내는 것이므로 개인이나 상황에 따라 달라질 수 있다. 이는 주로 음성적 변조, 억양의 변동, 문장 부호를 통한 시각화 등을 통해 나타난다. 가장 대표적인 것이 **그래, 너 잘났다**와 같은 반어적 표현일 것이며, **누구야?**와 같은 표현의 경우 어두운 골목에서 누군가 나타났을 때 놀라는 말투와, 벤치에서 애인을 기다리는데 뒤에서 누군가 눈을 가릴 때 다정한 목소리로 하는 경우처럼 어투와 태도에 따라 전혀 다른 의미를 전달할 것이다. 말뿐만 아니라 **강물은……강물은, 늘……늘, 흐르지만, 그 흐름은 자연스러운 것이지만, 그토록 서성였는데 들어와 보니 집은, 텅……텅, 비어 있었습니다 〈신경숙, 풍금이 있던 자리〉**처럼 문장 부호를 통해서 문장에서도 전달이 가능하다.

반사적 의미反射的 意味는 어떤 단어의 한 의미가 다른 의미에 대한 우리들 반응의 일부를 이룰 때 일어나는 의미로서 **반영적**反映的 **의미**라고도 하며, 개념적 의미가 동일한 둘 이상의 언어 표현에서 의미적 뉘앙스가 다르게 나타나는 것을 말한다. 예를 들어, **아빠**와 **아버지, 엄친**의 경우 아빠는 유아적이고 친근한 반면 엄친은 가부장적 위엄과 권위를 드러내며, 아버지는 종교인과 비종교인에 따라 사전적 의미와 종교적 의미인 하느님이라는 다른 의미를 드러낸다.

연어적 의미連語的 意味는 **배열적**排列的 **의미**라고도 하며, 어떤 단어가 배열된 환경에 의해 획득되는 의미, 즉 다른 단어와의 결합을 통해 얻어지는 연상의미이다. **번화한 거리 : 복잡한 거리, 자세한 지적 : 자질구레한 지적, 예쁜 여자 : 예쁜 남자**와 같이 개념적으로 유사하지만 뉘앙스가 달라지게 만드는 단어를 선택하여 결합함으로써 전체적인 연상 의미가 달라질 수 있는데, 신문 기사의 경우 이러한 연어적 의미를 통해 신문사의 입장이나 작자의 태도를 은근히 전달하는 데 이용하기도 한다.

주제적 의미主題的 意味

주제적 의미는 화자나 필자에 의해 의도된 의미로 문장의 특정 요소에 억양을 부여하거나 어순을 교체함으로써 화자가 강조하고자 하는 바를 초점화하여 나타내는 것이다. 예를 들어, **나 보기가 역겨워 / 가실 때에는 // 죽어도 아니 눈물 흘리오리다**의 예처럼 어순 교체를 통해 화자의 강한 의지를 전달하거나, **풀이 눕는다 / 비를 몰아오는 동풍에 나부껴 / 풀은 눕고 / 드디어 울었다 …… (중략) …… 풀이 눕는다 / 바람보다도 더 빨리 눕는다 / 바람보다도 더 빨리 울고 / 바람보다도 먼저 일어난다 …… (후략)**처럼 시어의 반복을 통해 흔하고 약한 민중의 끈질긴 생명력을 전달하는 효과를 제공하기도 한다.

학습 정리

- 의미론은 언어 기호의 내용에 해당하는 의미를 연구하는 분야이다.
- 의미론의 연구 대상은 형태소, 단어, 문장, 담화 등이다.
- 의미론의 연구 분야는 어휘 의미론, 문장 의미론, 화용 의미론 등으로 나뉜다.
- 의미가 무엇인지를 설명하는 이론에는 지시설, 개념설, 행동주의설, 용법설, 의의 관계설 등이 있다.
- 의미의 유형은 크게 개념적 의미, 연상적 의미, 주제적 의미로 나뉘며, 연상적 의미에는 내포적 의미, 사회적 의미, 정서적 의미, 반사적 의미, 연어적 의미 등이 포함된다.

학습 퀴즈

1. 다음은 *의미*가 무엇인지를 설명하는 이론들이다. 〈보기〉에서 각각의 설명에 해당하는 이론을 고르라.

❶ 지시설 ❷ 개념설 ❸ 행동주의설 ❹ 용법설 ❺ 의의 관계설

ㄱ. 의미는 그것이 가리키는 대상(사물)으로서, 명칭과 대상 사이에는 1:1의 대응 관계가 성립한다.

ㄴ. 의미는 자극 및 그 언어 형식이 청자에게 일으키는 반응이다.

ㄷ. 단어의 의미는 언어에서 그 단어가 어떻게 쓰이느냐에 따라 결정된다.

ㄹ. 어떤 단어의 의미는 그 단어가 다른 단어와 맺고 있는 관계를 통해서 나타난다.

ㅁ. 언어의 의미는 인간의 정신 속에 그려지는 심리적 영상이다.

2. 다음에서 설명하는 의미의 유형을 〈보기〉에서 고르라.

❶ 개념적 의미 ❷ 연상적 의미 ❸ 주제적 의미

ㄱ. 단어가 지니고 있는 필수적이고 기본적인 성질에 바탕을 둔 의미이다.

ㄴ. 화자나 필자에 의해 의도된 의미이다.

ㄷ. 하나의 관념이 다른 관념을 불러일으킬 때 떠오르는 의미이다.

3. 〈보기〉에서 제시하고 있는 것은 연상적 의미의 하위 유형들이다. 다음에서 제시하고 있는 설명이나 구체적인 예문과 관련 있는 의미 유형을 〈보기〉에서 고르라.

❶ 내포적 의미 ❷ 사회적 의미 ❸ 정서적 의미
❹ 반사적 의미 ❺ 연어적 의미

ㄱ. 농담일지라도 "그래, 너 잘났다."라는 말은 들으면 기분이 나빠진다.

ㄴ. 아빠라는 말을 들으면 왠지 친근한 느낌을 받지만 아버지라고 하면 좀 권위적이라고 느껴진다.

ㄷ. 오랜만에 고향에 가면 우리 고향만의 독특한 사투리 때문에 푸근하게 느껴진다.

ㄹ. 대한민국을 움직이는 힘은 다름 아닌 바로 '아줌마 파워'라고 할 수 있다.

ㅁ. 신문 기사에서는 단어들을 교묘하게 연결함으로써 신문사의 입장을 은연중에 드러내기도 한다.

같이 알아보기

- 용이나 귀신과 같은 단어는 그것의 지시 대상이 실세계 속에 존재하지 않는다. 그러면 이와 같은 단어가 지시하는 대상(의미적 대응물)은 어떠한 세계 속에 존재하는가? 그와 같은 대상은 모든 한국어 화자에게 동일한 모습을 띠고 있다고 볼 수 있을까? 만약 '귀신'의 의미를 그와 같은 모습과 동일시한다면 어떠한 문제가 생길까? 이와 같은 현상에 대한 여러분의 생각을 이야기해 보자.
- 의의意義sense라는 용어에 대해서 조사해 보자.

용어 정리

개념概念concept

개념은 다양한 사물에서 그 공통된 성질에 의하여 하나의 통일된 생각으로 결합시킨 관념, 즉 지각과 기억과 상상에 나타나는 개별적 표상에서 공통된 속성을 추상하여 집합시킨 하나의 심적 통일체로, 그것을 언어화 즉, 기호화하면 단어 또는 어구phrase가 된다.

애초 개념은 어떤 사물을 인식하여 그를 하나의 사유 혹은 관념적 대상물로서 받아들임으로써 생겨난다. 그리하여 그 사유 형식을 명백히 하기 위하여 그를 언어화, 즉 사물을 명명하는 데로 발전한다. 예를 들어, 처음에는 하나의 구체물 A를 인식하여 그 대상에 유일한 이름(고유 명사적)이 주어진다. 그러면 사람들은 그 이름에 대하여 어떠한 고정 관념을 갖게 된다. 그 관념은 이윽고 대상 A와 동일한 대상 A'에 적용하게 되는데, 사실 이 세상 만물 중에는 아무리 똑같다고 할지라도 절대적인 의미에서 동일한 것이란 없으므로, 서로 간에 다른 점은 무시되고 동일한 점만을 보게 되어 동일하다고 인정 또는 취급하는 것이다. 예를 들어, 어떤 특정한 젖소 A에 cow라는 이름을 주었다면 cow A에 유사한 cow B에도 같은 이름을 주는 것이다. 이러한 관계는 이질적인 것은 무시하고 동질적인 것만을 추상하는 데서 이루어지는 것이다. 이때 cow는 이미 유일성(고유 명사성)은 없어지고 동류class인 cow C, cow D…… 등 유사한 모두에 그 애초의 이름이 적용되는데, 이러한 정신 형성 과정을 거치는 동안 하나의 일반화된 관념, 즉 개념이 형성되는 것이다.

그 현상은 그 후 소들 중 젖소들에게만 적용되는 것이 아니라, 얼마간의 세월이 흐르면 젖소 아닌 모든 암소에까지도 적용하게 된다. 그만큼 추상화되는 것이다. 더 나아가서는 소가 아닌 다른 사족 동물四足動物의 암컷에게, 더 나아가서는 사람女子에게까지도 적용하게 되는 수가 있게 된다. 이 모든 것은 다 추상에 의하여 이루어진다. 그러므로 개념은 특수한 것이 보편화된 추상 상태이며, 단어들은 모두 그 추상화된 개념의 상징 기호이다.

〈김봉주(1992), 『개념학: 의미론의 기초』, 형설출판사〉

2장

언어는 관계 속에서 가치를 갖는다

- 성분 분석과 의미 관계
- 어휘장 이론과 원형 이론

생각해 보기

질문 1. 같은 의미를 가졌다고 생각하는 단어들이 문장에서는 바꿔 쓸 수 없는 경우가 있는데, 왜 그럴까?

1. 의미 자질과 성분 분석

의미 자질意味資質

의미 자질은 단어의 의미를 구성하는 최소의 성분으로서, 달리 의미소意味素라고 하며, 의소意素, 의미 성분意味成分, 의미 원소意味元素, 의미 속성意味屬性, 의미 특성意味特性, 의미 표지意味標識라고도 한다.

성분 분석成分分析

성분 분석은 단어의 의미소 분석을 통해 의미를 파악하는 접근 방법으로서, 이는 물질이 분자와 원자로, 단어가 형태소로 구성되어 있는 것과 마찬가지로 단어의 의미 또한 의미 자질이라는 몇 가지 미세한 의미소로 구성되어 있으며 이를 분석할 수 있다는 관점에 따라 만들어졌다. 성분 분석의 원리는 음운론에서 음소를 몇 개의 변별적 자질로 분해하는 방식을 적용한 것인데, 단어의 의미를 파악하기 위하여 의미를 몇 개의 의미 자질로 분석해 내고자 한다.

성분 분석의 원리와 절차

성분 분석의 원리는 단어들이 갖는 공통점과 차이점을 비교하여 의미 성분을 추출하는 방식이다. 예를 들어 **수탉**과 **암탉**은 닭이라는 공통점을 가지고 있으며 암컷과 수컷이라는 차이점을 가진다. 이때 수컷은 [남성], 암컷은 [여성]이므로 다른 동물에서도 동일한 방식으로 구분할 수 있게 된다. 이러한 성분 분석은 다음과 같은 절차를 따른다.

1단계 상호 연관된 단어의 영역을 설정하라.

2단계 그 영역의 단어들 간에 비례식을 만들어라.

3단계 그 비례식에 근거하여 의미 성분을 식별하다.

성분 분석의 실제를 보이면 다음과 같다.

1. 연관된 영역 설정

성인 남자, 성인 여자, 소년, 소녀 → [+HUMAN]

2. 비례식 설정

성인 남자:성인 여자 = 소년:소녀 → [MALE]:[FEMALE]

성인 남자:소년 = 성인 여자:소녀 → [ADULT]:[YOUNG]

3. 의미 성분 식별

성인 남자 [+MALE][-FEMALE][+ADULT][-YOUNG][+HUMAN]

성인 여자 [-MALE][+FEMALE][+ADULT][-YOUNG][+HUMAN]

소년 [+MALE][-FEMALE][-ADULT][+YOUNG][+HUMAN]

소녀 [-MALE][+FEMALE][-ADULT][+YOUNG][+HUMAN]

4. 잉여 자질 배제

성인 남자 [+MALE][+ADULT][+HUMAN]

성인 여자 [-MALE][+ADULT][+HUMAN]

소년 [+MALE][-ADULT][+HUMAN]

소녀 [-MALE][-ADULT][+HUMAN]

성분 분석의 의의

성분 분석을 통해 추상적인 의미를 **+/-**의 양분된 자질로 표시함으로써 주관적인 의미 경계를 명시적으로 구분할 수 있으며, 단어 자체의 의미 분석이 쉽고 간단해진다. 또한 이진법과 유사한 이러한 분석 방법을 통해 의미 정보를 디지털화할 수 있는 계기를 마련할 수 있었다.

성분 분석은 선택 제약에 따른 문장의 적격성과 비적격성에 대해서 설명이 가능할 뿐만 아니라 다양한 의미 관계의 기술과 해명에 기여할 수 있다는 점에서 그 의의를 갖는다. 여기서 선택 제약이란 단어가 한 문장에서 공기共起, 즉 함께 나올 때의 의미적 제약 현상을 말한다.

(1) ㄱ. 입을 다물다 / *입을 감다
눈을 감다 / *눈을 다물다
ㄴ. 모자를 쓰다 / *모자를 신다
신발을 신다 / *신발을 쓰다

(1ㄱ)과 (1ㄴ)의 선택 제약은 각 동사들의 성분 분석을 통해 쉽게 설명할 수 있는데, **감다**는 [+닫음][+눈]이라는 자질을 가지고 있고, **다물다**는 [+닫음][+입]이라는 자질을 가지고 있기 때문에 ***입을 감다 / *눈을 다물다**가 비문이 되는 이유를 설명할 수 있다. **신다**와 **쓰다**도 동일하게 [+착용][+모자], [+착용][+신발]로 성분 분석을 함으로써 둘 사이의 차이를 설명할 수 있다.

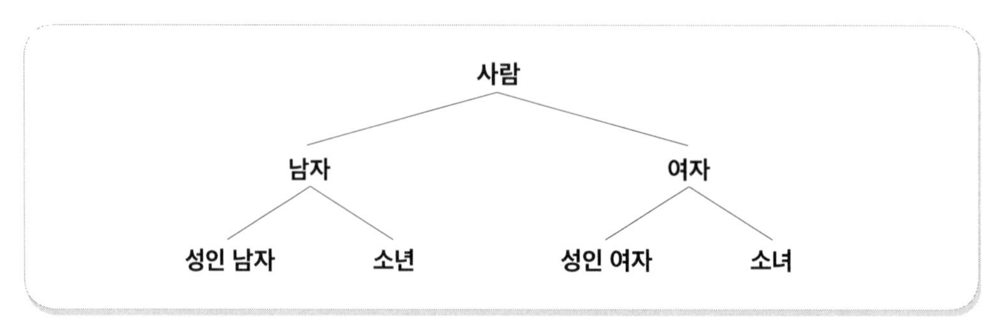

〈의미 관계 : 상위어, 동위어, 하위어〉

또한 성분 분석 이론은 어휘 의미를 자질로 분해하여 어휘 간의 의미관계 설명에 유용한 방법론을 제공한다. 특히 동의어, 반의어, 상·하위어 등의 의미 관계가 의미 자질들의 차이를 통해 흥미롭게 설명될 수 있다.

성분 분석의 한계

음운론의 경우, 개별 음성의 음향적 특성을 모두 파헤치지 않더라도 음운 체계의 연구가 가능하듯이, 의미 성분도 관련된 의미 분야에서의 단어의 의미를 구별하기 위하여 추출한 것이다. 그래서 성분 분석은 설명력과 유용성, 단순성을 갖는다. 그럼에도 불구하고 분석에 사용되는 메타언어, 곧 의미 성분이 불명확하다는 결정적인 한계가 있다. 다시 말해 우리가 **소년**이라는 단어를 [인간], [비성숙], [남성]으로 성분 분석을 하였을 때, 성분 분석에 사용된 각각의 성분, 즉 인간이란 무엇인지, 성숙의 기준은 무엇인지, 남성이라는 성분은 더 이상 분석

될 수 없는 것인지 등 성분 자체에 대한 의문이 끊임없이 제기될 수 있다.

또한 성분 분석이 주로 개념적 의미 차원에 국한되어 있기 때문에 이들만으로 구성된 의미 성분의 결합이 해당 단어의 충분한 의미가 될 수 있는지도 문제가 된다. 예를 들어, **노총각**과 **노처녀**의 의미는 [±남성], [+인간], [+결혼 적령기를 넘김]만으로는 충분히 설명하기 어렵다. 이들 단어에 [무능력], [신경질적], [순수] 등의 다양한 연상 의미가 부가될 수 있기 때문이다. 따라서 성분 분석의 향후 과제는 연상 의미까지로 영역을 넓히는 것이라 할 수 있다.

성분 분석은 주로 친척어나 공간어 등과 같이 구조적으로 잘 짜여진 몇몇 어휘군을 분석하는 데 한정되어 있는데, 이 때문에 성분 분석을 더 많은 어휘군에 적용할 수 없는지에 대한 문제가 제기되며, 특히 추상어의 경우 적절한 메타 언어를 포착하기 곤란하여 아직도 미개척 분야로 남아 있다는 문제가 있다. 실제로 한 언어의 모든 어휘를 의미 성분으로 기술하는 것은 불가능하겠지만, 그 폭을 넓히는 노력은 계속되어야 한다.

마지막으로, 성분 분석을 위해 설정된 의미 성분이 보편적인가라는 문제도 제기된다. 메타 언어로서 의미 성분은 범언어적으로 **일정한 범위가 있는가**, 또는 **동일한 가치를 지니는가**라는 물음을 제기하는데, 이에 대해 언어 보편성 이론을 지지하는 입장에서는 긍정적으로 보지만, 언어 상대성 가설을 지지하는 입장에서는 부정적으로 보게 된다. 이 때문에 의미 성분의 보편성과 일반성을 확보하려는 노력은 끊임없이 지속되어야 할 것이다.

2. 의미 관계

동의 관계同義關係

동의 관계는 공통의 의미 자질을 가지고 있는 단어들의 관계로 이런 관계에 있는 단어를 **동의어**同義語라고 하는데, 엄밀한 의미에서 완전히 똑같은 의미를 갖는 단어는 없기 때문에 유의 관계로 보는 입장에서는 **유의어**類義語라고 하기도 한다.

동의어는 **부엌-정지(경상, 강원), 부추-정구지(경상)**처럼 지리적 차이에 의한 방언, **이-치아, 네티즌-누리꾼**과 같이 고유어와 외래어, 한자어의 공존에 의한 문체, **암-캔서, 소금-염화나트륨** 등 전문어와 일상어의 공존에 의한 전문성, **친구-동무, 진보주의자-빨갱이, 보수주의자-꼴통**처럼 긍정적-부정적, 객관적-주관적 등의 심리 태도를 반영하는 뉘앙스의 차이에 의한 내포, **죽다-돌아가시다, 변소-화장실**처럼 죽음, 질병, 성 등 직설적 표현과 완곡어법의 공존에 의한 완곡어법 등에 의해 형성된다.

이들 동의어는 다른 단어로 바꾸어 보는 교체 검증, 서로 대립되는 단어를 확인해 보는 반의 검증, 그리고 모호한 단어들을 정도 순으로 배열해 보는 배열 검증 등을 통해 의미의 차이를 확인할 수 있다.

반의 관계反義關係

대립對立 **관계**라고도 하는 반의 관계는 의미상 반대되는 단어가 맺는 의미 관계로, 단 하나의 의미 자질에 대해 대립하고, 나머지 다른 모든 의미 자질을 공유하는 단어의 관계를 말하며 이런 관계에 있는 단어를 **반의어**反義語 또는 **대립어**對立語라고 부른다.

반의어는 **아버지-어머니, 살다-죽다**처럼 어느 한쪽을 부정하면 다른 쪽이 되어 버리기 때문에 중간항이 존재하지 않는 **상보**相補 **반의어**와, **주다-받다, 사다-팔다**처럼 상대가 존재해야만 자신이 존재할 수 있는 **관계**關係 **반의어**, **가다-오다, 입다-벗다**처럼 동작의 진행 방향이 대립되는 **방향**方向 **반의어**가 있다. 또한 단계적 반의어로서 반의 관계 사이에 중간항이 존재하기 때문에 한쪽 말의 부정이 반드시 다른 쪽 말이 되지 않는 **정도**程度 **반의어**가 있는데, 이들은 **높다-낮다, 넓다-좁다**와 같이 척도를 나타내며 객관적인 평가 기준을 적용할 수 있는 **척도**尺度 **반의어**, **좋다-나쁘다, 쉽다-어렵다**처럼 주관적 평가로서 화자 관련 기준이 적용되어 한쪽은 긍정적, 다른 쪽은 부정적 평가를 나타내는 **평가**評價 **반의어**, 그리고 **덥다-춥다, 기쁘다-슬프다**처럼 주관적 감각이나 감정, 또는 주관적 반응에 근거한 평가를 나타내기 때문에 평가 반의어에 비해 화자 자신의 주관적, 개인적인 판단에 좌우되는 **정감**情感 **반의어** 등이 있다.

상·하위 관계上下位關係

상·하위 관계는 한 쪽의 의미가 다른 쪽의 의미를 포함하는 관계로 **상위어**上位語와 **하위어**下位語 사이의 관계를 말한다.

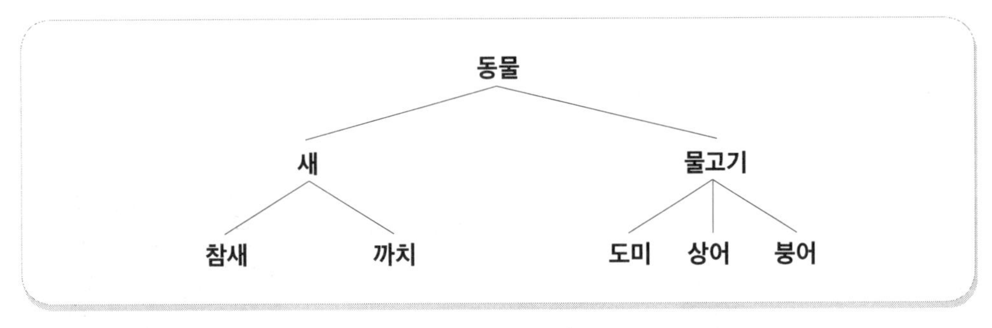

〈상 · 하위 관계〉

상·하위 관계는 서로 상대적인 것이며, 다시 분화될 수 있기 때문에 계층성을 갖는다. **동물[+동물], 새[+동물][+날짐승]**처럼 상위어와 하위어는 의미 성분상 모두 공통 자질을 가지며, 하위어는 상위어보다 구체적인 의미 자질을 더 갖게 된다. 그렇기 때문에 하위어는 상위어를 함의하지만, 그 역은 성립되지 않는다. 그래서 **X가 까치이면 X는 새이다**는 맞지만 **X가 새이면 X는 까치이다**는 틀리다.

부분·전체 관계部分·全體關係

부분·전체 관계는 한 쪽이 다른 쪽의 실제적인 부분으로 구성되어 있는 경우를 말한다. 예를 들어 팔은 몸의 일부분으로서 부분이 되고, 몸은 팔을 포함하는 전체가 된다. 부분·전체 관계는 **X는 Y의 한 부분이다** 또는 **Y는 X를 가지고 있다**와 같은 틀을 이용하여 확인할 수 있다. 상하위 관계와 마찬가지로 계층적 구조를 이룰 수 있으며, 전체와 일부, 집합과 구성 요소, 대상과 재료, 전체와 부품, 장소와 위치, 장소와 사물 등 다양한 하위 유형으로 구분할 수 있다.

3. 중의성

중의성重義性 중의성은 하나의 표현이 둘 이상의 의미를 지니는 것으로 인간이 세계를 인식할 때 보편적으로 나타나는 현상 가운데 하나이다.

〈루빈의 컵〉
(출처: https://blog.naver.com/yoonseul0823/222795648029)

〈토끼와 오리〉
(출처: wikipedia)

〈보링의 인물〉
(출처: wikimedia)

사람들은 보통 하나의 우세한 의미 쪽으로 인식하려 하지만, 실제 세계에서 중의성은 매우 빈번히 일어나는 현상이며, 언어에서도 마찬가지이다.

> 가: 어서 다리를 고쳐야 할 텐데……
>
> 나: 어머, 많이 불편하세요?
>
> 가: 아침마다 밥도 못 먹을 만큼 시간에 쫓기는데 불편해 죽겠어요. 이제 **죽을** 준비를 해 둬야겠어요.

나: 그런 끔찍한 말씀 마세요. 아무리 시간이 없어도 병원에는 꼭 가 보셔야지요.

가: 무슨 소리예요? 죽을 한꺼번에 많이 끓여 두겠다는 거예요. 다리 공사 때문에 출퇴근 시간이 하도 오래 걸려서요.

일반적으로 언어적 중의성은 위의 예에서처럼 상대방에게 오해를 불러오거나 의사소통에 장애를 가져온다. 그래서 올바른 언어 사용에서는 중의성을 제거하는 것이 바람직하다고 본다.

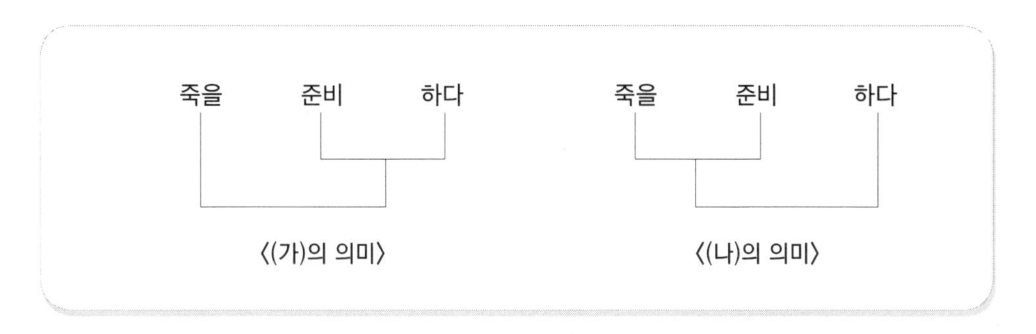

중의성에는 **다리**[脚]와 **다리**[橋]처럼 단어 차원에서 발생하는 **어휘적 중의성**과, **〈죽을 〈준비 하다〉〉**(A), **〈〈죽을 준비〉 하다〉**(B)와 같이 통사 구조에 의한 **구조적 중의성**, 그리고 **한국팀, 드디어 만리장성의 벽을 넘다**같이 비유에 의한 **화용적 중의성**이 있다.

어휘적 중의성

보통 다의어[多義語]나 동음이의어[同音異義語]로 인해 중의성이 발생하게 될 때 어휘적 중의성이라고 한다. **다의어**는 하나의 단어가 의미가 분화되어 둘 이상의 의미를 갖게 되는 경우로 의미의 적용이 다른 의미 영역으로 전이되어 발생하며, 단어의 의미가 특수화되거나 일반화되어 나타나기도 하는데 예를 들면 다음과 같다.

ㄱ. 적용의 전이: 손이 크다, 손을 씻다, 손이 모자라다

신체의 일부 손 → [씀씀이], [죄], [일할 사람]

ㄴ. 의미의 특수화: 믿음, 아버지

종교적 의미의 믿음, 아버지 → [신앙심], [하느님]

ㄷ. 의미의 일반화: 대장([장군]→[우두머리]), 박사([학위 소지자]→[박식한 사람]), 사모님([스승의 아내]→[상급자의 아내]), 선생님([교사]→[일반인의 경칭]), 아저씨/아줌마([숙부/숙모]→[중년 남녀의 호칭])

동음이의어는 소리가 같을 뿐 뜻은 전혀 다른 단어로서 우연히 음이 같아진 것인데, 본래 하나의 단어에서 분화된 의미를 통해 다의 관계를 획득한 다의어와는 성격이 다르며, 단순히 소리의 동질성을 기준으로 판단한다. 동음이의어에는 **배([復], [船]), 식사([式辭], [食事]), 눈([眼], [雪])**과 같이 형태는 같지만 의미가 다른 단어인 동음 동철同音同綴(동형) 이의어와, **금리/금니, 너머/넘어, 소년은/소녀는**과 같이 발음상 형태가 비슷해지는 동음 이철同音異綴(동음) 이의어가 있다.

중의성의 해소

중의성이 나타나는 경우 적절한 의사소통을 위해서 중의성을 해소하기 위한 노력이 이루어지는데, 이는 문맥, 음운 변이, 형태 변화 등으로 나타난다. 문맥을 통한 중의성의 해소는 가장 일반적인 방법으로 **스님이 절에 가서 부처에게 절을 했다**와 같이 동음이의어나 다의어로 인한 중의성이 발생하지 않도록 생략을 최소화하거나 구체적인 맥락을 첨가하는 것이다. 또, 중의성 해소를 위해 **잠자리(/잠짜리/[寢], /잠자리/[蟲])**나 **시가(/시까/[時價], /시가/[市街])**에서처럼 음운을 바꾸기도 하며, **초 → 양초, 식초**와 같이 형태를 변화시키기도 한다.

4. 어휘장 이론과 원형 이론

어휘장 이론語彙場 理論

어휘장(낱말밭)은 의미장이라고도 하며, 성분 분석에 근거하여 공통 의미로 묶이는 단어들의 집합을 말한다. 한 언어의 단어 의미 가치는 개별적으로 존재하는 것이 아니라 의미적으로 밀접히 관련된 의미 범주를 형성하고 있는데, 단어의 의미를 제대로 이해하기 위해서는 전체 의미 범주 속에서 그 단어의 상대적 가치를 평가해야 한다는 관점에 따라 구성한 것이다.

예를 들어, 온도어의 의미 범주는 **뜨겁다-미지근하다-차갑다** 등으로, 색채 범주는 **빨강-노랑-파랑** 등으로 구성되는데, 어휘장 분석은 이처럼 내용상 밀접하게 인접해 있고, 서로 의존해서 그 의미를 규정하는 한 무리의 단어들을 밭을 구획하듯 도식적으로 분해하여 의미를 해석하게 된다. 이처럼 어휘장을 통해 전체 속에서 개별 단어의 지위를 명시적으로 나타내므로 개별 단어의 의미를 체계적으로 보여줄 수 있다.

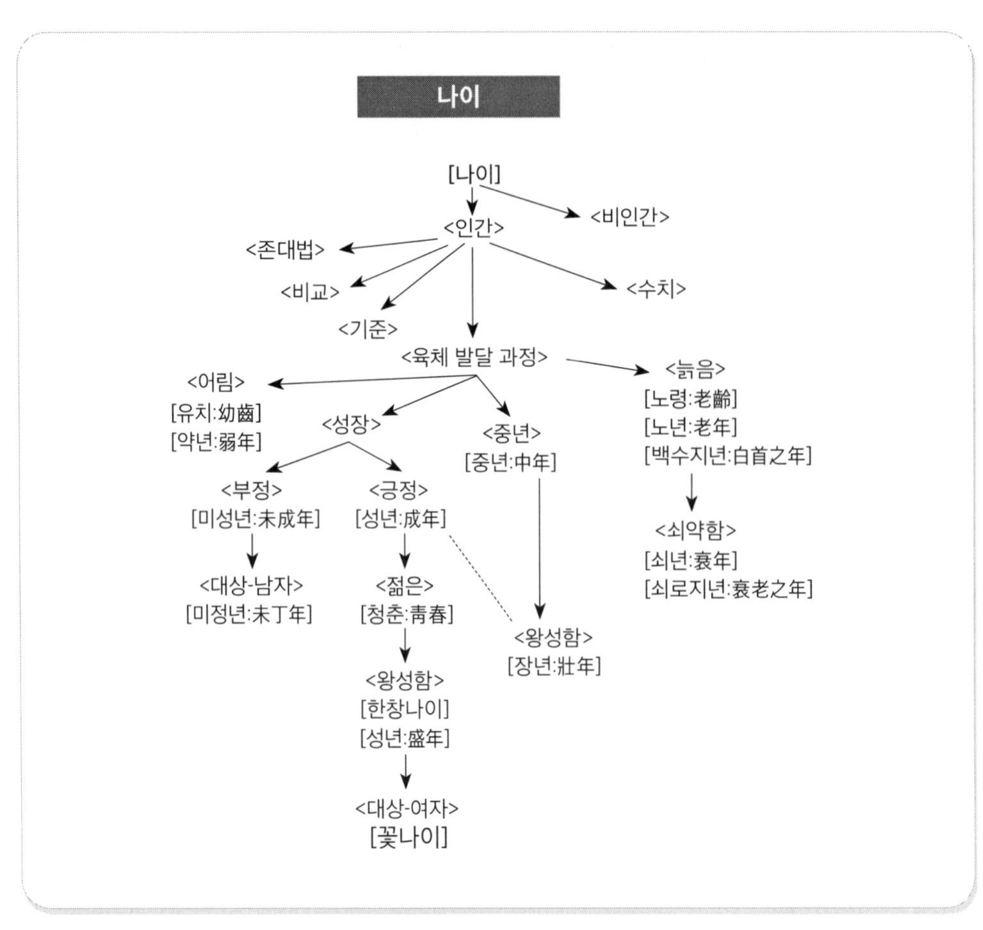

〈'나이'의 어휘장(배해수, 1994)〉

원형 이론原形理論

새의 의미를 성분 분석하면 [+동물], [+날짐승]으로 표시할 수 있다. 그러나 이러한 성분 분석만으로는 우리 머릿속에 떠오르는 **새**의 의미를 충분히 설명해 주지 못한다. 성분 분석에 의한 의미 기술은 다른 범주, 즉 조류가 아닌 타 동물 범주와 구별해 주는 정도밖에 되지 못하며, 새에 대해 가지고 있는 한국 사람들 대부분의 공통된 생각에 대한 답을 주지 못한다. 특히 어떤 것을 떠올리라고 했을 때 가장 먼저 떠오르는 것과 좀처럼 떠올리지 않는 것이 있는데, 이것이 원형적인 것과 주변적인 것으로 구분되는 범주를 드러낸다.

원형 이론은 아리스토텔레스 이래로 사용되어 오던 고전적 범주 이론에 대한 비판을 통해 나왔는데, 고전적 범주 이론은 하나의 범주는 경계가 뚜렷한 실재물이며, 범주의 구성원은 서로 동등한 자격을 가지고 있고, 범주를 구성하는 단위는 자질들의 집합으로 설명할 수 있다는 것으로 성분 분석 이론의 바탕이 된 것이다.

이와는 달리 원형 이론에서는 범주 경계는 불분명하며, 범주의 구성원들끼리 가장 원형적인 것과 덜 원형적인 것, 그리고 주변적인 것이 있어 서로 비대칭적이라고 주장한다. 그래서 범주의 구성원들이 결코 동등한 자격을 갖고 있지 않으며, 범주 구성원들은 공통된 자질을 가진 것이 아니라 가족적 유사성처럼 연쇄적인 망으로 구성되어 있다고 본다.

이러한 원형 이론은 1975년 로쉬Rosch의 범주 내부 구조에 대한 심리 언어학적 연구에서 시작되었는데, 그는 실험을 통해 아래 표와 같이 각 범주의 원형적인 보기가 존재한다는 것을 밝혀냈다.

〈로쉬의 원형적 보기〉

의미 범주	원형적 보기	의미 범주	원형적 보기
가구	의자, 소파	목수 연장	톱, 망치
과일	오렌지, 사과	새	로빈, 참새
차	자동차, 스테이션 왜건	운동	축구, 야구
무기	총, 피스톨	장난감	인형, 팽이
채소	완두콩, 홍당무	의류	바지, 와이셔츠

한국어의 자연 범주에서도 **과일-사과, 나무-소나무, 새-참새, 옷-바지, 운동-야구, 음식-밥, 장난감-인형, 채소-배추, 탈것-승용차**처럼 원형적인 보기를 확인할 수 있었으며 그림과 같이 **새**의 범주에서는 정도성의 측면에서 동심원과 유사한 모양으로 나타나기도 한다.

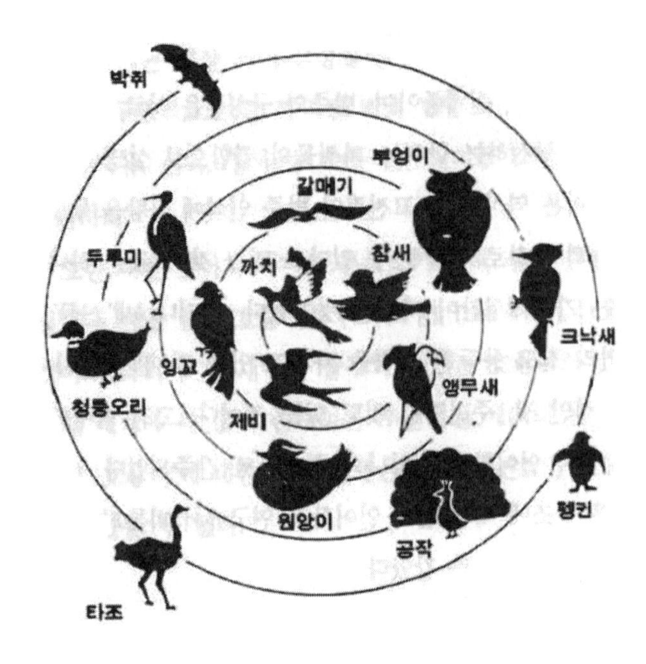

〈새의 범주(임지룡, 1995)〉

이처럼 범주의 구성원들 사이에서는 원형적인 보기와 주변적인 보기 사이에 비대칭성을 드러내는데, 범주의 원형적인 보기가 주변적인 보기에 비하여 더 특징적이고 우월한 모습을 보이며, 이를 **원형 효과**原型效果라고 한다.

원형 효과는 여러 실험을 통해 검증되었는데, **참새** 같은 원형적 보기는 해당 범주에 속한다는 것을 판단할 때 **타조** 같은 비원형적인 보기보다 훨씬 시간이 덜 걸리며, 언어 습득에서도 원형적인 것이 비원형적인 것보다 먼저 습득된다. 또 실어증 환자의 경우, 원형적 보기보다 주변적 보기를 발화하는 데 어려움을 겪거나 오류를 나타내며, 정상적인 화자가 어떤 단어를 일시적으로 망각하게 되는 경우도 대부분 주변적인 보기에서 나타나는 현상이다.

학습 정리

- 의미 자질은 단어의 의미를 이루는 최소의 성분으로서 의미소, 의미 성분이라고도 한다.
- 성분 분석은 단어의 의미소 분석을 통해 의미를 파악하는 접근 방법이다.
- 성분 분석은 어휘 의미를 자질로 분해하는 것으로서, 어휘 간의 의미 관계를 설명하는 데 유용하다.
- 어휘의 의미 관계는 유의(동의) 관계, 반의 관계, 상·하위 관계 등으로 나뉜다.
- 유의 관계에 있는 단어를 동의어 또는 유의어라고 한다.
- 반의 관계에 있는 단어에는 상보 반의어, 정도 반의어, 관계 반의어, 방향 반의어 등이 있는데, 특히 정도 반의어에는 척도 반의어, 평가 반의어, 정감 반의어가 있다.
- 상·하위 관계에 따라 단어를 상위어와 하위어로 구분할 수 있다.
- 중의성은 하나의 표현이 둘 이상의 의미를 갖는 것을 말하는데, 어휘적 중의성, 구조적 중의성, 화용적 중의성 등으로 구분된다.
- 어휘적 중의성을 야기하는 어휘로는 다의어와 동음이의어가 있다.
- 단어의 성분 분석에 근거하여 단어의 의미 가치를 의미 범주 차원에서 규정하여 단어들의 상호 대립 관계를 구성한 것을 어휘장이라고 한다.
- 원형 이론은 고전적 범주 이론에 따른 성분 분석 이론을 비판하면서 대두하였는데, 범주의 구성원들의 자격(또는 가치)이 결코 동등하지 않다고 보는 관점을 취한다.

학습 퀴즈

1. 다음은 성분 분석 이론에 관한 설명이다. 맞으면 O, 틀리면 X표를 하라.

① 대상 단어의 공통점과 차이점을 비교하여 의미 성분을 추출한다. ....

② 추상적인 의미를 '+/–'의 양분된 자질로 표시한다. ....

③ 성분 분석에 사용된 메타언어는 비교적 명확하게 사용할 수 있다. ....

④ 성분 분석은 주로 연상적 의미의 차원에서 이루어진다. ....

⑤ 성분 분석에 따라 단어의 의미관계를 설정할 수 있다. ....

2. 다음 설명에 해당하는 것을 〈보기〉에서 고르라.

다의어 유의어 상보 반의어 정감 반의어 관계 반의어

ㄱ. 한쪽을 부정하면 다른 쪽이 되는 반의어

ㄴ. 공통된 의미 자질을 가지는 단어들

ㄷ. 주관적 감각이나 감정, 또는 주관적 반응에 근거한 평가를 나타내는 반의어

ㄹ. 상대가 존재해야만 자신이 존재할 수 있는 단어의 관계

ㅁ. 하나의 단어가 둘 이상의 의미를 갖게 된 것

3. '의미장'이라고도 하며, 단어의 성분 분석에 근거하여 구성하는 이것은 무엇인지 쓰라.

---

4. 다음은 고전적 범주 이론과 원형 이론에서의 범주를 설명한 것이다. 각 이론에 해당하는 번호를 빈칸에 넣으라.

❶ 하나의 범주는 경계가 뚜렷한 실재물이다.

❷ 범주의 구성원들은 가족적 유사성처럼 연쇄적인 망으로 구성되어 있다.

❸ 이 이론은 범주 내부 구조에 대한 심리 언어학적 연구에서 시작되었다.

❹ 범주를 구성하는 단위는 자질들의 집합으로 설명할 수 있다.

❺ 범주의 구성원들은 결코 동등한 자격을 갖고 있지 않다.

❻ 범주의 구성원들은 서로 동등한 자격을 가진다.

❼ 성분 분석 이론의 이론적 토대를 제공한다.

❽ 범주의 경계는 서로 비대칭적이다.

고전적 범주 이론	원형 이론
________, ________, ________, ________	________, ________, ________, ________

같이 알아보기

- 원형 이론에 따르면 언어마다 가장 원형적인 범주가 다르다고 한다. 예를 들어, '새'의 범주에 대해 한국어에서는 '참새'가 가장 원형적이라고 조사되었는데, 미국인들의 영어에서는 '로빈'이라는 새가 가장 원형적인 것으로 조사되었다. 왜 이런 차이가 생기게 되는지 생각해 보자.
- 한국어의 친족 호칭어를 어휘장으로 구성해 보자.

용어 정리

어휘장語彙場lexical field

의미장意味場semantic field 또는 낱말밭이라고도 한다.

어휘에 체계를 부여하는 방법 가운데 하나는 개별 어휘를 의미장 속에 조직화하는 일이다. 의미장이란 하나의 상위어 아래 의미상 밀접하게 연관된 낱말들의 집단을 말하는데, 이를테면 색채어라는 상위어 아래에는 *빨강, 주황, 노랑, 초록, 파랑, 남색, 보라*가 모여 의미장을 이루게 되는 것이다. 이 경우, 각 장 속에서 어휘소들은 상호 연관되며, 특정한 방법으로 서로서로를 정의하게 된다. 그 이론적 발상은 음운과 문법이 구조화되어 있듯이 어휘 역시 의미장을 통하여 구조적으로 파악하려는 데 있다.

의미장은 독일 중심의 장이론가들에 의하여 개발된 것으로 개별 낱말의 의미 변화에 주목해 왔던 종래의 방식에 획기적인 발상의 전환으로 평가되고 있다. 장이론가들에 따르면 개개의 낱말은 제 홀로서는 아무런 의미도 부여받을 수 없고, 오직 어떤 전체라는 것을 전제로 했을 때 그 속에서 존재 가치를 인정받을 수 있다는 것이다. 예컨대, 금상의 의미는 *금상–은상–동상–장려상*과 *대상–금상–은상–동상–장려상* 각각의 상호 관계에 의해서 다르게 결정되는 것과 같다. 〈임지룡(1992), 『국어 의미론』, 탑출판사〉

3장

말 잘하는 사람이 부럽다

- 화용론의 개념과 영역
- 발화, 담화, 대화

생각해 보기

질문 1. 말장난을 통한 개그에서 웃음을 유발하는 요소가 무엇일까?

1. 화용론의 개념과 영역

화용론話用論 화용론은 발화의 의미를 연구하는 분야로 의미론이 언어 표현의 내적인 의미에 관심을 갖는 것과 달리, 맥락이 개입하는 의미 현상을 폭넓게 고찰하며 실제 상황에서 언어 사용자들이 의미 전달을 위해 언어를 어떻게 사용하고 어떻게 이해하는지에 대해 연구하는 학문 분야이다.

화용론은 화자가 전달하는 의미와 화자가 말한 것을 청자가 어떻게 추리하고 해석하는지를 파악하기 위해 맥락을 중심으로 연구하며, 화자와 청자의 관계 혹은 거리에 대해서도 관심을 갖는다.

2. 담화의 구성 요소와 의미

담화談話의 구성 요소

담화는 발신자인 **화자**, 수신자인 **청자**, 문장이나 메시지 혹은 정보인 내용, 그리고 의사소통 상황인 장면으로 구성된다.

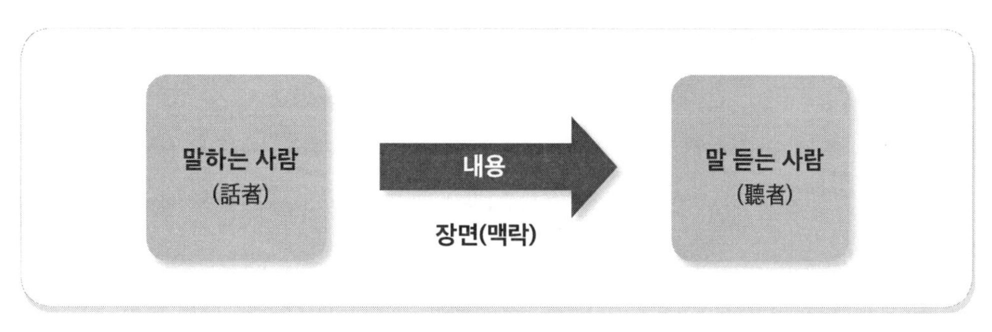

〈담화의 구성 요소〉

담화의 구성 요소 가운데 **내용**은 담화를 통해 전달하려는 기본적 정보인 언어적 의미와, 담화를 통해 화자에게 요구하고자 하는 행위인 의도를 담고 있으며, **장면**은 담화에서 화자·청자 외에 이들이 존재하기 위한 시간적·공간적 조건을 드러낸다. 장면에는 언어 외적 장면과 언어 내적 장면이 있는데, 전자는 화자와 청자의 존재를 규정하고, 담화가 소통되는 현실 세계를 말하며, 후자는 발화의 연쇄로 이루어진 담화 안에서 각각의 발화를 말하는데, 어떤 발화가 그것의 앞이나 뒤에 이어지는 발화의 장면이 되기 때문에 이를 언어 내적 장면이라고 한다. 특히 내용어의 의미, 생략된 요소의 추리 등은 앞뒤 발화 간의 언어 내적 장면인 의미 관계를 바탕으로 이루어진다. 보통 일반적 대화 상황에서는 화자, 청자가 동일 공간, 동일 시간에 존재하지만, 전화 통화 상황에서는 화자와 청자가 동일 시간에 존재하지만 동일 공간에 존재하지 않으며, 독백 상황에서는 화자만 존재하게 된다. 이처럼 담화는 다양한 현실 세계를 장면으로 하여 성립된다.

담화의 내용 구조와 형식 구조

담화의 내용 구조는 발화의 연쇄가 하나의 주제 아래 통합될 수 있도록 통일성을 가져야 한다. 이를 위해 형식적인 장치인 연결어를 통해 담화를 이루는 발화들을 결속시키는데, 이처럼 담화를 이루는 발화들이 표면상으로 특정한 장치에 의해 연결되는 것을 담화의 형식 구조라고 한다.

담화 연결어에는 반복, 생략, 대용, 접속 등이 있는데 **반복 표현**은 특정한 구나 단어를 반복하는 것으로 단순 반복과 함축적 반복이 있으며, **생략 표현**은 반복과는 반대로 동일 지시를 생략하여 간단하게 하는 것이라 할 수 있다. **대용 표현**은 지시 대명사나 지시 용언, **것, 데** 등과 같은 일부 의존 명사를 이용하여 대신 사용하는 것이며, **접속 표현**은 **그리고, 왜냐하면, 따라서, 요컨대** 등과 같은 접속어들을 이용하는 것이다. 이 외에도 보조사, **이미, 더욱이, 결국** 등과 같은 부사어, **다시 말해서, 요약해 보자면, 예를 들어, 지금까지 살펴본 바에 의하면** 등과 같은 일부 구절 또는 문장이 담화 연결어로 사용된다.

전제前提

화자가 발화하기 전에 그럴 것이라고 가정하거나, 청자가 화자의 발화가 어떠할 것이라고 가정하는 것을 전제라고 한다. 전제는 발화된 문장에 나타나지 않으며, 화자 또는 청자의 내면에 존재한다. 예를 들어 **서윤이는 어제 만난 다빈이가 마음에 들었다**라는 문장은 **서윤이는 어제 다빈이를 만났다**라는 문장을 전제로 하며 앞의 문장을 **서윤이는 어제 만난 다빈이가 마음에 들지 않았다**라고 부정하더라도 전제는 부정되거나 바뀌지 않는 성질이 있다. 명제 논리에 따르면 전제는 이와 같이 주명제를 부정해도 항상 참이 된다.

함의含意 발화된 문장으로부터 논리적으로 뒤따라오는 것으로서, 화자 또는 청자의 내면이 아니라, 발화된 문장 그 자체로부터 추리되는 것을 함의라고 한다. 예를 들어 **그 고양이는 쥐를 죽였다**라는 문장은 **쥐가 죽었다**라는 문장을 함의하며, 이때 앞의 문장을 **그 고양이는 쥐를 죽이지 않았다**라고 부정하는 경우에는 쥐가 죽었는지 아닌지에 대해서는 알 수 없게 된다. 이처럼 함의는 전제와는 달리 주명제를 부정하면 참도 거짓도 아니게 되는 성질이 있다.

3. 담화의 종류와 기능

담화談話**와 텍스트**text 담화와 텍스트는 모두 완결된 의미를 지닌 의사소통의 단위이며 발화의 연속체를 지칭하는 표현이다. 관점에 따라서 텍스트를 상위 개념으로 쓰고, 담화를 텍스트의 하위 갈래로 보거나, 반대로 담화를 상위 개념으로 쓰고 텍스트를 담화의 하위 갈래로 보기도 하며, 이 둘을 각각 구분하여 글말은 텍스트, 입말은 담화로 보기도 한다. 학교 문법에서는 담화(이야기)를 최상위 개념으로 설정하고 그 하위 범주로 구어 담화와 문어 담화를 설정하고 있다.

담화는 뉴스, 보고서, 안내문과 같이 무엇에 관한 정보나 지식을 전달하는 제보 기능, 광고문, 연설문, 각종 법규처럼 상대방의 마음을 움직여 무엇인가를 하도록 유도하는 호소 기능, 서약서, 계약서, 합의서같이 일정한 행위를 수행하겠노라고 약속하는 약속 기능, 인사말, 문안 편지, 조문과 같이 친근감, 감사, 미안함 등의 심리적 상태를 표현하는 사교 기능, 임명장, 판결문, 유언장처럼 세상일에 어떤 새로운 사태를 불러일으키는 선언 기능 등을 한다.

발화發話 발화는 문장이 구체적인 맥락context 속에서 실현된 것으로, 발화의 생산자와 수용자인 화자와 청자, 발화 장면 등 하나의 발화가 생성, 수용, 해석되는 데 결부되는 모든 언어 외적 요소들의 체계이다. 발화의 기능에는 명령, 요청, 질문, 제안, 약속, 경고, 축하, 위로, 협박, 선언, 칭찬, 비난 등이 있는데 이들은 한국어교육의 중요한 교육 대상이 된다.

발화는 행위의 종류에 따라 직접 발화와 간접 발화로 나눌 수 있다. 직접 발화 행위는 발화된 내용과 발화자의 의도가 일치하는 것으로 자신의 의도를 직접 표현하는 행위이다. 보통 종결 어미가 발화자의 의도를 표현하는 구실을 하므로, 상대방에게 어떤 행동을 하라고 요구한다면 **지금 당장 방 청소를 해라**와 같이 명령의 종결 어미를 쓰는 등 적절한 종결 어미를 선택하여 자신의 의도를 직접 표현한다. 또 다른 방법으로 **지금 당장 방 청소를 하기를 요청합니다**처럼 특정한 서술어를 사용하기도 하는데, **약속하다, 요청하다, 명령하다, 제안하다, 질문하다** 등과 같이 발화 의도를 표현하는 서술어가 들어 있는 문장을 수행문이라고 한다.

이와는 달리 간접 발화 행위는 질문이지만 청소를 하라는 명령을 표현하는 **방이 지저분하지 않니?**나 평서문이지만 약속 이행을 요구하는 **약속한 일은 꼭 해야 한다** 같은 표현으로 관련된 언어적 표현을 직접 쓰지 않으면서도 발화자의 의도를 드러내는 방법이다. 간접 발화에서는 지**금 몇 시니?**라는 말이 약속에 늦었을 때는 비난이지만, 시계가 없는 경우에는 요청이 되는 것처럼 동일 표현이 다른 기능을 수행하기도 하고, 반대로 조용히 하라는 요구를 **볼륨을 낮춰 주세요, 잠 좀 잡시다, 지금 몇 시인 줄 알아요?, 저 새벽에 일어나야 해요**처럼 각기 다른 표현들이 동일 기능을 수행하기도 한다. 직접 발화는 의도가 표면에 구체적으로 드러나므로 오해나 갈등의 소지가 없으나 간접 발화는 발화자의 의도가 이면에 숨어 있어 오해나 갈등의 가능성을 내포한다. 그럼에도 불구하고 화자가 간접 발화를 사용하는 이유는 직접 발화에 비해 부담이 적기 때문이다. 직접 발화는 청자에게 선택의 여지를 남겨두지 않지만, 간접 발화는 청자의 의견을 말할 여지를 줌으로써 수행 여부를 화자의 판단에게 맡겨 둔다.

4. 대화의 구조

대화의 원리

화자와 청자는 대화를 정상적으로 이끌어 나가기 위해 서로 알고 있는 대화의 원리를 전제로 협력해 나가는데, 이때 화자는 전달하려는 정보나 의도를 혼란스럽지 않게 정확히 전달하려고 노력하고 청자는 화자가 전달하려는 정보나 의도를 오해 없이 이해하려고 노력한다. 이를 그라이스Grice는 협력의 원리라고 하면서 대화의 격률을 제시하였다.

대화의 격률格律

양의 격률Maxim of Quantity

대화의 목적에 필요한 정보를 충분히 제공하라.

필요 이상으로 많은 정보를 제공하지 마라.

질의 격률Maxim of Quality

진실하게 대화하라.

거짓이라고 믿는 것을 말하지 마라.

충분한 증거가 없는 것을 말하지 마라.

관련성의 격률Maxim of Relation

적합하게 말하라.

태도/방법의 격률Maxim of Manner

명료하게 하라.

모호성을 피하라.

중의성을 피하라.

간결하게 말하라.

순서를 따르라.

대화의 구조와 기본 요소

대화는 대화 참가자들이 서로 말을 주고받으면서 이루는 상호작용을 기본으로 구성되며, 대화를 이루는 기본 요소들은 대화 참가자, 발언 권리, 발언 기회, 화자 교체, 화자 교체 지점, 대화 운영 체계, 메시지 등이 있다. **대화 참가자**는 대화에 참가하여 말할 권리를 가진 사람으로서 화자와 청자가 되는데, 상호 교대로 인해 화자는 동시에 청자가 된다. **발언 권리**는 대화상에서 말할 권리를 말하며, **발언 기회**는 대화 참가자가 발언 권리를 사용하여 말하는 때이다. **화자 교체**는 순서 교대라고도 하며 대화에서 발언 기회를 가진 참가자가 바뀌는 것이며, **화자 교체 지점**은 순서 교대 지점이라고도 하며 발언 기회가 한 대화 참가자에서 다른 참가자에게 넘어가는, 화자 교체가 일어나는 때이다. **대화 운영 체계**는 발언 기회를 얻고, 유지하며, 넘겨주는 사회적 관습 체계이며, 마지막으로, **메시지**는 대화 참가자가 말하는 대화 내용을 말한다.

휴지, 중복, 청자 반응 신호

화자가 자신의 발언 도중 쉬는 것을 휴지休止라고 하며, 짧은 휴지와 긴 휴지가 있다.

(1) 가: 용돈 필요해? 나: 조금요. (미안함)
가: 어디에 쓰려고? 나: 뭐, 그냥요. (얼버무림, 밝히고 싶지 않음)

(2) 가: 오늘 날씨 참 좋네. 나: ......
가: 뭐 안 좋은 일 있어? 나: ......
가: 뭔 일이야, 말해 봐. 나: 됐어. 아무것도 아냐. 신경 쓰지 마.

(3) 가: 네가 잘못했지? 나: ......
가: 대답 안 할거야! 나: ......

(4) 가: 네가 잘못했지? 나: ......
가: 왜 그랬어? 나: 죄송합니다. 할 말이 없습니다.

짧은 휴지는 망설임, 미안함, 얼버무림 등의 기능을 하며(1), 긴 휴지는 거절(2), 반항(3) 등 선호적 행동을 하고 싶지 않음을 의미하거나 반대로 깊은 동의, 상당한 미안함(4)처럼 선호적 행동을 의미하는 등 보다 중요한 의미 기능을 수행한다.

화자들이 동시에 발언하는 경우 대화의 **중복**이 생기는데, 이는 공통된 대화의 리듬을 갖는 데 어려움이 있거나, 의도적으로 친밀감을 나타낼 때, 또는 경쟁적으로 발언 권리를 누리려고 할 때 발생한다.

청자가 화자의 발언이 계속되는 것에 합의하며 계속 말을 듣고 있음을 표현하는 신호나 반응을 **청자 반응 신호**라고 한다. 청자 반응 신호는 **응, 음, 아, 그렇구나, 네, 어머, 어쩜, 그래** 등의 음성 표현뿐만 아니라 머리 끄덕이기, 미소 짓기, 다양한 얼굴 표정, 몸짓 등 다양한 방식으로 나타난다.

대응쌍對應雙

대화의 첫째 부분과 둘째 부분이 짝을 이루는 대화 구조로 한 대화 참여자가 첫째 부분을 말하고 멈추면 다른 대화 참여자가 예상되는 둘째 부분의 발화를 바로 인접해서 하는 것을 대응쌍이라고 말한다. 대응쌍은 인사와 같이 해당 사회 구조에서 굳어진 관습 체계를 이루는 경우가 많으며, 대응쌍의 둘째 부분은 대개 기계적이고 자동적이어서 만약 둘째 부분이 발화되지 않으면 중대한 의미를 전달하고자 하는 것으로 간주되기도 한다.

일반적인 대응쌍의 유형은 다음과 같다.

인사-인사
가: 안녕하세요? 나:안녕하세요?
가: 어떻게 지내세요? 나: 잘 지내요.

물음-답

가: 지금 몇 시죠?　　　　　나: 9시 10분요.

요구-수락

가: 이것 좀 도와줄래요?　　나: 네. 그러죠.

선호/비선호 구조 대응쌍 첫째 부분의 요청 또는 제안에 둘째 부분에서 긍정 또는 수락하는 구조를 선호 구조라고 하고, 이와는 반대로 첫째 부분의 요청 또는 제안에 대해 거절하는 구조를 비선호 구조라고 한다. 일반적으로 선호 구조보다 비선호 구조가 더 다양한 방식으로 나타나는데, 침묵, 지연, 망설임, 의심, 긍정 표지, 사과, 의무 언급, 이해 호소, 이유 설명, 완화적 표현, 직설적 거절이나 부정 등의 방식이 있다.

〈선호/비선호 구조의 일반적 유형〉

첫째 부분	둘째 부분(선호/비선호)	보기
평가	동의 / 비동의	ㄱ: 이 옷 어때? ㄴ: 멋진걸! / 너무 튀는데...
초대	수락 / 거절	ㄱ: 우리 집에 놀러와. ㄴ: 그러지 뭐. / 오늘 약속 있어.
제공	수락 / 거절	ㄱ: 커피 한 잔 드릴까요? ㄴ: 좋죠. / 전 커피 싫어해요.
의견 제안	동의 / 비동의	ㄱ: 같이 도서관 갈래? ㄴ: 그래. / ......
요구	수락 / 거절	ㄱ: 창문 좀 닫아라. ㄴ: 네. / 왜? 시원하고 좋은데.

5. 담화와 장면

직시直示 직시deixis는 화자나 장소처럼 적절한 맥락이 없으면 정확한 해석이 불가능한 표현으로, **그 사람 아직도 거기서 너를 기다리고 있더라**와 같은 문장에서 **그 사람, 거기, 너**와 같이 맥락 의존적으로만 의미가 해석되는 표현들을 말한다. 직시 표현은 일반적으로 **이, 그, 저** 등이 결합된 형식으로 화자와 청자와의 물리적 거리를 원근에 따라 지시하는데, 사물뿐만 아니라 발화 등 존재하지 않는 대상 또한 지시할 수 있다. 직시를 지시라고 하는 경우도 있으나 의미론에서의 지시指示reference와 구분하기 위하여 화용론에서는 직시直示라는 용어로 구분하여 사용하는 것이 일반적이다.

〈직시의 종류〉

종류	개념	보기
인칭 직시	맥락 속의 사람을 가리킴	1인칭: 나, 저, 우리, 저희 2인칭: 너, 너희, 당신, 자네 / 이 사람, 이 친구 3인칭: 이이, 이분, 이애(얘), 그이, 그분, 그애(걔), 저이, 저분, 저애(쟤) / 이 사람, 그 사람, 저 사람
사물 직시	맥락 속의 사물을 가리킴	화자 가까이: 이것 청자 가까이: 그것 제3의 위치: 저것
장소 직시	맥락 속의 장소나 방향을 가리킴	화자 가까이: 이, 여기, 이곳, 이리 청자 가까이: 그, 거기, 그곳, 그리 제3의 위치: 저, 저기, 저곳, 저리
시간 직시	맥락 속의 시간을 가리킴	시간 부사: 어제, 지금, 내일, 그때 형태소: –었–, –는–, –겠–

담화 직시	앞선 담화를 가리킴	ㄱ: 감축드립니다. ㄴ: 그건 조선 시대에나 쓰던 말이지. 앞 문단을 이렇게 정리할 수도 있다. 다음 장에서는 통사론을 다루겠다.
사회적 직시	화자와 청자 간의 상대적 신분을 가리킴	높임법 체계와 일치 –시–, –님, –께서 / 진지, 모시다, 드리다 / 상대높임 종결법

높임 관계에 따른 표현

한국어에서는 높임 관계에 따라 적절한 표현을 사용하는 것이 중요하다. 높임법은 모두 이야기 장면을 고려하여 높임말 또는 낮춤말을 선택하며, 문장 종결 형식을 **해라체, 하게체, 하오체, 하십시오체, 해체, 해요체** 등으로 구분한다.

사람 지시	화자	중립	나, 우리
		낮춤	저, 저희
	청자	높임	어르신, 그대, –님
		낮춤	이 놈, 저 놈
	제3자	높임	그분, 그이, –님, 씨
		중립	그 사람, 그 아이
		낮춤	이놈, 저놈, 그놈, 그 자식
사물 지시	중립		말, 밥, 병, 집
	높임		말씀, 진지, 병환, 치아, 댁
	낮춤		이빨, 낯짝, 주둥이

심리적 태도를 나타내는 표현

사건에 대한 심리적 태도는 결국 화자의 판단과 관련되며, 이는 종결 어미 등에 반영된다. 예를 들어 **-지**는 사실에 대한 명확한 인식이나 확신, **-네**는 직접 관찰하여 처음 알게 된 사실의 인식, -**구나**는 직접 관찰하지 않고 깨닫게 된 사실 인식, **-겠-, -ㄹ 것이다, -ㄴ 것 같다, -ㄴ 모양**이다 등은 추측한 정보나 불확실한 정보를 나타낸다.

질문과 대답 표현

장면에 따라 이야기의 표현이 결정되는 것으로, 질문과 대답 형식이 있다. 실제 이야기에서 질문 시에는 긍정이나 부정의 어느 한 질문만이 가능하기 때문에 발화 상황에 맞는 질문을 선택해야 한다. 그래서 긍정적으로 판단되는 사건에는 긍정적인 질문을, 부정적으로 판단되는 사건에는 부정적인 질문을 선택하며, 긍정과 부정 상황이 공존하는 사건은 긍정도 부정도 선택할 수 있다. 만약 상황과 다른 질문을 할 경우에는 질문이 아닌 전혀 다른 의미로 인식할 수도 있으므로 주의해야 한다.

문장 성분 생략 표현

성분 생략은 이야기가 장면이나 맥락 속에 존재하기 때문에 가능하다. 일상 언어생활 속에서는 표현하려는 정보가 장면이나 맥락의 도움으로 전달되거나 보충될 수 있기 때문에 불필요한 정보는 생략하는 것이 일반적인데, 장면과의 관계에 따라 어떤 성분이라도 생략이 가능하다.

학습 정리

- 화용론은 발화의 의미를 연구하는 분야로서 화자가 전달하려는 의미, 맥락의 의미, 화자와 청자의 거리 등을 연구하며, 화자가 말한 것을 청자가 어떻게 추리하고 해석하는가 하는 것도 주요 연구 대상이다.
- 담화의 구성 요소는 화자, 청자, 내용(메시지), 장면 등이다.
- 그라이스는 대화의 원리로, 양의 격률, 질의 격률, 관련성의 격률, 태도(방법)의 격률 등의 네 가지를 제시하였다.
- 대화의 기본 요소는 대화 참가자, 발언 권리, 발언 기회, 화자 교체, 화자 교체 지점, 대화 운영 체계, 메시지 등이다.
- 직시는 화자나 장소처럼 적절한 맥락이 없으면 정확한 해석이 불가능한 표현을 말한다.

학습 퀴즈

1. 다음은 담화의 구성 요소에 대해 설명한 것이다. 각각의 설명에 해당하는 것이 무엇인지 〈보기〉에서 고르라.

ㄱ. 담화의 발신자를 말한다.

ㄴ. 담화의 수신자를 말한다.

ㄷ. 담화를 통해 전달하려는 기본적 정보나, 담화를 통해 화자에게 요구하고자 하는 행위 등이 이에 해당한다.

ㄹ. 담화가 이루어지기 위한 시간적, 공간적 조건을 말한다.

2. 다음 설명에 해당하는 것을 〈보기〉에서 고르라.

보기
❶ 함의
❷ 발화
❸ 전제
❹ 휴지
❺ 대응쌍

ㄱ. 화자가 발화하기 전에 그럴 것이라고 가정하거나, 청자가 화자의 발화가 어떠할 것이라고 가정하는 것.

ㄴ. 문장이 구체적 맥락 속에서 실현된 것을 말한다.

ㄷ. 화자가 자신의 발언 도중에 쉬는 것으로서, 대화에서 중요한 기능을 하기도 한다.

ㄹ. 발화된 문장으로부터 논리적으로 뒤따라오는 것으로서, 화자 또는 청자의 내면이 아니라 발화된 문장으로부터 도출된다.

ㅁ. 대화의 첫째 부분과 둘째 부분이 짝을 이루는 대화 구조이다.

3. 그라이스는 대화의 원리로 협력의 원리를 제시하였다. 협력의 원리는 4가지 하위 규칙(격률)으로 이루어져 있는데, 다음 설명에 해당하는 격률을 〈보기〉에서 고르라.

보기
❶ 양의 격률
❷ 질의 격률
❸ 관련성의 격률
❹ 태도(방법)의 격률

ㄱ. 모호성 및 중의성을 피하고, 간결하게 말해야 하며 적절한 순서를 따라야 한다.

ㄴ. 적합하게 말해야 한다.

ㄷ. 거짓은 말하지 않아야 하며, 충분한 근거가 없는 것을 말하지 말아야 한다.

ㄹ. 대화의 목적에 필요한 정보를 충분히 제공하되, 필요 이상으로 많은 정보를 제공해서는 안 된다.

같이 알아보기

- 우리 사회의 다양한 현상에 대한 사람들의 생각은 제각각일 수 있다. 따라서 사회적 갈등이 발생할 수 있는데, 이러한 갈등은 대화로써, 토론을 통해서 통합하고 조정할 수 있을 것이다. 그러나 한국 사회에서는 토론이 잘 이루어지지 않는다는 비판적 견해가 있는 것도 사실이다. 갈등의 통합과 조정의 수단으로서 토론이 활성화되기 위해서는 어떻게 해야 하는지 화용론의 관점에서 여러분의 생각을 이야기해 보자.
- 화용론의 과제에 대해서 조사해 보자.

용어 정리

의미론과 화용론

화용론은 의미론 및 통사론과 대립되는 영역으로 출발하였다. 의미론과 화용론은 언어의 의미 현상을 취급함으로써 아주 밀접한 상호 의존 관계를 유지하고 있다.

의미론과 화용론의 위상을 설정하는 데에는 세 가지 관점이 있다.

의미주의semanticism: 의미론의 하위 영역으로 화용론을 취급한다.

화용주의pragmaticism: 화용론의 하위 영역으로 의미론을 취급하는 관점을 취한다.

상보주의complementarism: 의미론과 화용론에 독자성을 부여하면서 상호 보완적인 성격을 지니는 것으로 보는 관점을 취한다.

이와 같은 세 가지 관점이 가능한 것은 화용론이 다른 어떤 분야보다도 연구의 폭이 넓고 가능성이 크다는 것을 시사해 준다.

대개는 의미 주의의 관점을 취하여 화용론을 의미론의 일환으로 간주하는 경향이 있다. 어휘, 문장, 발화는 모두 외적인 언어 형식을 지니고 있으며, 그 형식 속에는 내적인 의미가 동반된다. 따라서 의미의 표현과 이해라는 측면에서 보면 발화의 의미를 다루는 화용론도 의미론 속에서 기술될 수 있는 충분한 개연성을 갖고 있다고 할 수 있다. 〈임지룡(1992), 『국어 의미론』, 탑출판사〉

“한 언어의 모든 단어는 그 자체가 완전한 세계이다.”

(Mel'ĉuk)

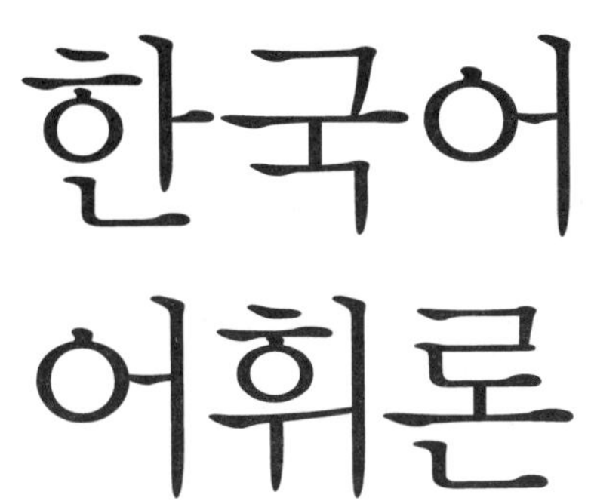

1장

단어는 어휘와 같을까, 다를까

- 단어와 어휘
- 어휘와 어휘론

생각해 보기

질문 1. 우리가 사용하는 단어는 모두 얼마나 될까?

1. 어휘론의 기본 단위

어휘語彙lexicon, vocabulary

어휘는 **말씀**이라는 뜻의 **어**語와 **모이다, 집합하다**라는 뜻의 **휘**彙가 결합한 것으로, 사전적 의미는 말들의 모임 즉 어휘소를 원소로 하는 집합이다. 이는 일정한 범위 안에서 사용되는 단어들의 집합, 또는 특정한 범위 안에 들어가는 단어들의 집합이라고 할 수 있다. 어휘가 개별적인 단위로 실현된 것은 단어單語word 또는 낱말이라고 부른다.

어휘를 이루는 하나하나의 요소들을 어휘소語彙素lexeme 또는 어휘 항목lexical item이라고 하며 경우에 따라서는 단어라고 하기도 한다. 어휘소는 형태소와 혼동하기 쉬운데, 이를 구별하는 것은 중요하다. 형태소는 단어를 구성하는 최소 성분으로서 형태를 가진 가장 작은 단위인데 반해 어휘소는 하나의 단어와 대응하므로 형태소보다 더 큰 개념이 된다. 즉, **작은아버지**라는 단어는 **작다**와 **아버지**라는 두 단어가 결합한 것으로서 **작다**와 **아버지**는 각각 **작은아버지**의 어휘소가 된다. 이는 관용어를 하나의 어휘로 취급할 때, 그 구성 요소를 명명하기 위한 방편으로 제기되었다고 볼 수 있는데, 그래서 **티끌 모아 태산**이라는 속담은 [아무리 작은 것이라도 모으면 큰 덩어리가 된다]는 하나의 의미를 전달하는 어휘이므로 이것을 구성하는 어휘소는 **티끌, 모으다, 태산**이 된다.

이러한 분석을 개별 단어에 적용했을 때에도 유사하게 구성 요소를 추출할 수 있으며, 그것을 하나의 어휘를 구성하는 요소라고 보아 어휘소라고 하는 것이다. 만약 어휘소를 단어와 유사한 개념으로 사용할 때에는, 형태소와 구별하기 위하여 어휘소를 구성하는 요소를 어휘 구성소라 부르기도 한다.

어휘에 대한 시각

어휘에 대한 첫 번째 시각은 어휘를 개별적인 단어들의 집합으로 보는 것으로, 어휘소의 분포를 중시하는 시각이다. 이러한 관점에서 어휘의 계량적 연구를 진행하며, 어휘를 이산적인 개개의 어휘소들의 집합체로 보게 된다. 두 번째 시각은 어휘를 단어들의 체계적인 집합으로 보는 것으로, 어휘소들 간의 관계를 중시하는 시각이다. 이러한 관점에서 어휘의 공시적·통시적 관계를 연구하며, 어휘소들은 연상, 유의, 반의 등의 기준에 의해서 어떤 연쇄적인 관계의 성립이 가능한 어휘장을 구성할 수 있다고 보게 된다. 이는 결국 개개의 단어가 체계적이고 유기적인 조직을 가지고 있어서 이들이 어휘라는 집합을 구성하고 있다는 가정하에 성립되는 것이다.

집합으로서의 어휘의 성격

개방 집합(open set): 한계가 명확히 정해져 있지 않은 집합

개인의 어휘, 한 언어의 어휘, 현대 국어의 어휘, 동남 방언의 어휘 등

폐쇄 집합(closed set): 그 집합을 구성하는 원소가 더 이상 줄어들거나 늘어나지 않는 것

중세 국어의 어휘, 황순원의 어휘 등

2. 어휘론의 개념과 대상

어휘론語彙論lexicology 어휘론은 어휘적 층위를 대상으로 하는 언어 연구의 하위 분야로서 형식과 내용이 결합한 어휘라는 기호를 대상으로 한다.

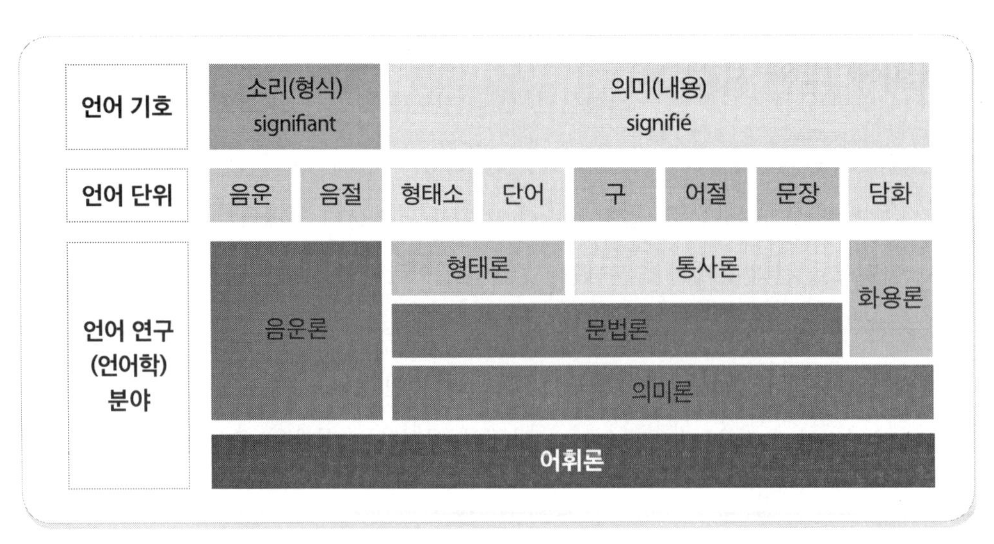

〈언어학에서의 어휘론의 위상〉

어휘론의 연구 대상

넓은 의미의 어휘론은 어휘를 대상으로 한 모든 연구를 포함하는데, 어휘에 대한 연구 영역에는 어휘 내부의 변동, 즉 음운 변동을 다루는 음운론과 어휘의 내적 구조에 대한 형태적 연구를 하는 조어론造語論, 어휘의 통사적 기능에 대한 연구를 하는 통사론統辭論, 어휘의 의미에 대한 연구인 의미론意味論 등이 모두 속한다. 이처럼 어휘론의 연구 범위가 음운론, 문법론, 의미론 등과 상당 부분 겹치므로 언어 연구에서 어휘 연구의 독자적 지위가 분명치 않은 점이 있다.

어휘론은 많은 어휘 연구들을 대상으로 다시 종합·정리하고 체계를 모색하는 것을 특징으로 하는 메타 학문적meta science 성격을 가지며 어휘를 대상으로 하는 모든 연구를 잡다하게 나열하는 것에 그치는 박물학적 학문은 아니다.

어휘론의 연구 영역

어휘론의 연구 영역에 대해 김종택(1992)은 어휘에 관한 전반적인 사실을 공시적 혹은 통시적 측면에서 연구하여 그 본질을 밝힘으로써 언어학의 발전은 물론, 교육과 실용에 이바지하고자 하는 것이라고 하면서, 어휘 자료론, 어휘 체계론, 어휘 형태론, 어휘 형성론, 어휘 어원론, 어휘 의미론, 어휘 변천사 등으로 나누었다. 이와는 달리 김광해(1993)는 어휘론의 메타 학문적 성격을 강조하여 어휘론을 어휘에 관한 연구들을 이론화하고 종합하여 기술하는 연구라고 하면서, 어휘의 계량, 어휘의 체계, 어휘의 위상적 연구, 어휘의 화용적 양상 등을 연구하는 분포 연구, 어휘소의 공시적 관계와 통시적 관계를 연구하는 관계 연구, 그리고 어휘의 교육과 정책에 대한 정책 연구 등으로 구분하였다.

어휘론의 주요 연구 분야는 전통적으로 연구되어 온 어휘의 음운, 구조, 기능, 의미 등의 기본 영역과 어휘의 체계, 범주 등의 어휘 분류, 어원이나 어휘 변천 등의 어휘 역사와 함께 최근 어휘 계량과 같은 어휘 조사, 어휘 습득, 어휘 교육 등의 어휘 교육 분야, 사전 편찬 등의 어휘 응용 분야 등으로 확장되고 있다.

어휘의 가치

조오현 외(2008)에 따르면 어휘론이 언어 연구에서 독자적인 지위를 차지할 수 있는 것은 언어 형식 가운데 어휘가 갖는 특별한 가치 때문이다. 어휘의 가치는 먼저 독자성이 강하다는 것인데, 이는 다른 언어의 층위에 비해 의사소통 과정에서 독자적으로 쓰이는 단위가 된다는 것을 말한다. 그래서 모국어나 외국어를 처음 배울 때 단어를 우선적으로 익히고, 사전에 수록되는 표제어의 기본 단위 또한 단어가 된다. 두 번째는 개방 집단으로서 그 수가 매우 많다는 것이다. 어휘는 그 수가 고정되어 있는 것이 아니라 지속적으로 새로운 단어들이 생겨나며, 또 사라지기도 한다. 그래서 다른 언어 층위의 습득은 비교적 초기에 종료되지만, 어휘 습득은 살아있는 한 끊임없이 지속되며, 어휘력은 곧 개인의 지적 자산이 된다. 세 번째는 어휘를 통해 개념을 정립해 간다는 것이다. 언어 상대성 가설에 따르면 언어는 존재의 집으로서 개념을 구체화하거나 창조적인 사고를 가질 수 있게 한다. 마지막으로 어휘는 언어의 알맹이며, 문화적 유산으로서의 가치가 있다. 오래전부터 사용해 오던 어휘에는 해당 민족만의 정서와 문화가 반영되어 있기 때문에 어휘는 그 자체로서 민족 문화의 유산이 된다.

학습 정리

- 어휘론은 어휘 층위를 대상으로 하는 언어 연구의 한 분야이다.
- 어휘는 일정한 범위 안에서 사용되는 단어들의 집합으로서, 관점에 따라 개별적인 단어들의 집합 또는 단어들의 체계적인 집합으로 볼 수 있다.
- 어휘를 이루는 하나하나의 요소들을 어휘소라고 하며, 달리 어휘 항목이라고도 한다.
- 어휘론의 주요 연구 분야는, 어휘의 음운, 구조, 기능, 의미 등을 다루는 기본 분야 이외에도, 공시적 연구로 어휘의 계량, 어휘의 체계와 범주 등의 영역이 있으며, 어원과 어휘 변천을 다루는 통시적 연구, 그리고 어휘 습득과 어휘의 교육, 사전 편찬 등을 다루는 응용 분야가 있다.
- 어휘는 그것이 갖는 특별한 가치 때문에 언어 연구에서 독자적인 지위를 가질 수 있다.

학습 퀴즈

1. 다음 중 개방 집합의 성격을 갖는 어휘를 고르라.

① 가족 명칭 어휘　　② 중세 한국어 어휘
③ 황순원 소설 어휘　　④ 현대 한국어 어휘

2. 어휘에 대해서는 서로 다른 관점에서 그 개념을 정의할 수 있다. 어휘를 개별적인 단어들의 집합으로 보는 관점(ㄱ), 어휘를 단어들의 체계적인 집합(ㄴ)으로 보는 관점이 그것이다. 아래 설명에서 각각 ㄱ과 ㄴ에 해당하는 것을 고르라.

❶ 어휘소들 간의 관계를 중시한다.
❷ 어휘소의 분포를 중시한다.
❸ 어휘의 계량적 연구의 이론적 기반이 된다.
❹ 어휘장을 구성할 수 있다고 본다.
❺ 이 관점에 따라 어휘의 공시적 · 통시적 관계를 연구한다.
❻ 어휘소들의 관계는 연상, 유의, 반의 등의 기준에 의해 결정된다.
❼ 어휘는 개별 원소들의 집합이라고 본다.

ㄱ:

ㄴ:

같이 알아보기

- 한국어 교육에서 어휘 교육은 크게 비중을 차지하지 못해 왔고 최근에 이르러서야 비로소 어휘 교육의 중요성이 인식되고 있는 실정이다. 내국인을 대상으로 한 국어 교육에서도 어휘 교육은 특별히 주목을 받지 못했던 것도 사실이다. 그 원인이 무엇인지 생각해 보고, 어휘 교육의 필요성과 중요성에 대해 생각해 보자.
- 어휘소에 관한 여러 가지 의견들을 조사해 보자.

용어 정리

어휘부lexicon와 어휘vocabulary

lexicon은 사전 혹은 어휘집으로서 언어학의 이론적인 서술 과정에서 사용되는 개념이며, vocabulary는 어휘력이라는 인간의 언어 능력을 구성하는 요소들의 집합으로서의 개념이다.

어휘부語彙部lexicon

머릿속 어휘의 저장소.

어휘부 내부는 어휘를 형성하는 어휘 형성부, 이것을 저장해 두는 어휘 사전, 그리고 이를 검색하는 어휘 해석부로 구성된다고 본다.

어휘 형성부에서는 합성과 파생, 굴절 등의 조작을 통해서 어휘 사전의 어휘를 효과적으로 이용한다. 만약 이러한 과정이 없다면, 모든 어휘를 단순히 암기해야 할 것이다. 그러나 모든 단어의 암기는 매우 비효율적이다. 따라서 인간은 기존의 어휘 자료를 이용하는 작업을 계속하게 된다. 모국어에서는 이러한 어휘 형성부의 조작이 자연스럽게 습득된다. 그러나 외국어 어휘의 경우는 형성의 원리를 따로 습득하는 과정이 필요하다. 이때, 모국어 화자들이 어휘 형성법을 암묵적으로 습득하는 것과는 다른 방법을 택해야 한다. 명시적 어휘 형성 지식을 가르쳐야 하는 것이다. 자연스러운 언어 환경 속에서 외국어를 습득할 수 있도록 어휘 습득의 자연스러운 경로를 파악하려는 노력이 필요하다. 자연스러운 언어 환경 속에서 어휘 형성의 원리를 학생 스스로 깨닫게 도와주고, 이러한 과정 속에서 교사가 어휘 형성의 원리를 정리해 준다면 효과가 클 것이다. 또한 새로운 어휘 형성을 시도해 볼 수 있는 다양한 교수 방법의 개발이 필요하다.

어휘 사전은 습득한 어휘를 체계적으로 저장하는 곳이다. 인간이 어떤 소리를 듣고 단어인가 아닌가의 여부를 금방 파악하거나, 발화 이행이 아주 짧은 시간에 이루어지는 것으로 보아서 어휘 사전은 매우 체계적이고 검색에 유용하게 이루어져 있을 것이다. 모국어 화자의 어휘 사전 구조에 대한 조사는 외국어로서 한국어를 교수하는 경우에도 유용한 자료가 될 수 있다. 또한 외국어로서 한국어를 학습한 사람들의 어휘 사전 구조와 비교해 보는 것도 한국어 교육에 유용한 자료가 될 것이다.

어휘 해석부는 어휘 사전을 검색하여 실제 사용에 적합한 어휘를 추출해 내는 곳이다. 어휘 해석부와 어휘 형성부는 모국어 화자에게는 별개의 과정으로 인식될 것이다. 즉, 어휘 형성부는 어휘 형성에 관한 지식이 없이도 가능하지만, 어휘 해석부는 어휘에 대한 지식이 필요하다. 물론 어휘에 대한 지식도 학습에 의하여 습득되는 경우와 경험에 의한 것으로 나누어 볼 수 있을 것이다. 어휘부에서 개인 차이가 가장 두드러지게 나타나는 것은 어휘 해석부이다. 외국어로서 어휘를 습득하는 경우에 어휘 해석부는 어휘 형성부와 밀접한 관련을 맺는다. 어휘 형성 원리의 습득이 어휘 해석을 용이하게 만들기 때문이다. 어휘 해석에 관한 교육은 전 단계에 걸쳐서 이루어지는 것이다. 그러나 그 비중은 고급 단계로 갈수록 커진다. 〈조현용(2000), 『한국어 어휘 교육 연구』, 도서출판 박이정, pp.123-134〉

2장

한국어의 어휘는 어떻게 존재하는가

- 한국어 어휘의 특징
- 한국어의 어휘 범주

생각해 보기

질문 1. 한국어에서는 왜 *푸르다*에 청색과 녹색의 의미가 함께 있을까?

1. 한국어의 특징과 어휘

한국어 어휘의 특징

한국어는 첨가어添加語(교착어膠着語)로서 형태소의 결합에 의해 어휘가 구성된다. 조사 결합에 의해서는 문법 관계를 표시하고, 선어말 어미의 결합에 의해서는 시제, 상, 존경, 겸양, 회상, 추측 등이 이루어지며, 다양한 어말 어미가 발달하였다. 어휘 구성면에서는 접사에 의한 파생어 형성과 어근 결합에 의한 합성어 형성이 이루어지고, 연어連語에 의한 관용어가 형성된다는 특징이 있다. 어휘의 의미관계에 있어서는 유의어와 반의어, 다의어가 발달해 있으며, 상위어와 하위어의 개념 적용 범위에 다른 언어와 차이가 있다. 사회언어학적 특징에는 존칭어, 완곡어, 비속어 등을 들 수 있다.

이충우(1997)와 조현용(2005)에 따르면 한국어 어휘는 유의어와 동음이의어가 많고, 대우를 나타내는 어휘와 음운 교체에 의한 어감의 차이가 발달하였으며, 개념어로는 한자어가 많이 쓰인다. 또한 기초 어휘에는 고유어 체계가, 전문 어휘에는 한자어가 발달하였고, 2·3·4음절어가 발달하였으며, 체언이 격에 따라 형식이 달라지지 않는다. 마지막으로, 음성 상징어가 발달하였고 이철자異綴字 동음이의어가 많다는 점 등을 특징으로 들 수 있다.

2. 한국어 어휘의 존재 양상

한국어의 어휘 체계

한국어는 고유어, 한자어, 외래어, 혼합어로 구성되는데, **고유어**固有語는 한국어가 형성되던 시기부터 쓰이던 어휘로 토박이말 또는 순우리말이라고 하며 전체 어휘의 약 25% 정도를 차지한다. **한자어**漢字語는 한자로 적을 수 있는 어휘로서 대개 중국에서 유입되었지만 일본식 한자어와 한국 한자어 등도 존재하며 전체 어휘의 약 60% 정도를 차지한다. **외래어**外來語는 대개 서양 외래어를 말하며 외국어가 들어와 우리말이 된 것으로 전체 어휘의 약 5% 정도를 차지한다. 마지막으로 **혼합어**混合語는 고유어, 한자어, 외래어가 섞여서 이루어진 어휘로 약 10% 정도가 있다.

어휘의 분류

어휘 범주는 변이와 팽창에 따라 다양하게 나뉘게 되는데, **변이**는 어휘가 다양한 기준에 의해서 다시 소규모의 집합들로 나뉘는 양상으로 어휘의 다양한 양상은 그 특징에 따라 어휘소가 변이된 것으로 처리한다.

변이에는 위상적 변이와 화용적 변이가 있다. 위상적 변이는 누가, 어디서 말하는 어휘인가를 중심으로 구별하는 것으로 개인의 의지와는 관계없이 사회적 약속을 준수하는 변이이며, 화용적 변이는 동일한 화자가 어떻게 말하는 어휘인가를 중심으로 구별하는 것으로 개인을 둘러싸고 있는 상황에 대처하면서 개인적인 의지에 의한 다양한 표현 욕구에 대처하기 위한 변이이다.

팽창은 문명의 발달과 함께 일어나는 자연스러운 현상인데, 새로운 개념이 생기게 될 때 그것을 표현하기 위해 새로운 어휘 형태가 필요하기 때문에 일어나며, 대개 차용이나 번역에 의해 나타난다.

〈김광해(1993)의 어휘 양상의 체계〉

어종별 어휘의 특성과 한국어 교육

언어 분열의 가장 대표적인 결과인 **방언**方言은 지리적으로 격리되어 형성된 어휘소의 지리적 변이형인 지역 방언과 **은어, 남성어/여성어/아동어/노인어/청소년어**와 같이 어휘소의 사회적 변이형인 계층 방언이 있다. 특히 계층 방언의 하나인 은어隱語는 일반 사회와 심하게 대립하거나 갈등을 보이는 어떤 폐쇄된 집단이 존재할 경우 발생하는데, 다른 집단에 대한 방어를 목적으로 발생하는 변이형으로 비밀 유지를 목적으로 하는 경우 비밀어라고도 한다.

외국인의 한국어 사용에 있어서는 표준어만으로도 충분하다. 그러나 텔레비전 드라마나 영화, 여행지, 친교 집단 등에 있어서 듣기에는 상당한 곤란을 초래할 수 있기 때문에 일정 단계부터는 방언의 특징이나 듣기 등에 관한 교육의 필요성이 나타나기도 한다. 특히 이주민의 경우는 지역 집단 속에 자연스럽게 어울리기 위해 지역 방언이 더욱 중요하다고 할 수 있다.

공대어·하대어, 존칭어, 경어와 같은 **대우**待遇 **표현어**는 한국어의 가장 두드러진 특징 중의 하나로서 대화하는 상대가 누구냐에 따라 다른 말을 사용하게 되는데 이는 곧 화계話階가 다르다는 것이다. 한국어의 대우 표현은 종결법이나 선어말 어미를 활용하거나 **밥/진지, 말/말씀, 있다/계시다, 자다/주무시다**와 같은 대우 표현어를 사용한다.

이와 같이 어휘의 체계가 평어平語와 경어敬語로 구분되는 경우 외국인 학습자가 한국어를 배울 때 가장 어려워하는 부분 중 하나인데, 초급의 경우 경어를 배우지 않은 상태에서 많은 혼동이 발생한다. 따라서 경어는 가능한 일찍부터 교육하는 것이 바람직하며, 한자어가 주로 경어로 사용된다는 것을 주지시키는 것이 필요하다. 일상적으로 자주 사용되는 어휘의 경우 평어와 경어의 쌍을 묶어서 지도하는 것도 한 방법이 될 수 있다.

비속어卑俗語는 비속하고 천박한 어감이 있는 어휘인 속어俗語와 상말인 비어卑語를 말하는데, 속어는 일종의 유의 욕구에서 비롯된 장난기 어린 표현, 신기한 표현, 반항적인 표현, 구체성을 강하게 드러내는 사실적인 표현을 하고 싶을 때 사용하는 것으로 어른 앞이라든가 점잖은 자리에서는 절대로 사용하지 않을 표현이다. 비어는 비속한 어휘로서 상대방을 낮잡아 말하거나 경멸할 때 사용하기 때문에 속어보다 야비하고 비천한 느낌을 주며 거의 욕설에 가까워 상대방에게 위협을 가하는 경우가 많으므로 상대방에게 불쾌감을 주며, 윗사람에게는 절대 사용할 수 없는 표현이다.

금기어禁忌語는 죽음, 질병, 범죄, 위험하거나 추한 동물, 성, 배설 등과 관련된 의미를 가진 말이며, **완곡어**婉曲語는 금기어 대신 부드러운 의미를 가진 단어들로 개발된 말이다. 완곡어는 보통 직접적 의미가 사용되지 않는 경우가 많기 때문에, 외국인 학습자의 혼동을 초래할 수 있다는 점을 고려하여 완곡어를 사용할 수 있는 맥락에 대한 지도가 필요하다. 이와는 달리 비속어를 교육해야 하는 경우는 거의 없는데, 이해를 위해 어느 정도 사회 문화적인 배경과 함께 교육할 수도 있다.

미역국을 먹다, 발이 넓다 등과 같이 둘 이상의 어휘소가 결합하여 특별한 의미로 사용되는 **관용어**慣用語**(관용 표현)**는 대개 두 개 이상의 단어들이 결합되어 있지만 의미는 특수화되기 때문에 한 개의 어휘소와 동일한 가치를 지니는 것으로 간주된다. 속담도 관용어에 포함되기는 하나 완결된 통사 구조와 의미 구조를 갖추었다는 점에서 관용어와 구별되기도 한다.

속담俗談은 생활 속에서 터득한 삶의 지혜를 고유의 관습화된 양식에 담아 표현한 것으로, 구체적인 사실을 가지고 교훈적인 개념을, 직관을 바탕으로 고차적인 논리를 전달한다. 속담 또한 그 자체로 하나의 의미 단위를 형성하고 있으며, 관습에 의해 고정된 표현 형식을 가지고 있기 때문에 어휘소의 하나로 간주된다. 속담은 상징성, 대중성, 관습성, 일상성을 바탕으로 하는 특성을 지니며, 오랜 세월에 걸쳐 언중들 사이에서 정제되어 정착된 표현이기 때문에 그 민족의 문화, 생활상, 인생관, 세계관, 민족성 등을 파악할 수 있는 자료가 된다.

전문어專門語는 특정 집단의 전문적인 직업을 위하여 필요한 전문 개념을 담고 있는 어휘로서 전문 분야의 작업을 능률적, 경제적으로 수행하기 위하여 필요한 도구와 같은 역할을 한다. 이들은 의미의 폭이 정밀하고, 다의성이 적다는 특징이 있다.

집단어集團語는 일정한 사회 집단에서만 사용되는 언어로 주로 어떤 계층이나 직업 등의 집단을 형성한 소사회의 구성원 사이에서 사용되는 특수어를 말한다.

신어新語는 사회의 급속한 발전과 더불어 새로운 개념이 등장하는데 이를 표현해야 할 필요성에서 생겨난 어휘이기 때문에 당시의 사회상을 반영하게 된다. **유행어**流行語는 한 언어 사회에서 사회 심리적 요인에 의해 일시적으로 유행하는 언어 표현으로 엄정한 언어학적 기준에 따라 분류된 어휘 집단의 단위로 보기는 어렵다.

위와 같은 어휘들은 외국인 학습자들이 고급 단계의 한국어 사용을 익히기 위해서 필요하며, 특히 전문어의 경우는 학문 목적 학습자에게 필수적인 부분이라는 점에서 중요성이 매우 크다.

학습 정리

- 한국어의 어휘적 특징은 다음과 같이 정리된다.
  - 형태소의 결합에 의해 어휘가 구성되는 첨가어이다.
  - 고유어와 한자어의 대응 관계가 형성되어 있다.
  - 유의어와 반의어, 다의어가 발달해 있으며, 동음이의어가 많다.
  - 높임법 어휘와 음운 교체에 의한 어감의 차이를 가진 어휘가 발달해 있다.
- 한국어 어휘 체계에는 고유어, 한자어, 외래어, 혼합어 등이 있다.
- 어휘는 어종별로 방언, 은어, 대우 표현, 속어, 비어, 완곡어와 금기어, 관용어, 속담, 전문어, 집단어, 신어, 유행어 등으로 구분된다.

학습 퀴즈

1. 다음은 어휘 범주를 분류한 것입니다. 항목에 해당하는 어휘를 〈보기〉에서 고르라.

❶ 방언 ❷ 은어 ❸ 남성어와 여성어 ❹ 공대어와 하대어
❺ 유행어 ❻ 속어 ❼ 완곡어와 금기어 ❽ 전문어
❾ 신어 ❿ 관용어

ㄱ: [+변이][+위상적][+지리적]

ㄴ: [+변이][−위상적][−대우]

ㄷ: [−변이][+집단성]

ㄹ: [−변이][−집단성][+항구성]

ㅁ: [−변이][−집단성][−항구성]

ㅂ: [+변이][+위상적][−지리적][+은밀]

ㅅ: [+변이][+위상적][−지리적][−은밀]

ㅇ: [+변이][−위상적][+대우]

2. 다음에 제시하는 항목의 예를 〈보기〉에서 찾아 연결하라.

❶ 화장실(변소) ❷ 쪽팔리다(창피하다) ❸ 솔 · 정구지(부추)
❹ 미역국을 먹다(시험에 떨어지다) ❺ 아니 땐 굴뚝에 연기 나랴?
❻ 주둥아리(입) ❼ 수라(왕의 식사) ❽ 엣지 있다 ❾ 염화나트륨(소금)
❿ 천연두(마마) ⓫ 생얼 ⓬ 진지(밥, 식사)

ㄱ. 속어 ㄴ. 완곡어 ㄷ. 금기어 ㄹ. 관용어 ㅁ. 전문어 ㅂ. 유행어
ㅅ. 신어 ㅇ. 공대어 ㅈ. 비어 ㅊ. 집단어 ㅋ. 속담 ㅌ. 방언

같이 알아보기

- 한국어는 물론 여러 언어의 어휘 체계에는 다양한 어종이 분포한다. 방언은 물론이고 은어, 속어, 비어 등 많은 어종이 생겨나게 된 이유는 무엇일까?
- 한국어의 다양한 색채어에 대해 조사해 보자.

용어 정리

음상音相과 음성 상징어

음상은 한 단어 안에 표현 가치가 다른 모음이나 자음이 교체됨으로써 어감의 차이를 가져오게 되는 것을 말한다. 예를 들어, *야위다*와 *여위다*는 모음의 차이로 단어에서 느껴지는 어감이 다르다. 또, 감감하다와 캄캄하다, 깜깜하다는 자음의 강도에 따라 어감이 달라지게 된다.

상징어象徵語란 소리나 모양을 흉내 내는 말을 가리킨다. 상징이 어떤 것을 대표하는 것이라는 말임을 상기할 때, 음성 상징어는 의미에 해당하는 감각을 음(또는 음운)으로 모사·상징하는 어휘라는 뜻임을 알 수 있다. *땡땡, 쨍그랑* 등과 같이 소리를 모사하는 의성어擬聲語나 *깡충깡충, 펄펄*과 같이 모양을 모사하는 의태어擬態語 등이 이에 해당한다. 주로 음운 교체나 첩용疊用, 접사에 의한 파생 등의 방법을 통해 다양한 음성 상징어가 만들어진다. 특히 *깡충깡충, 껑충껑충*과 같이 자음이나 모음을 교체하면 느낌이 달라지기도 하는데 이와 같은 것을 음상의 차이라고 한다.

3장

한국어 어휘 교육을 위하여

- 한국어의 특징과 어휘 교육
- 어휘 유형과 어휘 교육

생각해 보기

질문 1. 어휘 사용 빈도를 어떻게 조사하는 걸까?

1. 한국어 어휘 교육

한국어의 특징과 어휘 교육

한국어는 한국어만의 음운론적, 형태론적, 통사론적, 의미론적 사회 언어학적 특징 등을 가지고 있으며 이들 각각의 특징은 다른 언어와 대조할 때 더욱 뚜렷이 드러난다. 한국어 어휘의 특징 또한 이들 특징과 관련을 맺고 있는데, 이는 어휘가 독립적으로 사용되지 않고 사회의 유의미한 맥락 속에서 다른 어휘와 관계를 맺으며 사용되기 때문이다. 따라서 한국어 어휘 교육은 한국어의 특징과 연관 지으면서 이루어져야 한다.

어휘 교육의 현황

최근 과거와 달리 어휘에 대한 시각이 어휘의 창조성, 능동성으로 변화하면서 교육에서도 그 중요성이 인식되기 시작하였지만, 아직까지 외국어 교육이나 국어 교육 등에서 어휘 교육은 체계적인 교육이 이루어지지 못하고 있다. 어휘는 언어 습득의 처음이자 마지막이 된다. 어린아이의 모국어 습득에서 가장 먼저 습득하는 것이 어휘이며, 이를 바탕으로 두 어휘 문장, 세 어휘 문장으로 발전되어 간다는 사실은 언어 학습의 초기 단계에서 어휘의 중요성을 그대로 보여준다. 또한 외국어 학습의 단계가 높아질수록 어려움을 느끼는 것은 어휘 때문이며, 독해 및 듣기에 어려움을 겪는 학습자들 또한 주된 원인을 어휘라고 생각한다. 모국어 화자들에게 있어서도 어휘는 죽을 때까지 끊임없이 배워야 하는 것이기 때문에 언어 학습의 마지막 또한 어휘가 된다.

2. 어휘 교육의 대상

기초 어휘와 기본 어휘

기초 어휘基礎語彙basic vocabulary는 일상 언어 생활에서 필수적인 단어 1,000~2,000개를 최소한으로 선정한 뒤, 이를 계통적으로 분류하여 제시한 체계를 말한다. 기초 어휘가 되기 위한 조건은 첫째, 그 어휘를 사용하지 않고 다른 단어를 대용하는 일이 불가능하여 문장을 작성하는 일이 불가능해지며, 다른 단어를 대용한다고 하더라도 오히려 그것이 더 불편해진다. 둘째, 그 단어들은 서로 조합하여 다른 복잡한 개념이나 새로운 명명이 필요한 개념 등을 나타내는 단어를 쉽게 만들 수 있다. 셋째, 기초 어휘에 속하지 않은 단어를 설명하는 경우, 결국에는 기초 어휘의 범위에 들어 있는 단어들에 의지하는 일이 대개 가능하다. 넷째, 그 단어들의 많은 것은 오랜 옛날부터 사용되어 오던 것이며, 앞으로도 계속 사용될 가능성이 크다. 그리고 마지막으로 기초 어휘는 여러 방면의 화제에 흔하게 사용된다.

기본 어휘基本語彙fundamental vocabulary는 작품이나 한정된 언어 사용 국면에서 공통적으로 출현하는 어휘소의 집합을 말하는데, 예를 들면 잡지의 실용 기사, 문예 작품, 취미 등 내용별로 층을 형성하는 어휘소의 집합 같은 것이다. 언어 사용의 국면이 다양한 여러 영역으로 분리될 때 그 영역의 전개를 위하여 가장 기본이 되는 어휘소가 있는데 이것이 바로 기본 어휘이며, 어떤 특정한 목적, 특정한 분야에서 가장 기본이 되는 어휘이다. 교육용 기본 어휘, 학습용 기본 어휘, 한국어 교육용 기본 어휘 등이 바로 이에 속한다. 한국어 교육용 기본 어휘는 교육과학기술부가 지정한 5,965개와 국립국어원에서 연구한 국제통용 한국어 표준 교육과정에서 제시한 교육용 어휘 10,635개가 있으며, 이와는 별도로 한국어 능력시험(TOPIK)에서 활용하는 기본 어휘는 대략 1만여 어휘 정도가 된다.

사용 어휘와 이해 어휘

사용 어휘使用語彙는 말하거나 글을 지을 때 사용이 가능한 어휘로서 능동적 어휘 또는 발표 어휘라고도 한다. 일반적으로 사용 어휘의 양은 이해 어휘의 1/3 정도로 추정된다. **이해 어휘**理解語彙는 직접 쓰지는 못해도 그 의미나 용법을 알고 있는 어휘로서 수동적 어휘, 획득 어휘라고도 한다. 이해 어휘는 보통 개인의 어휘가 아니라 한 언어 집단 내에서 통용되는 어휘 수를 의미한다.

〈이해 어휘량의 발달 사례(김광해 외, 1999)〉

구분 / 연령	어휘량		연간 증가율	
	남	여	남	여
6	5,606	5,158	18.7	21.6
7	6,655	6,250	17.5	16.5
8	7,822	7,283	25.4	27.1
9	9,812	9,256	31.0	36.5
10	12,863	12,635	35.0	42.9

11	17,359	18,057	33.0	39.9
12	23,085	25,254	24.8	22.9
13	28,809	31,035	19.3	15.1
14	34,379	35,726	14.8	11.2
15	39,475	39,722	11.2	6.9
16	43,886	42,447	8.7	4.0
17	47,721	44,161	4.9	2.3
18	50,069	45,190	1.8	0.6
19	50,985	45,467	0.4	0.1
20	51,176	45,496	·	·

어휘의 수집과 계량

어휘 연구는 연구 대상이 되는 어휘를 수집하는 일로부터 시작되는데 이러한 작업을 말뭉치 구축이라고 한다. 여기서 말뭉치corpus란 실제적인 언어 사용 양상을 조사하기 위해 구축한 다량의 언어 자료의 집합체로서, 구축 범위에 따라 다양한 언어 내용을 포괄하는 균형 말뭉치와 특정의 언어 사용 영역만을 대상으로 하는 특수 말뭉치로 나뉜다. 어휘는 기본적으로 개방 집합이기 때문에 수집한 어휘를 통계적으로 분석하는 것이 효율적이며 말뭉치를 바탕으로 한 빈도 조사를 통해 기초 어휘 및 기본 어휘, 사용 어휘 및 이해 어휘를 선정하게 된다.

3. 한국어 어휘와 어휘 교육

어휘의 구조와 어휘 교육

구조를 중심으로 교육할 어휘 유형에는 파생어, 합성어, 관용어, 음성 상징어 등을 들 수 있다.

파생어派生語는 실질 형태소와 접사가 결합하여 단어를 구성하는데, 접미사와 접두사의 일반화가 새로운 단어를 만들어내는 가장 일반적인 형성 방식이라는 특성을 갖는다. 따라서 접사의 결합 양상과 접사의 기능 및 의미 등을 교육하는 것이 어휘 확장에 도움을 줄 수 있다. 이때 접두사와 접마사의 차이를 교육하고 접미사의 품사 전성 기능을 이해시켜야 할 필요가 있다. 교육을 위해서는 먼저 교육용 접사를 선정하고 각 접사에 대해 생산성과 의미의 명료성이라는 측면에서 교육 방법을 모색해야 할 것이다.

합성어合成語는 실질 형태소와 실질 형태소, 즉 어근과 어근이 결합하여 단어를 구성하며, 이러한 합성법은 새로운 단어의 형성에 중요한 역할을 한다. 합성이 일어날 경우 의미가 특수화되는 것이 일반적이므로 의미 변이에 관해서도 교육해야 하며, 효과적인 어휘 확장을 고려하여 대표 어휘를 선정하여 교육에 이용해야 한다. 대표 어휘는 합성에 중심적인 역할을 하는 어휘로서 빈도수 및 생산성에 따라 선정할 수 있다.

넓은 의미에서 **관용어**慣用語에는 숙어와 속담, 연어 등을 포함하는데 이들은 모두 특정 언어의 생활과 문화가 반영되어 있기 때문에 배경 지식을 갖고 있어야만 제대로 구사가 가능하다는 특징이 있다. 이를 위해 한국 문화와 역사에 대한 인식도 함께 교육이 이루어져야 하며, 표현과 이해 영역을 다르게 접근해야 할 필요가 있다. 어휘의 난이도를 고려할 때 교육 대상은 중급 이상에서 체계적으로 이루어져야 하지만 현재 관용어에 대한 교육은 그다지 체계적이지 못하다. 이는 관용어를 염두에 두지 않고 교재를 제작하는 교재 제작의 현실과 관련이 있다.

음성 상징어音聲象徵語, 즉 의성어와 의태어는 의미에 해당하는 감각을 소리로 모사·상징하는 어휘로서 음운 교체, 첩용, 접사에 의한 파생 등의 형태적 특성을 보인다. 이들은 직관이 부족한 외국인이 학습하기에 가장 어려운 부분 중의 하나이다. 의성어는 음과 의미 사이에 어느 정도 필연성은 있지만, 언어 사이에서 이해 가능성이 적으며, 다른 언어에 비해서 특히 한국어에 발달된 의태어는 각 언어 간의 유사성이 전혀 없다. 이를 염두에 두어 의성어 교육과 의태어 교육은 문맥이나 어원 등의 차이를 두어야 할 것이다.

어휘의 의미 관계와 어휘 교육

의미 관계에는 유의, 반의, 상하위, 다의, 동음이의 등이 있는데, 이들 관계의 특성에 따른 교육 방안을 고려해 보면 다음과 같다.

유의어類義語 또는 **동의어**同義語는 같거나 비슷한 의미를 가진 어휘인데 전통적인 어휘 교수에서 가장 널리 이용하던 방식이 바로 유의어와 반의어를 이용하는 것이었다. 유의어를 교육할 때에는 유의어 간의 의미 차이를 명확히 제시해야 하는데, 이는 유의어가 모든 상황에서 바꾸어 사용할 수 있는 것이 아니기 때문이다.

어휘 교수에서 **반의어**反義語를 이용하는 방법은 매우 효과적일 수 있다. 에이치슨Aitchison은 어휘 연상 실험에서 1,000명의 실험 대상자 중 절반 이상이 반의어를 연상해 냈으며, 분명한 대립어를 가질 때 연상이 쉽게 이루어진다는 사실을 밝혔는데, 이를 고려하여 학습 어휘의 반의어를 같은 단원에서 제시하는 방법을 이용하면 쉽게 반의 어휘를 이해할 수 있을 것이다. 이때 단순히 대립쌍만을 제시하는 방법보다 대화 전환 간에 반의어를 사용할 수 있도록 지도할 필요가 있다.

다의어多義語는 하나의 형태에 여러 가지 의미가 결합한 어휘로서 새로운 의미에 모든 어휘를 새로 만들 수 있는 것이 아니기 때문에 다양한 의미 사용에 있어서 다의어의 역할은 중요하다. 따라서 많은 새 어휘를 가르치는 것보다 다양한 다의어의 쓰임을 배우는 것이 학습에 효과적일 수 있다. 다의어의 의미들은 사용에 있어서 비대칭적인 양상을 보이기 때문에 의미 빈도수에 따라 어휘를 배치해야 하며, 현재 단계에서 다의어 중 어떤 의미를 가르칠 것인가를 결정하는 것이 중요하다. 특히 초급 단계의 기본 어휘나 기초 어휘들은 다의적인 경우가 많기 때문에 각 단계별로 중심 의미에서 주변 의미로 확대하여 가르치는 것이 필요하다. 이때 한꺼번에 여러 의미를 제시하지 않도록 주의해야 한다.

상·하위어上·下位語는 어휘가 상·하의 계층적 구조를 형성하는 것인데, 이들은 하나의 의미장을 구성하는 것으로 파악된다. 초급 단계의 경우 어휘가 제한되어 있기 때문에 지나친 확대는 효과를 반감시킬 수 있다. 따라서 단계별로 어휘를 확장하는 것이 필요하며, 교체할 수 있는 문장을 제시하고 학습자의 연습을 유도해야 한다.

동음이의어同音異義語는 기원적으로 무관한 형태가 다른 의미를 갖는 것으로 한국어에서는 한글 전용으로 한자어와 관련된 동음이의어가 많이 나타나게 되며, 고유어의 경우에는 장단음 구별이 없어진 경우에 발생하였다. 동음이의어는 이해의 측면과 표현의 측면을 구분하여 교육해야 하는데, 이해의 측면에서는 문맥 속에서 의미를 구별하는 연습을 시킬 필요가 있고, 표현의 측면에서 가능한 한 다른 유의어로 대치하여 청자나 독자의 혼란을 방지하도록 지도해야 한다.

표기는 다르지만 발음이 같고 뜻이 다른 이철자 동음이의어는 **곧, 곳, 곶**처럼 한국어의 음절말 환경에서 중화되는 경우, **국문**國文, **궁문**宮門처럼 한자의 차이에 따른 경우, **소년은, 소녀는**처럼 형태 결합에 따른 경우 등이 있는데, 초급 단계 학습자들은 이러한 부분에서 많은 오류를 범할 수 있으므로 발음, 형태, 문법 교육의 틀에서 주의하여 교육해야 한다.

학습 정리

- 언어 교육에서 어휘는 다른 요소에 비해 다소 소홀히 다루어졌다고 할 수 있다.
- 어휘는 언어 습득의 초기 단계에서 습득되며, 언어 학습의 마지막 단계에까지 지속적으로 확대되는 요소이기 때문에 언어 교육에서 매우 중요하다.
- 기초 어휘는 일상 언어 생활에서 필수적인 단어를 선정하여 이를 계통적으로 분류, 제시한 체계이다.
- 기본 어휘는 특정한 언어 사용의 국면에서, 그 영역의 전개를 위해 가장 기본이 되는 어휘, 즉 어떤 특정한 목적, 특정한 분야에서 가장 기본이 되는 어휘를 가리킨다.
- 말하거나 글을 지을 때 사용이 가능한 어휘를 사용 어휘라고 하며, 직접 쓰지는 못해도 그 의미나 용법을 알고 있는 어휘를 이해 어휘라고 한다.
- 어휘 연구는 연구 대상이 되는 어휘를 수집하는 일로부터 시작된다. 최근에는 다량의 말뭉치를 구축하는 일이 어휘 연구의 중요한 선행 작업이 되고 있다.
- 한국어 교육에서는 어휘의 위상, 체계 등과 관련하여 적절한 교수-학습 방법이 제시되고 있는데, 효과적인 한국어 교육을 위하여 앞으로 관련 연구가 더 심화되어야 할 것이다.

학습 퀴즈

1. 다음 용어에 대한 설명을 〈보기〉에서 고르라.

❶ 언어 사용의 국면이 다양한 영역으로 분리될 때, 그 영역의 전개를 위하여 가장 기본이 되는 어휘소의 집합이다.
❷ 오랜 옛날부터 사용되어 왔고 앞으로도 계속 사용될 가능성이 큰 어휘이다.
❸ 작품이나 한정된 언어 사용 국면에서 공통적으로 출현하는 어휘이다.
❹ 그 단어들을 서로 조합하여 다른 복잡한 개념이나 새로운 명명이 필요한 개념 등을 나타내는 단어를 쉽게 만들 수 있다.
❺ 어떤 특정한 목적이나 특정한 분야에서 가장 기본이 되는 어휘이다.
❻ 이 어휘를 사용하지 않고 다른 어휘로 대체하는 것이 거의 불가능하다.

ㄱ. 기초 어휘

ㄴ. 기본 어휘

2. 다음 설명 중 사실과 다른 것을 고르라.

❶ 이해 어휘량은 12세를 정점으로 점차 감소한다.

❷ 기초 어휘는 대체로 잘 변하지 않는 속성이 있다.

❸ 사용 어휘의 양은 이해 어휘의 1/3 정도로 추정된다.

❹ 실제적 언어 사용의 양상을 조사하거나 연구하기 위하여 구축한 다량의 언어 자료를 말뭉치라고 한다.

같이 알아보기

- 한국어에 음성 상징어가 발달한 이유가 무엇일까?
- 한국어교육에서 어휘 교육을 위해 마련된 기본 어휘에 대해 조사해 보자.

용어 정리

말뭉치corpus와 말뭉치 언어학corpus linguistics

말뭉치는 언어 연구의 각 분야에서 필요로 하는 연구 재료로서 언어의 본질적인 모습을 총체적으로 드러내 보여줄 수 있는 자료의 집합을 뜻하며, 말모둠, 또는 코퍼스라고 한다. 시집 한 권이나 소설 한 편에서부터 한 작가의 작품 전체, 특정 시기에 나온 출판물 전체 등과 같이 연구 목적이나 성격에 따라 다양한 대상을 가리키는 용어로 쓰일 수 있다. 작게는 몇 만 어절부터 많게는 수억 어절 이상의 문어나 구어 말뭉치가 구축될 수 있다.

최근에는 막연한 용어를 학문적으로 정립하여 일정 규모 이상의 크기를 갖추고, 다양성과 균형성이 확보되며, 컴퓨터로 읽어낼 수 있는 자료의 집합체를 가리키는 개념으로 사용되고 있다.

말뭉치 언어학은 실제 언어 혹은 실제 언어의 샘플을 이용하여 언어를 연구하는 언어학의 한 분야이다. 초기에는 수작업으로 이루어졌으나 컴퓨터의 발달로 지금은 거의 자동화되었다. 촘스키를 중심으로 한 언어학자들이 실제 언어에는 오류가 많기 때문에 언어학 연구에서는 정제된 언어를 대상으로 해야 한다고 주장하는 데 비해, 말뭉치 언어학에서는 실제 언어를 통해 언어 현상의 본질에 다가갈 수 있다고 본다.

"야훼께서 온 세상의 말을 거기에서 뒤섞어놓아 사람들을 온 땅에 흩으셨다고 해서 그 도시의 이름을 바벨이라고 불렀다."

(창세기 11-9)

한국어의 기원과 계통

1장

언어에도 친척이 있다

- 언어의 기원과 계통
- 언어의 분류와 어족

생각해 보기

질문 1. 언어의 친족 관계는 어떻게 밝힐까?

1. 언어의 변화와 분화

언어의 변화

언어는 그 자체에 내포된 변화의 속성을 가지고 있다. 언어는 사회적 산물로서 음성과 의미가 자의적으로 결합한 기호 체계인데, 조건만 형성되면 이 관계는 얼마든지 변화가 가능하다. 언어 변화는 중세어 **가슬**이 **가을**로 변한 것처럼 음운적인 변화뿐만 아니라 문법과 의미가 변하기도 하며 심지어 과거에 사용되던 말이 사라지기도 한다.

언어는 표현과 이해의 도구로 사용되기 때문에 언어 변화의 방향은 바로 이러한 도구적 기능과 관련된다. 발화자의 입장에서는 발음하기 쉽고 편리함을 요구하기 때문에 노력 경제 현상, 즉 조음의 편의성을 따르게 된다. 반면, 수용자의 입장에서는 명료한 이해를 요구하므로 청각 영상의 강화를 위한 복잡화가 일어나게 된다. 이처럼 서로 상반된 두 요구의 긴장 속에서 언어는 변화하게 된다.

언어는 왜 변화하는가

언어 변화의 첫째 요인으로 **조음적 요인**을 들 수 있다. 이는 발음의 경제성의 원리에 따른 것인데, 사람들이 구강 내의 발음 기관을 최대한 적게 움직여서 경제적으로 음성을 만들어내려는 것에서 비롯된다. 대표적인 예로 구개음화口蓋音化, 비음 동화鼻音同化, 유성음화有聲音化, 중화中和 등의 동화 현상 등을 들 수 있다. 둘째 요인은 **사회적 요인**을 들 수 있는데, 이는 언어 외적 요인으로 두 언어가 접촉할 때 한 언어 또는 두 언어의 어휘 체계, 음운 체계, 문법 체계 등에 영향을 미치게 되는 경우를 말한다. 차용어를 통한 간접 접촉일 경우 양과 정도가 심하면 차용하는 언어의 음운 체계에 변화를 일으키기도 한다. 예를 들어, 한국어는 두음 법칙頭音法則 때문에 어두에 ㄹ이 오는 경우가 거의 없는데, 최근 **라디오, 라켓, 리본, 링, 라면, 리모콘, 라이터, 리어카, 립스틱** 등과 같이 외래어의 영향으로 어두에 정착되는 과정에 있다. 셋째 요인은 **지배 관계에 따른 두 언어의 영향 관계**로 인한 것이다. 정복이나 식민지와 같은 정치적인 요인으로 원래 사용하던 언어가 정복자의 언어로 교체되는 경우, 소수의 지배족 언어가 다수의 피지배족 언어에 흔적을 남길 때, 지배족 언어는 상층上層을 형성하게 된다. 이와 반대로 사어死語가 된 피지배족의 언어의 영향을 받아 지배족의 언어가 부분적으로 변화할 때, 피지배족의 언어를 기층基層이라고 한다. 예를 들어 흑인들이 주로 사용하는 영어인 Black English는 아프리카어가 기층이 되며, 미국 영어는 인디언어를 기층으로 가지고 있다. 영국 영어는 켈트어를 기층으로 하며, 일본어는 남태평양어, 그리고 한국어는 고아시아어 기층이 있을 것으로 추정된다. 언어 변화의 마지막 요인은 언어 내적인 요인으로 **심리적 요인**이다. 이는 언어 변화의 원인이 언어 자체가 내포하고 있는 구조적 불안정성 또는 불균형성에 있다고 보는 것인데, 성인의 언어를 아동이 불완전하게 모방할 경우에도 언어 변화가 생기게 된다.

언어는 어떻게 변화하는가

언어 변화는 음운, 문법, 의미, 어휘 등 언어 전반에 걸쳐 이루어진다. 먼저 음운 혹은 음성의 변화는 **ᄀᆞᅀᆞᆯ → 가을, 글발 → 글월, ᄀᆞᇙ 길 → 갈 길**의 변화에서 ㅿ, ㅸ, ㆆ 등이 사라진 것과 같은 **상실**喪失, **불휘 → 뿌리, 곶 → 꽃**에서처럼 된소리가 더해진 것과 같은 **추가**追加, 한국어에서는 볼 수 없지만, 영어에서 음소 /f/가 /f/와 /v/로 나뉘어진 것과 같은 **분열**分裂, '**ᄂᆞᆯ**刃'과 '**날**日', **ᄉᆞ랑**愛과 **사랑**舍廊으로 구분되던 것이 ㆍ의 변화로 첫 음절에서 ㅏ로 합쳐진 것과 같은 **합병**合併 또는 **합류**合流 등이 있으며 이러한 과정을 통해 변화 혹은 **변천**變遷이 일어나게 된다. 문법 변화는 굴절, 활용, 접사, 어미 등의 형태나 통사의 변화를 말하는데, **하더시니 → 하시더니**와 같이 선어말 어미의 위치가 바뀌거나 **사ᄅᆞᆷ/업숨 → 사람/없음**과 같이 명사형 어미의 변화 등을 예로 찾을 수 있다. 의미 변화는 **다리**脚가 사람이나 짐승의 다리만을 가리키던 것이 무생물까지 넓어지게 된 것과 같은 의미 확대, **즁싱**이 과거 모든 유정물을 의미했던 것이 **짐승**으로 바뀌며 인간을 제외한 동물의 의미로 좁아지게 된 것과 같은 의미 축소, 그리고 [어리석다]라는 의미를 가지고 있던 **어리다**가 [나이가 적다]로 바뀐 것과 같은 의미 이동 등이 있다. 마지막으로 어휘 변화는 가장 쉽고 빠르게 변화가 일어나는데 보통 새로운 말이 생겨나거나 사용하던 말이 사라지게 되는 것을 어휘의 **신생**新生과 **소멸**消滅이라고 한다.

언어의 분화分化

하나의 언어 사용자 집단이 둘 이상으로 나뉘어 각기 다른 지역에서 오랜 세월 동안 격리되어 살아가면서 독자적인 언어 변화를 겪을 때 언어 분화가 발생한다. 언어 분화는 의사소통의 가능성 여부에 따라 방언과 구별되는데, 한 언어의 방언은 집단 간 의사소통이 가능하지만, 하나의 언어를 조상으로 가진 각기 독립된 개별 언어들은 서로 의사소통이 불가능하다. 이러한 언어의 분화를 보는 관점에는 계통수설系統樹說과 파동설波動說이 있다.

1871년 슐라이허Schleischer, A.가 주장한 계통수설은 나뭇가지가 하나의 뿌리에서 분열하여 자라면서 갈라진 가지끼리는 서로 상관없이 독자적으로 성장하는 것과 같이 언어도 하나의 공통 조어에서 각각의 방언으로 분화하여 상호 영향 없이 개별 언어로 발달한다고 보았다. 그러나 1872년 슈미트Schmidt, J는 언어는 나뭇가지와 달리 인접해 있는 방언끼리 서로 영향을 미친다는 점에서 계통수설은 언어 분화 이후의 혁신이나 차용을 설명할 수 없음을 비판하고, 수면에 돌이 떨어지면 파문이 생기고 사방으로 전파되는 것처럼 한 지역에서 발생한 언어 혁신도 교통로를 따라 확산되고 확산 도중 큰 산이나 강에 이르면 멈춰지며 다른 언어 혁신과 만나기도 한다는 파동설을 주장하였다.

2. 언어의 분류

언어의 분류 방식

언어는 그 언어가 가지고 있는 구조적 특징에 근거하여 분류하는 유형적 분류類型的分流와 기원과 역사에 근거한 분류인 계통적 분류系統的分流로 나눌 수 있는데, 유형적 분류에는 굴절어, 교착어, 고립어, 포합어 등의 4가지 유형이 있으며, 계통적 분류는 친근 관계를 밝히는 연구의 결과에 따라 다양한 어족語族들로 나뉜다.

언어의 계통적 분류

계통적 분류는 언어들 사이의 유사성이나 공통성을 밝혀 언어의 기원이 같음을 증명하는 데 초점을 둔다. 이는 분화된 언어들이 독자적 변화를 거쳐 발전했더라도 이들 언어에는 공통점이 남아 있게 되며, 언어 변화의 요인이 한정적이기 때문에 변화의 경향성도 같거나 비슷할

가능성이 있으므로 가능한 방법이다. 그래서 언어들 사이의 공통 요소들을 찾아내고, 분화 과정을 파악함으로써 분화 이전의 원형을 추정할 수 있게 된다.

계통적 분류에 대한 연구에서는 계통이 분명한 언어를 연구하는 경우는 없으며, 계통이 불분명한 언어들을 대상으로 언어적 유사성이 있거나, 역사적·문화적·인류학적 관계를 고려하여 대상이 되는 언어를 선정한다. 그리고 이들 언어가 같은 계통에서 분화한 것임을 가정하고 비교 언어학의 방법을 통해 그 가정을 증명한다. 이 과정에서 언어의 어형, 문법 형태소, 음운, 어휘 등에 일정한 대응 규칙이 발견되면 한 기원형基源形에서 분화한 것으로 볼 수 있다. 이때, 언어들 간의 비교는 기초 어휘를 대상으로 해야 한다.

언어의 계통적 분류와 관련된 주요 개념을 정리하면 다음과 같다.

공통 조어共通祖語: 비교 방법을 통해서, 여러 언어가 갈라져 나온 것으로 추정되는 조상 언어로서, 하나의 언어가 시간의 흐름에 따라 장기간에 걸쳐 분열하여 둘 이상의 다른 언어로 분화했을 때 그 근원이 되는 언어를 가리킨다. 공통 기어共通基語, 조상 언어 또는 조어祖語라고도 한다.

어족語族: 계통상 하나로 묶이는 언어의 종족을 말한다.

어파語派: 한 어족에서 같은 시기에 분화된 여러 언어를 통틀어 이르는 말이다.

어군語群: 같은 어파 가운데 서로 친족 관계를 이루는 여러 언어를 통틀어 이르는 말이다.

동족어同族語: 동계어同系語라고도 하며, 같은 계통에 속하는 언어를 가리키는 말이다.

주요 연구 방법, 재구再構

언어의 역사적 변화에 대한 연구는 현재로부터 과거의 특정 시점으로 거슬러 올라가는 회고적 방법과 과거에서부터 현재로 내려오는 전망적 방법이라는 상반된 두 가지 방향에서 진행된다. 그래서 회고적 방법의 연구는 어원론이 되며, 전망적 방법의 연구는 어휘사가 된다. 그런데 자료가 남아 있지 않거나, 부족하여 과거 어떤 시기의 언어 양상을 확인할 수 없을 때 이용하는 것이 바로 재구이다.

재구는 내적 재구內的再構와 비교 재구比較再構가 있다. **내적 재구**는 한 언어 혹은 문헌 자료를 기초로 해서 그 언어의 옛 모습을 재생·복원하는 방법으로, 주로 그 언어의 음운론적 교체형을 근거로 하여 역사적인 변화의 흔적이 남아 있을 때, 그 앞선 시기의 언어 상태를 추정하는 것이다. 이때 한 언어의 공시적인 체계에서 불규칙성을 가지고 있는 것이 유용한 자료가 된다. **비교 재구**는 언어 역사 연구의 기본적인 방법으로 한 언어와 다른 언어를 비교하여 문헌 이전의 역사, 즉 선사先史를 밝히는 것이다. 비교 재구는 동족어同族語가 대상이 되며, 공통 조어共通祖語를 재구하고, 그 분파分派 시기와 변천 과정을 밝히기 위하여 동족어와의 음운, 어휘, 문법 등을 비교한다. 비교의 목적은 동족어 사이의 대응법칙을 찾으며, 궁극적으로는 공통어의 과거 모습을 재생하는 것으로, 공통 조어를 재구하는 것이다. 이때 유용한 자료는 같은 어족에 속하는 두 개 이상의 언어에 존재하는 유사성을 가지고 있는 것이 된다. 재구의 대상은 변화의 주체를 무엇으로 보는가에 따라 달라지는데, 음운 재구, 체계 재구, 규칙 변화 재구 등 다양할 수 있다.

재구는 몇 가지 전제를 기반으로 하는데, 우선 비교의 대상이 되는 둘 또는 그 이상의 어휘가 그 언어의 고유어로서 동일한 기원에서 변화한 것이어야 하며, 비교 대상이 되는 언어가 동일한 계통에 속하는 것이어야 하며, 언어의 변화는 규칙적이라는 대전제를 따르고, 언어의 공시적인 교체형은 기원적이 아니고 통시적通時的인 산물이라고 보아야 한다.

내적 재구는 첫째, 다른 언어나 외부적인 요소는 고려하지 않고, 둘째, 특정 언어의 공시적인 불규칙적인 요소만을 고려하며, 셋째, 변화의 유형과 가능성을 고려하여 이전의 모습을 추정한다.

비교 재구는 우선 비교하고자 하는 언어의 동일한 기원이나 계통을 확인하여, 내적 재구나 그 언어의 통시적 변화를 고려하여 가장 오래된 언어 형태를 재구한 다음, 대상이 되는 둘 이상의 언어를 서로 비교하여 공통 조어로 추정될 수 있는 이전의 상태를 재구한다.

재구의 궁극적인 목적이 한 언어의 가장 오래된 모습을 추적하는 것이라면 재구의 실질적인 작업은 내적 재구와 비교 재구가 순서적으로 진행될 수밖에 없다. 따라서 **내적 재구 → 비교 재구 → 공통 조어 설정**의 절차를 따르게 된다.

재구는 몇 가지 한계와 문제를 가지고 있다. 우선 예외 내지 교체형이 역사적인 변화의 산물이 아니라 기원적으로 존재했던 것이거나, 과거에 존재하던 것이 흔적을 남기지 않고 다른 것에 완전히 합류해 버렸다면 재구가 불가능하다는 한계가 있다. 또, 비교에서 우연성과 차용의 문제가 있는데, 영어의 **two**와 한국어의 **둘/두**가 유사한 것처럼 언어의 기본적 속성에서 비롯된 우연적인 것인지를 판단해야 하며, 한국어의 **바람**이 과거 중국어 **風**의 상고음上古音과 유사한데, 이것이 차용에 의한 것은 아닌지 의심하게 된다는 것이다.

3. 세계의 주요 어족

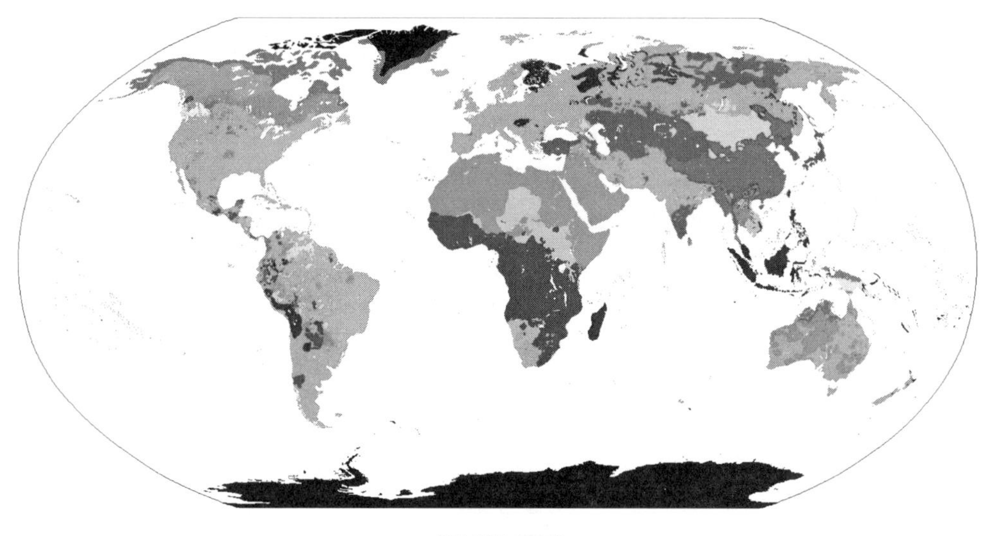

〈세계의 어족〉
(출처: 위키피디어)

인도·유럽 어족 Indo-European Languages 인구 어족印歐語族이라고도 하며, 세계에 가장 널리 퍼져 있고 그 계통이 가장 잘 연구된 어족으로, 유라시아와 아메리카, 대양주에 퍼져 있다. **굴절어**屈折語의 특성을 갖는데, 영어, 스페인어, 이탈리아어, 프랑스어, 독일어, 러시아어, 힌디어, 페르시아어, 벵골어 등이 대표적이다.

〈인도·유럽 어족〉

어파	어군	해당 언어
게르만어파	동게르만 어군	고트어
	서게르만 어군	**독일어, 네덜란드어, 룩셈부르크어, 영어**, 아프리칸스어, 프리지아어
	북게르만 어군	**노르웨이어, 덴마크어, 스웨덴어, 아이슬란드어**, 페로어
발트·슬라브 어파	동발트 어군	**라트비아어, 리투아니아어**
	서발트 어군	(사멸) 프로이센어
	슬라브 어군	**러시아어, 우크라이나어, 벨라루스어, 불가리아어, 마케도니아어, 세르보크로아티아어, 몬테네그로어, 슬로베니아어, 체코어, 슬로바키아어, 폴란드어**, 소르브어, 루신어
아나톨리아 어파		(사멸) 소아시아(튀르키예 지역)의 언어: 히타이트어 등
아르메니아 어파		**아르메니아어**
알바니아 어파		**알바니아어**
이탈리아 어파	라틴팔리스크 어군	라틴어
	로망스 어군	**이탈리아어, 스페인어, 포르투갈어, 프랑스어, 오크어, 카탈루냐어, 루마니아어, 갈라시이어, 로망슈어**
인도·이란 어파	인도·아리아 어군	(산스크리트어), 카슈미르어, 칼라쉬어, **네팔어, 펀자브어**, 신드어, 구자라트어, 롬어, **힌디어**, 우르두어, **벵골어**, 아삼어, 오리얀어, 마라티어, 콘칸어, **싱할라어**, 디베히어
	이란 어군	페르시아어, 타지키스탄 타지크어, 쿠르드어, 자자어, 발루치어, 파슈토어, 와히어, 사리콜리어, 아베스타어, 스키타이어, 오세트어, 야그노비어
	누리스탄어군	아스쿠누어, 캄카타비리어
켈트 어파	도서켈트 어군	**웨일스어, 아일랜드어**, 브르타뉴어, 맨어, 콘월어
토카리아 어파		(사멸) 중국 위구르 타림 분지 지역의 언어: 토하라어
헬라 어파(희랍어)		**그리스어**

우랄 어족Uralic Languages

유럽 지역에 있으면서도 인도·유럽 어족에 속하지 않는 언어로서, 핀란드어, 에스토니아어, 헝가리어, 기타 북부 유럽과 아시아에 걸쳐 쓰이는 몇몇 언어가 더 있다. 핀·우고르 제어, 사모예드 제어를 포괄하기도 한다. **교착어**膠着語의 특징을 가지고 있으며, 예전에는 알타이어와 함께 우랄-알타이 어족Ural-Altaic family이라고 불리기도 하였다.

〈우랄 어족〉

어파	어군	해당 언어
핀·우고르 어파	발트·핀 어군	**핀란드어, 에스토니아어**, 카렐리아어, 잉그리아어, 버로어 등
	사미 어군	사미어
	우그리아 어군	**헝가리어(마자르어)**, 만시어, 한티어
	핀·페름 어군	코미어, 우드무르트어
	핀·볼가 어군	마리어, 모르드바어
사모예드 어파	북사모예드 어군	네네츠어, 에네츠어, 응가나가산어
	남사모예드 어군	셀쿠프어

알타이 어족Altaic Languages

아시아의 동부, 서부, 중부, 북부에 걸쳐 있는 여러 언어들로서, 몽골 어파, 튀르크 어파, 만주·퉁구스 어파에 한국어와 일본어를 포함하기도 한다. 인도·유럽 어족에 비해 언어 간 유사성이 적어서 가설 단계에 머물러 있다. **교착어**膠着語의 특성을 가지고 있다.

〈알타이어족〉

어파	어군	해당 언어
튀르크 어파	캅자크 어군	**카자흐어, 키르기스어, 타타르어**, 바시키르어, 노가이어, 쿠미크어, 카라차이·발카르어
	차가타이 어군	**우즈베크어, 위구르어**
	오우즈 어군	**튀르키예어, 아제르바이잔어, 투르크멘어**, 가자우즈어, 살라르어
	시베리아 어군	사하어, 투바어, 알타이어, 하칸스어, 돌간어
	오르구 어군	추바시어
몽골 어파		**몽골어**, 부리야트어, 칼미크어, 다우르어, 둥샹어, 모골어
만주·퉁구스 어파	퉁구스 어군	에벤어, 에벤키(어웡키)어, 네기달어, 오로치어, 우데헤어
	만주 어군	**만주어**, 시버어, 나나이어, 울치어, 윌타어
한국 어파		**한국어**, 제주어
일본 어파		**일본어**, 류쿠어

지나·티베트 어족Sino-Tibetan Languages

한장 어족漢藏語族, 중국·티베트 어족, 트랜스히말라야 어족Trans-Himalayan Languages 등으로 불리기도 하는데, 주로 아시아 지역에서 널리 쓰이는 언어로서, 서쪽은 인도의 카슈미르에서 티베트, 중국 대륙을 거쳐 동쪽은 대만에 이르고, 북쪽은 중앙아시아, 남쪽은 동남아시아에 걸친 넓은 지역에 분포하는 어족이다. 사용 인구상 세계에서 가장 널리 쓰이는 언어인 중국어와, 티베트어, 버마(미얀마어)를 중심으로 한 티베트·버마 어파가 있다. 타이어, 베트남어 등도 이에 속한다는 견해가 일반적이지만 다른 주장도 있다. 유형적으로는 **고립어**孤立語의 특징을 보인다.

〈지나·티베트어족〉

어파	어군	해당 언어
중국 어파		**중국어**
티베트·버마 어파	티베트 어군	티베트어
	버마 어군	버마어
	바릭·카레닉 어군	카렌어, 종카어

몬·크메르 어족Mon-Khmer Languages

오스트로아시아 어족Austroasiatic Languages, 남아시아 어족이라고도 한다. 동남아시아를 중심으로 인도, 방글라데시, 네팔, 중국의 남쪽 국경 지대에 분포하는 언어들로서, 세계에서 규모가 가장 작은 어족이다. **고립어**孤立語의 특징을 보인다.

〈몬·크메르어족〉

어파	어군	해당 언어
문다어파		코라푸트어, 카리아주앙어, 코르쿠어, 케르와리어
핵심 몽·크메르어파		**크메르어, 베트남어, 라오스어**
카시크무어파		카시어, 팔라웅크무어

드라비다 어족Dravidian Languages

인도 남부, 스리랑카를 중심으로 인도 중·동부, 파키스탄, 네팔, 아프가니스탄, 이란의 일부 지역에 분포하는 언어로서, **교착어**膠着語의 특징을 가지며, 주어-목적어-동사(SOV)의 어순을 보이기도 한다. 이를 근거로 한국어와의 계통적 연관성을 주장하는 학자도 있다.

〈드라비다어족〉

어파	어군	해당 언어
남부 드라비다 어파		**타밀어, 칸나다어, 말라얄람**어, 툴루어
남중부 드라비다 어파		**텔루구어**, 곤드어
북부 드라비다 어파		브라후이어, 쿠르흐어
중부 드라비다 어파		나이키어, 두루와어

오스트로네시아 어족 Austronesian Languages

말레이·폴리네시아 어족 또는 남도 어족南島語族이라고도 하며, 동남아시아, 마다가스카르, 태평양 지역에 분포하는 언어들이다. 말레이, 자바, 필리핀, 인도네시아를 중심으로 하여 대만, 괌, 뉴질랜드, 마다가스카르섬(아프리카), 하와이, 사모아에 이르는 지역의 섬에 분포한다. 인도·유럽 어족에 이어 세계에서 두 번째로 넓은 지역에서 사용되는 어족이다.

〈오스트로네시아어족〉

어파	어군	해당 언어
말레이폴리네시아 어파	순다술라웨시이 어군	**자바어, 마인어(말레이어, 인도네시아어)**, 미낭카바우어, 반자르어, 아체어, 발리어, 사삭어, 순다어, 마두라어, 팔라우어, 차모르어
	티모르 어군	**테툼어(동티모르어)**
	남부술라웨시 어군	**부기스어, 마카사르어**
	첼레비 어군	찌아찌아어
	필리핀 어군	**타갈로그어**, 세부아노어, 일로카노어,
	동부 바리토 어군	**말라가시어(마다가스카르어)**
	대양 어군	나우루어, 키리바시어, 마샬어, 피지어, 통가어, 하와이어, 타히티어, 마오리어, 사모아어, 시에어
고산 어파		**대만 원주민어(Formosan)**

아프리카·아시아 어족Afro-Asiatic Languages

함·셈 어족Hamito-Semitic family, 셈함 어족Semito-Hamitic이라고도 하는데 북아프리카, 서아시아, 아프리카의 뿔, 사헬, 몰타 지역에 분포하는 언어로서, 히브리어와 아랍어를 대표하는 셈 어파와 이집트 어파가 있으나, 현재 이집트 토착어는 아랍어에 밀려 거의 사멸된 상태이고, 모로코, 알제리, 이디오피아, 수단, 소말리아, 케냐, 탄자니아, 나이지리아, 카메룬, 차드, 중앙아프리카공화국 등 북아프리카 지역을 중심으로 분포하고 있다.

〈아프리카·아시아어족〉

어파	어군	해당 언어
베르베르 어파(함 어파)		베르베르어, 투아레그어
셈 어파		**아랍어, 히브리어**, 암하라어(이디오피아), 티그리냐어(에리트레아), 몰타어
차드 어파		하우사어
쿠시 어파		소말리어(소말리아), 오로모어(이디오피아)
이집트 어파		(사멸) 고전 이집트어(콥트어)
오모 어파		아리어, 보로어, 셰어

니제르·콩고 어족Nkger-Congo Languages

아프리카에서 가장 크고 중요한 어족으로서, 서아프리카와 적도 이남의 아프리카 여러 곳에 분포하는데, 라이베리아, 세네갈, 카메룬, 우간다, 케냐, 서남아프리카, 남아프리카 등이 대표적이다.

〈니제르·콩고 어족〉

<table>
<tr><th>어파</th><th>어군</th><th>해당 언어</th></tr>
<tr><td rowspan="2">대서양·콩고 어파</td><td>대서양 제어</td><td rowspan="6">스와힐리어, 줄루어, 호사어, 키룬디어, 치체와어, 총가어, 벤다어, 키냐르완다어, 스와지어, 세소토어, 츠와나어, 은데벨레어, 페디어, 요루바어, 간다어, 마닌카어, 메루어, 멘데어, 모레어, 밥바라어, 보라나어, 쇼나어, 수쿠마어, 아칸어, 야오어, 에웨어, 월로프어, 음분두어, 이그보어, 이조어, 잔데어, 치가어, 캄바어, 콩고어, 룸부카어, 푸타잘론어, 플풀데어</td></tr>
<tr><td>볼타콩고 어군</td></tr>
<tr><td colspan="2">만데 어파</td></tr>
<tr><td colspan="2">이조 어파</td></tr>
<tr><td colspan="2">도곤 어파</td></tr>
<tr><td colspan="2">코르도판 어파</td></tr>
</table>

계통적으로 아프리카의 언어는 어족 분류가 쉽지 않다. 아프리카 내에만 800개 이상의 언어가 존재하며, 한 나라 안에서도 부족에 따라 언어가 갈리는 경우가 있기 때문이다. 아프리카의 언어는 아프리카·아시아 어족이나 니제르·콩고 어족이라는 두 개의 어족으로만 분류하기 어렵지만 대부분은 이 두 어족에 포함되는 것으로 간주하고 있다.

기타 어족

이상의 어족 이외에도 인디언어로 대표되는 북미 및 남미의 토착민의 언어는 10개 정도의 어족으로 분류할 만큼 다양하다. 또한, 오스트레일리아 및 뉴기니아의 토착 언어들도 다양한 부족들의 언어가 있는데, 뉴기니아의 경우 조그만 섬이면서도 부족마다 언어가 다르다.

또, 추크치어, 골략어, 캄차달어, 유카기르어, 길랴크어와 같은 고아시아 제어가 있다. 이들은 극북極北 제어라고도 불린다. 일본의 원주민어인 아이누어는 계통상 고립된 것으로 추정되는데, 알타이어나 고아시아어로 분류되기도 한다.

학습 정리

- 언어는 그 자체에 변화의 속성을 내포하고 있다.
- 언어 변화는 크게 조음적 요인, 사회적 요인, 심리적 요인에 의해 촉발되며, 두 언어의 영향 관계에 의해 일어나기도 한다.
- 언어 변화는 음운, 문법, 어휘, 의미 등 언어 단위의 전 층위에서 일어날 수 있다.
- 하나의 언어가 둘 이상의 언어로 나뉘는 것을 언어 분화라고 하는데, 이것을 설명하는 이론에는 계통수설과 파동설이 있다.
- 언어를 분류하는 방식에는 언어의 구조적 특징에 근거한 유형적 분류와, 기원과 역사에 근거한 계통적 분류가 있다.
- 계통적 분류는 언어의 기원이 같음을 증명하는 데 초점이 있으며, 주로 재구의 방법을 통해 기원의 같고 다름을 입증하려고 한다.
- 세계의 주요 어족으로는 인도·유럽 어족, 우랄 어족, 알타이 어족, 지나·티베트 어족, 몬·크메르 어족, 드라비다 어족, 오스트로네시아 어족, 아프리카·아시아 어족, 니제르·콩고 어족 등이 있다.

학습 퀴즈

1. 다음은 언어의 변화 요인을 제시한 것이다. 서로 관계가 있는 것끼리 연결하라.

❶ 조음적 요인	•	•	ㄱ. 내적 요인
❷ 사회적 요인	•	•	ㄴ. 상층설과 기층설
❸ 심리적 요인	•	•	ㄷ. 외적 요인
❹ 두 언어의 영향 관계	•	•	ㄹ. 경제성의 원리

2. 하나의 언어 사용자 집단이 둘 이상으로 나뉘는 것을 언어 분화라고 하는데, 언어 분화와 방언을 구별하는 기준이 되는 것은 무엇인가?

3. 언어의 구조적 특징에 따라 세계의 언어는 모두 네 가지 유형으로 분류할 수 있다. 그것은 무엇인가?

4. 다음은 언어의 계통적 분류와 관련된 주요 개념을 설명한 것이다. 〈보기〉에서 해당되는 용어를 고르라.

❶ 공통 조어 ❷ 내적 재구 ❸ 어족 ❹ 어파
❺ 어군 ❻ 동계어 · 동족어 ❼ 비교 재구 ❽ 회고적 방법

ㄱ. 계통상 하나로 묶이는 언어의 종족

ㄴ. 같은 계통에 속하는 서로 다른 개별 언어

ㄷ. 여러 언어의 조상 언어

ㄹ. 한 어족에서 분화된 여러 언어를 묶은 것

ㅁ. 한 언어를 자체적으로 연구하여 그 언어의 옛 모습을 재생하고 복원하는 연구 방법

ㅂ. 같은 어파에 속하는 여러 언어를 묶은 것

같이 알아보기

- 언어의 접촉이 아주 오래전에 이루어져서 두 언어 사이에 보이는 공통성 또는 유사성이 공통 조어이기 때문인지, 아니면 차용에 의한 것인지를 판단하기 어렵다면 어떻게 처리해야 할까?
- 위에서 설명한 세계의 주요 어족 가운데 하나를 선택하여 해당 어족의 공통적 특질에 대해 조사해 보자.

용어 정리

역사 언어학歷史言語學historical linguistics

언어의 변화, 즉 언어의 역사를 다루는 언어학의 한 분야로서 일정한 시기의 언어만을 대상으로 하는 공시 언어학共時言語學에 비해 여러 시대에 걸친 변화를 다루므로 통시 언어학通時言語學이라고도 한다. 회고적·전망적 방법을 통해 음운, 문법, 의미 등 언어 요소의 변화 과정을 연구하고, 언어 간의 통시적 비교를 통하여 발생론적 상관관계, 즉 친족 관계를 밝히는 것을 목적으로 한다.

비교 언어학比較言語學comparative linguistics

같은 계통으로 추정되는 둘 이상의 언어 구조를 비교하여 서로의 계통적 관계나 변천·발달 등을 연구하는 언어학의 한 분야이다. 공통 조어共通祖語의 재구를 목표로 하며, 같은 어족(계통)에 속하는 여러 언어와의 역사적 관계를 연구하는 학문이다. 대개 역사 비교 언어학과 같은 의미로 사용된다. 둘 이상의 언어를 다룬다는 점에서 대조 언어학contrastive linguistics과 혼동되기 쉬우나 대조 언어학은 언어 간 친족성 여부를 고려하지 않으나 비교 언어학은 비교하는 둘 이상의 언어 간 친족성을 전제한다.

비교 언어학比較言語學은 한국어와 몽골어의 비교나 한국어와 일본어의 비교처럼 계통적 연관성이 있는 여러 언어들의 공통성과 유사성, 차이점 등을 검토하여 그들의 분화 과정을 밝히고 더 나아가 기원이 된 언어와 분화된 여러 언어 사이의 역사적 변천 관계를 밝히고자 하는 역사 언어학歷史言語學 historical linguistics의 한 분야로서 계통적 연관성을 전제한다는 점에서 대조 언어학과 차이가 있다.

대조 언어학對照言語學은 한국어와 영어의 대조나 영어와 일본어의 대조처럼 계통적 연관성이 없는 여러 언어들의 공통성과 유사성, 차이점 등을 연구하는 언어학의 한 분야이다. 구조가 다른 언어와 대조함으로써 한 언어만을 연구할 때 발견하지 못한 언어의 특징을 파악하고자 하며, 이를 통해 외국어 교육에 활용하거나 더 나아가 언어의 본질을 밝히고자 한다.

역사 비교 언어학歷史比較言語學historical comparative linguistics

19세기 초에 유럽에서 시작된 언어학의 한 분야로서 언어의 역사를 연구하는 학문이라는 의미로 사용되는 역사 언어학과 언어 간의 비교를 통해 언어의 역사를 연구한다는 비교 언어학을 합해서 붙인 명칭이다.

계통론系統論genealogy of Language

비교 언어학 등의 방법을 통해 언어 간의 연원적 관계, 즉 친족 관계를 밝히려는 언어학의 한 분야이다. 일본 학자들에 의해서 영어의 genealogy를 번역한 것으로 추정되는 계통론은 원래 생물학에서의 계보, 혈통, 가계 등의 의미로 사용된 용어인데, 친족 관계의 수립과 관계되어 언어 연구에서도 사용하게 된 것으로 보인다. 한국어학에서는 대개 국어 계통론이라는 용어로 사용되며, 한국어가 어떤 어족에 속하며, 어떤 언어들과 친족 관계를 갖는가에 대해 연구하는 분야이다.

2장

한국어는 어디에서 왔을까

- 한국어와 관련된 주요 계통설
- 알타이어족설

생각해 보기

질문 1. 한국어는 어디에서 시작해서 어디로 퍼져 나갔을까?

1. 한국어와 관련된 초기의 계통설

타타르 어족설

한국어의 계통에 대해 최초로 견해를 밝힌 로스니Léon Louis Prunal de Rosny는 한국어의 문법 체계와 구성 방식에 있어서 타타르 어족을 성립시키는 특징들과 대체로 일치한다고 하였으며, 달레Claude Charles Dallet는 한국어에 대하여 어족 형성의 요건, 한국어를 타타르어 계통으로 보는 근거 등을 상세히 기술하였는데, 어족 형성의 요건을 문법적 유사성으로 규정하고, 타타르 제어의 특징을 한국어가 그대로 가지고 있기 때문에 한국어도 이 어족에 속한다고 보았다. 그는 또한 한국어와 인도 남부의 드라비다어 간의 유사성을 지적하기도 하였으며, 인도·유럽 어족의 언어와 타타르 제어 간의 차이를 설명하기도 하였다. 그리피스William Eliot Griffis 또한 달레의 견해를 이어받아 한국어는 투란, 알타이, 몽골 등으로 다양하게 불리는 대어족의 다음절polysyllabic 어파에 속한다고 주장하였다.

투란 어족설

투란 어족설은 1870년대에 한국어와 다른 언어들을 구체적으로 비교 연구하기 시작하면서 제기된 것으로 로스, 애스턴, 헐버트, 에드킨스 등에 의해 제기되었다. **로스**John Ross는 조선인 서상륜과 함께 성경을 번역하였으며(1877, 신약성경), 영어로 한국 문화를 종합 소개한 최초의 저술인 *Corea, Its History, Manners and Culture*(1880, 런던)의 저자로서 중국어와 만주어, 동부 몽골어, 한국어, 일본어 등의 어휘와 문법을 산발적으로 비교하여 유사성과 상이성을 기술하였는데, 한국어는 다른 투란계 언어와 비슷하지만 어휘에서는 비교할 수 없다고 보았다.

애스턴William George Aston은 한국어와 일본어를 세밀하게 비교하여 두 언어 사이의 관계를 인도·유럽 어족 내에서 가장 멀리 떨어져 있는 언어들의 관계와 같은 정도라고 상정할 수 있다고 주장하였다. 그는 일본어와 한국어 혹은 다른 언어들과 비교에서는 세 가지 사항을 고려해야 한다면서, 첫째 음성 체계, 둘째 문법 기능, 셋째 문법적 과정의 성격을 들었다. 특히 음운 대응, 공통 수사의 존재 등과 같은 어족 수립의 요건을 기준으로 비교 연구를 진행하였는데, 이는 로스나, 달레 등이 문법적 특성을 계통 수립의 중요한 단서로 인정한 데 비하여 진일보한 것으로 볼 수 있다.

헐버트Homer Bezaleel Hulbert는 한민족을 투란계로 추정하였는데, 투란계의 한 파는 이란 고원으로부터 북쪽으로, 다른 한 파는 남으로 이동하여 인도 남부 지방에 정착하였고, 다시 그 일파가 동으로 이동하여 말레이시아까지 도달했으며, 말레이시아 반도로부터 대륙에 근접한 섬들을 따라 한반도의 남부까지 이르렀다고 보았다. 이에 따라 한국어가 인도 남부의 드라비다어와 동일 계통이라고 주장하면서 한국어를 투란계 어족으로 분류하였다.

에드킨스Joseph Edkins는 북아메리카의 인디언어가 타타르 계통임을 언급하면서 한국어와 북아메리카의 인디언 언어인 크리Cree의 어휘들을 비교하였으며, 중국어-몽골어, 중국어-한국어, 한국어-몽골어, 한국어-유럽어에서 음상과 의미가 비슷한 어휘들을 나열하였는데, 신빙성은 부족하다.

우랄·알타이 어족설

빈클러Heinrich Winkler는 19세기 중반 카스트렌의 알타이 어족설 이래의 연구 성과를 종합, 우랄·알타이 어족의 제언어가 가진 공통적인 성격을 소개하였는데, 뮐러의 투란 어군에 포함되었던 드라비다 제어 등 다수의 언어를 제외하고, 핀란드어, 사모예드어, 튀르크어, 몽골어, 퉁구스어, 일본어, 한국어, 유구어 등을 포함하였다. 그의 주장에는 부정확한 예들이 다수 포함되어 있으나 이 이론은 일본의 시라토리 등에 의하여 우리나라 지식인들 사이에 전파되어 한국어가 우랄·알타이 어족에 속한다는 생각을 형성하게 되었다.

시라토리白鳥庫吉는 『조선어와 우랄-알타이어의 비교 연구』에서 어족 성립의 요건으로 19세기 말 이래 우랄·알타이어 학자들의 공통적 견해인 어근의 유사성과 문법의 유사성을 들고, 핀·우그르, 사모예드, 튀르크, 몽골, 퉁구스어에 한국어를 추가하였다. 그의 연구는 방대한 작업임에도 불구하고 근거가 될 수 있는 문헌의 양이 절대적으로 부족하여 확증되지 못하였다.

한국어의 계통에 관한 서양학자들의 견해는 북방 유목 민족의 언어와 문법적 유사성에 근거를 둔 것으로 헐버트의 드라비다어 비교 연구, 애스턴의 일본어 비교 연구 등이 있었지만, 한국어와 북방 유목 민족 언어들의 친연성親緣性을 인정하는 한국어의 우랄·알타이 어족설로 점차 정착되었다. 그 연장선상에서 람스테트가 우랄·알타이 어족을 우랄 어족과 알타이 어족으로 분리할 것을 제안하였는데, 한국어는 튀르크어, 몽골어, 만주·퉁구스어와 함께 알타이 어족에 속한다는 관념이 형성되어 실제 이에 대한 연구가 지금까지 진행되고 있다.

2. 한국어의 알타이 어족설

폴리바노프E. D. Polivanov 규칙적 음운 대응의 발견에 의한 친족 관계의 수립이라는 원칙을 한국어의 비교 연구에 최초로 적용한 폴리바노프는 자신이 비교하는 언어들의 음성과 형태 구조상의 일반적 유사성을 친족 관계 수립의 증거로서가 아니라 음운 대응의 법칙이 확립되기 이전 단계에서 친족 관계를 시사하는 현상으로 제시하면서, 한국어와 알타이 제어의 비교 결과가 역사·비교 언어학에서 수립된 친족 관계 수립 이론에는 부합하지는 않지만 한국어가 알타이어족에 속할 개연성을 충분히 시사하는 예로 활용하였다. 그가 제시한 한국어와 알타이어의 언어 구조상의 일반적 유사성은 첫째, 형태론적 현상에서 접미사적 성격, 둘째, 액센트 위치의 고정성과 호기적呼氣的 특성, 셋째, 어휘 형태소의 단음절적 성격, 넷째, 모음 조화, 다섯째, 모음 체계와 자음 체계상의 유사성 등이다. 그가 제시한 한국어와 알타이 제어의 음운 대응 양상은 다음과 같다.

〈한국어와 알타이 제어의 음운 대응〉

튀르크어	추바쉬어 · 몽골어 · 만주어	한국어
š	l	l/r–
z	r	l/r–
l	l	l/r–
r	r	l/r–

람스테트 Gustaf John Ramstedt 람스테트는 한국어의 아구리(입口)와 튀르크어의 ayiz, 추바쉬어의 šavar의 선사형先史形 aɤuri가 일치한다는 사실을 발견하고 한국어는 알타이 어족의 튀르크 어군, 몽골 어군, 만주·퉁구스 어군과 병렬하는 제4파라고 주장하였다. 그는 『알타이 제어의 고토故土와 파상설Wave Theory』에서 알타이라는 용어는 알타이산맥과 무관하며 다만 관습상 사용할 뿐임을 강조하고 만주의 흥안령산맥 일대를 약 4천 년 전 알타이 조어의 근거지라고 설명하였다. 이것은 네 개의 방언권으로 분포하는데 흥안령산맥을 기준으로 북서쪽은 몽골어, 서남쪽은 튀르크어, 복동쪽은 퉁구스어, 그리고 동남쪽은 한국어로 구분된다.

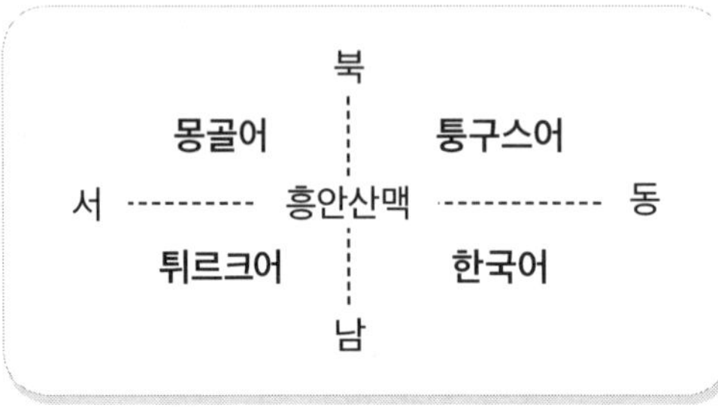

〈람스테트의 알타이어 분포도〉

〈람스테트의 알타이어 분포도〉

이에 따라 한국어는 튀르크어, 퉁구스어와 가까우면서 몽골어와는 가장 멀다고 하였는데, 이는 알타이 어족에 속하는 제언어 간의 공통점의 다소多少를 선사 알타이 공통 조어 시대의 방언들의 분포 위치로 설명하려고 한 것이었다. 이러한 설명은 중간 단계를 인정하지 않는 슈미트의 파동설波動說과 같은 원리라고 할 수 있다.

람스테트 언어학의 근본은 19세기 후반 유럽에서 풍미한 역사주의에 기반하며, 현대 한국어의 어형을 비교 언어학적 관점에서, 또 역사적 발달의 관점에 입각한 내적 재구로써 설명하려고 하였다.

포페Nicholas Poppe

포페는 람스테트를 계승하여 알타이 어족설을 강력히 주장한 가장 중심적인 인물로, 한국어를 알타이 어족의 제4파로 인정하였기 때문에 우리나라 학자들 사이에 널리 알려진 사람이다. 그는 알타이 조어가 제1단계에서 추바쉬·튀르크·몽골·만주·퉁구스어 단일체와 한국어 조어로 분리되며, 제2단계에서 몽골어와 만주·퉁구스어를 단일체로 취급하였다. 그는 몽골어·튀르크어·만주·퉁구스 제어 사이의 음운론적, 형태론적 일치는 우연도 아니요, 차용에 근거를 둔 것도 아닌 원시 친족 관계의 증거를 표시하는 것임을 확신한다고 주장하였다.

〈포페의 알타이어 계통도〉

스트리트Street

스트리트는 알타이 조어 이전에 북아시어 조어Paleo-Asiatic를 설정하여 여기에서 한국어가 먼저 분기하여 나온 것으로 판단하였는데, 한국어와 알타이 제어와의 관계를 포페보다 더 소원하게 보았다.

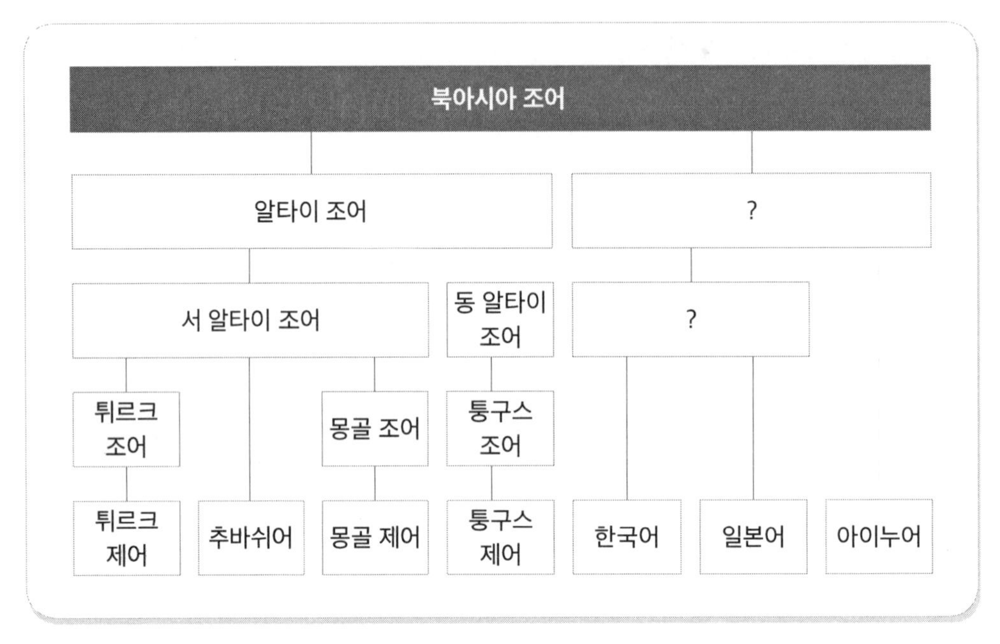

〈스트리트의 알타이어족 계통도〉

한국 학자들의 연구

먼저, 주시경은 한국어의 소속을 밝히지는 않았으나 알타이어 계통으로 이해한 듯하다.

최남선은 『조선상식문답』에서 한국어가 우랄·알타이 어족 가운데 알타이 어족에 붙는 것은 대체로 의심할 것이 없지만 어떠한 지위에 있고 어떠한 내력을 가졌는가는 아직 조금도 명백해지지 않았으며, 외국의 학자들 가운데 이렇다 저렇다 하는 시론試論을 발표한 것이 없지는 않지만 제법 시원한 의견으로 결정할 것이 없으므로 마땅히 조선인 자신이 이후 노력으로 이 문제를 해결해야만 한다고 하였다.

한국어 계통 연구에 최초로 관심을 가진 이숭녕은 『우랄·알타이 공통 특질론』(1950)에서 음운을 비교하여 우랄·알타이 제어의 모음 조화와 중세 한국어의 모음 조화를 비교 설명하였으며, 람스테트의 알타이 제어 순음의 규칙적 음운 대응을 소개하였다.

이후 이기문은 알타이 조어에서 부여·한 공통어로 분화하고 이것이 원시 부여어와 원시 한어로 분화되었다고 보았다.

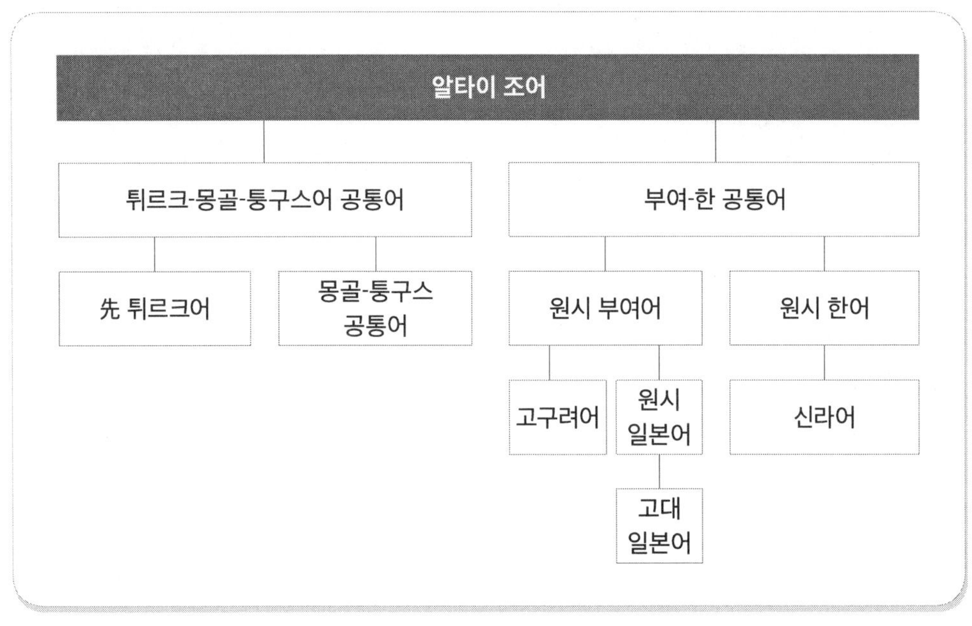

〈이기문의 알타이어 계통도〉

김방한은 원시 한반도어를 기층으로 하여 여기에 알타이 어족이 얹혀 형성된 언어라고 보았는데, 한국어의 저층底層으로 원시 한반도어(고아시아어, 고시베리아어)를 제시하였으며 한국어에 길랴크어의 요소가 존재함을 지적하였다.

학습 정리

- 한국어의 계통에 관한 최초의 견해는 로스니Rosny에 의해 제기된 타타르 어족설이다.
- 1870년대에 한국어의 투란 어족설이 제기되었고, 이후로 19세기 중반 이후의 연구 성과를 종합하여 1970년대까지 우랄·알타이 어족설이 대세를 이루었다.
- 그러나 엄격한 음운 대응의 발견을 통한 친족 관계 수립의 원칙이 일반화된 후로는 알타이 어족설이 주류를 이루고 있다.
- 알타이 어족의 여러 언어와 한국어의 유사성이 논의되면서도 많은 차이점 때문에 반알타이 어족설이 등장하여 아직도 한국어의 계통에 관한 정설이 없는 실정이다.
- 한국인에 의한 한국어 계통 연구는 주시경 이래 많은 학자들에 의해 연구되어 왔으며, 알타이 어족으로 보는 견해가 우세하게 전개되고 있으나 20세기 후반 들어 제기된 고아시아어와의 관계가 새롭게 관심의 초점이 되고 있다.

학습 퀴즈

1. 다음은 한국어의 계통에 관한 주요 이론에 대한 설명이다. 〈보기〉에서 해당하는 학설을 고르라.

❶ 타타르 어족설 ❷ 투란 어족설 ❸ 우랄·알타이 어족설 ❹ 알타이 어족설

ㄱ. 엄밀한 의미에서 가장 언어학적 이론에 근거한 한국어 계통설에 해당한다.

ㄴ. 한국어를 중국어, 일본어, 만주어, 몽골어는 물론 인도의 드라비다어, 아메리카 인디언어, 유럽어 등과 연관지어 계통을 설명하고자 한다.

ㄷ. 한국어의 계통에 관한 최초의 이론이라고 할 수 있다.

ㄹ. 한국어를 핀·우그르, 사모예드, 튀르크, 몽골, 퉁구스어 등과 같은 계통으로 본다.

2. 람스테트의 알타이 어족설은 언어 분화 이론 중에서 어느 것에 해당하는지 쓰라.

3. 한국어를 알타이 어족에 속하는 것으로 단정짓지 못하는 이유는 한국어에 비알타이어적 요소가 많기 때문이다. 일부 학자들은 바로 이 비알타이어적 요소가 한국어의 기층을 형성하고 있기 때문이라고 설명하기도 한다. 한국어의 기층이 되는 이 언어를 무엇인가?

같이 알아보기

- 한국어의 기원과 계통에 관한 의견이 일치를 보지 못하고 있는 이유는 무엇일까? 이에 대한 자신의 생각을 이야기해 보자.
- 북한의 학자들은 한국어의 기원과 계통에 대해 한국어의 독자적 기원설을 내세우기도 한다. 이에 대해서 조사해 보고, 다른 학설도 있는지 알아보자.

용어 정리

투란turan 사상

20세기 초에 헝가리에서 크게 유행한 학설로서, 헝가리 민족인 마자르족과 동아시아 민족인 한국, 일본, 중국, 몽골, 만주족 등이 아주 오래 전에 같은 장소에 거주했던 친족이라고 믿는 문화사적 경향을 가리킨다. 투란 어족설, 우랄·알타이 어족설 등은 투란 사상을 기반으로 하고 있는데, 대개 문법적 유사성에 근거를 두고 있으나 음운, 문법, 어휘 등의 구체적이고 체계적인 대응의 규칙을 수립하지는 못하였다.

노스트라티카Nostratica

'우리의 언어'라는 뜻을 가진 말로서 세계 언어의 단일 기원설을 주장하던 구 소련의 언어학자들이 붙인 가상의 공통 조어의 이름이다. 인류의 언어는 원래 하나였으며, 세계의 언어는 그 언어에서 분화된 것이라고 가정하는데, 이 이론을 노스트라트 언어론Nostratian Language Theory이라고 한다.

3장

한국어의 동족어는

- 한국어와 친족 관계가 있다고 언급되는 언어들
- 한국어 계통론 연구

생각해 보기

질문 1. 단군신화를 통해 추측 가능한 한국어의 기원에 대해 생각해 보자.

1. 한국어와 기타 언어와의 관계

한국어와 드라비다어

드라비다어는 인도의 남부, 스리랑카, 파키스탄 등지에 분포하는 언어로서 주요 언어로는 텔구르어Telugu, 타밀어Tamil, 칸나다어kannada, 말라얄람어Malayām 등이 있다.

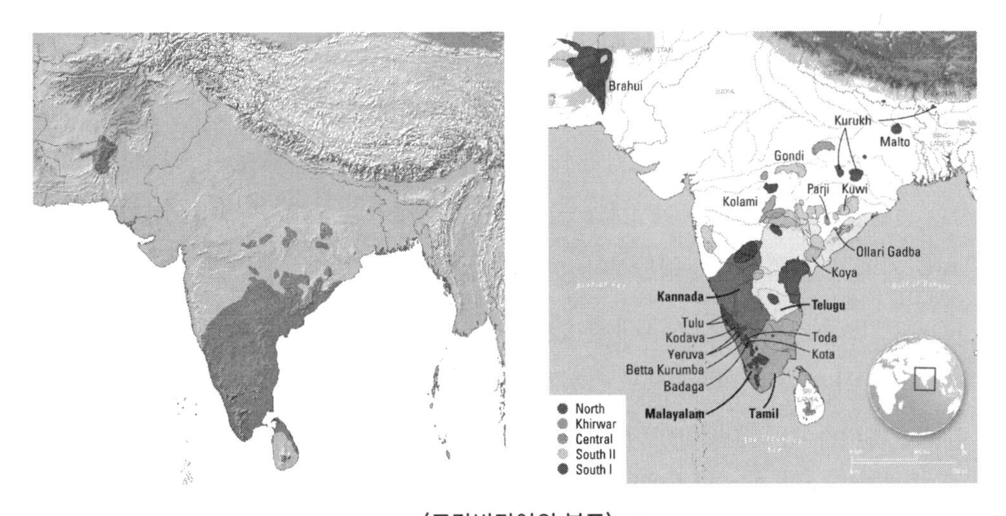

〈드라비디어의 분포〉
(출처: wikimedia, kopalniawiedzy)

투란족(타타르족-퉈르키예족, 몽골족, 핀족, 우랄족, 사모예드족 등)이 이란 고원에서 출발해서 각지로 이동하는 중 한 일파가 인디아 지방으로 진입하여 고대 문명을 이룩하였는데, BC 2000~1500년 경 아리안족(인도·유럽 어족)의 침입으로 인도 남부로 이동하게 되고 일부는 말레이시아, 또는 남동아시아의 여러 섬으로 흩어지게 된다. 그중 일부가 한반도의 가야(AD 42~562) 지방으로 들어오게 되었다고 보는 견해에서 한국어와 드라비다어 간의 동계설이 제기되었다.

헐버트Hulbert는 마한의 지명 비리卑離(*pili)와 백제 지명 부리夫里(*puri)가 인도 남부 지명 Trichna**palli**, Ala**palli**, Saim**palli** 등에서 촌락을 의미하는 palli와 유사하다는 점을 발견하였는데, 드라비다어 *palli는 산스크리트어 palli小村落의 차용어이다. 그는 이에 따라 드라비다어와 한국어의 유사점을 14개 항에 걸쳐 제시하였는데, 유형적으로 유사하다고 생각되는 것과 차용어를 나열한 것에 불과하여 한국어와 드라비다어의 친근 관계가 밝혀졌다고 할 수 없다.

멩게스K. Menges는 헐버트와는 다른 견지에서 한국어와 드라비다어의 관계를 언급하였는데, 그는 드라비다어와 우랄·알타이 어족 사이에 먼 친근성을 가정하고 여기에 한국어를 포함시켰다.

보우다Bouda는 멩게스와 같은 입장에서 드라비다어와 한국어를 포함한 알타이 제어의 유사한 낱말을 비교하였는데, 139개의 비교 예 중 38개의 한국어 낱말이 포함되어 있으나, 비교 자체에 문제가 많아 타당성이 없다.

칼드 웰Cald well은 모음 조화, 복자음 불허, 교착어, 관사가 없음 등의 드라비어의 특성이 우랄·알타이 어족이 공통적으로 가지고 있는 특성과 부합한다고 보았다.

현재 드라비다어는 우랄·알타이 어족에 속하지 않고 드라비다 어족으로 독립되어 있으나, 투란 어족이 이란고원에서 거주할 당시 지리적으로 근접해 있던 우랄산맥 지방과의 접촉으로 드라비다어와 우랄·알타이 어족 사이에 먼 친근성이 생겼을 가능성이 있다. 드라비다어는 고대 가야어와 매우 유사한 점이 있는데, 이는 헐버트의 주장처럼 드라비다족이 한국으로 건너왔을 경우, 지리적으로 가장 가까운 곳이 가야 지방이었기 때문인지도 모른다. 가야가 멸망한 후 가야의 상층 계급이 일본으로 건너가 일본어의 형성에 영향을 주었다고 보는 경우가 있는데, 이런 점에서 한국어와 일본어의 친근성이 있다는 주장도 나올 수 있다.

한국어와 길랴크어Gilyak

길랴크어는 아무르 강구江口의 좁은 지역과 사할린의 북부 일부에 분포하는데, 계통은 확실치 않으며 전체 길랴크인 4,420명 중 약 절반이 사용하는 언어(1983년 현재)이다. 길랴크라는 명칭 대신 니브흐Nivx라는 명칭으로도 사용되며, 길랴크어의 방언은 아무르 방언과 동사할린 방언으로 나뉘나 의사소통이 불가능하여 서로 다른 두 언어로 보기도 한다. 끄레노이비치가 몇몇 단어를 한국어와 비교하였으나 이것은 접촉에 의한 것으로 판단되며, 계통적인 연관성에 대해서는 입증되지 않았다.

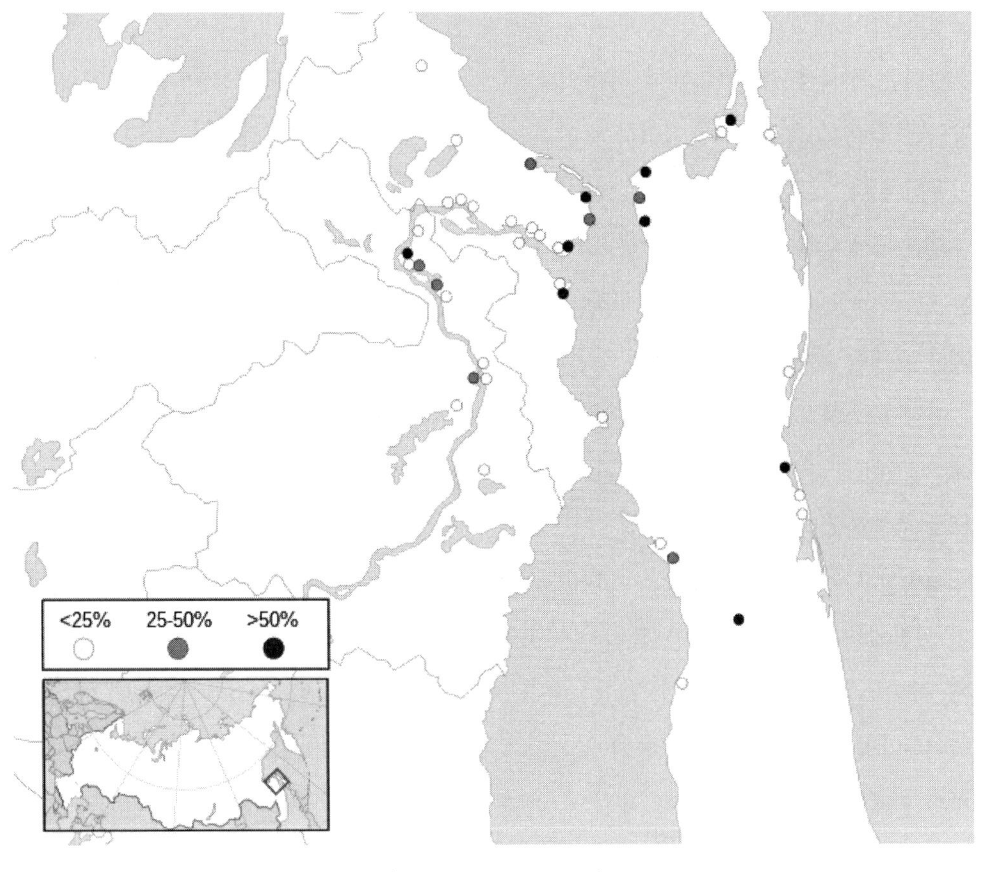

〈길랴크어 위치와 분포〉

길랴크어가 한국어의 형성에 어느 정도 영향을 미쳤는지에 대해서는 아직 어떤 결론을 내릴 수 있는 단계에 있지 않다. 다만 한국어에 길랴크어의 요소가 있음이 확인되는 정도일 뿐이다. 길랴크어에는 만주·퉁구스어의 차용어가 많으며, 따라서 한국어와 길랴크어 사이에 보이는 유사한 단어를 비교할 때에는 주의해야 한다.

한국어와 일본어

한국어와 일본어의 관련성은 한국과 일본의 지리적, 정치적, 문화적 관련성에 근거한 경우가 많은데, 지리적인 접근성과 가야 멸망 시 일본으로 건너가 일본의 상층 언어를 형성하였으며, 외교적 교류가 잦았다는 정치적 관련성, 삼국 시대 일본의 아스카 문화 형성에 영향을 주었으며, 이후 양국은 같은 문화권 안에 있었다는 문화적 관련성 등이 두 언어 사이의 관련성에 대한 기반이 된다.

일본에서 일본어의 계통을 연구하기 위해 먼저 시작한 한국어와 일본어의 비교 연구는 한국에서는 8·15 이후부터 시작되어 1960년대부터 본격화된다. 한국어와 일본어의 친근 관계는 일본어를 한국어와 같은 계열로 보고 알타이어 범주에 넣는 북방설과, 일본어가 오스트로네시아 어족에 속해 한국어와는 다른 계통이라고 보는 남방설이 있는데, 애스턴Aston은 음운 대응과 문법 체계와의 유사성을 들어 한일 양어가 동계통어일 것으로 추정하였다.

북방설을 지지하는 학자에는 스트리트Street와 이기문이 있는데, 스트리트는 알타이 조어 이전에 또 하나의 단계인 북아시아 조어를 설정, 여기에서 분파되어 한국어가 일본어, 아이누어와 같은 계보라고 보았으며, 이기문은 일본어와 한국어의 친근성에 대해 알타이어와의 친족 관계가 성립하기에는 많은 문제점이 있다고 보고 일본어가 고구려어와 친족 관계일 것이라는 가설을 세웠다. 이는 현존하는 30여 개의 고구려어 어휘를 연구한 결과 대명사뿐만 아니라 고구려의 수사가 일치하는 점을 강력한 근거로 하는데, 이를 통해 일본어가 고구려어를 더 소급하면 원시 부여어와 친족 관계를 가진다는 개연성을 보인다고 주장한다.

남방설은 해양으로부터 유입된 폴리네시아어와 일본어 간의 언어 접촉의 결과로 일본의 언어가 성립되었다고 보는 설인데, 특히 일본어의 고어로 갈수록 바다나 어로에 관계된 단어에 있어서 유사성이 발견된다. 그러나 과거로 소급할수록 일본어는 많은 부분에서 알타이 제어와 유사성을 보이며, 폴리네시아어와의 관계는 차용의 결과로 보이지 친근 관계에 기인한 것은 아닌 것으로 판단된다.

일본어의 계통에 대한 제설은 북방설과 남방설로 구분되는데, 북방설은 한국어 혹은 알타이어, 특히 몽골어, 만주·퉁구스어, 튀르키예어 등 알타이의 여러 언어와 관계가 있다는 학설이다. 최근에 비교적 활발히 논의되는 학설로는 소위 일본어의 **중층론**重層論이 있는데, 북방설과 남방설이 일본어의 기원과 직접 관계되는 언어만을 대상으로 생각하는 견해인데 비해, 중층론은 두 가지 이상의 언어가 복합적으로 일본어를 구성하고 있다고 보는 견해이다. 즉, 일본 열도에는 처음에 남방계 언어가 사용되고 있었는데, 그 후 알타이어 계통의 언어가 도래해서 일본어는 남방계 언어와 북방계 언어가 2중 구조를 이루고 있다고 보는 것이다. 그러나 현재로서는 일본어의 계통을 확정할 수 없다.

한국어와 고대 중국어

한국과 중국은 역사적인 면에서 문화 접촉이 활발하였다. 한사군漢四郡 설치 이후부터 시작된 접촉은 6세기 초에 표면에 나타나기 시작하여 통일 신라에 와서는 본격적으로 증가한다. 이에 따라 한민족이 중국과 동일족이라는 주장이 나오기도 하였는데, 기자 동래설箕子東來說은 기자라는 유이민이 중국 갈석산 부근에서 한국으로 건너와 기자 조선을 세웠으므로 한민족은 중국 민족의 후예라는 주장이다. 또 위만 조선衛滿朝鮮은 위만이 연나라에서 건너와 위만 조선을 세웠는데, 이로 보아 중국의 후예라는 주장 등이다. 그러나 위만은 중국에서 건너온 유이민이나 고조선의 준왕이 망명을 허락하면서 박사라는 관직명을 주었고, 위만 조선을 세우면서 국호를 바꾸지 않은 점, 그리고 통치 계급이 중국인이 아닌 토착 조선인이었다는 점 등에서 중국인이라는 확실한 증거가 부족하다.

한국어는 한자어로 대치되는 경향이 두드러진다. 특히 천문·지리·기후·친족·가옥·인체·의복·방위어 등에서 중국어 차용어가 많이 보이며, 특히 지명은 신라 경덕왕 이후 대폭 한자어로 개편되었다. 언어학적인 입장에서 볼 때 한국어와 중국어는 문자에 있어서 표의 문자와 표음 문자를 사용한다는 차이가 있고, 형태적으로 한국어는 교착어, 중국어는 고립어이며, 계통적으로 한국어는 알타이 어족, 중국어는 지나·티베트 어족에 속한다는 차이가 있다. 또한 어순과 성조는 가장 큰 차이라고 할 수 있다.

중국과는 지리적, 역사적으로 밀접한 관련이 있지만 현재 통용되는 어족 상으로는 전혀 다르다. 그럼에도 불구하고 한자어의 차용이 활성화됨으로써 고대 한국어의 모습이 상당 부분 사라져 한국어의 계통을 밝히는 데에 어려움이 따르고 있다.

한국어와 고아시아어

고아시아어는 중앙 시베리아의 케트어, 아무르 강구江口와 사할린 북부의 길랴크어, 캄차카 반도의 캄차달어, 동북 시베리아의 유카리르어, 축치어, 코리야크어 등을 모두 포함하는 언어로, 우랄어 민족이나 알타이어계의 민족보다 더 일찍부터 시베리아에 살고 있었다고 추정하여 이들을 고아시아족이라고 부른 데서 유래한 명칭이다. 이들 고아시어어는 고시베리아어, 극북 민족어極北民族語 등으로도 불리며 아직까지 계통적 관계는 밝혀져 있지 않다.

김방한(1983)에서는 이 고아시아어가 알타이 어족의 남하 이전에 한반도와 만주 일대까지 퍼져 있었으며, 알타이 어족의 남하로 소멸해 간 것으로 추정한다. 그리고 이를 원시 한반도어라고 부를 것을 제안하면서 한국어의 기층을 형성한 언어로 보고 있다.

한국어와 인도·유럽어

에카르트A. Eckardt는 언어 그 자체만으로는 친근 관계를 증명할 수 있는 결정적인 증거가 될 수 없으며, 고고학과 민족학의 증거가 필요하다는 것을 전제로 인도·유럽 어족에 속하는 토카라인과의 관련성을 제기하였다. 그가 제시한 한국인과 토카라인의 문화적 공통성은 먼저, 토카라인들이 입는 목에서부터 엉덩이까지 쭉 내려오는 상의의 가죽 장식은 고구려의 벽화 형태에서 보는 것과 같다는 점, 짚과 왕골 섬유로 엮어서 만들어진 토카라인들의 샌들형 발싸개는 중국인들의 그것과 아주 다르며 한국의 시골에서 신고 다니는 짚신과 동일하다는 점 등이었다. 언어적 유사성 또한 몇몇 어휘의 예와, 명사와 동사의 구별, 성의 구별이 없다는 점 등의 기타 문법적인 부분에서 유사성을 제시하였다.

그는 비교 연구 방법이 아닌 그저 단순한 차용만을 근거로 한국어가 인도·유럽 어족에 속한다고 주장한 것으로, 언어학적인 면에서 접근하여 한국어와 인도·유럽어와의 공통적 특질을 찾으려고 하기보다 세계 언어의 보편적인 특성을 끌어다가 인도·유럽어의 특수적인 성격으로 간주했다는 오류가 있으며, 두 언어의 우연한 일치를 필연적인 특성으로 주장하였다는 문제점을 가지고 있다. 결국 한국어와 인도·유럽어는 별개의 언어로 동일 계통으로 간주할 만한 증거를 발견하지 못하였다.

2. 한국어 계통론 연구

한국어와 알타이어의 비교

한국어와 알타이어를 비교하는 데 있어서 가장 큰 문제는 비교의 토대가 되는 고대 자료가 극히 적으며, 한국어를 제외한 각 어군에 속하는 언어들 사이의 차이가 적고, 많은 언어들이 흔적을 남기지 않고 소멸하였다는 것이다. 그래서 오히려 반알타이 어족설이 제기되었는데, 이들은 알타이 제어의 언어 구조는 현저하게 유사하지만 어휘 면에서 차용어를 제외하면 공통된 요소가 없거나 혹 있다고 해도 극히 소수라는 점, 기초 어휘도 대명사의 일부가 유사할 뿐이고 수사가 각기 다르며, 신체의 부분 명칭이라든가 또는 친족 명칭 등도 유사한 것이 거의 없다는 점, 음운 대응의 규칙성이 제안된 바 있으나 그 대응 예로 든 비교가 정확하지 않고 또 그 음운 대응을 뒷받침할 만한 비교 예라는 것도 대부분이 기초 어휘에 속하지 않는, 중요한 것이 못 된다는 점 등을 그 근거로 제시한다.

사실상 알타이 제어는 역사적으로 대단히 밀접한 접촉을 갖고 서로 강한 영향을 미친 결과 언어 구조가 유사해지고 또한 차용에 의해서 서로 공통된 요소를 가지게 된 것으로 보인다. 또 음운 법칙은 정밀하게 일관성이 있어야 하는데, 그것 또한 차용어 사이에서도 인정될 수 있는 것이며, 문법 체계가 규칙적이고 단순하기 때문에 문법적 요소조차 차용될 가능성이 없지 않다. 그래서 문법적 요소의 유사성이 지적된 것은 사실이지만 매우 부분적이고 알타이 제어의 친근성을 주장하기에는 충분한 것이 되지 못한다.

한국어와 알타이어의 관계에 대한 가능성

포페는 한국어는 알타이 제어와 친근 관계가 있을 수 있다고 하였는데, 원시 한국어는 알타이 통일체가 존재하기 전에 분열했을지 모른다는, 즉 분열 연대가 대단히 이르다고 추정하였으며, 한국어에는 결국 알타이어 기층밖에 없다고 하였다. 따라서 한국어는 기원적으로 비알타이어인데 이것이 기층어인 고대 알타이어를 흡수했든지, 혹은 기층 언어인 알타이어 위에 얹혔을지도 모른다는 것이다.

이기문은 한국어와 알타이제어의 친족 관계는 의심할 수 없는 것이지만, 그것은 자못 소원한 것이라고 하였으며, **김방한**은 한국어와 알타이 제어의 음운, 형태, 어휘를 비교한 결과 공통된 요소가 있음을 확인하였다면서, 음운 체계 전반에 걸친 음운 대응을 정확하게 공식화할 수 있는 단계에는 아직 이르지 못하나 앞으로 그 대응의 규칙성을 확정할 수 있는 가능성이 충분히 있으며, 몇몇 음운 대응은 주목할 만하다고 하였다. 특히 이들 공통적 요소는 결코 우연의 일치라든가 혹은 차용의 관계로는 볼 수 없는데, 이것을 부인하려면 그들 요소의 일치가 친근 관계에 의하지 않는다는 것, 즉 차용이라든가 언어 접촉에 의한 것임이 증명되어야 하지만 그것을 증명하는 것은 불가능에 가깝다고 주장한다. 그는 몇몇 학자에 의해서 제시된 알타이어의 계보도에서 한국어의 위치는 그 정도로 도식화할 만큼 확실하지 않으나, 한국어는 퉁구스 제어와 매우 밀접한 관계에 있을 수 있는 개연성이 가장 높다고 하며, 한국어에 보이는 비알타이적 요소는 고아시아어로 추정되는 기층 언어의 잔형일 가능성이 있다고 주장한다.

학습 정리

- 몇몇 학자들에 의해서 한국어와 기원적 관계가 있다고 논의되는 언어는 드라비다어, 길랴크어, 일본어, 고대 중국어, 고아시아어 등이며, 심지어는 일부 인도·유럽어까지도 관련지어 논의되기도 하였다.
- 한국어의 계통에 관한 가장 강력한 학설은 알타이 어족설이지만, 다른 알타이어들과의 차이점이 많아 반알타이 어족설이 제기될 만큼 반론도 만만치 않은 실정이다.
- 한국어의 계통에 관하여 현재의 시점에서 인정할 수 있는 것은 한국어가 단일한 기원을 가지고 있지 않다는 것이다.

학습 퀴즈

1. 다음은 한국어와 기원적 관계가 있다고 논의되고 있는 언어에 대한 설명이다. 설명에 해당하는 언어를 〈보기〉에서 고르라.

❶ 중국어 ❷ 드라비다어 ❸ 고아시아어 ❹ 일본어 ❺ 길랴크어

ㄱ. 인도 남부와 스리랑카, 파키스탄 등에 분포하고 있으며, 이들 중 일부가 한반도의 가야 지방으로 들어와 한국어 형성에 영향을 주었다고 보는 견해가 있다.

ㄴ. 한국어에 이 언어의 요소가 있다는 점에 대해서는 많은 학자들이 동의하고 있으나, 만주·퉁구스어의 차용어가 많아 한국어와 비교할 때에는 주의가 요망된다. 아무르 강 주변과 사할린 북부에 분포하고 있다.

ㄷ. 한국어가 이 언어의 상층 언어를 형성하는 데 관여를 한 것으로 추정되며, 알타이어의 한 분파라고 보는 견해도 있다.

ㄹ. 우랄어계 민족이나 알타이어계의 민족보다 일찍 시베리아와 아시아 일대에 퍼져 있었다고 하는 민족의 언어이다. 한국어에서는 기층어를 형성한 것으로 추정되는 언어이다.

ㅁ. 일반적으로는 한국어와 전혀 어족이 다른 언어로 분류된다. 한국과의 지리적 인접성, 인종적 유사성, 문화적 접촉의 역사가 긴 점 등이 언어의 기원을 같이한다는 주장의 주요한 근거가 되고 있다.

2. 다음의 한국어 계통론 연구에 대한 설명에서 빈칸에 알맞은 말을 쓰라.

> 한국어는 (❶)에 속하는 한 언어라는 것이 유력하게 제시되고 있으나 (❷)의 토대가 되는 고대 자료가 극히 적고, 각 어군에 속하는 언어들 사이의 차이가 적으며, 많은 언어들이 흔적을 남기지 않고 소멸해 버림으로써 연구에 큰 장애가 되고 있다. 이에 따라 한국어는 (❶)에 속하는 것이 아니라는 (❸)도 설득력 있게 제기되고 있는 실정이다.

같이 알아보기

- 한국어의 계통을 밝히기 위해서는 어떠한 연구들이 행해져야 할까? 이에 대한 자신의 생각을 이야기해 보자.
- 인구어학(印歐語學)에서 언어의 계통과 기원을 논의할 때 기초 어휘의 일치도를 중요한 기준으로 삼고 있다. 비교 언어학에서 대상으로 하는 기초 어휘에 대해 조사해 보자.

용어 정리

언어 연대학[言語年代學glottochronology]

서로 관계있는 두 언어가 독자적으로 발달해 온 시간을 추정하기 위해 그 언어들의 어휘에 나타나는 변화율을 연구하는 학문으로, 두 언어 사이에 공통된 동족어[同族語cognate]의 비율을 근거로 두 언어의 분화 시점을 역산해 보려는 방법을 취하고 있기 때문에 어휘 연대학, 또는 어휘 통계학[lexicostatistics]이라고도 한다.

언어 연대학에서는 서로 관계가 있는 둘 이상의 언어가 공유하는 기초 핵심 어휘[basic core vocabulary]가 있다고 가정하고 그 어휘에 대한 통계를 비교하는 방법을 제시한다. 이는 기초 어휘가 변화와 차용 등에 둔감하기 때문에 1) 일정한 비율로 상실 내지 대치되며, 2) 기초 어휘의 변화율은 어느 언어와 시대를 막론하고 보편적으로 같다는 가정에 기반한 방법이다.

그러나 어느 언어에나 공통적으로 적용할 수 있는 기초 어휘 목록을 만들기가 거의 불가능하고, 언어학적 변화율이 모든 언어에서 똑같이 나타날 수 없고, 심지어는 하나의 언어 내부에서도 변화의 비율이 일정하지 않다는 점에서 언어 연대학의 방법론은 설득력을 얻지 못하고 있다.

"가장 끈질기게 살아남는 종은 두뇌가 뛰어난 종도 가장 강한 종도 아니다.
변화에 가장 잘 대처하는 종이다."
(찰스 다윈)

한국어 변천사

1장

고대 한국어, 옛날 옛적 우리말

- 한국어사의 시대 구분
- 고대 한국어 개관

생각해 보기

질문 1. 고대 한국어는 언제부터 있었을까?

1. 한국어사의 시대 구분

시대 구분 시대 구분은 대상 언어의 변천 모습을 면밀히 관찰하여, 그 언어가 최초의 자료를 남긴 이후 몇 번의 커다란 변화를 입었느냐에 따라 결정되어야 하는데, 한국어사에서 보이는 어떤 변화를 커다란 변화로 볼 것인가의 여부에 따라 각기 다른 분기법이 대두하였다. 한국어사에서 커다란 변화란 방언 이상의 차이를 불러 온 전 언어 체계, 즉 음운, 문법, 어휘 체계의 이질화를 의미하므로, 특별히 학습하지 않는 한 이해할 수 없을 정도의 변화를 의미하는 것(김동소, 1998)인데, 언어 체계 전체의 변화를 의미한다고 볼 수 있다. 문제는 시대 구분의 근거를 어떻게 정할 것인가인데, 대개의 경우 고려 건국, 조선 건국, 훈민정음 창제, 임진왜란, 갑오경장처럼 왕조의 건국이나 중요한 역사적 사건을 중심으로 구분하는 5분법을 취하나 3분법, 4분법, 6분법, 7분법 등도 있다. 언어 역사의 시대 구분을 이처럼 언어 외사外史 중심으로 할 수밖에 없는 것은 언어의 변화가 점진적이고 느리게 이루어지므로 시대를 구획 지을 만한 획기적인 내용을 발견하기 어렵기 때문이다. 그러나 언어 외사가 언어 변화를 유발했거나 언어 변화의 특징적 시기를 규정하는 것이 될 수는 없다. 왕조의 변화에 따른 정치사적 시대 구분이나 전쟁 또는 대규모의 제도 개혁에 따른 사회사적 시대 구분 등이 언어에 급격한 변화를 주는 계기가 되었다는 명확한 증거가 없는 한 시대 구분의 기준으로 도입되어서는 곤란하다.

한국어사의 주요 시대 구분

한국어사의 시대 구분에서 중요한 몇몇 학자들의 주장을 살펴보면 먼저, **이숭녕**은 삼국 시대를 상대 국어, 통일 신라를 통일 시대 국어, 고려 시대 이후는 왕조의 변동에 따라 고려 시대 국어, 이조 시대 국어, 현대 국어로 규정하는 등 정치사를 중심으로 구분하였다. **이기문**은 신라어를 고대 국어, 고려 시대를 전기 중세 국어, 임진왜란 이전을 후기 중세 국어, 갑오경장 이전을 근대 국어, 그리고 그 이후는 현대 국어로 구분하여 어느 정도 정치사적인 구분에서 벗어나고자 노력한 모습이 보인다. **박병채**는 계림유사鷄林類事 이전을 전기 고대 국어, 훈민정음 창제 이전을 후기 고대 국어, 임진왜란 이전을 중기 국어, 갑오경장 이전을 근대 국어로 구분하여 다른 학자들과 다른 독특한 모습이 보인다.

한국어사에 대한 전체적인 시대 구분 양상을 정리하면 대체로 삼국의 성립, 고려 건국, 훈민정음 창제, 임진왜란, 갑오경장을 기준으로 하는 원시 한국어, 고대 한국어, 중세 전기 한국어, 중세 후기 한국어, 근대 한국어, 현대 한국어의 구분이 일반적이라고 할 수 있다.

〈여러 학자들의 시대 구분〉

연대 / 학자	0	500	1000	1500				2000
이숭녕 (1954)		상대 국어	통일 신라어	고려시대 국어	조선시대 국어	현대 국어		
고노 (1955/1971)	古代 朝鮮語	中期 朝鮮語	近世 朝鮮語					
김형규 (1955)		신라어	고려어	조선 초기어	조선 중기어	조선 후기어	조선 말기어	현대어
김근수 (1961)	상고어	중고어	근고어	근대어	현대 국어			
이기문 (1961)		고대 국어	전기 중세 국어	후기 중세 국어	근대 국어	현대 국어		
김형규 (1962/1975)	상고어(고대어)	중고어	중기어	근대어	현대어			
이숭녕 (1967)	고대 국어	전기 중세 국어	후기 중세 국어	근대 국어	현대 국어			
이기문 (1972)		고대 국어	전기 중세 국어	후기 중세 국어	근대 국어	현대 국어		
김영황 (1978)	고대노예 소유자국가 시기	봉건국가 분립 시기	통일 봉건국가 시기	봉건사회 붕괴 시기	부르조아 민족운동 시기			
안병호 (1983)		고대 조선어	초기 중세 조선어	후기 중세 조선어	근대 조선어	현대 조선어		
이철수 (1984)		고대 국어	전기 중세 국어	후기 중세 국어	근대 국어	현대 국어		
최범훈 (1985)	형성기 한국어	고대 한국어	중고 한국어	중세 한국어	근대 한국어	현대 한국어		
최윤갑 (1988-9)		고대 조선어	전기 중세 조선어	후기 중세조선어	근대 조선어	현대 조선어		
리득춘 (1988)	고대 조선어	중세 전기 조선어	중세 후기 조선어	근대 조선어	현대 조선어			
박병채 (1989)	고대 국어 전기	고대 국어 후기	중기 국어	근대 국어	현대 국어			
류렬 (1990-2)	고대 조선말	중세 전기 조선말	중세 중기 조선말	중세 후기 조선말	근대 조선말			
강길운 (1993)	상고 국어	중고 국어	근고 국어	근대 국어	현대 국어			
김동소 (1998)	고대 한국어	중세 한국어	근대 한국어					
김무림 (2004)	상고 국어	고대 국어(전기)	고대 국어 (후기)	중세 국어	근대 국어	현대 국어		

2. 고대 한국어

시대 개관

고대 한국어 시기는 원시 시대부터 통일 신라 시대까지로서 한국어가 형성되던 시기를 말하며, 북방의 부여계 언어와 남방의 한계 언어로 나뉘어 있다가 고구려어, 백제어, 신라어로 발전하였다. 이 시기 신라어와 백제어는 비슷했고, 고구려어는 방언 정도의 차이가 있었을 것으로 추정되는데, 7세기 경 신라의 삼국 통일로 경주 지방의 말을 중심으로 언어의 통일을 이루게 되었다. 고구려어, 백제어, 신라어는 알타이 조어에서 분화된 것으로 밀접한 친족 관계에 있었을 것으로 추정된다.

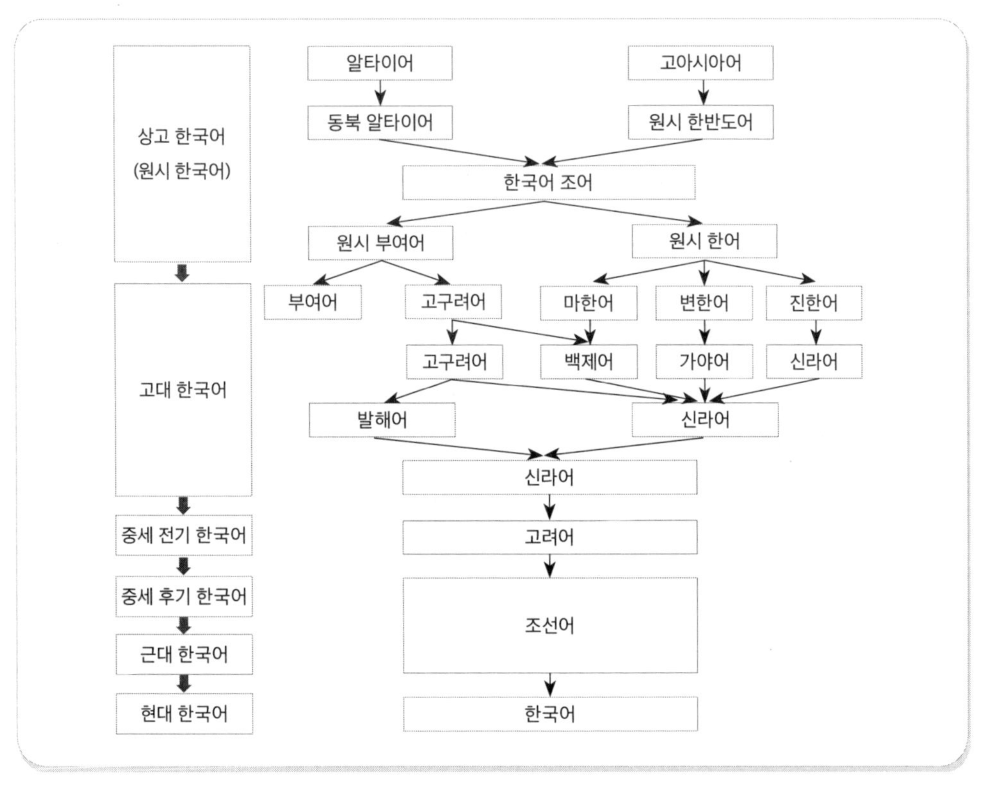

〈한국어 형성〉

자료

고대 한국어의 자료는 『삼국지三國志』 〈위지魏志 동이전東夷傳〉이나 『양서梁書』 〈백제전百濟傳〉 등과 같은 중국 사서史書의 단편적인 기사와, 『고사기古事記』, 『일본서기日本書紀』 등에 기록되어 있는 고대 일본에 들어간 차용어 표기 등을 참고할 수 있으며, 『삼국사기三國史記』, 『삼국유사三國遺事』 같은 우리 사서의 인명, 지명, 관직명 등의 고유 명사 표기에서 찾을 수 있다. 이 외에도 이두 자료와 향찰 자료, 신라어 어휘를 기록한 단편적 기록, 광개토대왕비문(414년)과 같은 각종 금석문金石文 등에서 확인할 수 있다. 이 시기 표기 체계는 차자借字 표기와 한자 전사 자료이므로 당시의 언어를 확인하기 위해서는 한자의 정확한 음가를 재구하는 것이 관건이다.

음운 체계

고대 한국어의 자음 체계는 ㅂ, ㅁ, ㄷ, ㄴ, ㄹ, ㅅ, ㅈ, ㄱ, ㅇ, ㅎ의 10자음 체계로 추정된다. 이 시기의 한국어에 있어서 가장 큰 논란은 평음-격음-경음의 삼지적三指的 상관속相關束이 존재했는가의 문제인데, 경음이 나타나지 않으며, 격음도 존재하지 않았던 것으로 추정된다. 그러나 일각에서는 몇몇 예들을 통해 격음의 존재를 인정하는 견해도 있다. 또 ㅈ과 ㅎ의 존재에 대해서도 논란이 되는데 이들은 모두 한자음에 있어서 혼재하기 때문에 발생하는 것이다.

고대 한국어의 모음 체계는 ㅣ, ㅡ, ㅓ, ㅜ, ㅗ, ㆍ, ㅏ의 7단모음 체계로 추정된다.

어휘

이 시기 어휘는 단편적인 모습만 확인할 수 있는데, 차자 표기법 등을 통해 확인할 수 있는 인명, 지명, 관직명 정도뿐이다.

문법

주로 향가 자료를 통해 격조사, 선어말 어미, 어말 어미 등을 확인할 수 있는데, 격조사에는 주격, 목적격, 관형격, 부사격, 호격 등이 확인되며, 경어법은 중세 한국어와 동일하게 주체 높임, 객체 높임, 상대 높임 등의 삼분 체계가 주로 선어말 어미에 의해 실현된다. 시제는 현재·과거·미래 시제 등이 선어말 어미에 의해 실현되며 전성 어미와 연결 어미, 종결 어미 등의 다양한 어말 어미가 쓰여 문장을 구성한다.

고대 한국어의 조사

주격	是, 理, 史, 米, 靡
목적격	乙, �
관형격	矣, 未, 米, 煙, 衣 / 叱
부사격(처소)	矣, 衣, 良, 也, 中, 希, 良中, 衣希, 也中, 惡希, 良衣, 惡中, 阿希, 惡之叱
부사격(도구)	留
호격	良, 也 / 下

고대 한국어의 선어말 어미

경어법 선어말 어미	賜, 白, 以
의도법 선어말 어미	乎, 烏, 屋, 奴
시제(상) 선어말 어미	內, 等, 去/在, 理/里

고대 한국어의 어말 어미

명사형 어미	尸, 乙, 隱, 音
관형사형 어미	尸, 乙, 隱, 因, 仁, 焉
연결 어미	米, 彌, 旀, 如可, 古, 遣, 良
종결 어미	如, 羅, 多, 馬, 也, 耶, 賜立, 齊, 制

학습 정리

- 언어의 역사를 기술하기 위해서는 시대 구분이 필수적이다.
- 시대 구분은 언어 내적 변화를 기준으로 해야 하나 언어 변화가 점진적으로 일어나기 때문에 시대를 구획 지을 만한 획기적인 내용을 발견하기 어려워서 대개는 언어 외적 변화를 중심으로 하게 된다.
- 한국어사의 시대 구분은 학자마다 다양하게 제시되고 있으나, 대체로 원시-고대-중세 전기-중세 후기-근대-현대로 구분한다.
- 고대 한국어는 한국어가 형성되던 시기로서 원시 시대부터 통일 신라 시대까지의 한국어를 말한다.
- 고대 한국어의 자료는 매우 단편적이며, 대개 이두나 향찰 같은 차자 표기와 중국의 사서에 등장하는 단편적인 기록 등에 의존한다.
- 고대 한국어의 음운 체계는 10개 자음, 7개 모음 체계로 추정된다.
- 고대 한국어의 어휘 및 문법에 대해서는 정확한 재구가 어려우나 대체로 중세, 근대, 현대 한국어와 크게 다르지 않은 것으로 판단된다.

학습 퀴즈

1. 다음은 일반적으로 학계에서 통용되는 한국어사의 시대 구분을 제시한 것이다. 해당 시기의 특징을 이루는 역사적 사건을 맞게 연결하라.

❶ 고대 한국어	•	•	ㄱ. 고려의 건국
❷ 중세 전기 한국어	•	•	ㄴ. 삼국 통일
❸ 중세 후기 한국어	•	•	ㄷ. 임진왜란
❹ 근대 한국어	•	•	ㄹ. 훈민정음 창제
❺ 현대 한국어	•	•	ㅁ. 갑오경장

2. 다음은 고대 한국어에 대한 설명입니다. 밑줄에 알맞은 말을 적으라.

ㄱ. 고대 한국어의 모습을 정확히 알기 위해서는 차자 표기나 한자 전사 자료에 의존할 수밖에 없다. 따라서 ______________의 정확한 ______________을/를 재구하는 것이 관건이 된다.

ㄴ. 고대 한국어의 음운은 자음 ______개, 모음 ______개로 추정되는데, 평음-______-______의 삼지적 상관속이 존재했는가에 대한 논쟁이 치열하다. 대체로 ______은/는 나타나지 않았다는 데 의견이 좁혀지고 있으나 ______에 대해서는 논란이 계속되고 있다. 한편, ______와/과 ______의 두 음도 존재하지 않았다는 설이 유력하게 제기되고 있는 실정이다.

같이 알아보기

- 원시 시대부터 통일 신라 시대까지를 고대 한국어의 시기로 설정할 때 언제부터 한국어라고 명명할 수 있을까? 이는 민족어의 설정에 관한 문제인데 이에 대한 자신의 생각을 이야기해 보십시오.
- 고대 한국어의 모습을 알 수 있는 자료에 대해 조사해 보자.

용어 정리

중앙어中央語

방언학이나 한국어사에서 사용하는 용어로서, 한 언어의 표준이 되는 방언이라고 할 수 있으나 명확한 정의가 쉽지 않다. 방언학에서는 중앙 방언, 중부 방언 등과 함께 서울, 경기 지역어를 가리키는 용법으로 사용되기도 하나 한국어학 전반에 걸쳐 사용될 때에는 혼동을 가져올 수도 있다.

한국어사에서는 신라의 삼국 통일로 경상 지역의 말이 중앙어가 되었고, 고려가 건국하여 개성에 도읍을 정함에 따라 중앙어가 개성을 중심으로 한 경기 지역의 말이 중앙어가 되었다고 기술한다. 즉, 고려의 건국으로 중앙어가 이동하게 되었다는 것이다. 이러한 용법을 감안할 때 중앙어는 방언학의 그것과는 차별성을 가져야 한다. 중앙어란 정치, 경제, 사회, 문화 등 전반적으로 해당 사회의 중심지의 언어라고 정의해야 한다. 중앙을 지리적인 중심으로 해석하는 것이 아니라 사회의 핵심 지역으로 해석하는 것이 혼란을 방지하는 방법이 될 것이기 때문이다.

이런한 관점에서 방언학에서의 중앙어라는 용어를 중부 방언으로 대치하거나, 경기 방언, 충청 방언 등으로 보다 명백히 세분화하여 지정하는 것이 바람직하다.

2장

중세 한국어, 훈민정음 창제의 위력

- 시대 개관
- 중세 한국어의 특징

생각해 보기

질문 1. 고대인과 중세인은 서로 의사소통이 가능했을까?

1. 시대 개관

시대 구분 전기 중세 한국어는 고려의 건국으로 중앙어가 경주에서 개성으로 이동한 10세부터 14세기까지이며, 후기 중세 한국어는 14세기부터 16세기로 중세 한국어의 시기는 총 700년의 기간에 걸친 시기가 된다. 조선의 건국에 따른 중앙어의 이동은 크지 않았으며, 훈민정음의 창제 또한 한국어를 표기하는 문자 체계의 창안일 뿐, 언어 변화를 유발하는 것은 아니기 때문에, 사실상 중세 전기와 후기의 구분은 왕조의 변혁이나 훈민정음 창제와는 무관한 것으로 이해하여야 한다. 14세기를 기준으로 삼는 이유는 음운 체계에 현저한 변화가 일어난 것으로 추정되기 때문이다.

주요 자료

전기 중세 한국어 자료로는 『계림유사鷄林類事』와 『향약구급방鄕藥救急方』, 그리고 각종 석독 구결釋讀口訣 등이 있으며, 후기 중세 한국어 자료로는 『조선관역어朝鮮館譯語』와 훈민정음으로 표기된 각종 언해류諺解類 등이 있다. 이 시기 표기상의 특징은 한자어가 급증했다는 것인데, 이는 고려 광종 때 과거 제도를 실시한 것과 관련이 있다. 압도적인 한자어 사용은 구어는 한국어, 문어는 한문을 사용하는 기형적인 이중적 언어 생활에서 비롯된 것이다.

2. 중세 한국어의 특징

음운 체계

중세 한국어의 자음 체계는 19자음 체계를 형성한 것으로 추정된다.

〈중세 한국어의 자음 체계〉

구분	순음	설음	치음	아음	후음
파열음	ㅂ ㅍ ㅶ	ㄷ ㅌ ㅼ		ㄱ ㅋ ㅺ	
마찰음			ㅅ ㅆ		ㅎ
파찰음			ㅈ ㅊ ㅉ		
비음	ㅁ	ㄴ		ㆁ	
유음		ㄹ			

고대 한국어와는 달리 **평음-격음-경음**의 삼지적 상관속을 이루게 되었으나, 아직까지 격음이 완전히 자리를 잡은 것은 아니었고, 고대 한국어에 없던 파열음 **ㅍ, ㅌ, ㅋ, ㅽ, ㅼ, ㅺ**, 마찰음 **ㅄ**, 파찰음 **ㅊ, ㅈ** 등이 새롭게 음운으로 형성된 것으로 추정된다.

중세 한국어의 모음 체계는 ㅣ, ㅡ, ㅓ, ㅜ, ㅗ, ㆍ, ㅏ의 7단모음 체계로, 자음 체계에 비해 큰 변화를 보이지 않은 것으로 보인다.

어휘

중세에는 한자어 이외에도 차용어가 많이 증가하였는데, 몽골의 고려 지배로 인해 들어온 몽골어 차용어는 **아질게ᄆᆞᆯ**兒馬, **악대**去勢馬, **졀다ᄆᆞᆯ**赤馬, **가라ᄆᆞᆯ**黑馬, **고라ᄆᆞᆯ**土黃馬, **구렁말**栗色馬, **부루말**白馬 등 말과, **보라매**秋鷹, **갈지게**黃鷹, **궉진**白角鷹, **튀곤**白黃鷹, **숑골**海靑 등 매에 관한 어휘가 대부분을 차지한다. 또한 불경 언해 등으로 인해 **보살**菩薩Bodhisattava처럼 중국어를 통한 범어의 간접 차용이 이루어졌으며, 土萬tüman → 두만강 등과 같은 여진어 차용어도 볼 수 있다.

문법

이 시기 훈민정음으로 기록된 자료를 통해 고대 한국어에 비해서 문법을 구체적으로 파악할 수 있게 되었다. 조사는 주격 조사로 15세기에는 **이/ㅣ/Ø**만 존재했는데, 16세기에 들어서면서 **가**가 출현한다.

중세 한국어의 조사

격조사	
주격	이, ㅣ, ∅, 가
목적격	ㄹ, 을, ᄋᆞᆯ, 를, ᄅᆞᆯ
관형격	의, ᄋᆡ, ㅅ
부사격(처소)	에, ᄋᆡ
부사격(도구)	로, 으로, ᄋᆞ로
부사격(공동)	과, 와

특수조사　　　ㄴ, 은, ᄋᆞᆫ, 는, ᄂᆞᆫ, 도, 만, ᄀᆞ장, 두고, ᄇᆞ터, 조차

경어법은 주체 높임, 객체 높임, 상대 높임 등의 삼분 체계가 선어말 어미에 의해 실현되는데, 고대 한국어와 동일하나 음운론적 조건에 따라 다양한 이형태가 출현한다. 의도법 선어말 어미로 **-오/우-**가 있었는데, 근대 한국어나 현대 한국어에서는 찾을 수 없는 형태이다. 시제는 현재, 과거, 미래 시제 등이 선어말 어미에 의해 실현되는데, 15세기에는 과거 시제의 **-엇-**, 미래 시제의 **-겟-**은 출현하지 않은 것으로 보인다. 이 외에도 전성 어미와 연결 어미, 종결 어미 등 다양한 어말 어미가 쓰여 문장을 구성하는 모습을 볼 수 있다.

중세 한국어의 어말 어미

명사형 어미　ㄹ, 을, ᄋᆞᆯ, ㄴ, 은, ᄋᆞᆫ, ㅁ, 옴, 움

관형사형 어미　ㄹ, 을, ᄋᆞᆯ, ㄴ, 은, ᄋᆞᆫ

연결 어미　며, 고, 아, 면, 나, ᄃᆡ, 려, 든/ᄃᆞᆫ, 거니와, 건마ᄅᆞᆫ, ㄴ대, 란ᄃᆡ, ㄹ씨, 과뎌, 과디여, 귓고, 디옷, 디ᄫᅵ

종결 어미　다/라, 마, 고나, 라, 고려, 고라, 어쎠, 쇼셔, 져, 사이다

학습 정리

- 중세 한국어의 기점은 고려의 건국으로 중앙어가 이동한 시기로 설정한다.
- 중세 한국어는 크게 두 시기로 구분하는데, 한국어의 음운 체계에 현저한 변화가 일어난 14세기를 기준으로 그 이전 시기의 한국어를 전기 중세 한국어, 그 이후를 후기 중세 한국어로 명명한다.
- 이 시기의 가장 큰 특징 중 하나는 훈민정음의 창제로 한국어의 본 모습을 알게 되었다는 것이다.
- 중세 한국어의 음운 체계는 19자음, 7모음 체계로 추정되며, 자음은 고대 한국어와 달리 *평음-격음-경음*의 삼지적 상관속이 형성되었을 것으로 추정된다. 단, 격음이 완전히 자리를 잡은 것은 아닌 것으로 판단된다. 모음은 고대 한국어에서 큰 변화를 겪지 않은 것으로 보인다.
- 중세 한국어의 어휘 체계에는 한자어 차용어 외에 몽골어, 범어 등이 다수 차용되었다.
- 중세 한국어의 문법은 훈민정음으로 기록된 문헌을 통해 고대 한국어에 비해 구체적으로 파악할 수 있게 되었다. 16세기에 주격 조사 '가'가 출현한 것이 특기할 만하다.

학습 퀴즈

1. 중세 전기와 후기를 구분하는 언어 내적 변화는 무엇인가?

❶ 중앙어의 이동 ❷ 음운 체계의 변화 ❸ 훈민정음의 창제 ❹ 차용어의 급증

2. 중세 한국어에 대한 다음 설명 중 틀린 것을 고르라.

❶ 주격 조사 '가'가 등장하였다.

❷ 격음이 중세 한국어의 음운 체계에 확실히 편입되었다.

❸ 몽골의 지배가 지속되면서 몽골어 차용어가 다량으로 유입되었다.

❹ 구어는 한국어, 문어는 한자를 사용하는 기형적인 이중적 언어 생활을 영위하였다.

같이 알아보기

- 중앙어의 이동이 언어의 역사를 구획 지을 만한 획기적인 사건인지에 대한 회의적인 시각도 있는 것이 현실이다. 이에 대한 자신의 생각을 이야기해 보자.
- 중세 한국어의 모습을 알 수 있는 자료에 대해 조사해 보자.

용어 정리

번역(飜譯)과 언해(諺解)

훈민정음 창제 이후 한문이나 다른 언어로 된 문헌을 한국어로 번역하는 사업이 활발히 진행되었다. 그런데 이들 문헌을 보면 *ㅇㅇ번역*, *ㅇㅇ언해*라고 하여 문헌의 이름이 다른 것을 발견하게 된다. 이것은 번역 방식의 차이에 따른 것이다.

번역은 원문을 한국어의 구조와 의미, 용법에 맞게 의역(意譯)한 것이고, 언해는 원문 그대로를 한국어로 직역(直譯)한 것이다. 따라서 *ㅇㅇ번역*은 한국어로 매끄럽게 읽히는 반면, *ㅇㅇ언해*는 굳이 해석하지 않아도 될 부분까지 모두 번역을 했기 때문에 의미 연결 등이 부자연스러운 부분도 있게 된다.

3장

근대 한국어, 전쟁을 겪고 나니 말도 바뀌네

- 시대 개관
- 근대 한국어의 특징

생각해 보기

질문 1. 근대 한국어의 두드러진 특징은 무엇일까?

1. 시대 개관

시대적 특성

근대 한국어 시기는 17세기부터 갑오경장 이전인 19세기까지로, 임진왜란과 병자호란을 거치면서 사회, 문화적으로 새로운 변화의 기운이 싹트기 시작한 시기이면서, 언어적으로 음운의 변화가 두드러지게 나타나는 시기이다. 이 시기의 특징적인 음운의 변화는 ㆁ, ㅿ, ㆍ등의 소실음이 발생했다는 것과, 구개음화, 원순 모음화, 전설 모음화, 모음조화의 파괴 등 음운 규칙이 다량 발생했다는 것을 들 수 있다. 또한 임진왜란(1592~1596) 이후 전반적으로 간소화된 문법 체계 및 표기 체계로의 변화를 보이며, 한글 소설, 언해본의 유행 등으로 한글 사용의 영역이 급속히 확대되었다는 특징이 있다.

2. 근대 한국어의 특징

음운 체계

자음 체계에 있어서는 중세 한국어와 큰 차이를 보이지 않는다.

〈근대 한국어의 자음 체계〉

구분	순음	설음	치음	아음	후음
파열음	ㅂ ㅍ ㅲ	ㄷ ㅌ ㅼ		ㄱ ㅋ ㅺ	
마찰음			ㅅ ㅆ		ㅎ
파찰음			ㅈ ㅊ ㅾ		
비음	ㅁ	ㄴ		ㆁ	
유음		ㄹ			

모음 체계는 ·가 소실되고 이중 모음이었던 ㅔ와 ㅐ가 단모음화를 겪으면서 모음 체계에 편입되어 ㅣ, ㅡ, ㅓ, ㅜ, ㅗ, ㅏ, ㅔ, ㅐ의 8모음 체계를 형성한다.

어휘

ᄀᆞ름〉강, 뫼〉산, ᄋᆞᅀᆞᆷ〉친척, 오래〉문 등과 같이 고유어가 한자어로 대체되는 현상이 증가하였으며, 차용어의 유형이 다양해지면서 그 양 또한 급증하는

데 **다홍**大紅, **비단**匹段, **탕건**唐巾, **대패**大牌, **무명**木棉과 같은 중국어 차용어뿐만 아니라, **소부리(안장)**, **널쿠(소매와 섶이 없는 비옷)**, **쿠리매(섶이 없고 소매가 짧은 겉옷)** 등의 만주어, **조총**鳥銃과 같은 일본어와 **야소**耶蘇Jesus, **성탄**聖誕, **천주교**天主教, **복음**福音, **성모**聖母, **담배**tabacco, **자명종**自鳴鐘, **천리경**千里鏡 등과 같은 서양어들까지 수입되어 사용되기 시작하였다.

문법

중세 한국어에 비해서 문법 체계가 단일화되는 경향이 보이는데, 주격 조사의 경우 **가**의 출현으로 **Ø** 주격 형태가 사라졌으며, 존칭의 주격 조사 **씌셔, 겨셔** 형이 17세기에 등장한다. 경어법은 고대 한국어와 중세 한국어에서 보이던 삼분 체계가 흔들리는데, 이는 객체 높임의 약화 때문이다. 객체 높임은 **먹ᄉᆞᆸᄂᆞ이다 → 먹습니다**처럼 이 시기 어미에 녹아들어 상대 높임법과 어우러져 나타나기 시작한다. 시제는 현재, 과거, 미래 시제 등이 선어말 어미에 의해 실현되는데, 과거 시제 선어말 어미 **-엇-**, 미래 시제 선어말 어미 **-겟-**의 기능이 확립되었다. 이외에도 전성 어미와 연결 어미, 종결 어미 등의 다양한 어말 어미가 쓰여 문장을 구성한다.

근대 한국어의 어말 어미

명사형 어미	ㅁ, 음, ᄋᆞᆷ
관형사형 어미	ㄹ, 을, ᄋᆞᆯ, ㄴ, 은, ᄋᆞᆫ
연결 어미	며, 고, 아, 면, 나, 려, 니, 매, 도록, 디위, 디옷
종결 어미	다/라, 마, 고나, 라, 소서, 쟈, 사이다

학습 정리

- 근대 한국어는 임진왜란과 병자호란의 전란을 거치면서 한국어에 현저한 변화가 일어난 시기로서 대개 17세기부터 19세기 말까지의 한국어를 가리킨다.
- 이 시기에는 음운에 큰 변화가 생겨서 몇 개의 음운이 소실되었고, 다량의 음운 규칙이 발생하였다.
- 이 시기에는 전반적으로 문법 체계와 표기 체계가 간소화하는 경향을 보인다.
- 근대 한국어의 음운 체계는 자음은 중세 한국어와 큰 차이가 없으나 모음 체계에서는 큰 차이를 보인다. ㆍ가 소실되었고, 이중 모음이었던 ㅔ, ㅐ가 단모음화하여 모음 체계에 편입되어 8모음 체계가 성립되었다.
- 근대 한국어의 어휘 체계에서는 고유어가 한자어로 대체되는 현상이 증가하였고, 중국어, 만주어, 일본어, 서양어 등 차용어의 유형이 다양해지면서 다량의 차용어가 유입되었다.
- 근대 한국어의 문법은 중세 한국어에 비해서 체계상으로 단일화되는 경향을 보인다.

학습 퀴즈

1. 다음 중 근대 한국어의 모음 체계에 포함되지 않은 것은 어느 것인지 고르라.

❶ /ㆍ/ ❷ /ㅡ/ ❸ /ㅐ/ ❹ /ㅔ/

2. 근대 한국어에 대한 설명으로 맞지 않은 것을 고르라.

❶ 주격 조사 *가*의 출현으로 Ø 주격 형태가 사라졌다.

❷ 모음 체계는 중세 한국어 시대와 달라진 바가 없었다.

❸ 쉽게 발음하고자 하는 간이화簡易化 현상으로 음운 규칙이 다량으로 발생하였다.

❹ 일본과 중국을 통해 본격적으로 서양 문물이 전래되면서 서양 외래어가 다량으로 유입되었다.

같이 알아보기

- 전쟁이 언어에 미치는 영향은 자못 지대하다. 한국어의 역사에서 임진왜란과 병자호란이 언어 변화에 미친 영향은 어떠했을지 자신의 생각을 이야기해 보자.
- 근대 한국어의 모습을 알 수 있는 자료에 대해 조사해 보자.

용어 정리

간이화 簡易化

간이화 현상은 주로 음운 현상에 나타나는데, 글자 그대로 간편하고 쉽게 발음하려고 하는 현상이다. 주로 임진왜란과 병자호란을 겪은 이후에 집중적으로 나타나는데, 전쟁 이후에 실용성을 중시하는 실학 정신이 음운에 반영된 구체적인 예로 제시되는 경우가 많다.

간이화 현상의 대표적인 예로 구개음화, 원순 모음화, 전설 모음화 등이 제시된다.

구개음화는 후행하는 구개음 /ㅣ/의 영향으로 비구개음인 /ㄷ, ㅌ/이 구개음인 /ㅈ, ㅊ/으로 발음되는 동화 현상이다. 이것은 다른 계열의 음을 같은 계열로 발음함으로써 발음의 편의성을 도모하고자 한 것이다.

원순 모음화는 양순음 /ㅁ, ㅂ, ㅍ, ㅃ/ 아래에서 평순 모음 /ㅡ/가 원순 모음 /ㅜ/로 바뀌는 현상이다. 역시 자음과 모음 간의 동화 현상에 해당한다.

전설 모음화는 치음 /ㅅ, ㅈ, ㅊ/ 아래에서 후설 모음 /ㅡ/가 전설 모음 /ㅣ/로 바뀌는 현상을 말하는데, 치음이 설단과 치조 사이에서 발음되는 것이었으므로 모음이 자음에 이끌린 동화 현상의 하나이다.

"음성 언어의 사용으로 인간은 인간다워지고,
문자 언어의 사용으로 인간은 문명화되었다."
(Olson)

한국어 문자사

1장

문자의 발생, 문명의 시작

- 문자의 발생과 발달
- 주요 문명의 문자

생각해 보기

질문 1. 시각적인 것이 문자가 되기 위해서는 어떤 조건을 충족시켜야 할까?

1. 문자의 발생과 발전

문자의 가치

문자는 음성 언어의 보조 수단으로 고안된 것으로서, 시간과 공간을 초월하여 의사 전달이 가능하기 때문에 음성 언어의 시·공간적 한계를 극복하는 수단이 되며, 기억을 대신하는 정보의 저장체 역할을 통해 인간을 기억의 부담으로부터 해방시킨 도구이다. 이로 인해 전 시대의 문명을 기반으로 새로운 문명을 창조하는 것이 가능하며, 문자 언어를 사용하면서 인류의 생활은 급속도로 성장할 수 있었다.

문자와 기억 보조 수단

문자는 시각적 기호signifiant와 의미signifié가 결합한 것으로, 기억 보조 수단이나 그림 형태의 시각 기호는 본질적 의미의 문자라고 보기 어렵다. 따라서 고대에 사용되던 계산 막대나 매듭과 같은 예들은 문자의 전초 단계인 기억 돕기 시대memory stage라고 부른다.

〈계산 막대기〉(중국 전국시대)
(출처: wikimedia)

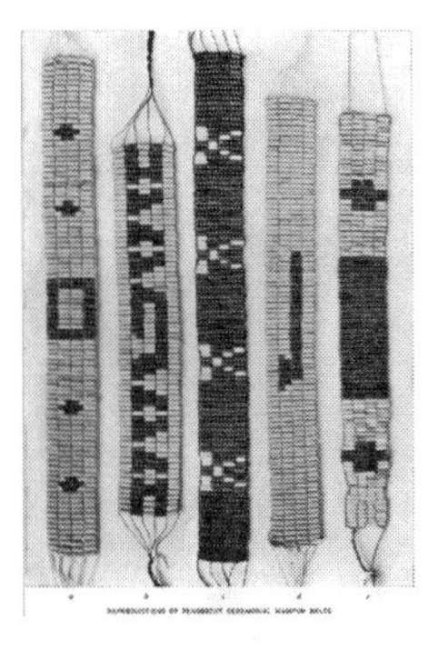

〈조개 구슬〉(북미 인디언)
(출처: wikimedia)

이들은 인간의 말, 즉 음성 언어를 기록한 것이 아니므로 의사소통의 범위가 극히 한정되며, 자연물을 직접 이용하는 방식이기 때문에 번잡스럽고 공간적, 시간적 제약을 극복하는 문자 본연의 임무를 수행하는 데 불편한 방식이다.

〈매듭 문자〉(잉카의 Quipu)
(출처: wikimedia)

왼쪽의 그림들도 시각적 기호로서 다양한 의미로 해석이 가능하며, 기억의 보조 수단으로 사용할 수 있지만 표현하고자 하는 바를 뭉뚱그려 표현하기 때문에 언어와 직접 관련을 가지지 못한다. 일정한 언어 단위를 대신할 때 문자로서의 자격을 가지므로 이들은 상형 문자의 초기 단계라고 할 수 있다.

〈김홍도, 「하화청정도」(1800년경)〉

〈알래스카 원주민들의 그림 문자〉
(출처: penn museum)

2. 문자의 발달 단계

그림 문자繪畫文字 단계

제1단계는 그림 문자가 사용되는 단계이다. 간략히 형상화한 그림으로써 사물을 나타내는 그림 문자는 일정한 언어 단위와 대응하기 때문에 그림이지만 문자라고 할 수 있다. 그림 문자는 각 문명권의 주요 초기 문자로서 B.C. 3200년 경, 메소포타미아 지방의 설형楔形 문자로 알려진 수메르 문자, B.C. 3000년 경 이집트의 상형 문자, B.C. 1500년 경, 산동반도 일대에서 발견된 상형 문자인 중국의 갑골 문자, B.C. 1500~700년 경, 소아시아 지방의 상형 문자인 히타이트 문자 등이 있다.

	수메르	이집트	히타이트	갑골문
사람				
왕				
신				
소				
양				
하늘				
별				

	수메르	이집트	히타이트	갑골문
해				
물				
나무				
집				
길				
도시				
땅				

〈최초의 문자〉

(출처: Gelb, Ignace J.(1963), *A Study of Writing*, The University of Chicago Press, Chicago & London.
(송기중 1996, 세계의 여러 문자와 한글, 새국어생활 6-2호, 국립국어원, 재인용))

표의 문자表意文字 단계

제2단계는 그림 문자의 형태가 간소화되고 추상적이고 관념적인 것을 나타내게 되는 단계인데, **해**라는 문자에 [해, 빛, 열, 낮] 등의 의미를 부여하거나, **발**이라는 문자에 [발, 서다] 등의 의미를 부여하는 것처럼 하나의 그림 문자에 연관되는 의미도 함께 나타내는 시도를 하기도 한다.

표의 문자의 간략화 단계

제3단계에서는 문자의 형태가 간소화·인습화되어 본래의 그림을 알아볼 수 없게 되기 때문에 표의 문자에서 표음 문자로 전환되기 시작하는 단계라고 할 수 있다.

수수께끼 그림rebus처럼 동음이의어同音異議語를 하나의 문자로 표시하는 것을 예로 볼 수 있다.

수수께끼 그림(rebus) : 동음이의어(同音異義語)를 하나의 문자로 표시

예 : 눈(eye) → : 눈(eye), 나(I) → : [ai]

음절 문자音節文字 단계

제4단계는 표의 문자에서 의미와 발음이 완전히 분리되어 발음만 남은 단계로, 표음 문자의 초기 형태라고 할 수 있다. 음절 문자는 표의 문자를 빌려 쓰면서 그 의미는 버리고 발음만을 따다가 쓴 것인데 일본의 가타카나가 대표적인 예이다.

〈가타카나의 기원〉

가타카나	ア	カ	サ	タ	ナ	ハ	マ	ヤ	ラ	ワ	ン
한자	阿	加	散	多	奈	八	末	也	良	和	
가타카나	イ	キ	シ	チ	ニ	ヒ	ミ		リ		
한자	伊	幾	之	千	二	比	三		利		

가타카나	ウ	ク	ス	ツ	ヌ	フ	ム	ユ	ル		
한자	宇	久	須	川	奴	不	牟	由	流		
가타카나	エ	ケ	セ	テ	ネ	ヘ	メ		レ		
한자	江	介	世	天	祢	部	女		禮		
가타카나	オ	コ	ソ	ト	ノ	ホ	モ	ヨ	ロ	ヲ	
한자	於	己	曾	止	乃	保	毛	與	呂	乎	

음소 문자音素文字 탄생

제5단계는 음절 문자에서 모음을 버리고 자음만을 취하는 단계로 희랍 문자가 대표적인데, 페니키아의 음절을 자음에만 대응시켜 차용함으로써 만들어졌다. 이는 페니키아의 음절 구조는 간단한 반면, 희랍어의 음절 구조는 복잡했기 때문인데, 예를 들어 /pi/, /pa/, /pu/ 등으로 발음되던 **의자** 그림 문자에서 모음이 생략되고 /p/음만을 나타내게 된 것처럼 **사자**는 /l/, **물결**은 /n/, **입**은 /r/, **뱀**은 /z/를 나타내어 문자 형태로 사용하여 그림과 같이 사용하는 예를 볼 수 있다.

A	B	C	D/J	E	F	G
/						
H	I	J	K	L	M	N
O	P	Q	R	S SH (쉬)	T	U
V	W	X	Y	Z	Ch(히)	Ch(흐)

〈알렉산더의 신성 문자〉

(출처: wikimedia)

음소 문자의 완성

제6단계는 앞선 단계에 모음이 추가되는 단계인데, 페니키아어는 희랍어보다 자음 수가 많아 희랍어에 차용되었을 때 불필요한 기호가 생기게 되었다. 그래서 남은 기호로 모음을 나타내게 되는데, 이러한 과정을 통해 음소 문자가 완성된다.

〈알파벳의 성립〉

문자의 의미	셈조어 문자	페니키아 문자	그리스 문자	에트루리아 문자	로마 문자	현대 알파벳
황소의 머리	[illegible]	𐤀	Α α	𐌀	A	A
집	[illegible]	𐤁	Β β	𐌁	B	B
발	[illegible]	𐤂	Γ γ	𐌂	C	C
문	[illegible]	𐤃	Δ δ	𐌃	D	D
사람	[illegible]	𐤄	Ε ε	𐌄	E	E

3. 세계의 고대 문자

이집트의 상형 문자象形文字hieroglyph

이집트 상형 문자는 hieros(신성)과 gluphien(새기다)가 합쳐진 신들의 글자라는 뜻으로 B.C. 3200~3000년 경부터 사용되기 시작하였으며, 신성 문자神聖文字, 신관 문자神官文字, 민중 문자民衆文字 등이 있다. 이 문자는 그림 문자에서 발달한 표의 문자로서 후에 음만을 표시하는 표음 문자가 된다.

구분	신성 문자	신관 문자	민중 문자
연대	B.C. 3200~A.D.394 (약 3600여 년 동안 사용)	고왕국 시대	제26왕조(B.C.664~525)
특징	고대 이집트의 공식 문자 구두점이 없음 가로, 세로로 쓸 수 있음 사람이나 동물의 머리가 향하는 쪽에서부터 읽음 자음만으로 표기	흘림체 문자(해서체) 파피루스나 나무판에 쉽게 기록	일반인이 일상생활에 사용 흘림체 문자(초서체) 신관 문자에 비해 더욱 간략화

〈신성 문자〉
(출처: wikimedia)

〈신관 문자〉
(출처: wikimedia)

〈민중 문자〉
(출처: wikiwand)

이집트 문자는 1799년 알렉산드리아 부근의 로제타에서 나폴레옹의 이집트 원정군에 의해 고대 이집트어와 그리스어가 기록된 로제타 석이 발견되면서 해독될 수 있었다. 1822년 프랑스의 언어학자 샹폴리옹J.F. Champolion이 **프타신**과 **프톨레마이오스**의 이름에 공통으로 들어가 있는 p와 t가 부호인 동시에 음성적 음가를 지닌다는 사실을 발견하면서 해독하게 된다.

〈로제타석〉
(출처: wikimedia)

메소포타미아의 설형 문자楔形文字cuneiform letter

설형 문자는 세계 최초의 문자로서, **쐐기 문자**cuneiform라는 말은 라틴어의 cuneus(손톱, 쐐기)에서 유래하였다. B.C. 3300년~3000년 경 메소포타미아 남부(지금의 이라크) 수메르Sumer 지역에서 만들어진 것으로 추정되는데, 당시 이 지역은 도시 국가가 발전하여 경제 활동에 기록이 필요하였던 것으로 보인다. 이 문자는 처음에는 상형 문자의 형태였으나 점차 90°로 뉘어지며 점토판에 갈대펜으로 표현하는 형태로 변화하였다.

〈설형 문자(楔形文字)=쐐기 문자〉
(출처: wikipedia)

이 문자는 19세기 전반 베히스툰의 3국어 병용 비문併用碑文을 통해 그로테펜트G.F. Grotefend가 페르시아의 왕 다리우스와 크세르크세스 등을 확인하여 해독의 단서를 제공하였으며, 롤린슨H.C. Rawlinson은 고대 페르시아어, 아람어, 바빌로니아 아카드어 등을 해독하여 쐐기 문자의 아버지라고 불린다.

중국의 갑골 문자甲骨文字

갑골 문자는 거북의 복갑腹甲이나 소의 견갑골肩胛骨에 새긴 고대 문자로서 B.C. 1500년 이전부터 사용되기 시작한 것으로 추정된다. 1903년 은허 발굴지에서 왕의영에 의해 발견되었으며, 현재 15만여 편의 갑골이 발견되었고, 5,000자 정도의 글자 가운데 1,500 자 정도가 해독되었다. 갑골문의 내용은 보통 전쟁, 농업, 사냥, 기상 등 국가의 중요 사항을 점쳐 보고 기록한 것으로, 상당한 체계를 갖추고 있다. 이 문자는 한자의 기원 형태라는 의의가 있다. 한편 이와는 달리 이리두 유적지의 도기, 도편의 문자 형태가 한자의 기원이라는 주장도 제기되고 있다.

〈갑골문〉
(출처: wikimedia)

구분	해	달	눈	사람	개	말
그림						
갑골문						
금문						
전서						
예서	日	月	目	人	犬	馬
해서	日	月	目	人	犬	馬

〈한자의 발전〉

학습 정리

- 문자는 음성 언어의 보조 수단으로서 기억을 대신하는 정보의 저장체로 고안되었다.
- 문자를 사용하게 됨으로써 인류는 전 시대의 문명을 기반으로 새로운 문명을 창조하게 되었고, 이를 통해 전승이 가능하게 되어 비약적으로 발전하게 되었다.
- 문자는 사물을 간략한 그림으로 형상화한 그림 문자 단계부터 시작하여 그림의 형태가 단순해지고 추상적이고 관련적인 것까지 표현하게 되는 표의 문자 단계, 표의 문자에서 의미와 발음이 완전히 분리되어 발음만 남게 되는 음절 문자 단계, 그리고 음절 문자에서 음소 문자 단계로 발전하게 되었다.
- 세계의 주요 고대 문자는 주요 문명권에서 발생했는데, 이는 거꾸로 문자의 발생에 따라 문명이 형성되었다고 보아야 할 것이다.

  이집트: 상형 문자, B.C.3200년 경에 발생하였다. 신성 문자, 신관 문자, 민중 문자로 발전해 갔다.

  수메르: 설형 문자, B.C. 3,300년 경에 도시 국가가 발생하면서 경제 활동의 필요에 의해 발생하였다.

  중국: 갑골 문자, B.C.1,500년 경에 발생하였다. 이미 상당한 체계를 갖춘 것으로 보아 실제 발생 연대는 훨씬 이전일 것으로 추정된다. 한자의 모태가 된 문자이다.

학습 퀴즈

1. 다음 물음에 답하라.

ㄱ. 기억 보조 수단을 사용하기는 했으나 그것을 문자로 볼 수 없는 그림 형태의 시각 기호를 사용하던 시기를 무엇이라고 하는가?

ㄴ. 고대 이집트 문자의 하나로서, 일반인들이 일상생활에 사용한 것은 무엇인가?

ㄷ. 세계 최초의 문자로서 메소포타미아 지방에서 사용되었던 문자는 무엇인가?

ㄹ. 갑골 문자라는 말은 문자를 어디에 새겼기 때문에 붙은 이름인가?

같이 알아보기

- 문자의 발생이 갖는 문화사적 의의에 대해 자신의 생각을 이야기해 보자.
- 강의에서 다루지 않은 세계의 주요 문자에 대해 조사해 보자.

용어 정리

수수께끼 그림rebus

수수께끼 그림이란 레부스rebus 시스템을 말한다. 이것은 그림 문자에서 의미를 제외시키고 음가만을 가져오는 체계이다. 이 체계가 도입되기 전에는 1,500개 내외의 그림 문자를 사용했었는데, 레부스 체계가 등장하면서 수메르 문자는 600여 개로 줄어들게 된다. 예를 들어, 수메르어에서 *집*은 *에E*였다. 이것은 집 모양을 그대로 그린 것이다. 그런데 집과 같은 구체적인 형상을 가진 말은 그림으로 표현이 가능하지만 문법 형태소 등은 그림으로 표현하기가 불가능하다. 수메르어에서 *에서*는 전치사였는데 발음이 *아A*였다. 그러니까 *집에서*라는 말은 *에아EA*가 되는 것이다. 이 *아A*를 나타내는 문자가 수메르어에는 없었다. 그런데 수메르어에서 *물*을 뜻하는 말이 또한 *아A*였다. *물*과 전치사 *에서*는 동음이의어였던 것이다. 그래서 *에서*를 나타낼 때 *물*을 표시하는 *아A*의 그림 문자를 차용하기 시작하였다. 즉 *집*의 그림 문자와 *물*의 그림 문자를 써 놓고 *집 물*이 아니라 *집에서*로 사용했던 것이다. 이렇게 레부스 체계가 도입되면서 그림 문자의 수가 600개 정도로 줄어들고, 이른바 음절 문자가 등장하게 되었다.

2장

한자를 빌려 우리말을 적다

- 한국의 주요 차자 표기법
- 훈민정음의 기원설

생각해 보기

질문 1. 한자를 빌려서 한국어를 적는 방식에는 어떤 것들이 있을까?

1. 문자 발생의 단초

암각화 한국 최초의 기록으로 추정되는 것은 울산의 반구대 암각화와 천전리 암각화 등이다. 이들은 선사 시대의 사냥을 그림으로 기록한 것으로, 기억 돕기 시대의 그림이라고 할 수 있다.

〈울산 반구대 암각화〉
(출처: wikimedia)

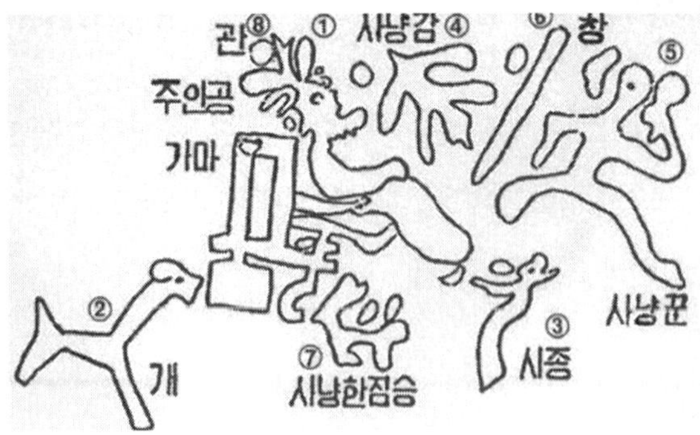

〈남해 양아리 석각〉
(출처: 양아권역, 문화재청, 뉴스사천)

2. 차자 표기법

차자 표기법借字表記法 훈민정음訓民正音이 창제되기 전 한자를 빌려 국어를 표기하던 방식을 말한다. 백제에서 만든 칠지도七支刀에 새겨진 명문에서 볼 수 있듯이, 초기에는 한문을 그대로 외국어로 차용하여 음독하였다.

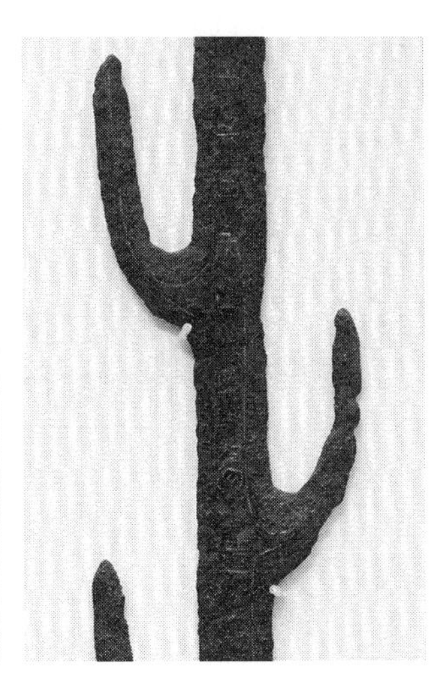

〈칠지도〉
(출처: 국립부여박물관)

泰和四年五月十六日丙午正陽 造百鍊鐵七支刀…….
태화 4(396)년 5월 16일 병오 한낮에 여러 번 단련한 강철로 칠지도를 만들었다…….

〈칠지도에 새겨진 명문〉

차자 표기의 시초는 고유 명칭을 적는 것에서부터 비롯된다. **吉同郡一云永同郡 길동군은 영동군이라고도 한다**나 **赫居世王或作弗矩內王 혁거세왕은 불구내왕이라고도 한다**와 같이 고유 명칭을 한자의 음이나 뜻을 이용하여 적는 방식은 차자 표기의 기본적인 방법이 된다.

永同郡本吉同郡景德王改名今因之領縣二
陽山縣本助比川縣景德王改名今因之黃㵎
縣本召羅縣景德王改名今因之
管城郡本古尸山郡景德王改名今因之領縣
二利山縣本所利山縣景德王改名今因之縣
眞縣本阿冬兮縣景德王改名今安邑縣
三年郡本三年山郡景德王改名今保齡郡領
縣二淸川縣本薩買縣景德王改名今因之
耆山縣本屈縣景德王改名今青山縣

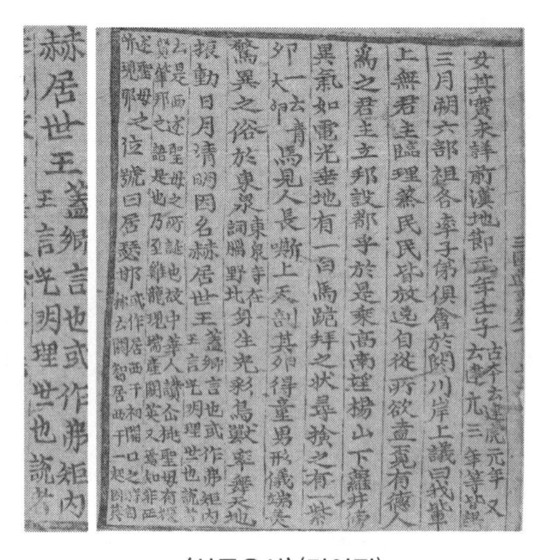
女其實未詳前漢地節元年壬子(古本云建虎元年又云建元三年等皆誤)
三月朔六部祖各率子弟俱會於閼川岸上議曰我輩
上無君主臨理蒸民民皆放逸自從所欲盍覓有德人
爲之君主立邦設都乎於是乘高南望楊山下蘿井傍
異氣如電光垂地有一白馬跪拜之狀尋撿之有一紫
卵(一云青大卵)馬見人長嘶上天剖其卵得童男形儀端美
驚異之浴於東泉(東泉寺在詞腦野北)身生光彩鳥獸率舞天地
振動日月清明因名赫居世王(蓋鄉言也或作弗矩內王言光明理世也說者
云是西述聖母之所誕也故中華人讚仙桃聖母有娠賢肇邦之語是也乃至雞龍現瑞產閼英又焉知非西述聖母之所
現耶)位號曰居瑟邯(或作居西干初開口之時自稱云閼智居西干一起因其言稱之

〈삼국사기〉(지리 1)
(출처: 한국사데이터베이스)

〈삼국유사〉(기이편)
(출처: 한국사데이터베이스)

차자 표기법의 성립과 발전

차자 표기를 이용한 기록 방식에는 서기체, 이두, 향찰, 구결 등이 있다. **서기체**誓記體 **표기**는 초기 차자 표기 방식으로, 신라 시대의 임신서기석壬申誓記石의 표기와 같은 방식의 표기법인데, 이는 한자를 한국어의 어순대로 배열하여 기록하는 방식이다.

壬申年六月十六日 二人幷誓記 天前誓 今自三年以後 忠道執持過失无誓 若此事失 天大罪得誓 若國不安大亂世 丁寧行誓之又別先辛未年七月二十二日大誓 詩尙書禮傳倫得誓 三年

임신년 6월 16일 두 사람은 함께 맹세한다. 하늘 앞에 맹세한다. 지금부터 삼 년 이후 충도를 집지하고(잡아 쥐고) 과실이 없기를 맹세한다. 만약 이 일을 어기면 하늘로부터 큰 죄를 얻을 것을 맹세한다. 만약 나라가 불안하고 큰 난세가 되더라도 정녕코 행할 것을 맹세한다. 또 따로 일찍이 신미년 7월 22일에 크게 맹세했다. 시, 상서, 예기, 좌전을 윤득[차례로 습득]하기로 맹세하되 삼 년으로 한다.

〈임신서기석〉
(출처: 국립경주박물관)

이두吏讀 **표기**는 서기체 표기처럼 한자를 빌려 우리말을 표기한 것인데, 어순뿐만 아니라 문법 형태소까지 표기하는 데 한자를 이용하였다. 이두 표기의 방법은 실질 형태소는 한자 어휘를 이용하고 형식 형태소는 한자의 음이나 훈을 빌려 표기하는 방식이다.

辛亥年 二月二十六日 南山新城作節(디위) 如法以(으로)作 後三年 崩破者(는) 罪教(이신) 聞教(이샤) 令(시켜) 誓事之(이오). -<후략>

신해년(591년) 2월 26일 남산신성을 만들 때, 법대로(법에 따라) 만들었다. 앞으로 삼 년 이내에 붕파(무너짐)하면 죄(罪)로 다스릴 것이라는 사실을 널리 알려(듣게 하여) 서약(誓約)하게 하였다. -<후략>

<신라 남산신성비(南山新城碑, 591년)>

* 節 : 디위(~할 때)   * 以 : -으로[도구]   * 者 : ᄂᆞᆫ

* 教 : -게 하다[사동]   * 令 : 시키다   * 之 : 이오

⇨ 대체로 한국어 어순에 따름.

⇨ 문장 성분을 연결하는 토가 한자로 표기되어 있음.

〈경주 남산신성비〉(제1비)

(출처: 국립경주박물관)

其中國人不願與回回欽察爲婚姻者聽從本類自
相嫁娶不在禁限
凡矣蒙古色目人等弋只中國人茂火兩相情願
以交嫁令是遣一盤蒙古色目本類乙良不許嫁
娶令是乎矣違者杖八十男女沒官爲奴齊中國
人亦回回人茂火不願嫁娶者乙良許聽爲乎矣
本類亦自家嫁娶爲在
隱不在此限爲乎事
出妻
凡妻無應出及義絶之狀而出之者杖八十雖
犯七出有三不去而出之者減二等追還完娶○若
犯義絶應離而不離者亦杖八十若夫妻不相和諧
而兩願離者不坐若妻背夫在逃者杖一百從夫嫁
賣因而改嫁者絞其因夫逃巳三年之內不告官司

〈대명률직해〉

(출처: 규장각한국학연구원)

雖犯七出有三不去而出之者減二等追還完聚	必于七出乙犯爲去乃三不去有去乙黜送爲在乙良 減二等遣 婦女還本夫齊

비록 칠거지악을 범했으나 삼불거(를) 있는데도 내쫓으려 하거든
두 등급을 감하고 부녀는(로 하여금) 본래의 남편에게 돌려보낸다.

* 七出(七去之惡): 불순구고(不順舅姑), 무자(無子), 음행(淫行), 질투(嫉妬), 악질(惡疾), 구설(口舌), 도절(盜竊)
* 三不去: 여불경삼년상불거(與共更三年喪不去), 전빈천후부귀불거(前貧賤後富貴不去), 유소취무소귀불거(有所取無所歸不去)

향찰鄕札 **표기**는 한자를 이용하여 한국어를 완전하게 기록하는 방법이었는데, 신라시대 시가인 향가鄕歌를 적는 데 사용하던 방식이다. 향찰 기록은 기본적으로 실질 형태소는 훈을 빌려 쓰고, 형식 형태소는 음을 빌려 쓰는 방식을 이용하였다.

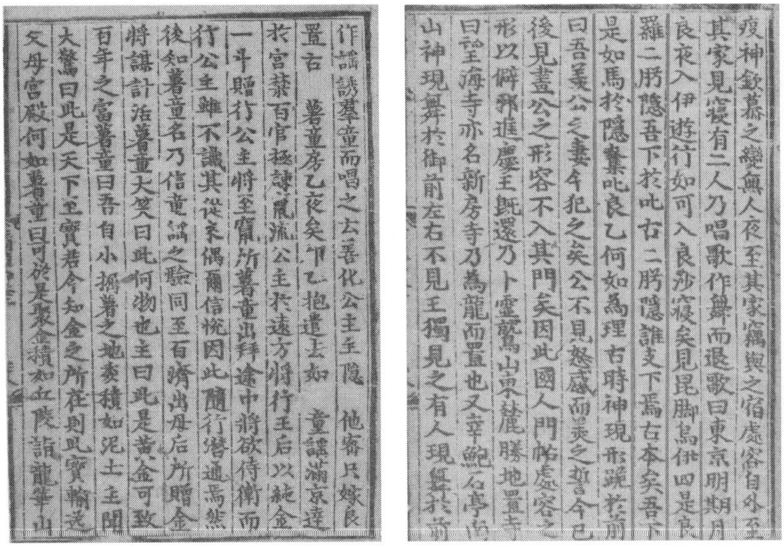

〈삼국유사〉(기이편)
(출처: 한국사데이터베이스)

善化公主主隱 他密只 嫁良置古 薯童房乙 夜矣卯乙 抱遣去如	東京明期月良 夜入伊遊行如可 入良沙寢矣見昆 脚烏伊四是良羅 二肹隱吾下於叱古 二肹隱誰支下焉古 本矣吾下是如馬於隱 奪叱良乙何如爲理古
善化公主니믄 ᄂᆞᆷ 그ᅀᅳ지 얼어 두고, 맛둥바ᄋᆞᆯ 바ᄆᆡ 몰 안고 가다	ᄉᆡᄫᆞᆯ ᄇᆞᆯ긔 ᄃᆞ래 밤드리 노니다가 드러ᅀᅡ 자리 보곤 가ᄅᆞ리 네히어라. 둘흔 내 해엇고 둘흔 뉘 해언고? 본ᄃᆡ 내 해다마ᄅᆞᆫ 아ᅀᅡᄂᆞᆯ 엇디 ᄒᆞ릿고
선화공주님은 남 몰래 사통해 두고 서동서방을 밤에 몰래 안고 간다. (서동사방의 아이를 안고 간다)	서라벌 밝은 달 아래 밤도록 놀며 다니다가 들어와 잠자리를 보니 다리가 넷이어라. 둘은 내 아내 것인데 둘은 누구 것인고? 본래 내 것이었는데 빼앗긴 것을 어찌하리오!

구결口訣 **표기**는 입겿이라고도 하며, 보통 한문 낭독을 매끄럽게 하기 위해 원문 중간에 한자의 음과 훈을 빌려 토를 다는 것을 말하였는데, 최근 단순한 토吐뿐만이 아니라 문법 형태소와 어순 등을 표시한 석독 구결釋讀口訣 자료가 발견되어 한국어 역사 연구의 중요한 자료가 되고 있다. 이것은 한문 문장에 구결 토를 달아서 한국어 어순대로 읽는 것으로서, 한문 문장의 순서대로 읽지 않게 되므로 역독 구결逆讀口訣이라고도 하였다. 훈민정음 창제 이전의 불경 번역의 원칙이었다.

〈구역인왕경〉

(출처: 한국학중앙연구원)

信行乙(乙) 具足ソニ㢱(爲示彌) 復ソ1(爲隱) 五道七(叱) 一切衆生リ(是)·有七ナ㢱(叱在彌)
復ソ1(爲隱) 他方七(叱) 量ノ亠(呼音)·可七ソ1(叱爲隱) 不矢リヒ七(知是飛叱) 衆·有七ナ㢱(叱在彌)

信行ᄋᆞᆯ 具足ᄒᆞ시며 ᄯᅩᄒᆞᆫ 五道ㅅ 一切衆生이 잇겨며
ᄯᅩᄒᆞᆫ 他方ㅅ 혜아리옴 어릇ᄒᆞᆫ 안디이ᄂᆞᆺ 衆 잇겨며

信行을 具足하시며 또 五道의 一切衆生이 있으며,
또한, 他方의 헤아릴 수 없이 많은 衆生이 있으며,

한편, 한문 낭독을 위한 구결을 송독 구결誦讀口訣 또는 음독 구결音讀口訣이라고 하는데 한문을 원문 순서대로 음독하면서 그 어절에 해당하는 한국어의 토를 넣어 읽는 방식이다. 그래서 달리 순독 구결順讀口訣이라고도 하였다.

童蒙先習
天地之間萬物之衆匡 唯人伊 最貴爲尼
所貴乎人者隱 以其有五倫也羅 是故
孟子伊 曰父子有親爲於 君臣有義爲於
夫婦有別爲於 長幼有序爲於 朋友有信是羅
人爲時 而不知有五常則其違禽獸伊
不遠矣里羅 然則父慈子孝爲於 君義臣忠
夫和婦順爲於 兄友弟恭爲於 朋友伊 輔
仁然後匡沙 方可謂之人矣里羅

父子有親

父子隱 天性之親是羅 生而育之爲古 愛而
教之爲於 奉而承之爲古 孝而養之爲飛尼 是
故奴 教之以義方爲也 弗納於邪爲於 柔聲
以諫爲也 不使得罪於鄕黨州閭爲飛尼 苟

〈동몽선습〉

(출처: 규장각한국학연구원)

天地之間 萬物之中匡 唯人伊 最貴爲尼 천지지간 만물지중에(애) 유인의 최귀하니(ᄒᆞ니)
= 천지간의 모든 사물의 가운데에 오로지 사람이 가장 귀하다

父子隱 天性之親是羅 生而育之爲古 愛而教之爲於 奉而承之爲古 孝而養之爲飛尼
부자는 천성지친이라, 생이육지하고(ᄒᆞ고), 애이교지하며(ᄒᆞ며) 봉이승지하고(ᄒᆞ고) 효이양지하나니(ᄒᆞᄂᆞ니).
= 부자는 하늘이 맺은 혈육이다. 낳아 기르고 사랑하고 가르치니, 받들어 잇고, 효도하며 봉양해야 한다.

3. 훈민정음의 기원설

훈민정음의 기원에 관한 의문

많은 학자들이 훈민정음처럼 완벽한 체계를 갖춘 문자를 개인이 단시간에 만들 수 없다고 생각하면서, 당시 기록에 나타난 다른 글자를 모방했다는 내용을 보고 훈민정음의 기원을 의심하게 되었다. 실제로 『조선왕조실록朝鮮王朝實錄』과 『훈민정음訓民正音』 해례解例에는 **象形而字倣古篆 모양을 상형하였지만 글자는 옛날의 전자를 본떴다**는 기록이 있어 이러한 의심을 더욱 강력하게 만들었다.

讀官府民間至今行之然皆假
字而用或澁或窒非但鄙陋無
稽而已至於言語之間則不能
達其萬一焉癸亥冬我
殿下創制正音二十八字略揭
例義以示之名曰訓民正音象
形而字倣古篆因聲而音叶七
調三極之義二氣之妙莫不該
括以二十八字而轉換無窮簡
而要精而通故智者不終朝而
會愚者可浹旬而學以是解書
可以知其義以是聽訟可以得
其情字韻則清濁之能辨樂歌
則律呂之克諧無所用而不備
無所往而不達雖風聲鶴唳雞
鳴狗吠皆可得而書矣遂

〈『훈민정음(訓民正音)』「정인지서」〉

癸亥冬, 我**殿下創制**正音二十八字, 略揭例義以示之, 名曰訓民正音。**象形而字倣古篆**, 因聲而音叶七調, 三極之義、二氣之妙, 莫不該括。以二十八字而轉換無窮, 簡而要, 精而通。

계해년 겨울에 우리 전하(殿下)께서 정음(正音) 28자(字)를 처음으로 만들어 예의(例義)를 간략하게 들어 보이시고 이름을 훈민정음(訓民正音)이라 하셨다. **물건의 형상을 본떴으되, 글자는 옛 전자(篆字)를 모방하고**, 소리에 인하여 음(音)은 칠조(七調)에 합하여 삼극(三極)의 뜻과 이기(二氣)의 정묘함이 구비 포괄(包括)되지 않은 것이 없어서, 28자로써 전환(轉換)하여 다함이 없이 간략하면서도 요령이 있고 자세하면서도 통달하게 되었다.

是月, 上**親制**諺文二十八字, **其字倣古篆**, 分爲初中終聲, 合之然後乃成字, 凡干文字及本國俚語, 皆可得而書, 字雖簡要, 轉換無窮, 是謂《訓民正音》。

이달에 임금이 친히 언문(諺文) 28자(字)를 지었는데, **그 글자가 옛 전자(篆字)를 모방하고**, 초성(初聲)·중성(中聲)·종성(終聲)으로 나누어 합한 연후에야 글자를 이루었다. 무릇 문자(文字)에 관한 것과 이어(俚語)에 관한 것을 모두 쓸 수 있고, 글자는 비록 간단하고 요약하지마는 전환(轉換)하는 것이 무궁하니, 이것을 훈민정음(訓民正音)이라 일렀다.

(1443년 12월 30일 기사)

〈『조선왕조실록』「세종실록」〉

(출처: 한국사 데이터베이스)

儻曰**諺文皆本古字, 非新字也**, 則字形雖**倣古之篆文**, 用音合字, 盡反於古, 實無所據。

설혹 말하기를, '**언문은 모두 옛 글자를 본뜬 것이고 새로 된 글자가 아니라.**' 하지만, 글자의 형상은 비록 옛날의 **전문(篆文)을 모방**하였을지라도 음을 쓰고 글자를 합하는 것은 모두 옛 것에 반대되니 실로 의거할 데가 없사옵니다.

(1444년 2월 20일 기사)

〈『조선왕조실록』「세종실록」: 최만리 상소문〉

(출처: 한국사 데이터베이스)

또 신경준의 『훈민정음운해訓民正音韻解』의 기록에는 **東方舊有俗用文字 우리나라에 옛날에 세속에서 사용하던 문자가 있었다**라는 기록이 있어 훈민정음 이전에 사용되었던 한국의 고대의 문자가 무엇인지에 대해 논란이 되었다.

훈민정음 기원설

훈민정음의 기원설은 모방설과 상형설의 두 계통이 있는데, 모방설은 훈민정음 해례본이 발견된 1940년 이전에, 상형설은 그 이후에 주로 제기가 되었다.

먼저 **字倣古篆**자방고전에 대해 중국 한자의 전서체를 모방한 것이라는 설이 제기되었는데, 이는 단지 글자체, 즉 자형字形을 참조했다는 뜻으로 해석하는 것이 타당해 보인다.

고자古字 기원설에는 신경준의 『훈민정음운해』에서 제시한 **東方舊有俗用文字**에서 나온 고대 속용문자 기원설과 고조선의 삼랑三郎 을보륵乙普勒이 만들었다는 **가림토**加臨土 문자 기원설이 있는데, 가림토 문자에 대한 기록의 출처인 『환단고기桓檀古記』는 위서 논쟁에 놓여 있다.

〈가림토 문자〉

(출처: 나무위키)

이와 유사하게 배달국 환웅 천황桓雄天皇 때 신지 혁덕神誌赫德이 만들었다는 **녹도문**鹿圖文 기원설이 있는데, 일종의 상형 문자인 녹도문은 표음 문자라고 하는 가림토 문자의 모태라고도 한다. 녹도문은 또한 중국 한자의 기원이 되었다고도 하는데 이러한 주장을 뒷받침할 만한 결정적인 근거 자료는 부족하다. 이에 대한 기록은 평양의 법수교 비문과 행지行智의 『훈석언문해訓釋諺文解』에서 볼 수 있다.

〈녹도문〉

(출처: 네이버 지식백과)

훈민정음은 일본의 **신대 문자**神代文字를 모방한 것이라는 주장도 있는데, 신대 문자로 기록된 문헌의 내용이 황당무계하여 일본 학계에서도 인정하지 않는다. 사실 신대 문자가 있었다면 굳이 한자를 빌려 일본어를 표기하는 가나가 필요하지 않았을 것이며, 신대 문자는 47음~50음 정도의 음소 문자로서 음절 문자인 가나와도 발전 과정이 상반된다. 또한 가나가 발달하던 시기 일본어의 음절은 신대 문자로 적을 수 없을 만큼 다양했기 때문에 이를 사용하기 어려웠을 것이다. 그래서 이 문자에 대해 오히려 17~8세기에 일본으로 전파된 훈민정음을 본떠 만든 것이라는 주장이 제기되기도 하였다.

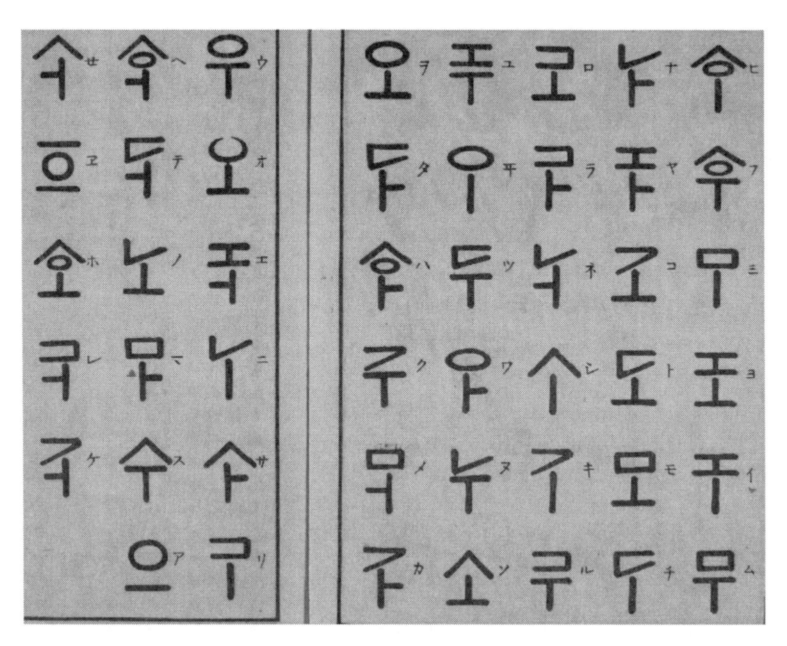

〈아히루 문자〉

(출처: 일본 위키피디어)

자음과 모음의 일부 모양이 한글과 닮았다는 점에서 인도의 **구자라트 문자** 기원설이 제기되었는데, 구자라트 문자는 한글처럼 자음과 모음이 자소字素상으로 분리되어 있지 않고 한 덩어리 전체가 모음 혹은 자음을 나타낸다는 차이가 있다. 사실 이 문자는 산스크리스트 문자가 기원인 인도의 공용어인 힌디 문자(데바나가리)와 기본적으로 같은 모양으로 윗부분에다 단어별로 줄을 그으면 그것이 바로 힌디 문자가 된다.

આ છે એક સંપૂર્ણ નગરીની ખરી તસવીર

અનન્ય સુખ-સગવડોની દુનિયા

〈구자라트 문자〉

(출처: 국립국어원)

성현은 『용재총화慵齋叢話』에서 **其字體依梵字爲之 글자체는 범자에 따라 만들었다**라고 하여 인도의 범자梵字, 즉 산스크리트 문자 기원설을 제시하였는데, 산스크리트 문자는 고대 인도의 언어인 산스크리트어의 문자로서 불교 경전을 표기한 문자이다. 불교 경전이 중국을 거쳐 한국에 들어오면서 이 문자도 자연스럽게 들어왔을 것이며 훈민정음 창제 당시에 이를 참조했을 가능성은 충분히 있다. 그러나 훈민정음 글자와 규칙적으로 일치하는 점을 발견할 수 없으며, 훈민정음 창제 시에 참고한 각종 문자 중의 하나였을 뿐이다.

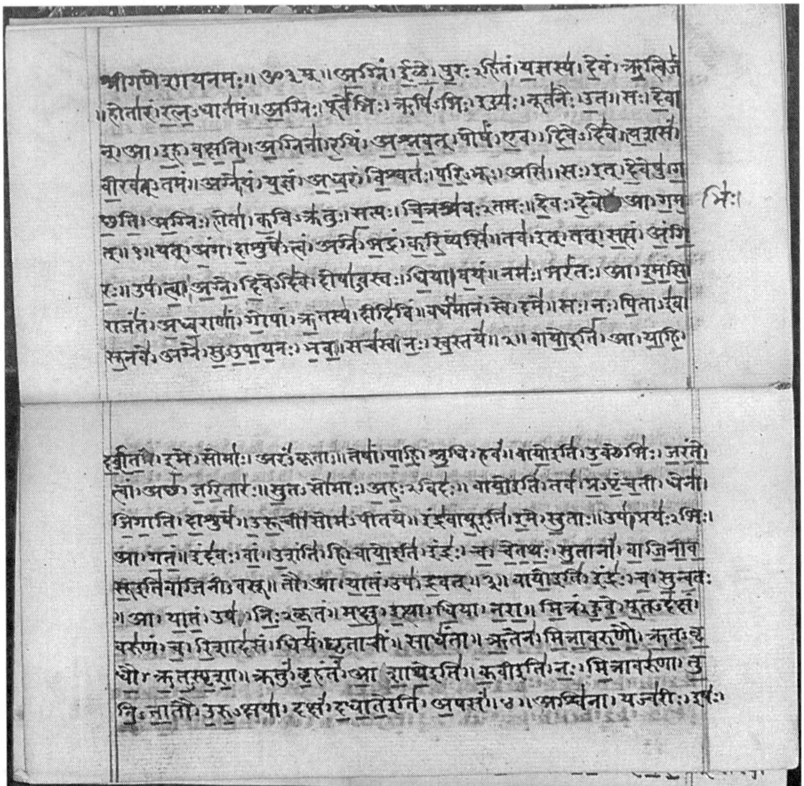

〈산스크리트 문자(리그베다)〉

(출처: 영문 위키피디어)

훈민정음이 산스크리트어의 직접적 영향을 받은 것이 아니라 티베트 문자를 통해 영향을 받았다는 주장도 제기되었는데, 이 문자는 티베트의 33대 왕 송스텐 감포(A.D. 650) 때 톤미 삼브호타Thonmi Sambhota가 만든 표음 문자로서 이 문자의 기원은 범자이다. 따라서 이러한 주장 또한 범자와 같은 논리로 반박된다.

ཀཁགགྷངཅཆཇཉཊཋཌཌྷཎ
ཏཐདདྷནཔཕབབྷམཙཚཛཛྷ
ཝཞཟའཡརལཤཥསཧཨཀྵཪ

〈티베트 문자〉
(출처: 위키미디어)

또, 몽골의 파스타八四巴, 巴思八, Phags-pa 문자를 본떠 만들었다는 주장도 있다. 집현전 학사 신숙주가 요동에 귀양 와 있던 명나라의 한림학사 황찬을 찾아가 조언을 구했다는 기록이 있는데, 황찬이 몽골어에 능통하고 운학韻學에 조예가 깊었다는 것으로 근거를 대기도 한다. 그러나 이는 명확하게 밝혀진 사실은 아니다. 글자체가 방형方形인 점도 근거로 제시되었는데 일부 발견되는 유사점이 체계적이지 않은 점 등을 고려할 때 파스파 문자는 자형을 참조한 정도의 영향 관계로 이해하는 것이 마땅하다.

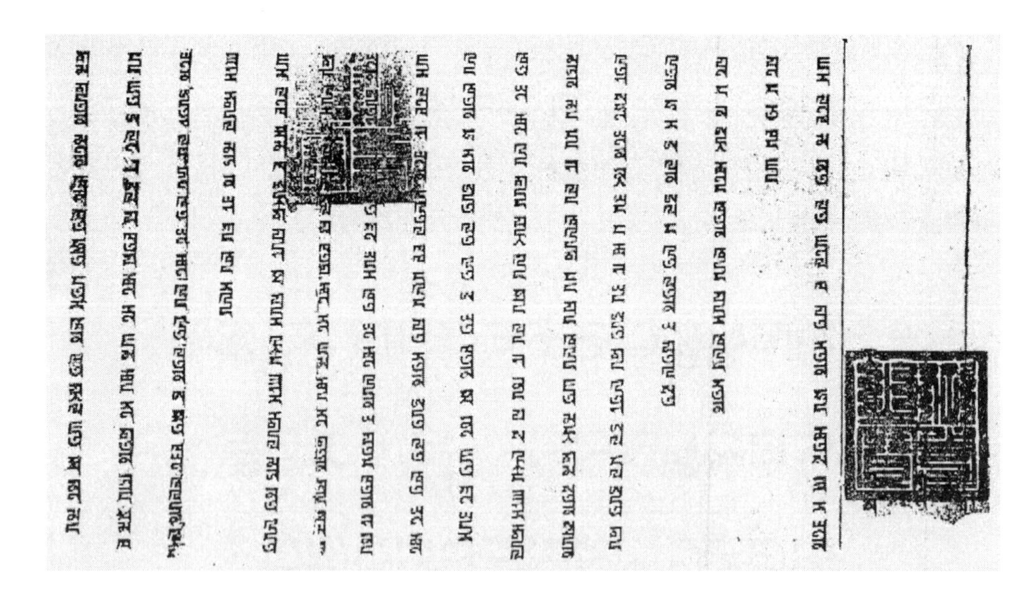

〈파스파 문자〉

이 외에도 기일성문도起一成文圖 기원설, 악리樂理 기원설, 이십팔수二十八宿 기원설, 히브리 문자 모방설, 태극 사상 기원설, 거란 문자 기원설, 여진 문자 기원설, 팔리 문자 기원설, 설총 창작설, 창호 문자 기원설 등 다양한 설이 제기되어 왔으나 이 모든 주장들은 훈민정음 원본이 발견되고 해례를 통해 글자를 만든 방법을 확인하게 되면서 종식되었다.

학습 정리

- 한국어에서도 다른 언어와 마찬가지로 문자 발생의 일반적 과정을 거치다가 한자의 유입으로 차자 표기법이 성립되었다고 볼 수 있다.
- 차자 표기법은 한자를 빌려와 한국어를 적던 방식이다.
- 차자 표기의 첫 단계는 한자를 이용하여 한국어의 고유 명사, 이를테면 인명, 지명, 관직명 정도를 표기하는 것이었다.
- 본격적인 차자 표기는 임신서기석에서 비롯된 서기체 표기법이었다. 그것은 한자를 한국어의 어순대로 배열하는 방식이었다.
- 서기체 표기법에 조사와 어미 같은 문법 형태소를 한자의 음과 훈을 빌려 표기하는 방식이 이두인데, 이것은 실질 형태소 부분은 한자 어휘를, 형식 형태소 부분은 한자를 빌려 음차, 훈차하는 방식이었다.
- 차자 표기의 완성 형태는 향가 표기에 사용한 향찰이다. 향찰은 실질 형태소 부분은 뜻을 빌리는 훈차의 방식으로, 형식 형태소 부분은 음차의 방식으로 표기한 것이다.
- 이 밖에 한문 낭독을 매끄럽게 하기 위해 원문 중간에 토를 넣는 구결이 있었는데, 석독 구결은 문법 형태소와 어순까지 표기한 방식이었다.
- 훈민정음의 기원설에는 상형설과 모방설이 있다.
- 훈민정음은 문자 발생의 단계 어디에도 속하지 않는 단기간에 개인에 의해서 제작되었다는 특징이 있다. 오히려 이런 점이 훈민정음의 독창성을 의심하는 요소가 되기도 한다.

학습 퀴즈

1. 다음 설명에 해당하는 차자 표기법을 〈보기〉에서 고르라.

❶ 서기체 표기 ❷ 이두 ❸ 구결 ❹ 향찰

ㄱ. 실질 형태소는 한자 어휘를, 형식 형태소는 한자의 음과 훈을 빌려서 표기한다.

ㄴ. 한문 낭송을 매끄럽게 하기 위해 한문의 원문 중간에 한국어 토를 넣는 방식으로 표기한다.

ㄷ. 향가 표기에 주로 사용되었으며 한자로 완벽하게 한국어를 표기하는 방식이다.

ㄹ. 차자 표기의 초기 형태로, 한자를 한국어의 어순대로 배열하는 방식이다.

2. 다음은 훈민정음 기원설의 대상이 되는 문자에 대한 설명이다. 해당하는 것을 〈보기〉에서 고르라.

❶ 티베트 문자 ❷ 구자라트 문자 ❸ 가림토 문자 ❹ 신대 문자
❺ 파스파 문자 ❻ 녹도문 ❼ 산스크리트 문자

ㄱ. 『환단고기』에 나오는 문자로서, 고조선의 삼랑 을보륵이 만들었다고 전한다.

ㄴ. 몽골의 문자로서 훈민정음 창제 시에 참고한 문자 중의 하나로 알려져 있다.

ㄷ. 인도의 공용어인 힌디 문자와 기본적으로 자형이 같다.

ㄹ. 이 문자를 일본의 고대 문자라고 주장하는 사람들은 훈민정음이 이 글자를 모방했다고 한다.

ㅁ. 배달국 환웅 천황 때 신지 혁덕이 만들었다는 고대 문자이다.

ㅂ. 불교 경전이 들어오면서 자연스럽게 이 문자도 한국에 유입되었을 것으로 추정된다.

ㅅ. 이 문자의 기원은 범자(梵字)로서 A.D. 650년에 톤미 삼브호타가 만든 표음 문자이다.

같이 알아보기

- 훈민정음의 다양한 기원설에 대한 여러분의 생각은 어떠한가? 이러한 기원설이 제기되는 이유에 대해 이야기해 보자.
- 한국어의 자생적 문자 발생의 단초를 보여주는 초기 문자 형태를 조사해 보자.

용어 정리

각필 부호角筆符號

고대 문헌에 뾰족한 도구를 사용해 한자 옆에 점과 선, 또는 글자를 새겨 넣어 발음이나 해석을 알려주는 양식을 말한다. 이 각필 부호는 고려 시대의 불교 경전에서 많이 발견되는데, 이것과 훈민정음을 대조해 본 결과, 각필 중 글자 모양이 일치한 것이 17개나 발견되었고, 자음과 모음의 체계까지 매우 유사하다는 주장이 제기되기도 하였다.(이승재, 2001, 『훈민정음 각필 부호 유래설』) 각필 부호는 주로 불교 경전에서 발견되는 바, 이는 훈민정음의 창제 목적을 불교적인 이유에서 찾는 논의가 나오게 되는 계기가 되었다.

3장

세계 최고의 문자, 훈민정음

- 훈민정음의 창제 원리
- 훈민정음의 우수성

생각해 보기

질문 1. 훈민정음 창제를 반대하는 논리와 이에 대응하는 세종대왕의 논리를 비교해 보자.

1. 훈민정음 개관

명칭의 의미

훈민정음訓民正音은 백성民을 가르치는訓 바른正 소리音라는 뜻으로 1443년(세종 25년)에 창제된 글자의 이름이면서, 1446년(세종 28년)에 반포된 책의 이름이기도 하다. 이 책은 1962년 12월 20일에 국보 제70호로 지정되었으며 현재 간송미술관에 소장되어 있다.

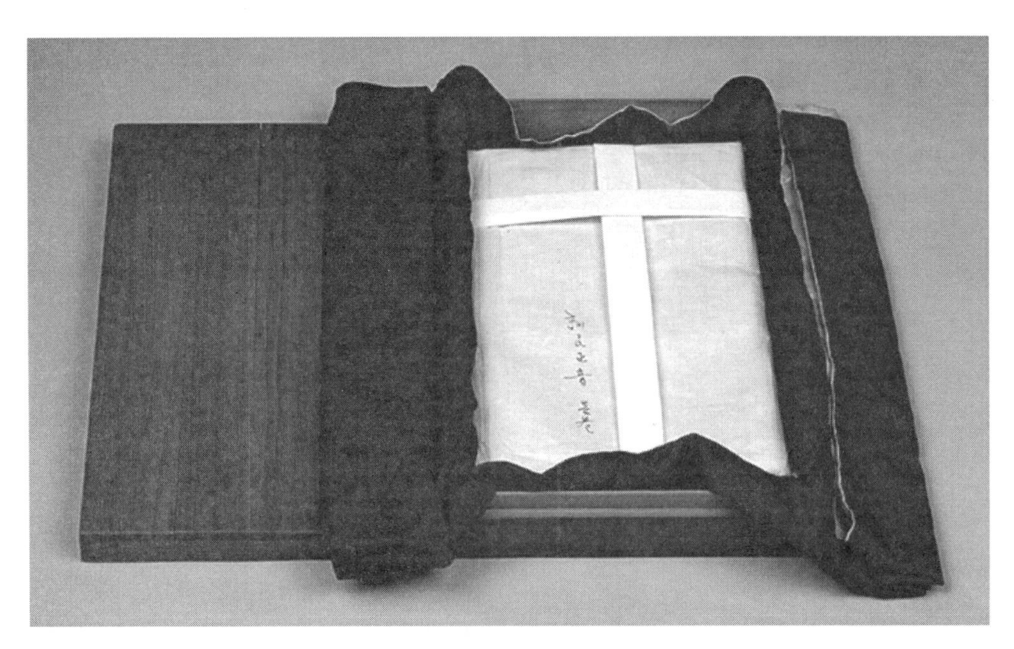

〈『訓民正音』〉
(출처: 국가문화유산포털)

훈민정음의 체제

책으로서 훈민정음은 예의禮意와 해례解例, 그리고 정인지서鄭麟趾序로 구성되어 있다. 예의는 어지御旨와 훈민정음의 음가 및 운용법을 설명한 부분이다. 해례는 5해 1례로 구성되어 있는데, 제자해制字解에서는 훈민정음 제자의 원리와 자음과 모음의 체계, 음상音相을 설명하였으며, 초성해初聲解, 중성해中聲解, 종성해終聲解에서는 각각 한자를 이용하여 자음과 모음 그리고 받침의 발음과 운용 원리 및 사성에 대해 설명한다. 또 합자해合字解에서

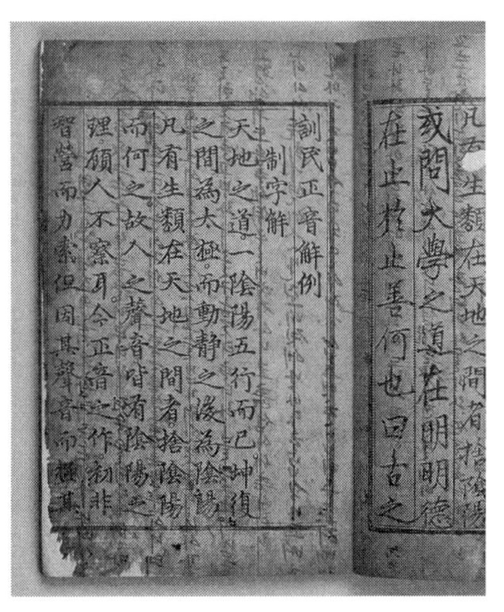

訓民正音解例
制字解
天地之道一陰陽五行而已坤復
之間為太極而動靜之後為陰陽
凡有生類在天地之間者捨陰陽
而何之故人之聲音皆有陰陽之
理顧人不察耳今正音之作初非
智營而力索但因其聲音而極其

〈훈민정음 제자해〉
(출처: 국가문화유산포털)

는 초성, 중성, 종성 합자의 예를 제시하고 성조를 설명하며, 마지막으로 용자례用字例에서는 한자를 예로 들어 단어의 사용례를 보여준다. 정인지서는 창제자, 책의 편찬자 등 훈민정음의 제작 경위를 기록하였으며, 창제 원리와 독창성을 설명해 준다.

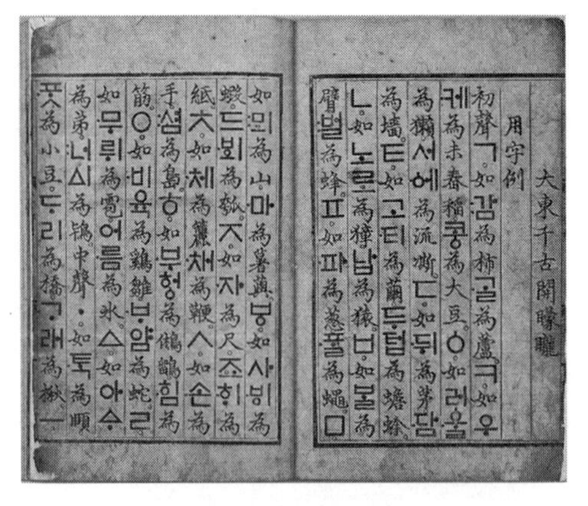
大東千古開矇矓
用字例
初聲ㄱ如감爲柿골爲蘆ㅋ如우
케爲未舂稻콩爲大豆ㆁ如러울
爲獺서에爲流凘ㄷ如뒤爲茅담
爲墻ㅌ如고티爲繭두텁爲蟾蜍
ㄴ如노로爲獐납爲猿ㅂ如볼爲
臂벌爲蜂ㅍ如파爲葱ᄑᆞᆯ爲蠅ㅁ
如뫼爲山마爲薯萸ㅸ如사ᄫᅵ爲
蝦드ᄫᅴ爲瓠ㅈ如자爲尺죠ᄒᆡ爲
紙ㅊ如체爲簏채爲鞭ㅅ如손爲
手셤爲島ㅎ如부헝爲鵂鶹힘爲
筋ㆁ如비육爲鷄雛ᄇᆞ얌爲蛇ㄹ
如무뤼爲雹어름爲氷ㅿ如아ᅀᆞ
爲弟너ᅀᅵ爲鴇中聲ㆍ如ᄐᆞᆨ爲頤
ᄑᆞᆺ爲小豆ᄃᆞ리爲橋ᄀᆞ래爲楸ㅡ

〈훈민정음 용자례〉

(출처: 국가문화유산포털)

훈민정음의 창제 정신과 동기

훈민정음의 창제 정신과 동기는 책의 첫머리에 있는 임금의 말씀인 어지에서 알 수 있는데, 보통 자주, 애민, 실용 정신으로 보는 것이 일반적이다.

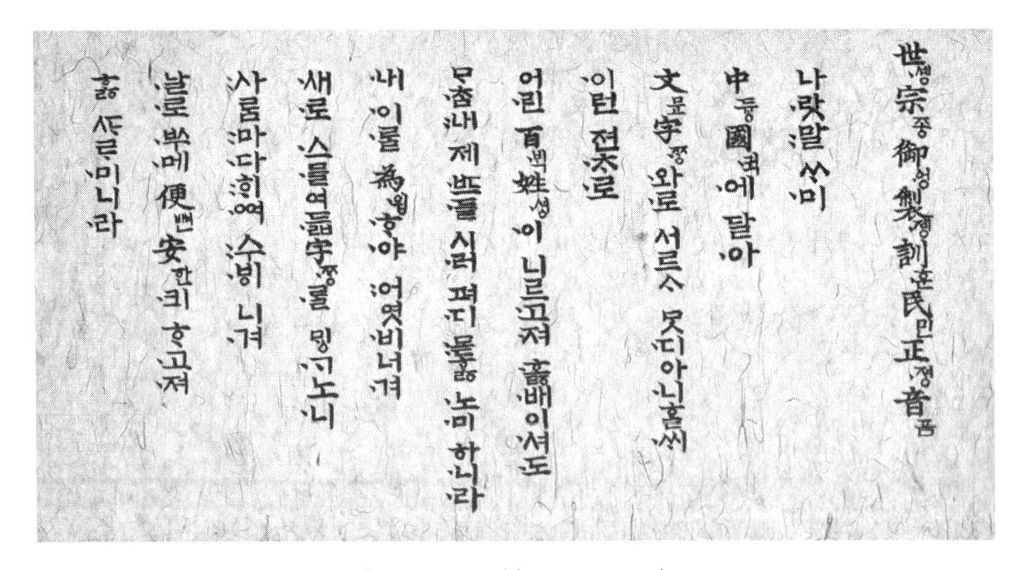
世솅宗종御엉製졩訓훈民민正졍音흠
나랏말ᄊᆞ미
中듕國귁에 달아
文문字ᄍᆞᆼ와로 서르 ᄉᆞᄆᆞᆺ디 아니ᄒᆞᆯᄊᆡ
이런 젼ᄎᆞ로
어린 百ᄇᆡᆨ姓셩이 니르고져 홇배 이셔도
ᄆᆞᄎᆞᆷ내 제 ᄠᅳ들 시러 펴디 몯ᄒᆞᇙ 노미 하니라
내 이ᄅᆞᆯ 爲윙ᄒᆞ야 어엿비 너겨
새로 스믈여듧 字ᄍᆞᆼ를 ᄆᆡᇰᄀᆞ노니
사ᄅᆞᆷ마다 ᄒᆡᅇᅧ 수ᄫᅵ 니겨
날로 ᄡᅮ메 便뼌安ᅙᅡᆫ킈 ᄒᆞ고져
홇 ᄯᆞᄅᆞ미니라

〈훈민정음 언해〉(御旨 부분 집자)

(출처: 메타국어)

나라의 말이 중국과 달라 한자와 서로 통하지 않으므로, 이런 까닭에 어리석은 백성이 자신의 뜻을 능히 펴지 못하는 사람이 많다. 내가 이것을 불쌍히 여겨서 새로 스물여덟 자를 만드니 사람들이 쉽게 익혀서 날마다 쓰는 데 편안하게 하고자 할 따름이다.

國之語音異乎中國與文字不相流通故愚民有所欲言而終不得伸其情者多矣予爲此憫然新制二十八字欲使人人易習便於日用耳

훈민정음 어지에 대한 해석에서 첫째로 **우리나라의 말소리가 중국과 달라 서로 통하지 않는**다는 부분이 자주 정신을 드러낸 것이라고 말하는 경우가 있으나 이는 지나친 견강부회牽强附會이며, 단지 한·중 양국 언어의 본질적 차이를 인식한 것으로 보아야 할 것이다. 그리고 이러한 인식이 새로운 문자를 창제하게 된 동기가 된다. 둘째로 **어리석은 백성이 말하고자 하는 바가 있어도 자신의 뜻을 능히 표현하지 못한다**는 부분에서 일반 사람들의 정상적인 문자 생활을 도모하고자 하였다는 것을 알 수 있으며, 마지막 부분인 **사람들이 쉽게 익혀서 날마다 쓰는 데에 편안하게 하고자 할 따름이**라는 부분은 배우기 쉬운 실용적인 문자를 만들고자 했다는 것을 알 수 있다.

훈민정음의 창제 동기는 기본적으로 당시의 한자음을 바로잡기 위한 것으로 볼 수 있는데, 『동국정운東國正韻』을 편찬하기 위한 발음 기호의 필요성이 대두되었기 때문에 한글이 표음 문자로 창제되어야 하는 필연적인 이유가 되기도 한다.

2. 훈민정음의 제자 원리

기본 원리

훈민정음은 음절을 초성, 중성, 종성으로 구분하고 초성과 중성을 구별하여 각각 다른 원리로 문자를 만들었다. 그러나 종성은 초성과 성질이 같기 때문에 별도로 글자를 만들지 않고 초성을 다시 사용했다.

초성의 제자 원리

초성은 발음 기관을 **상형**象形하고 이후 **가획**加劃, **이체**異體를 이용하여 만들었는데, 기본자를 만들고 이를 응용하여 다른 글자를 제작한 것이다. 기본자는 발음 기관을 상형하여 만들었으며, 기본자에 획을 더하여 가획자를 만들고, 기본자와 모양을 달리하여 이체자를 만들었다. 초성자는 5개의 기본자, 9개의 가획자, 3개의 이체자로 구성된다.

오음(五音)	기본자	가획자	이체자
아음(牙音)	ㄱ	ㅋ	ㆁ
설음(舌音)	ㄴ	ㄷ ㅌ	(ㄹ)
순음(脣音)	ㅁ	ㅂ ㅍ	
치음(齒音)	ㅅ	ㅈ ㅊ	(ㅿ)
후음(喉音)	ㅇ	ㆆ ㅎ	

각 초성자는 해당 소리가 만들어지는 발음 기관을 상형하였는데, 아음은 혀뿌리舌根가 목구멍을 막는 모양이며, 설음은 혀 끝舌端이 윗니에 닿는 모양이고, 순음은 아랫입술이 윗입술에 닿는 모양으로 한자의 입 구口 자와 같고, 치음은 아랫니의 뾰족한 모양이며, 후음은 목구멍의 둥근 모양으로 각각 형상화한 것이다. 그 밖에 전탁자全濁字인 ㄲ, ㄸ, ㅃ, ㅆ, ㅉ, ㆅ은 기본자를 반복해서 쓰도록 하였다.

〈기본자(초성)〉
(출처: 문화체육관광부)

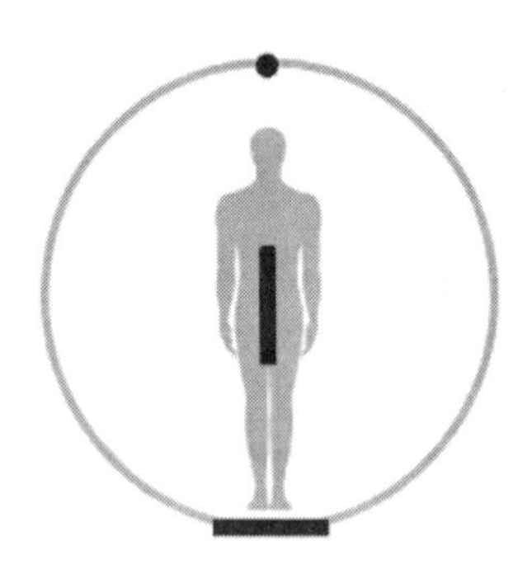
〈기본자(중성)〉
(출처: 문화체육관광부)

중성의 제자 원리

중성은 철학적 원리인 천天·지地·인人 **삼재**三才를 상형하여 기본자를 만들고, 이들을 서로 어울리게 하여 **초출**初出과 **재출**再出하는 방식으로 만들어졌다.

구분	기본자	초출자	재출자
양성 모음	·	ㅗ ㅏ	ㅛ ㅑ
음성 모음	ㅡ	ㅜ ㅓ	ㅠ ㅕ
중성 모음	ㅣ		

기본자가 상형한 각각의 모양은 우선 ·는 하늘이 둥근 모양天圓이며, ㅡ는 땅이 평평한 모양地平이고, ㅣ는 사람이 서 있는 모양人立이다. 그리고 이들이 어울려 만들어진 초출자는 하늘과 땅이 결합하여 ㅗ, ㅜ, 하늘과 사람이 결합하여 ㅏ, ㅓ를 만들며, 초출자에 다시 ·를 결합하여 재출자를 만들어 낸다.

3. 훈민정음은 왜 우수한가?

훈민정음의 우수성

훈민정음이 우수한 문자인 이유는 첫째, 소리와 문자에 관한 연구의 결정체이기 때문이다. 세종대왕은 몽골어, 여진어, 거란어, 왜어, 중국어 등 주변 언어의 소리와 문자에 대해 연구하였을 뿐만 아니라 산스크리트어, 티베트어 등 전래의 언어에 대한 연구까지 함으로써 당시까지의 모든 문자 이론과, 통용되던 문자들의 장단점을 모두 수렴하였다. 여기에 새로운 독창적 착상을 보탬으로써 가장 이상적인 문자를 창제하는 것이 가능했는데, 결국 인간의 말소리에 대한 총체적 이해를 바탕으로 거기에 가장 알맞은 문자를 창제했다고 할 수 있다.

둘째, 언어학과 철학이 절묘하게 어우러져 있다. 훈민정음은 음운학 이론과 동양 철학의 우주관을 반영한 **음양오행**陰陽五行의 이론을 절묘하게 결합하였는데, 이처럼 언어학과 철학을 결합한 문자는 세계에서 그 유례를 찾을 수 없는 것이다.

셋째, 음소 문자이기 때문에 알아야 하는 기호의 수가 적으며 배우기 쉽고 쓰기도 쉽다. 또한 발음 기관을 상형한 세계 유일의 문자이다.

넷째, 소리와 문자가 거의 일대일의 대응을 이룬다. 영어의 알파벳만 하더라도 a라는 문자는 /a, æ, ə, ɔ/ 등 여러 소리와 대응하기 때문에 발음 기호가 필요하다. 그러나 한국어의 음소와 한글은 정확히 일대일로 대응하기 때문에 발음 기호 없이도 읽을 수 있으며, 소리와 글자의 대응 관계만 알면 쉽게 적을 수 있다.

다섯째, 자질 문자의 성격을 가지기 때문에 글자를 보고 소리를 짐작할 수 있다. 또한 자획이 직선과 원으로 단순하며, 문자 사이에 일정한 체계(예사소리-된소리-거센소리)를 이루고 있다. 문자 창제에서도 초성과 중성을 구분하여 만듦으로써 모음과 자음이 체계적으로 다른 글자꼴을 갖게 된 것도 한글의 중요한 특징이다.

여섯째, 음절 단위로 모아쓰기 때문에 음소 문자이면서도 표의 문자의 장점을 살릴 수 있으며, 가로쓰기와 세로쓰기를 모두 할 수 있다.

일곱째, 전제 군주가 국민을 위해 글자를 창제한 민본주의의 산물로 문자사상文字史上 독특한 위상을 차지하고 있다.

마지막으로 한글은 말소리의 특성을 문자 꼴에 체계적으로 반영한 표기 체계로서 이러한 특성들을 통해 국제 한글 음성 기호의 개발이 가능하다는 점을 들 수 있다.

세계가 인정한 한글의 우수성

한글의 우수성에 대해서는 국내뿐만 아니라 해외에서도 인정받고 있다. 언어학자인 레어드 다이어먼드는 **한국에서 쓰는 한글이 독창성이 있고, 기호 배합 등 효율 면에서 특히 돋보이는 세계에서 가장 합리적인 문자**라면서, **한글이 간결하고 우수하기 때문에**

한국인의 문맹률이 세계에서 가장 낮다고 하였으며, 소설 〈대지〉의 작가 펄벅 또한 **한글이 전 세계에서 가장 단순한 글자이며 가장 훌륭한 글자**라면서 **세종대왕은 한국의 레오나르도 다빈치**라고 극찬하였다.

언어학자인 제프리 샘슨 교수 또한 **한국은 매우 작고 먼 나라이지만, 언어학자에게는 두 가지 측면에서 매우 중요한 나라인데, 하나는 중국에서 발명된 인쇄술이 최초로 실질적으로 이용된 것이 바로 13세기의 한국에서이고, 다른 하나는 오늘날 한글이라고 불리는 가장 독창적이고 훌륭한 음성 문자를 15세기에 백성들을 위해 만들었다는 점**이라고 하면서 **한글은 의문의 여지없이 인류가 만든 가장 위대한 지적 산물 중의 하나임에 틀림없는데, 발음 기관을 상형하여 글자를 만들었다는 것도 독특하지만 ㄱ-ㅋ-ㄲ처럼 기본 글자에 획을 더하여 음성학적으로 동일 계열의 글자를 파생해 내는 방법은 대단히 체계적이고 훌륭하다. 한글은 표음 문자이지만 새로운 차원의 자질 문자**feature system**이다**라고 평가하였다.

유네스코UNESCO에서는 1997년 10월 1일 훈민정음을 세계 기록 문화유산으로 지정하였으며, 1989년 6월부터 세종대왕상King Sejong Literacy Prize을 제정하여 한글 창제에 담긴 숭고한 세종대왕의 정신을 기려, 전 세계에서 문맹 퇴치를 위해 헌신하는 개인, 단체, 기관들의 노력을 격려하고 그 정신을 드높이고 있다.

학습 정리

- 훈민정음은 1443년에 창제된 글자 이름이기도 하고, 1446년에 간행된 책 이름이기도 하다.
- 국보 70호로 지정된 훈민정음은 본문에 해당하는 예의와, 해설과 용례에 해당하는 해례, 그리고 서문에 해당하는 정인지서의 세 부분으로 이루어져 있다.
- 훈민정음 창제의 직접적 동기는 한자음의 개신改新에 있었으며, 백성들의 정상적인 문자 생활을 도모하고, 배우기 쉬운 실용적인 문자를 만드는 것이 문자 창제에 함유된 정신이다.
- 훈민정음 제자制字의 기본 원리는, 먼저 음절을 초성, 중성, 종성의 삼분 체계로 구성하고, 초성은 발음 기관을 상형하여, 중성은 천지인天地人 삼재三才를 상형하여 만들었다. 종성은 초성과 성질이 같으므로 별도의 글자를 만들지 않고 초성을 다시 활용하였다.
- 초성은 음을 다섯으로 분류하고, 각각의 음이 발음될 때의 발음 기관의 모습을 상형하여 기본자 다섯 개를 만들고, 나머지는 가획과 이체의 원리를 적용하여 만들었다.
- 중성은 각각 하늘과 땅, 사람의 형상을 상형하여 기본자를 만들고 나머지는 초출과 재출의 원리를 적용하여 만들었다.
- 훈민정음의 우수성은 철저한 과학적 원리와 심오한 철학적 원리를 결합하여 문자를 만들었다는 데 있으며, 배우기 쉽고 사용하기 편리하다는 데 있다.

학습 퀴즈

1. 훈민정음의 초성 17자 체계에 해당하는 글자를 〈보기〉에서 고르라.

보기

❶ ㄱ ❷ ㄴ ❸ ㄲ ❹ ㅁ ❺ ㅅ ❻ ㄸ ❼ ㅇ ❽ ㅎ
❾ ㅿ ❿ ㅃ ⓫ ㆁ ⓬ ㄷ ⓭ ㅋ ⓮ ㅆ ⓯ ㅈ ⓰ ㆆ
⓱ ㅉ ⓲ ㅂ ⓳ ㅌ ⓴ ㅊ ㉑ ㆅ ㉒ ㄹ ㉓ ㅍ

ㄱ. 아음(牙音): ____________ ㄴ. 설음(舌音): ____________

ㄷ. 순음(脣音): ____________ ㄹ. 치음(齒音): ____________

ㅁ. 후음(喉音): ____________

2. 다음은 중성 11자를 분류한 표이다. 〈보기〉의 각 글자를 해당하는 칸에 배치하라.

보기

❶ ㅣ　❷ ㅜ　❸ ㅑ　❹ ㆍ　❺ ㅓ　❻ ㅡ
❼ ㅛ　❽ ㅗ　❾ ㅏ　❿ ㅕ　⓫ ㅠ

구분	기본자	초출자	재출자
양성 모음			
음성 모음			
중성 모음			

같이 알아보기

- 훈민정음이 창제되지 않았다면 현재의 우리 문자 생활은 어떠했을 것이라고 생각하는가? 문자의 역사적 발전 단계를 참고하여 이에 대한 자신의 생각을 이야기해 보자.
- 훈민정음의 창제 원리를 활용한 다양한 현대 문물을 조사해 보자.

용어 정리

자질 문자[資質文字feature system]

한글의 문자적 특징을 나타내기 위해 제프리 샘슨[G. Sampson] 교수가 명명한 용어로서 조음 위치, 조음 방법 등 음운의 자질이 반영된 문자 체계를 가리키는 용어로 사용된다. 한글은 각 글자가 음운의 자질을 드러내도록 고안되었는데, 이는 벨이 만든 *보이는 음성*[visible speech]에 비해 400년이나 긴 역사를 자랑한다.

예를 들어, 한글의 ㄱ은 혀뿌리가 목구멍을 막는 모양을 그린 것인데, 여기에는 조음 위치 정보와 함께 발음 시의 혀의 모양이 반영되어 있다. 여기에 획을 하나 더하면 격음 ㅋ이 되는데 ㄱ에 더하는 획은 기식성 자질을 담고 있다고 할 수 있다. ㄲ은 ㄱ이 발음될 때의 혀와 연구개의 접촉면보다 넓게 접촉면을 형성하는데, 그와 같은 특징을 같은 글자를 반복 사용하는 것으로 반영하고 있다.

이와 같이 한글은 글자의 모양과 소리의 성질이 밀접한 관련을 맺고 있는 자질 문자이다. 같은 음소 문자로 분류되는 알파벳은 글자와 소리와의 사이에 아무런 연관 관계를 갖고 있지 않으므로 한글은 음소 문자 중에서도 차원이 다른 문자 체계라고 할 수 있다.

"밥이라 하는 것은 나라에 오르면 수라요, 양반이 잡수면 진지요,
하인이 먹으면 입시요, 제배가 먹으면 밥이요, 제사에는 진메이니, 얼마나 중한가요."
(홍부전)

한국어의 방언과 사회언어학

1장

귀한 말과 천한 말

- 방언의 개념과 가치
- 표준어의 기능

생각해 보기

질문 1. 표준어는 방언보다 우월한 언어일까?

1. 방언

방언方言dialect 하나의 언어 체계 내에서 특정한 요인으로 인해 조금씩 다르게 나타나는 언어 현실로서, 기본 문법은 같으면서 체계적인 차이를 지니고 있어서 다르지만 서로 이해할 수 있다. 방언은 의사소통이 가능한 수준에서 서로 다른 체계를 갖는 둘 이상의 언어라고 할 수 있는데, 의사소통력이 절대적인 기준은 아니며 상위 언어의 체계적 특징을 얼마나 공유하느냐의 정도가 중요하다. 예를 들어 한국어의 제주도 방언은 의사소통이 잘 안 되지만 기본 문법 구조와 역사적 연계성 등을 고려할 때 한국어의 하위 방언이 된다. 마찬가지로 중국어의 8대 방언권 또한 의사소통이 되지 않지만 서사 체계書寫體系가 한자로 통일되었으며, 기본 문법 구조가 같다는 점에서 중국어의 하위 방언으로 분류된다.

방언의 분류

방언은 특정 언어를 분화 요인에 따라 세분화한 것이라고 했을 때, 한국어가 경기, 충청, 전라, 경상, 제주 등의 방언으로 분화되는 것처럼 언어의 분화체이며, 한국어에 전라 방언이 속하고, 이 전라 방언에 광주 방언, 목포 방안 등이 속하는 것처럼 한 언어는 여러 하위 방언들의 총체로 구성되어 계층적인 구조를 가지게 된다.

이들 방언은 지역적 요인과 사회적 요인에 따라 분화가 된다. 지역적인 요인은 산맥, 숲, 바다, 강, 늪 등의 지리적 장애물과 생활권의 차이에 따른 접촉의 단절로 인한 것이며 이로 인해 **지역 방언**regional dialect을 발생시키는데, 보통 말하는 방언, 혹은 사투리는 바로 이 지역 방언을 가리킨다. 이와는 달리 사회 계층, 연령, 성별, 종교, 종족 등과 같은 사회적 요인에 따른 분화를 **사회 방언**social dialect이라고 하는데 여성어, 아동어, 유아어, 궁중어, 군대어 등과 같은 계급·계층 방언class dialect을 지칭한다.

방언의 구체적인 예

지역 방언: 경기 방언, 충청 방언, 전라 방언, 경상 방언, 강원 방언, 황해 방언, 평안 방언, 함경 방언, 육진 방언(육진(六鎭): 경원, 경흥, 부령, 온성, 종성, 회령)

사회 방언: 상류어, 중류어, 하류어 / 남성어, 여성어, 아동어, 청년어, 장년어, 노인어 / 궁중어, 군대어, 정치가어, 교육자어, 법조인어, 의사어 / 흑인어, 백인어 등

2. 방언과 표준어

표준어의 개념

표준어는 한 언어의 표준이 되는 말로서 한 언어 체계 내부에 존재하는 여러 방언 가운데 특별히 사회적 공용어로 인정받는 방언을 말한다. 표준어는 국가나 정부 차원의 언어 정책을 전제로 한 인위적인 언어인데, 방언이 갖는 다양한 변이체로 인한 의사소통의 장애를 저지, 억제하기 위해 제정한 공용어이기도 하다.

〈표준어 규정〉 제1장 총칙, 제1항에서는 **표준어는 교양 있는 사람들이 두루 쓰는 현대 서울말로 정함을 원칙으로 한다**고 규정했는데, 이에 따른 한국어의 표준어와 제정 기준은 다음과 같다.

첫째, **사회적 조건**은 교양 있는 사람들이다. 따라서 표준어를 사용하는 것은 교양 있는 사람의 기본 조건이며, 일상생활과 행정, 교육, 방송 등에서 표준적으로 쓰이는 공용어로서 공적인 영역에서는 반드시 지켜야 할 규범이 된다.

둘째, **시대적 조건**은 현대이다. 즉, 현실 세계에서 실제로 사용하는 언어를 대상으로 한다는 것인데, 언어는 역사적 변천의 결과물로서 지속적으로 변화하기 때문에 표준어도 변하게 된다.

셋째, **지역적 조건**은 서울말이다. 이는 정치·경제·사회·문화의 중심지의 언어를 대상으로 한다는 것이며, 일종의 중앙어 개념이라고 볼 수 있다.

이러한 표준어는 **통일**의 기능과 **우월**의 기능, 그리고 **준거**의 기능을 가지게 된다. 표준어는 광범위한 언어 공동체에 통용되는 규범적인 언어 형식으로서 통합성이 특징이며, 지역적, 사회적 요인에 의한 언어의 분화를 억제하는 힘을 보유함으로써 통일의 기능을 수행한다. 또한 방언에 비해 잘 정돈되고 정교한 모습을 드러내기 때문에 우월의 기능이 나타나고, 특정 지역뿐만 아니라 국가 단위에 영향을 미치며, 국가 단위 언어활동의 기준이 되므로 준거의 기능을 가지게 된다.

〈표준어와 방언의 구별(이상규, 2003)〉

표준어	방언
통합성	분열성
성문화(成文化), 규범성	비성문화, 비규범성
고정된 변종	고정되지 않은 변종
통용성	비통용성
정교성	비정교성
정치 · 사회 중심어	지역성
문어 · 구어 간 양자의 비중이 비슷함	구어 중심, 문어 약세
권위가 있음	권위가 없음
친밀성이 작음	친밀성이 큼
인위어	자연적

표준어와 방언의 차별 의식

방언은 표준어에 비해 정치·경제·사회·문화의 중심지에서 떨어진 지방에서 쓰는 언어이므로 질적으로 떨어지거나 방언을 사용하는 사람은 표준어를 사용하는 사람보다 열등하다는 생각이 종종 드러나는데, 특히 TV 드라마나 영화와 같은 곳에서 주인공은 표준어를 사용하고 악역이나 하찮은 직업의 소유자들은 방언을 사용하는 등 배역의 성격에 따라 특정 방언을 고정시킴으로써 방언 사용이 천박한 행위이거나 교양 없는 행위로 오인될 우려가 있다. 그러나 표준어는 서울말이 격상되어 설정된 것으로 서울말 자체가 우수해서가 아니라는 점을 잊지 말아야 한다.

3. 방언의 가치

언어의 다양성 확보

언어는 삶의 표상이며 생활의 총체를 반영하는 문화적 행위이다. 삶의 다양성만큼 언어 행위도 다양하게 분화, 발달한다. 표준어는 여러 방언 중 가장 영향력이 큰 말을 골라 놓은 것뿐이므로 표준어의 강요는 한국어의 다양한 요소들을 제거하는 결과를 가져오게 된다. 방언의 사용은 한국어를 풍부하게 하는 자원으로서 후대에 물려줄 민족 문화의 유산이 될 것이며, 특히 이문구의 『관촌수필』, 조정래의 『태백산맥』, 최명희의 『혼불』처럼 문학 활동을 풍부하게 만드는 밑거름이 된다.

지역의 문화적 총체성 구현

방언은 각 지역의 지리적 환경과 역사적 전통을 잘 반영하고 있기 때문에 지역 사회의 삶의 총체적 모습을 구현할 수 있으며, 이를 통해 지역적 동질감과 유대감을 형성한다.

한국어 연구의 보고寶庫

방언은 표준어에 비해 고형古形을 유지하는 경우가 많기 때문에 한국어의 변천 과정에 대한 적절한 해석의 근거를 제공한다. 특히 **추워**와 **추버**의 공존을 확인할 수 있어 **ㅂ 불규칙 활용**의 역사적 근거를 제공하는 것처럼 문헌 자료의 공백을 해소해 줄 수 있으며, 평안 방언에 큰아버지 큰어머니의 의미로 **맏아뱀, 맏엄매**가 사용되고 **크나반/큰아배**는 할아버지의 의미로 사용되는 경우에서와 같이 소멸된 어휘가 방언에 남아 있는 경우가 많아 과거 언어 사용 양상을 확인하는 데 큰 도움이 된다.

학습 정리

- 방언은 한 언어가 여러 가지 요인으로 인해 분화한 것으로서, 의사소통이 가능한 수준에서 서로 다른 체계를 갖는 둘 이상의 언어이다.
- 의사소통력이 방언을 판단하는 기준이 되지만 의사소통이 되지 않더라도 상위 언어의 체계적 특징을 공유하고 있다면 같은 언어의 방언이라고 볼 수도 있다.
- 방언은 지리적으로 분화된 지역 방언과, 사회적 요인으로 분화된 사회 방언으로 구분된다.
- 방언 차이로 인한 의사소통의 장애를 막기 위하여 제정한 인위적인 공용어가 표준어인데, 그 제정 기준은 시대적 조건, 지역적 조건, 계층적 조건 등이다.
- 한국어의 표준어는 교양 있는 사람들이 쓰는 현대 서울말이다.
- 표준어는 통일의 기능, 우월의 기능, 준거의 기능을 갖는다.
- 표준어에 비해 방언에 대해서는 차별 의식을 갖기 쉬우나, 방언은 언어의 다양성을 확보하게 하며, 지역의 문화적 총체성을 구현하고, 한국어 연구의 보고가 된다는 점에서 가치가 크다.

학습 퀴즈

1. 다음 중 언어의 분화체를 특정 언어의 방언으로 분류할 수 있는 기준이 아닌 것을 고르라.

❶ 의사소통력
❷ 같은 문자의 사용 여부
❸ 기본 문법의 공유 정도
❹ 상위 언어 체계의 공유 정도

2. 다음은 방언의 종류이다. 해당하는 분화 요인을 〈보기〉에서 골라 바르게 연결하라.

> **보기**
> ❶ 성별의 차이 ❷ 지리적 장애물 ❸ 종족의 차이
> ❹ 접촉의 단절 ❺ 생활권의 차이 ❻ 연령의 차이

ㄱ. 지역 방언: ……………………

ㄴ. 사회 방언: ……………………

3. 다음은 표준어의 기능을 설명한 것이다. 설명에 해당하는 것을 〈보기〉에서 골라 바르게 연결하라.

❶ 통일의 기능　　❷ 우월의 기능　　❸ 준거의 기능

ㄱ. 표준어는 방언에 비해 정교하다.

ㄴ. 표준어는 언어의 분화를 억제하는 힘을 보유하였다.

ㄷ. 표준어는 기본적인 언어 활동의 기준이 된다.

같이 알아보기

- 요즘 방송에서는 지역 방언이나 계층 방언을 사용하는 프로그램이 많다. 다수가 시청하는 방송 프로그램에서 방언을 사용하는 것에 대한 자신의 생각을 이야기해 보자.
- 세계 여러 나라의 표준어에 대해 조사해 보자.

용어 정리

각국의 표준어

1. 북한의 문화어文化語

북한의 표준어는 *주권을 잡은 로동계급의 당의 령도 밑에 혁명의 수도를 중심지로 하고 수도의 말을 기본으로 하여 이루어지는, 로동계급의 지향과 생활감정에 맞게 혁명적으로 세련되고 아름답게 가꾸어진 언어*(조선말대사전, 1992)로 규정한다. 대개 평양 방언을 토대로 구축되었으며, 어휘 구성에서 어렵고 까다로운 외래적 요소들인 한자어와 외래어를 고유어로 다듬는 어휘 정리 사업의 성과를 반영하고 있다.

2. 중국의 보통화普通話

중국 한족의 언어인 한어漢語의 표준어. 한어는 대외적으로 중국어라고 지칭하는 언어의 대내적 명칭이다. 대만에서는 국어國語, 기타 싱가포르나 말레이시아와 같은 중화권에서는 화어華語라고 한다.

보통화는 북경 지역의 언어를 기초 표준어로 하여 정하며, 발음은 북경 발음을 기본으로 한다. 대부분의 도시 교육 기관과 공공 기관에서는 보통화를 사용하며, 지역 주민끼리는 해당 지역의 방언을 사용하는 것이 보통이다. 전 국민의 약 70%가 보통화 사용자라는 통계도 있다.

3. 특이한 표준어

표준어는 대개 한 나라의 수도나 문화의 중심지에서 교양 있는 사람들이 쓰는 언어를 기준으로 정한다. 한국은 서울말, 영국은 런던 말, 프랑스는 파리 말, 일본은 동경 말 등을 표준어 제정의 기준으로 삼고 있다. 그러나 특이한 경우도 있다. 독일은 종교 개혁가 루터의 독일어를 표준어로 삼고 있으며, 이탈리아는 피렌체 시의 상류 사회에서 사용한 언어를 표준어 제정의 기준으로 삼고 있는데, 이는 피렌체 방언이 단테, 페트라르카, 보카치오 등의 작품에 사용되었기 때문이다.

2장

다채로운 우리말

- 방언의 분포
- 방언 조사 방법

생각해 보기

질문 1. 방언 조사를 하는 방법에는 어떤 것들이 있을까?

1. 방언의 분포와 언어 지도

방언의 분포

방언은 지리적 제약에 따라 분포하는데, 보통 거주민의 교통과 왕래를 제약하는 요소인 높은 산, 넓은 강, 바다 등을 경계선으로 하며, 한국은 산악 지형이 많아 주로 산으로 구획이 나뉘는 경우가 많다. 방언의 분포는 주로 등어선으로 표시된다. 등어선은 수집한 방언 자료를 통해 방언의 구획을 정하는 중요한 기준이 된다.

등어선과 언어 지도

등어선等語線은 언어 지도 상에서 언어와 언어 사이, 또는 한 언어의 여러 방언 사이에 형성되는 언어상의 경계선으로 라트비아의 방언학자 빌렌슈타인J.G.A. Bielenstein이 1892년에 처음 사용하였다. 등어선은 기상학의 등온선等溫線을 본떠서 만든 것인데, 방언 한계선의 중요한 잣대가 되며, 언어 분화와 유동 상태를 조사, 연구하는 데 기여한다.

등어선에는 단선 등어선과 복선 등어선, 부채꼴 등어선, 교차 등어선 등이 있다. **단선 등어선**은 두 가지 변종이 나타나는 두 지역 사이를 통과하는 하나의 등어선을 말하는데, 두 개의 대립적인 언어 현상의 구분을 명확하게 보여준다. **복선 등어선**은 서로 마주하고 있는 두 지점이 대립적인 변종을 사용하는 경우, 동일한 변종이 사용되는 지점을 열거한 두 개의 등어선이며, 두 개의 대립되는 언어 현상의 차이를 정밀하게 보여준다. **부채꼴 등어선**은 어느 지점까지는 일정한 등어선을 보여주다가 마지막에 극단적으로 분기하여 마치 부챗살처럼 나타나는 등어선인데, 서로 다른 방언들이 독자적으로 생성된 지역에서 나타난다. **교차 등어선**은 여러 가지 언어 특징을 동시에 나타내는 분계선으로 오랜 정착 역사를 가진 곳에서 흔히 발견되는 형태의 등어선이다.

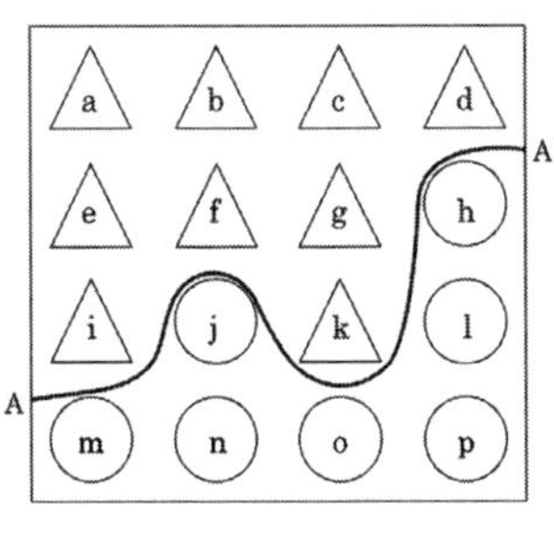

〈단선 등어선〉

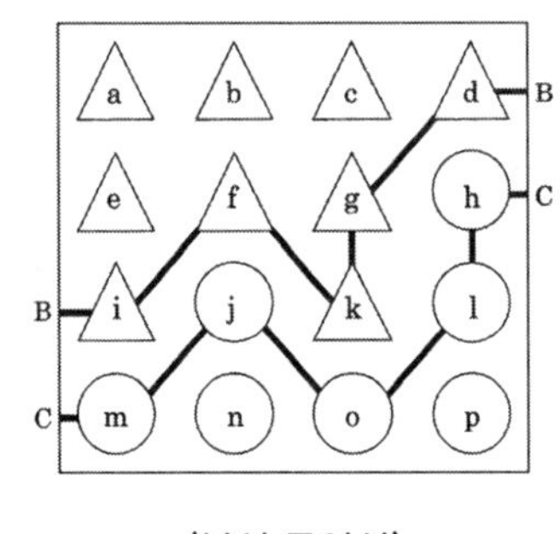

〈복선 등어선〉

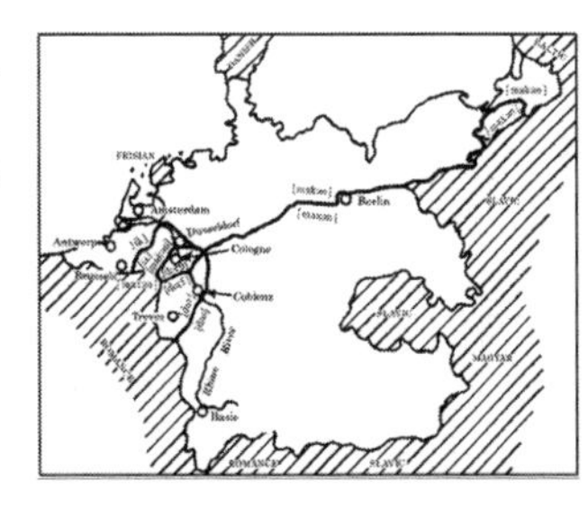

〈부채꼴 등어선〉

(출처: Bloomfield, L.(1933), Language, New York:Holt, Rinehart & Winston.)

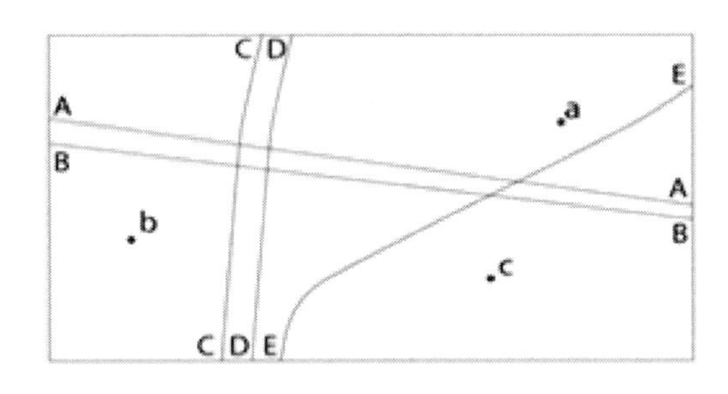

〈교차 등어선〉

여러 개의 등어선이 동일한 지점에 형성되는 경우 **등어선속**等語線束이 나타나는데, 이는 동일한 방언권의 경계를 의미하며 각 지역 방언의 차이를 보여주는 척도가 된다.

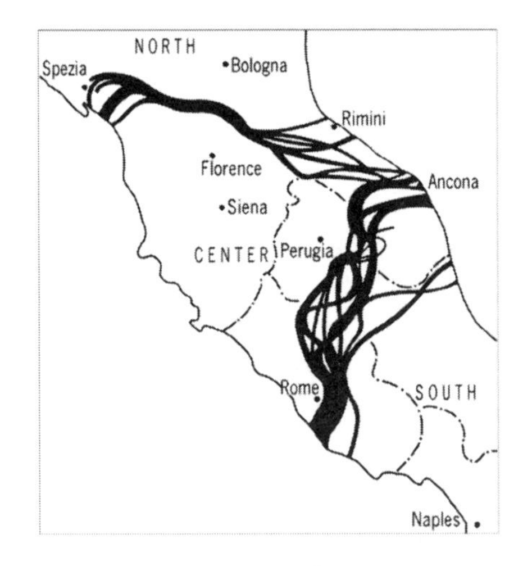

〈등어선속〉

(출처: Kurath, H.(1972), Studies in Area Linguistics, Indiana University Press.)

예를 들어 어떤 지역 A와 B에서는 5개의 등어선이 겹치고, A와 C에서는 8개의 등어선이 겹친다면 A와 B 지역의 방언 차이보다 A와 C 지역의 방언 차이가 더 심하다는 것을 나타내는 것이다.

특정한 언어 현상이 개별 지역에서 어떤 방언형으로 나타나는가를 보여주는 지도가 바로 **언어 지도**, 즉 방언 지도인데, 이 지도는 현지 조사를 통해 자료를 수집·정리한 뒤 각 분화형을 목록화하여 특수 기호로 조사 지역의 지도 위에 표시한 것이다. 이 지도는 방언 분화의 정보를 시각적으로 나타내기 때문에 방언의 지리적 분포를 명확히 파악할 수 있다는 장점이 있다.

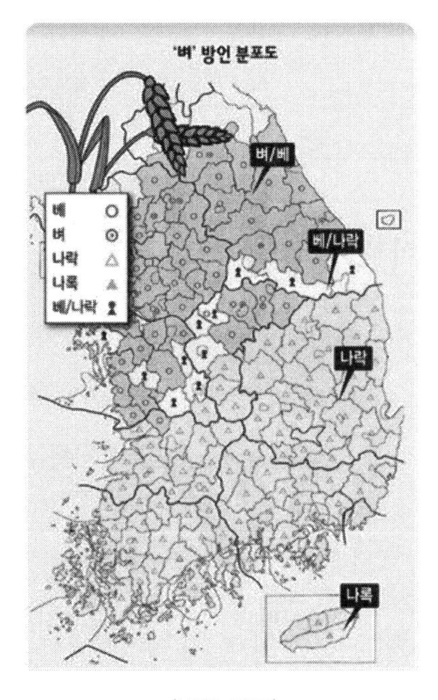

〈방언 지도〉

(출처: 이익섭 외(2008), 한국방언지도, 태학사)

언어 지도의 종류

진열 지도: 각 지점의 방언형을 변별적 기호(음성 기호, 각종 도안, 색채 등)를 사용하여 만든 지도

해석 지도: 일정한 방언형이 쓰이는 지역의 크기를 표시하여 방언의 분포를 한눈에 파악할 수 있게 만든 지도

방언 구획

일정한 지역을 몇 개의 독자적인 방언권으로 나누는 것을 방언 구획이라고 한다. 방언권의 경계는 등어선에 의해 결정되며 이를 방언 경계라고 하는데, 등어선의 두께가 굵을수록 방언차가 크며, 방언권의 경계가 확실하고 독자적인 방언권이 된다. 정밀한 방언 구획을 획정하기 위해서는 전국적이고 철저한 방언 조사가 선행되어야 한다.

2. 방언의 생성

언어 분화와 방언의 생성 이론

지리적·사회적 요인에 의한 언어 분화는 그 언어의 역사적 변화 과정을 반영하기 때문에 방언은 한 언어의 통시적 변화 과정을 보여준다는 가치가 있다. 소쉬르에 의하면 민족의 이주에 의해 언어 분화가 일어나는데, 이를 **이주설**移住說이라고 한다. 이와는 달리 언어 중심지에서 주변으로 퍼져 나가듯이 분화되는 것을 **파동설**波動說이라고 하는데, 방언 생성을 설명하는 중심 이론이다.

방언학의 주요 용어

개신파改新波는 언어 중심지로부터 주위로 퍼져 나가는 언어 현상을 말하는데, 언어가 퍼져 나가는 중심지를 **방사 원점**放射 原點 또는 초점 지역이라고 한다.

상륙 거점上陸據點은 개신파의 물결이 방사 원점으로부터 멀리 퍼져 나가다가 그 세력이 약화되는 마지막 지역이며, **전이 지대**轉移地帶는 상륙 거점이 서로 교체되어 넓은 지역을 형성하는 것인데, 두 방언권의 접촉 지대가 된다. 예를 들어 밀양과 청도는 대구가 중심인 경북 방언권과 부산이 중심인 경남 방언권의 전이 지대라고 할 수 있다.

잔재 지대殘在地帶는 방사의 과정에서 지리적 장벽에 부딪친 개신파가 더 이상 전진하지 못하고 폐쇄된 지역을 말한다. 그래서 제주 지역처럼 새로운 언어 변화의 영향을 받지 못하고 고형을 간직하게 된다.

3. 방언 조사

방언 자료의 수집

특정 지역의 방언 화자로부터 현실적인 방언의 여러 현상을 채록하는 작업을 자료 수집이라고 하며 수집 절차는 다음과 같다.

먼저 조사 목적 및 목표를 설정한다. 이는 조사 지역, 음운, 문법, 어휘 등의 언어의 구성 요소 등을 중심으로 한다. 다음으로 조사 항목 범위를 설정한다. 이때 **농사-음식-가구-의복-인체-육아-인륜-경제-동물-식물-자연-상태-동작**과 같이 의미적으로 유사성이 있는 항목들을 연계적으로 구성해야 한다. 다음은 조사 방법과 조사 지점을 결정한다. 조사 방법은 직접 조사와 간접 조사가 있으며, 조사 목적이나 성격에 따라 조사 지점이 달라진다. 마지막으로 제보자를 선정하고 방언 조사를 시행한다. 제보자는 수집할 방언 자료를 제공해 줄 대상이며, 방언 조사는 구술 형식으로 진행하되 반드시 녹음을 실시해야 한다.

자료를 수집한 뒤에는 계획된 항목, 요소 등에 따라 분류·정리, 분석하는 작업을 수행하는데 이때 귀로 들은 방언형을 문자로 기록하는 전사轉寫 작업을 병행한다. 전사에는 사용하는 문자에 따라 한글 전사, 국제 음성 부호IPA 전사가 있으며, 전사 수준에 따라 음운 수준의 간이 전사, 음성 수준의 변이음까지 전사하는 정밀 전사가 있다.

조사 방법과 조사 문항

조사 방법에는 직접 조사와 간접 조사가 있다. 직접 조사는 현지 조사field work라고도 하며 훈련

받은 조사자가 직접 방언 사용 지역에 가서 조사하는 방식으로, 정확하고 충실한 자료 수집이 가능하지만 시간과 비용이 많이 소요된다는 단점이 있다. 간접 조사는 통신 조사라고도 하며 조사 내용을 질문지 형식으로 만들어 방언 사용자에게 우송한 뒤 회수하여 자료를 모으는 방식이다. 짧은 시간에 광범위한 지역에 대한 조사가 가능하지만 정확도를 보장할 수 없다는 단점이 있다.

한국어 방언 조사에서 조사 문항은 어휘, 음운, 문법 등의 항목으로 구성되며, 일반적으로 한국정신문화연구원(1980)의 조사 항목(1,796개)을 사용한다.

질문법과 제보자

질문법의 종류에는 명명식, 완결식, 치환식이 있다.

종류	설명 및 예시	비고
명명식 질문법	조사자가 의문사를 사용하여 문제 출제 방식으로 방언 화자로부터 답을 유도하는 방법	
	예 (그림이나 사진을 보며) 이것을 무엇이라고 합니까?	직접 질문법
	예 배추나 무를 소금에 절인 뒤에 양념에 버무려 만든 음식은 무엇입니까?	간접 질문법
완결식 질문법	방언 화자에게 제시하는 질문의 문장에 괄호를 제시하고 들어갈 적당한 단어를 채우는 방법 예 종이나 옷감을 자를 때 사용하는 것을 (　)라고 합니다.	간접 질문법
치환식 질문법	서로 대립되는 사항을 한쪽 형태를 완결식으로 대답하게 하고, 나머지 한쪽 역시 완결식으로 응답하게 하는 방법 예 바위와 솜을 들면, 바위는 ______, 솜은 _______.	간접 질문법

조사할 항목을 순서대로 배열한 것을 **질문지**라고 하는데 질문지에는 격식 질문지와 약식 질문지가 있다. **격식 질문지**는 제보자에게 질문할 내용을 문장화하여 기록해 놓은 것으로 여러 명의 조사자들이 동시에 조사를 진행할 때 조사 결과의 균일성과 통일성

을 확보하기 위한 것이다. **약식 질문지**는 조사 항목의 이름만 표준어로 나열해 놓은 질문지로 잘 훈련된 소수의 조사자가 조사를 할 경우, 상황에 따라 적절히 질문을 조사하여 조사할 수 있다.

현지에서 조사자에게 방언 자료를 제공해 주는 사람을 제보자라고 한다. 제보자는 해당 지역에 오래 살고 있는 토박이로 3대 이상 거주하며, 해당 지역을 벗어난 적이 없는 60대 이상의 노년층으로 대외 접촉이 거의 없는 직업의 종사자가 적당하다.

학습 정리

- 방언은 지리적 제약에 따라 분포하며, 그 분포 양상은 등어선으로 표시된다.
- 등어선은 언어 지도 상에서 여러 방언 사이에 형성되는 언어상의 경계선이다.
- 언어 지도는 방언 지도라고도 하며, 특정한 언어 현상이 개별 지역에서 어떤 방언형으로 나타나는가를 보여주는 지도이다.
- 방언 구획은 일정한 지역을 몇 개의 독자적인 방언권으로 나누는 것을 말한다.
- 방언 생성의 이론에는 이주설과 파동설이 있다.
- 방언 조사는 특정 지역의 방언 화자로부터 현실적인 방언의 여러 현상을 채록하는 것을 말한다.

학습 퀴즈

1. 방언 구획의 중요한 기준이 되는 것은 무엇인가?

2. 다음 설명에 해당하는 항목을 〈보기〉에서 고르라.

❶ 단선 등어선	❷ 복선 등어선	❸ 부채꼴 등어선	❹ 교차 등어선
❺ 등어선속	❻ 언어 지도	❼ 진열 지도	❽ 해석 지도

ㄱ. 방언 분화의 정보를 시각적으로 나타내 주며, 방언의 지리적 분포를 명확히 파악할 수 있게 한다.
ㄴ. 여러 개의 등어선이 동일한 지점에 형성되는 현상
ㄷ. 두 가지 변종이 나타나는 두 지역 사이를 통과하는 하나의 등어선
ㄹ. 여러 가지 언어 특징을 동시에 나타내는 분계선, 오랜 정착 역사를 가진 지역에서 흔히 발견
ㅁ. 서로 다른 방언들이 독자적으로 생성된 지역에서 나타나는 등어선
ㅂ. 일정한 방언형이 쓰이는 지역의 크기를 표시하여 방언의 분포를 한눈에 파악하게 만든 지도
ㅅ. 서로 마주하고 있는 두 지점이 대립적인 변종을 사용하는 경우에 동일한 변종이 사용되는 지점을 연결한 두 개의 등어선
ㅇ. 각 지점의 방언형을 변별적 기호를 사용하여 만든 지도

3. 다음은 방언학의 주요 용어에 대한 설명이다. 무엇에 대한 설명인지 〈보기〉에서 고르라.

❶ 잔재 지대	❷ 상륙 거점	❸ 개신파	❹ 전이 지대
❺ 질문지	❻ 제보자	❼ 직접 조사	❽ 초점 지역

ㄱ. 방언 자료를 제공해 주는 사람

ㄴ. 방사 원점

ㄷ. 언어 중심지로부터 주위로 퍼져 나가는 언어 현상

ㄹ. 방언 조사할 항목을 순서대로 배열한 것

ㅁ. 현지 조사, 정확하고 충실한 자료 수집을 요할 때 사용하는 방법

ㅂ. 방언의 분화 과정에서 지리적 장벽에 막혀 폐쇄된 지역

ㅅ. 방언 분화에서 방사의 물결이 퍼져나가다가 약화되는 마지막 지역

ㅇ. 두 방언권의 접촉 지대

같이 알아보기

- 모든 방언은 언어학적으로, 사회적으로 동등한 가치를 갖는다라는 주장에 대해 어떻게 생각하는가?
- 자기 지역의 특이한 어휘를 조사해 보자.

용어 정리

조사 지점

방언 조사를 실시하는 지점을 말한다. 방언 조사는 현지에 직접 가서 하는 것이 가장 좋다. 조사 지점을 어떻게 정하느냐 하는 것이 방언 조사에서는 매우 중요한 일이 된다.

조사 지점이 갖춰야 할 몇 가지 요건은 다음과 같다.

- 해당 언어의 고형을 가장 잘 보존하고 있는 곳
- 지리적인 장애로 인해 외부와의 왕래가 차단된 곳
- 인구 이동이 적은 곳
- 교육 수준이 높지 않은 곳
- 농어촌 및 산간 지역
- 역사가 오랜 마을

3장

언어와 계급

• 사회언어학
• 계급 방언

생각해 보기

질문 1. 진정한 평등 세상을 열어가기 위해 우리는 무엇을 해야 하는가?

1. 언어의 사회적 변이와 방언

사회적 행위로서의 언어 사회생활을 하는 데 가장 필요한 것이 바로 제대로 말하는 것이다. 같은 개념의 말이라도 자신의 위치나 상황에 따라 다른 표현을 써야 할 경우가 많다. 언어는 인간의 사회적 행위이기 때문에 사회와 문화 환경의 영향을 받는다. 언어 사용에 있어서 한국 사회에서 중요한 사회적 조건은 연령, 지위, 성별 등이다.

언어와 사회를 보는 언어학적 관점

사회 언어학socio-linguistics은 언어를 사회 및 문화와 관련지어 그 본질을 규명하고자 언어와 사회의 관계를 연구하는 언어학의 한 분야이다. 사회 언어학에서는 언어를 사회와 관련지어 연구하되 언어의 본질이나 특성을 밝히는 데 가치를 두는데, 이는 사회 연구의 일환으로 언어를 대상으로 하여 궁극적으로 사회적 현상을 해석하려고 하는 사회학의 한 분야인 **언어 사회학**sociology of language과는 다르다.

사회 언어학은 현대 언어학의 일반적인 경향인 언어 내적 연구와 상보적 대립 관계에 있다. 일반적 언어 연구는 음운, 형태, 통사, 의미 등의 구조적 특성을 규명하는데, 구조의 생성과 해석 과정에 대한 설명을 언어 내적인 측면에서 찾으려 하는 반면, 사회 언어학은 언어의 의사소통적 기능을 중시하여 사회적 문맥, 상황적 문맥 등의 언어 외적 상황에 따라 의사소통의 원리를 규명하고자 한다. 사회 언어학에서 주된 관심 대상은 언어 변이형인데, 사회적 문맥과 상황적 문맥이 다양하므로 언어에도 다양한 변이형이 존재한다는 사실에 주목한다. 그래서 언어 변이형의 모습을 음운, 형태, 통사, 의미론적 측면에서 분석하고 이러한 변이형이 나타나게 된 배경과 원인을 밝히고자 한다.

2. 사회적 다양성과 방언

계급과 언어

계급 방언은 계급의 차이에 따라 선택되는 언어 변이형을 말한다. 계급 등급화는 그 사회 구성원의 의식 등에 의존하여 임의로 설정되는 것이 특성인데, 일반적인 기준은 재산, 학력, 직업, 수입, 주거지 등이며, 기타 인종, 민족, 종교 등도 기준이 된다. 계급 방언의 예에는 영국의 public school 방언과 미국의 black 방언 등이 있으며, 은어, 속어, 금기어 등도 예가 된다.

연령과 방언

사회화는 언어를 습득하고 활용하는 과정이라고 해석할 수 있는데, 각 연령의 단계마다 다른 말을 배움으로써 그 연령 단계의 사회에 적응하게 된다. 이러한 연령 단계별 언어 변이형의 특성을 파악하여 사회화 과정에서의 언어의 역할을 규명할 수 있다. 연령별 계층 방언에는 유아어, 아동어, 청소년어, 노인어 등이 있으며, 연령 단계별 언어는 해당 세대의 성장이나 죽음으로 소멸되는 것이 아니라 나름대로 생명력을 갖고 전승된다.

성별과 방언

언어에서의 성 문제는 언어 사회학의 주된 관심사 중 하나이다. 주로 언어상의 성 차별에 관심을 갖는데, 남성어는 직접적·단정적이고 격식체를 사용하며 무표적인 반면, 여성어는 간접적·완곡하며 비격식체를 사용하고 유표적이라는 특성이 나타난다. 이는 사회가 요구하는 남성상과 여성상을 반영한 결과이다.

지역과 언어

지역에 따른 방언의 차이가 차별되는 경우가 있는데, 지역 방언과 사회 방언은 학문적으로 구별되지만 별개의 것은 아니다. 사용하는 말이 지역 방언일 때 그것으로 그 사람의 사회적 위치를 가능하기도 하는데, 학력이 낮은 사람이 지역 방언 구사자일 가능성이 크다. 지역 방언의 요소가 남성어, 여성어에도 반영되기도 하기 때문에 실제 사용에 있어서는 사회 방언적인 특성도 보인다.

3. 사회 방언의 조사

사회 방언의 조사 단계

첫 번째, 예비 단계는 화자, 환경, 언어 변수를 선택하는 단계로서 가설을 수립하고 가설을 입증할 적절한 화자를 선택하고, 비교할 특정한 음운, 어휘 형태 등의 언어 변수를 선택하는 단계이다. 두 번째, 텍스트 수집 단계는 인터뷰할 화자를 찾아 자료를 채록하는 단계이며, 세 번째 언어적 변수와 변이형 확인 단계는 텍스트를 분석하는 단계이다. 네 번째는 통계적 처리 단계로서 텍스트에 나타난 변수를 확인하여 통계 처리를 하고 다른 텍스트와 비교하는 단계이며, 마지막 해석 단계는 앞선 4단계를 거쳐 얻어진 조사 결과를 해석하는 단계이다.

한국어 사용 실태 조사

언어 변이에 대한 실태 조사로서 한국어 실태 조사는 의식 조사, 사용 환경 조사, 사용 실태 조사의 세 차원에서 이루어져 왔다. 먼저, 의식 조사는 한국인의 언어 의식이 어떻게 변화해 왔는지에 대한 실태 조사로서, 예를 들어, 한국어에 대한 관심과 문제 의식, 언어 행동과 언어 사용, 언어 교육과 언어 정책 등과 관련하여 언어 행동, 경어 사용, 비속어 사용, 표준어와 방언, 외래어·외국어와 순화어, 대중매체의 언어 사용, 외국 문자의 사용, 한국어 능력 및 한국어 사용, 한자 교육, 외국어 교육, 어문 규범, 언어 정책 등을 조사한다.

한국어의 사용 환경에 대한 조사는 국어 사용 실태 조사 지수 개발 및 조사 방법에 관한 연구(2001), 국어 환경 조사(2005), 옥외 광고물의 외래어 사용 실태(2001), 신문·방송 프로그램명, 상표, 대중가요, 인터넷의 외래어/외국어 사용 빈도(2003) 등에 대한 조사가 있다. 이 외에도 성별어, 계층어, 연령어, 직업어 조사 등이 이루어지고 있다.

학습 정리

- 언어 사용에 작용하는 중요한 사회적 조건은 연령, 지위, 성별 등이다.
- 사회 언어학은 언어를 사회 및 문화와 관련지어 연구하는 언어학의 하위 분야로서 언어의 의사소통적 기능을 중시한다.
- 언어 사회학은 언어를 대상으로 하여 사회 현상을 해석하려는 사회학의 하위 분야이다.
- 사회 언어학의 주된 관심 대상은 사회적 문맥과 상황적 문맥에 따라 다양하게 나타나는 언어 변이형들이다.
- 사회 방언은 계급, 연령, 성별 등에 따라 형성되며, 지역 방언도 차별이 엄존한다는 측면에서 사회 방언으로 다룰 수 있다.
- 사회 방언에 대한 조사는 주로 사용에 따른 언어 변이에 대한 실태 조사 중심으로 이루어진다.

학습 퀴즈

1. 한국어의 언어 사용에 작용하는 중요한 사회적 조건이 아닌 것을 고르라.

❶ 지위　❷ 성별　❸ 연령　❹ 태도

2. 다음 설명 중 틀린 것을 고르라.

❶ 지역 방언도 사회 방언의 차원에서 다룰 수 있다.
❷ 남성어는 직접적이고 단정적이며 격식체를 사용하는 경향이 있다.
❸ 사회 언어학은 언어와 사회의 관계를 연구하는 언어학의 한 분야이다.
❹ 연령 단계별 언어는 해당 세대의 성장이나 죽음으로 소멸되는 경향이 있다.

같이 알아보기

- 언어를 통한 성 차별을 극복하기 위해서 우리는 무엇을 해야 할까?
- 우리 생활 주변에서 흔히 발견할 수 있는 언어의 차별적 현상을 조사해 보자.

용어 정리

담론談論

사회적 실천으로서의 언어 행위를 말한다. 한 마디의 말 또는 한 문장만을 분석하는 것은 그 구조와 의미를 파악할 수는 있지만, 그것들이 다른 말 또는 다른 문장과 어떤 방법으로 결합되어 하나의 통일체를 구성하는가를 보여줄 수는 없다. 그것은 담론의 영역에서 다루어져야 한다. 이렇게 볼 때 언어학자들에게 담론이란 한 문장보다 긴 언어의 복합적 단위를 가리킨다.

기본적으로 담론은 사회적이다. 따라서 대화는 담론의 기본이 된다. 어디에서 어떤 상황인가에 따라 진술이 만들어지고 단어와 단어의 의미가 사용된다. 대화가 교차하는 상황에서 똑같은 단어가 두 개의 서로 상충되는 문맥을 만들어낼 수 있다. 실제로 생활에서 쓰이는 말은 어떤 식으로든 또는 어느 정도는 어떤 것에 동의하거나 부정하는 진술이 된다. 공장의 작업 현장에서 사용되기에 적절한 언어와 회의실에서 쓰이는 언어는 갈등을 겪게 된다. 다양한 사회 계급은 같은 단어들을 다른 의미로 사용하며 사건과 상황을 해석할 때도 제각기 다르다.

우리가 중립적인neutral 영역으로 간주하고 있는 제도의 담론과 지식의 담론은 사회를 갈라놓는 불평등, 즉 기본적인 계급 간의 불평등, 민족, 성, 종교 등의 강요된 불평등을 모두 무시한 채, 모든 사람을 대표해서 말한다고 주장한다. 요컨대 이런 식이다. *우리는 모두 같다. 우리는 같은 언어를 말하고, 같은 지식을 공유하며, 항상 그래왔다.* 하지만 과연 그런가?

국어사전에 실려 있는 수십만의 어휘는 그 자체로는 무의미하다. 그 많은 어휘를 사람들이 어떤 사회적·제도적 관계 속에서 어떤 방식으로 쓰고 있느냐가 중요한 것이다. 즉 사회적 실천으로서의 언어 행위인 담론은 구체적인 언어 현상을 중요시한다. 〈최상진 외(2003), 『언어 이야기』, 도서출판 경진문화사, p.160.〉

문제 풀이

언어와 한국어

1장 언어는 기호다

1. ❷ 자의성

➡ '해'를 왜 [해]라고 했는지 알 수 있는 방법은 없다. 그것은 실체와 기호가 필연적인 이유에서 결합되는 것이 아니기 때문이다. 이러한 언어의 특성을 자의성이라고 한다.

2. ❼ 불연속성

➡ 인간은 언어를 통해 세계를 인식한다. 세계는 연속적으로 존재하나 언어 기호는 연속적이지 않다. 따라서 우리는 연속적인 세계를 불연속적인 수단으로 인식하는 것이다. 언어는 실체의 세계가 아니라 그것을 반영한 중간 세계이다. 따라서 언어를 통해 세계를 어떻게 받아들여 인식하느냐에 따라 세계관이 달라진다.

3. ❺ 선조성

➡ 언어는 기본적으로 음성에 의해 구현된다. 음성은 시간의 흐름에 따라 실현되므로 필연적으로 선조적일 수밖에 없다.

4. ❽ 창조성

➡ 유한한 수단으로 무한히 부려 쓰는 것이 언어이다. 이것은 언어가 창조적이라는 것을 보여준다.

2장 한국어도 언어다

1. ❸

➡ 인간이 사회를 구성하면서 살아갈 때, 다른 사람과 관계를 형성하기 위해서는 의사소통이 필요한데 언어는 의사소통의 통로를 열어주는 기능을 한다. 이것이 언어의 친교적 기능이다.

2. ❷ 정보 전달의 기능

➡ 논문이나 보고서는 새로 알아내거나 조사한 사실(정보)를 독자에게 전달하기 위한 수단이다. 그러므로 논문이나 보고서의 언어는 정보 전달의 기능, 즉 지시적 기능을 갖는다.

3. 통시적 연구

➡ 수평으로 자른다는 말에 현혹되어 공시적 연구라고 답했다면 오산이다. 수평으로 자른 것은 분명히 공시적 연구이지만, 이를 비교, 대조하는 것이므로 공시적 연구를 바탕으로 한 통시적 연구이다.

4. 결합 관계(통합 관계)

➡ 단어와 단어가 결합하여 문장을 구성하는 것이므로 언어의 선조성 상에서 구성 요소로서 결합하는 것이다. 따라서 이는 결합 관계에 해당한다.

5. 언어의 개별 단위는 음운, 형태, 문장, 의미, 어휘 등이다. 따라서 이들을 연구하는 언어학의 분야는 음운론, 형태론, 통사론, 의미론, 어휘론 등이다.

6. 음성

➡ 문자는 음성 언어의 제약을 보완하기 위해 고안된 2차적인 보조 수단이다. 본질

적으로 언어는 음성 기호이다.

7. ②

➡ 이것은 한국어의 방언학(방언론)과 한국어사의 연구 영역으로서 이론 언어학의 분야이다. ①은 일상생활의 편의를 위하여, ③은 외국인에게 한국어를 가르치기 위하여, ④는 통일된 문법을 마련하기 위하여 한국어를 연구하는 것이다. 따라서 이는 한국어학의 응용 분야이다.

8. ③, ⑤는 영어 등의 인도 · 유럽어족 언어의 특징이다.

9. ④, ⑤, ⑦

➡ 한국어의 경우, 명사의 복수형에 반드시 복수 표지가 연결되어야 하는 것은 아니다. 대명사가 그리 발달되어 있지 않아서 관계 대명사도 없고, 재귀 대명사도 별도로 명칭을 정해서 구분하기 보다 기존의 인칭 대명사를 재귀 대명사로 사용한다. 또한, 접사가 있으며 굴절 접사는 없다.

한국어 음성학

1장 말소리란 무엇인가

1. ㄱ. ❶, ❸
ㄴ. ❷, ❺
ㄷ. ❹, ❻
: 구체적인 설명은 1장 1절 참조

2. ㄱ. ❸, ❽, ❿
ㄴ. ❹, ❼
ㄷ. ❶, ❷, ❺, ❻, ❾
: 구체적인 설명은 1장 2절 참조

3. 발동부인 허파에서 기류가 생성되고, 발성부인 성대에서 기류가 1차 변형되어 말소리가 생성되며, 조음부인 구강과 비강 등에서 기류가 2차로 변형되어 음가가 형성된다.

2장 자음 만들기

1. 양순음: ❺, ❻, ⓭, ⓱
치조음: ❷, ❸, ❹, ❼, ⓬, ⓰, ⓲
연구개음: ❶, ❽, ⓫, ⓯
경구개음: ❾, ❿, ⓳
후두음: ⓮
파열음: ❶, ❸, ❻, ⓫, ⓬, ⓭, ⓯, ⓰, ⓱
마찰음: ❼, ⓮, ⓲
파찰음: ❾, ❿, ⓳
비음: ❷, ❺, ❽
유기음: ❿, ⓫, ⓬, ⓭
긴장음: ⓯, ⓰, ⓱, ⓲, ⓳
유음: ❹

2. 영어의 'h'는 성문에서 마찰되어 나는 소리이며, 한국어의 'ㅎ'은 대개 성문 마찰음으로 이해하나 엄밀하게 보면 이보다 위쪽인 인두강(설근과 인두벽 사이의 공간)에서 마찰되어 나는 소리라고 보는 것이 더 타당하다.

3. 이중 모음

➡ 활음은 이중 모음을 형성할 때 기본 모음 앞에 위치하는 소리이다.

4. 탄설음, 설측음.

➡ 한국어의 'ㄹ'은 초성 위치에서는 탄설음 [ɾ]로, 종성 위치에서는 설측음 [l]로 발음된다.

3장 모음 만들기

1. 고모음: ❹, ❺, ❻
중모음: ❷, ❸, ❽, ❿
저모음: ❶, ❼
전설 모음: ❻, ❼, ❽, ❾, ❿
중설 모음: ❶, ❷, ❺
후설 모음: ❸, ❹
원순 모음: ❸, ❹, ❾, ❿
평순 모음: ❶, ❷, ❺, ❻, ❼, ❽

2. 혀의 높이(또는 개구도), 혀의 전후 위치

한국어 음운론

1장 같으면서 다른 소리, 다르면서 같은 소리

1. 음운

➡ 분절 음소를 음소, 초분절 음소를 운소라고 한다. 그리고 이 둘을 합하여 '음운'이라고 한다.

2. 변별적 자질

➡ 음소(음운)는 음성적 자질들의 집합이다.

3. 삼지적 상관속

2장 소리가 만나 더 큰 소리를 만들다

1. 모음

➡ 한국어에서 성절음이 되는 것은 모음뿐이다. 따라서 음절핵이 되는 중성은 모음만 가능하다.

2. ① X가 Z 앞에서 Y로 바뀌었다.
② X가 Z 뒤에서 Y로 바뀌었다.
③ X가 P와 Q 사이에서 Y로 바뀌었다.

3. 한국어 음절의 종성에 위치하는 /ㄹ/은 설측음 ([l])이며, 초성에 위치하는 /ㄹ/은 탄설음 ([ɾ])이다.

3장 소리의 이합집산

1. ㄱ. ❶, ⓲
ㄴ. ❺, ❼
ㄷ. ❷, ⓱
ㄹ. ❹, ❽, ❿, ⓬, ⓰
ㅁ. ❾, ⓯, ⓳
ㅂ. ❿, ⓯
ㅅ. ⓫
ㅇ. ⓭
ㅈ. ❸, ⓴
ㅊ. ❹, ⓬
ㅋ. ❻

2. ① 합성 명사
② 음위 전환(또는 전위)
③ 모음 조화
④ /ㅣ/

한국어 형태론

1장 형태소와 단어, 그리고 단어 만들기

1. ① 4개
➡ 하늘 / 이 / 푸르 / 다

② 8개
➡ 그 / 가 / 학 / 교 / 에 / 가 / ㄴ / 다

③ 16개
➡ 목 / 이 / 아프 / ㄴ / 데 / 에 / 는 / 따뜻 / 하 / ㄴ / 차 / 가 / 최 / 고 / 이 / 다

④ 16개
➡ 우리 / 는 / 다만 / 평 / 화 / 적 / 으로 / 해 / 결 / 하 / 고자 / 하 / ㄹ / 뿐 / 이 / 다

⑤ 32개
➡ 나 / ㅣ / 안 / 에 / 는 / 나 / 만 / 이 / 있 / 는 / 것 / 이 / 아니 / 다 / 나 / ㅣ / 안 /에 / 있 / 는 / 이 / 여 / 나 / ㅣ / 안 / 에서 / 나 / 를 / 흔드 / 는 / 이 / 여

2. ① 10개
➡ 저 / ㅣ / 생일 / 에 / 예쁜 / 장미꽃 / 하나 / 만 / 사 / 주실래요?

② 9개
➡ 음 / 이 / 일 / 을 / 맡을 / 분 / 이 / 누구/ (이)십니까?

③ 42개
➡ 정하섭 / 은 / 시공관 / 네거리 / 에 / 이르러서야 / 명동 / 에 / 와 / 있다는 / 것 / 을 / 알았다 / 밝은 / 동네 / 아름답게 / 상점 / 의 / 불빛 / 이 / 휘황했고 / 거기 / 에 / 어울리게 / 사람들 / 로 / 붐볐다 / 안전한 / 피신 / 지대 / (이)었다 / 몇 / 시간 / 편안하게 / 보낼 / 데 / 를 / 찾으려고 / 그 / 는 / 여기저기 / 두리번거렸다

3. 어근, 접사

4. ㄱ. ❸
ㄴ. ❹

5. ㄱ. ❶, ❷, ❺, ❼, ❽, ❾, ❿, ⓭, ⓮, ⓯, ⓰
ㄴ. ❸, ❹, ❻, ⓫, ⓬

2장 단어의 종류

1. 의미, 기능, 형태
➡ 의미에 따라 '명사, 대명사, 수사, 조사, 동사, 형용사, 관형사, 부사, 감탄사'의 9품사로 나누며, 기능에 따라 '체언, 관계언, 용언, 수식언, 독립언'으로, 형태에 따라 '가변어'와 '불변어'로 구분한다.

2. 명사: 8 · 15, 장면, 처음, 남녀노소, 태극기, 거리, 만세, 모습, 것, 현장, 광복, 당시, 조선, 사진, 해방, 이튿날, 년, 월, 일, 서울역, 광장, 남대문, 일대, 사람들, 군중, 수, 사실, 시기, 마찬가지
대명사: 우리
수사: 하나

3장 용언, 수식언, 독립언

1. ① 과정적

② 동작, 작용

③ 주관성 형용사

④ 성상 관형사, 지시 관형사, 수 관형사

⑤ 성분 부사, 문장 부사

⑥ 감정 감탄사, 의지 감탄사

2. ㄱ. ❷

ㄴ. ❸

ㄷ. ❾

ㄹ. ❼

ㅁ. ❽

ㅂ. ❹

ㅅ. ❺

ㅇ. ❻

한국어 통사론

1장 문법 단위와 문장 성분

1. ① 주성분: 나는 친구를, 만나야겠어
부속 성분: 오늘, 그, 좀
독립 성분: 없음

② 주성분: 네가, 고등학생이, 되었구나
부속 성분: 벌써
독립 성분: 아니

2. ① 학교에서: 명사(단체) + 조사(단체를 나타내는 명사에 결합하는 주격 조사)

② 선생님께서: 명사(높임) + 조사(높임의 주격 조사)

③ 희망은: 명사 + 보조사(주격 조사를 대신함)

2장 문장의 확대, 단순함에서 복잡함으로

1. ① 수비수들은 상대방 공격수들이 잘 침투하는 그쪽을 잘 지켜야 한다.

② 서윤이가 국어 공부를 잘하려면 어떻게 해야 되냐고 물었다(국어 공부를 잘하려면 어떻게 해야 되냐고 서윤이가 물었다.).

③ 엄마는 서인이가 열심히 공부하고 있다는 것을 알고 있었다(엄마는 서인이가 열심히 공부하고 있음을 알고 있었다.).

2. ① 그가

➡ '그가 대통령감이다.'라는 문장이 전체 문장에 인용절로 안겨 있다.

② 성한이는

➡ '그리다'의 주체는 성한이다. '성한이가 어제 밤새도록 그림을 그렸다.'라는 문장이 이어지는 명사 '그림'을 수식하고 있으므로 관형절을 안은문장이다. 그런데 안긴 문장의 목적어가 전체 문장의 목적어와 동일하므로 생략된 관계 관형절이다.

③ 성학이가

➡ '성학이가 운동을 가장 잘한다.'라는 문장이 이어지는 명사 '성학이'를 수식하고 있는 관형절이며, 여기에서 관형절의 주어 성학이와 전체 문장의 주어가 같기 때문에 관형절의 주어가 생략되어 있다.

3. ① 주어 '서윤이는'

➡ 이 문장은 '서윤이는 태도가 좋다.', '서윤이는 마음씨가 착하다.'라는 두 문장

이 이어진 것이다. 후행절 '마음씨도 착하다'의 주어는 '서윤이는'이다. 선행절과 후행절의 주어가 같기 때문에 후행절의 주어가 생략되었다.

② 목적어 '편지를' 또는 '그것을'

➡ 이 문장은 '서인이는 편지를 썼다.', '서인이는 편지를 우체통에 넣었다.'의 두 문장이 이어진 것이다. 선행절의 목적어와 후행절의 목적어가 같기 때문에 생략되었다.

③ 부사어 '서울로', 주어 '성학이가'

➡ 선행절은 '성학이가 새벽에 서울로 떠났다.'이며, 후행절은 '성학이가 지금쯤 서울에 도착했을 거야.'이다. 선행절의 부사어 '서울로'는 후행절에서 그 장소가 밝혀지므로 생략되었고, 후행절의 주어는 이미 선행절에서 제시되었으므로 생략되었다.

④ 주어 '뉴스 통신사는', 목적어 '세계 각지에서 수신한 각종 뉴스와 사진을' 또는 '그것을'

➡ 선행절은 '뉴스 통신사는 세계 각지에서 각종 뉴스와 사진을 수신하다.'이며, 후행절은 '뉴스 통신사는 세계 각지에서 수신한 각종 뉴스와 사진을 각 신문사에 보내준다.'가 완전한 문장이다.

⑤ 주어 '나는', 부사어 '도서관에'

➡ 선행절은 '나는 어제 도서관에 갔었다.'이며 후행절은 '나는 오늘 또 도서관에 가야겠어.'이다. 따라서 후행절에는 선행절에서 이미 제시된 주어와 부사어가 생략되어 있다.

3장 다양한 생각을 표현하는 다양한 방법들

1. ① 명령형, 종결 어미
② '안' 부정, '못' 부정
③ 시제, 동작상

2. ㄱ. ❸
ㄴ. ❺
ㄷ. ❷
ㄹ. ❹
ㅁ. ❶

한국어 의미론

1장 의미의 의미

1. ㄱ. ❶

➡ 의미를 지시 대상 자체라고 보는 지시설을 설명한 것이다.

ㄴ. ❸

➡ 화자가 그것을 말하는 상황, 즉 자극과 그것이 청자에게 불러일으키는 반응을 의미라고 보는 관점의 이론이다.

ㄷ. ❹

➡ 단어가 사용되는 구체적인 맥락에서의 용법을 의미라고 보는 용법설의 설명이다.

ㄹ. ❺

➡ 단어들 간의 관계인 의의를 의미라고 설명하는 이론이다.

ㅁ. ❷

➡ 의미는 사물과 직접 연결되지 않고 마음 속 개념을 통해 연결된다고 보는 개념설을 설명한 것이다.

2. ㄱ. ❶

➡ 개념적 의미는 지시적 의미, 외연적 의미, 인지적 의미, 사전적 의미라고도 하는데, 지시 대상의 공통적 속성을 나타낸다.

ㄴ. ❸

➡ 주제적 의미를 설명한 것으로 주로 문학 작품 등에서 활용된다.

ㄷ. ❷

➡ 연상에 의해서 떠오르는 연상적 의미를 설명한 것이다.

3. ㄱ. ❸

➡ 언어 표현에 화자의 감정이나 태도가 드러나 있으므로 정서적 의미에 해당한다.

ㄴ. ❹

➡ 개념적 의미가 같은 아빠와 아버지가 의미적 뉘앙스가 다르게 나타나고 있다. 이와 같이 어떤 단어의 한 의미가 다른 의미에 대한 우리의 반응의 일부를 이룰 때 일어나는 의미를 반사적 의미, 또는 반영적 의미라고 한다.

ㄷ. ❷

➡ 지역 방언은 특징한 사회직 환경에 따라 형성되는데 그러한 환경이 언어 표현에 반영되어 문체적 의미가 드러나므로 이것은 사회적 의미를 설명한 것이다.

ㄹ. ❶

➡ 아줌마라는 단어가 단순히 개념적 의미로서가 아니라 우리 사회를 움직이는 역동적 힘을 가진 여성이라는 부가적 전달 가치를 갖는 것으로 표현되고 있으므로 아줌마는 내포적 의미를 가진다.

ㅁ. ❺

➡ 어떤 단어가 배열된 환경에 따라 의미가 달라질 수 있다는 사례를 보여준 것이므로 이는 연어적 의미에 해당하는 설명이다.

2장 언어는 관계 속에서 가치를 갖는다

1. ① O

② O

③ X

④ X

⑤ O

➡ 성분 분석 이론에서는 메타언어를 설정하기가 쉽지 않고, 주로 개념적 의미 차원에서 의미 자질을 설정한다.

2. ㄱ. 상보 반의어

ㄴ. 유의어

ㄷ. 정감 반의어

ㄹ. 관계 반의어

ㅁ. 다의어

3. 어휘장(또는 낱말밭)

➡ 어휘장 또는 낱말밭은 '의미장'이라고도 하며, 단어의 성분 분석에 근거하여 구성한다.

4. 고전적 범주 이론: ❶, ❹, ❻, ❼
   원형 이론: ❷, ❸, ❺, ❽

3장 말 잘하는 사람이 부럽다.

1. ㄱ. ❷
   ㄴ. ❸
   ㄷ. ❹
   ㄹ. ❶

2. ㄱ. ❸
   ㄴ. ❷
   ㄷ. ❹
   ㄹ. ❶
   ㅁ. ❺

3. ㄱ. ❹
   ㄴ. ❸
   ㄷ. ❷
   ㄹ. ❶

한국어 어휘론

1장 단어는 어휘와 같을까, 다를까

1. ④
   ➡ 현대 한국어는 끊임없이 새로운 말들이 생겨나기 때문에 어휘의 한계가 명확하지 않은 개방 집합의 성격을 지닌다.

2. ㄱ: ❷, ❸, ❼
   ㄴ: ❶, ❹, ❺, ❻

2장 한국어의 어휘 체계는 어떻게 존재하는가

1. ㄱ. ❶
   ㄴ. ❻, ❼, ❿
   ㄷ. ❽
   ㄹ. ❾
   ㅁ. ❺
   ㅂ. ❷
   ㅅ. ❸
   ㅇ. ❹

2. ㄱ. ❷
   ㄴ. ❶
   ㄷ. ❿
   ㄹ. ❹
   ㅁ. ❾
   ㅂ. ❽
   ㅅ. ⓫
   ㅇ. ⓬
   ㅈ. ❻
   ㅊ. ❼
   ㅋ. ❺
   ㅌ. ❸

3장 한국어 어휘 교육을 위하여

1. ㄱ. ❷, ❹, ❻
   ㄴ. ❶, ❸, ❺

2. ❶
   ➡ 이해 어휘는 일정한 시기를 지나면 증가율은 둔화되지만 실제량은 꾸준히 증가한다.

한국어 기원과 계통

1장 언어에도 친척이 있다

1. ❶ – ㄹ.

➡ 발음 기관을 최대한 적게 움직여서 발음하려는 경향으로 인해 언어가 변화하게 된다.

❷ – ㄷ.

➡ 두 언어의 접촉에 의해 서로 영향을 주고받아 언어 변화가 일어나기도 한다.

❸ – ㄱ.

➡ 서로 다른 언어 사용 집단이 결합할 때 상층어와 기층어가 형성된다.

❹ – ㄴ.

➡ 언어 자체가 내포하고 있는 구조적 불안정성, 불균형성이 언어 변화의 요인이 된다.

2. 의사소통의 가능성

➡ 언어가 분화되었으나 의사소통이 가능하다면 그것은 한 언어의 방언으로 분화한 것이고, 그렇지 않고 의사소통이 불가능하다면 하나의 언어를 조상으로 가진 개별 언어로 독립된 것이다.

3. 굴절어, 교착어, 고립어, 포합어

4. ㄱ. ❸
ㄴ. ❻
ㄷ. ❶
ㄹ. ❹
ㅁ. ❷
ㅂ. ❺

2장 한국어는 어디에서 왔을까

1. ㄱ. ❹
ㄴ. ❷
ㄷ. ❶
ㄹ. ❸

2. 파동설

➡ 람스테트는 알타이어의 기원지를 만주의 흥안령 산맥 일대로 추정하는데, 여기에서 각각 동서남북의 4개 방언권으로 갈라지면서 현재의 알타이어족이 형성되었다고 본다. 따라서 람스테트의 설명은 파동설에 근거하고 있다고 볼 수 있다.

3. 고아시아어(고시베리아어)

3장 한국어의 동족어는

1. ㄱ. ❷
ㄴ. ❺
ㄷ. ❹
ㄹ. ❸
ㅁ. ❶

2. ❶ 알타이어 또는 알타이어족
❷ 비교
❸ 반알타이어족설

한국어 변천사

1장 고대 한국어, 옛날 옛적 우리말

1. ❶ – ㄴ.

➡ 신라의 삼국 통일로 경주를 중심으로 경상도 방언이 중앙어가 되어 언어의 통일이 이루어졌다.

❷ – ㄱ.

➡ 고려의 건국으로 언어의 중심지가 경상도에서 한반도의 중부인 경기도 지역으로 옮겨져 중앙어의 변화가 일어났다.

❸ – ㄹ.

➡ 훈민정음의 창제는 한국어사에서 획기적인 사건이기는 하나 언어 변화를 유발하는 것은 아니어서 시대 구분의 기준으로 삼기는 어렵다. 하지만 훈민정음 창제 직전인 14세기에 음운 체계에 현저한 변화가 일어난 것으로 추정되어 이 시기를 중세 후기 한국어의 기점으로 설정한다.

❹ – ㄷ.

➡ 임진왜란과 병자호란을 거치면서 사회, 문화적으로 많은 변화가 일어났고, 몇몇 음운이 소실되고, 다량의 음운 규칙이 생겨났으며 문법 체계와 표기 체계가 간소화되는 등 여러 가지 변화가 일어났다.

❺ – ㅁ.

➡ 갑오경장을 기점으로 언문일치 운동이 일어나고, 외래어가 급증하는 등 한국어에 여러 가지 변화가 나타났다.

2. ㄱ. 한자, 음가

ㄴ. 10, 7 / 격음, 경음 / 경음, 격음 / ㅈ, ㅎ

2장 중세 한국어, 훈민정음 창제의 위력

1. ❷

➡ 중앙어의 이동은 고대 한국어와 중세 한국어를 구분하는 기준이며, 훈민정음 창제는 중요한 사건이기는 하나 한국어를 표기하는 문자 체계의 창안일 뿐, 언어 변화를 유발하는 것이 아니기 때문에 시대 구분의 기준이 되지는 못한다. 차용어의 급증은 중세 한국어의 중요한 현상이기는 하나 시대를 구획지을 만한 두드러진 현상은 아니다.

2. ❷

➡ 격음은 중세 한국어 시기에도 음운 체계 내에서 완전하게 자리잡지 못하였다.

3장 근대 한국어, 전쟁을 겪고 나니 말도 바뀌네

1. ❶

➡ /ㆍ/는 이미 16세기에 2음절 이하에서 소실되기 시작하여 18세기에는 1음절에서도 소실되어 음운으로서의 자격을 상실하였는데, 다만 표기상으로만 19세기까지 이용된 것이다. 원래 이중 모음이던 /ㅐ, ㅔ/가 단모음화하여 모음 체계에 편입되었다.

2. ❷

➡ 자음 체계는 변함이 없었으나 모음 체계

는 중세 한국어의 7단모음 체계에서 8단모음 체계로 바뀌었다.

한국어 문자사

1장 문자의 발생, 문명의 시작

1. ㄱ. 기억 돕기 시대
   ➡ 계산 막대나 매듭, 조개 구슬 등을 이용해 기억 보조 수단으로 사용하였으나 이들은 의사소통의 범위가 극히 제한되고, 인간의 말을 기록한 것이 아니며, 자연물을 직접 이용하는 방식이었기 때문에 번잡스러운 면도 있었다. 그리하여 공간적, 시간적 제약을 극복하는 문자 본연의 임무를 수행하는 데 불편한 방식이었으므로 본질적 의미에서 문자로 보지 않고 단지 문자가 발생하기 전의 전초 단계로 본다.
   ㄴ. 민중 문자
   ㄷ. 설형 문자 또는 쐐기 문자
   ㄹ. 거북의 복갑, 소의 견갑골

2장 한자를 빌려 우리말을 적다

1. ㄱ. ❷
   ㄴ. ❸
   ㄷ. ❹
   ㄹ. ❶
2. ㄱ. ❸
   ㄴ. ❺
   ㄷ. ❷
   ㄹ. ❹
   ㅁ. ❻
   ㅂ. ❼
   ㅅ. ❶

3장 세계 최고의 문자, 훈민정음

1. ㄱ. ❶, ⓫, ⓭
   ㄴ. ❷, ⓬, ⓳, ㉒
   ㄷ. ❹, ⓲, ㉓
   ㄹ. ❺, ❾, ⓯, ⑳
   ㅁ. ❼, ❽, ⓰
   ➡ 전탁자인 'ㄲ, ㄸ, ㅃ, ㅆ, ㅉ, ㆅ'는 기본자를 병서한 것이므로 초성자의 기본 17자모에는 포함되지 않는다.

2.

구분	기본자	초출자	재출자
양성 모음	ㆍ	ㅗ ㅏ	ㅛ ㅑ
음성 모음	ㅡ	ㅜ ㅓ	ㅠ ㅕ
중성 모음	ㅣ		

한국어 방언과 사회언어학

1장 귀한 말과 천한 말

1. ❷

➡ 같은 문자를 쓴다고 하여 같은 언어인 것은 아니다.

2. ㄱ. ❷, ❹, ❺
ㄴ. ❶, ❸, ❻

3. ㄱ. ❷
ㄴ. ❶
ㄷ. ❸

➡ 태도도 일정 부분 언어 사용에 영향을 줄 수 있으나 중요한 사회적 조건은 아니다.

2. ❹

➡ 연령 단계별 언어는 나름대로의 생명력을 가지고 세대 간 전승된다.

2장 다채로운 우리말

1. 등어선

2. ㄱ. ❻
ㄴ. ❺
ㄷ. ❶
ㄹ. ❹
ㅁ. ❸
ㅂ. ❽
ㅅ. ❷
ㅇ. ❼

3. ㄱ. ❻
ㄴ. ❽
ㄷ. ❸
ㄹ. ❺
ㅁ. ❼
ㅂ. ❶
ㅅ. ❷
ㅇ. ❹

3장 언어와 계급

1. ❹